# 大阪「断刑録」

## 明治初年の罪と罰

牧英正
安竹貴彦

阿吽社

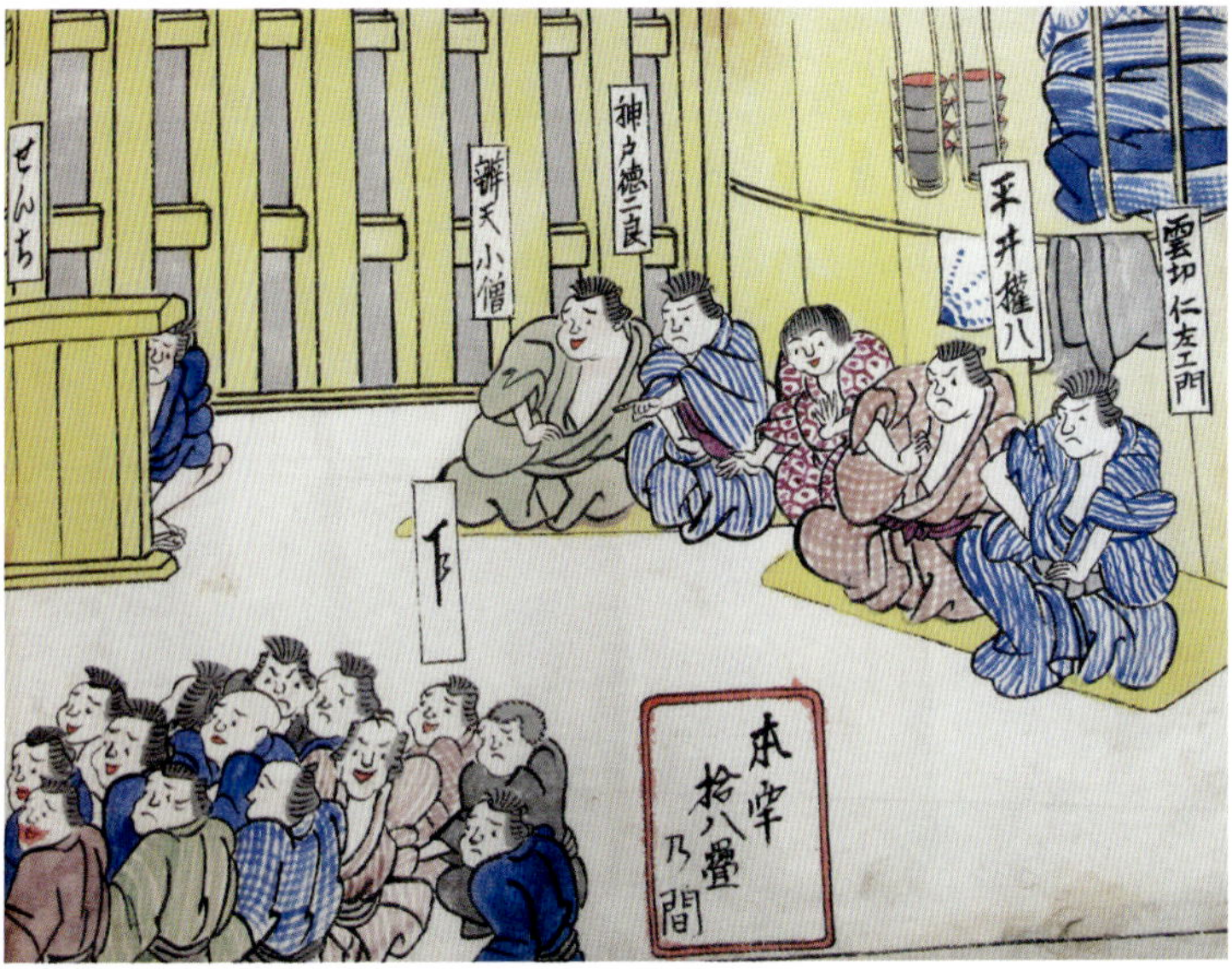

**本牢十八畳の間**　牢は未決囚を拘禁する場所であり、大阪府は松屋町筋の旧幕府牢屋敷を再利用していた（134 頁参照）。新入りに牢のしきたりを申し渡している。牢内には間頭（236 頁参照）を頂点とする役付囚の組織があった。お上をはばかってか、人物には江戸時代の著名な悪人の名が付けられている。「末代噺」（京都大学法学部図書館所蔵）より。

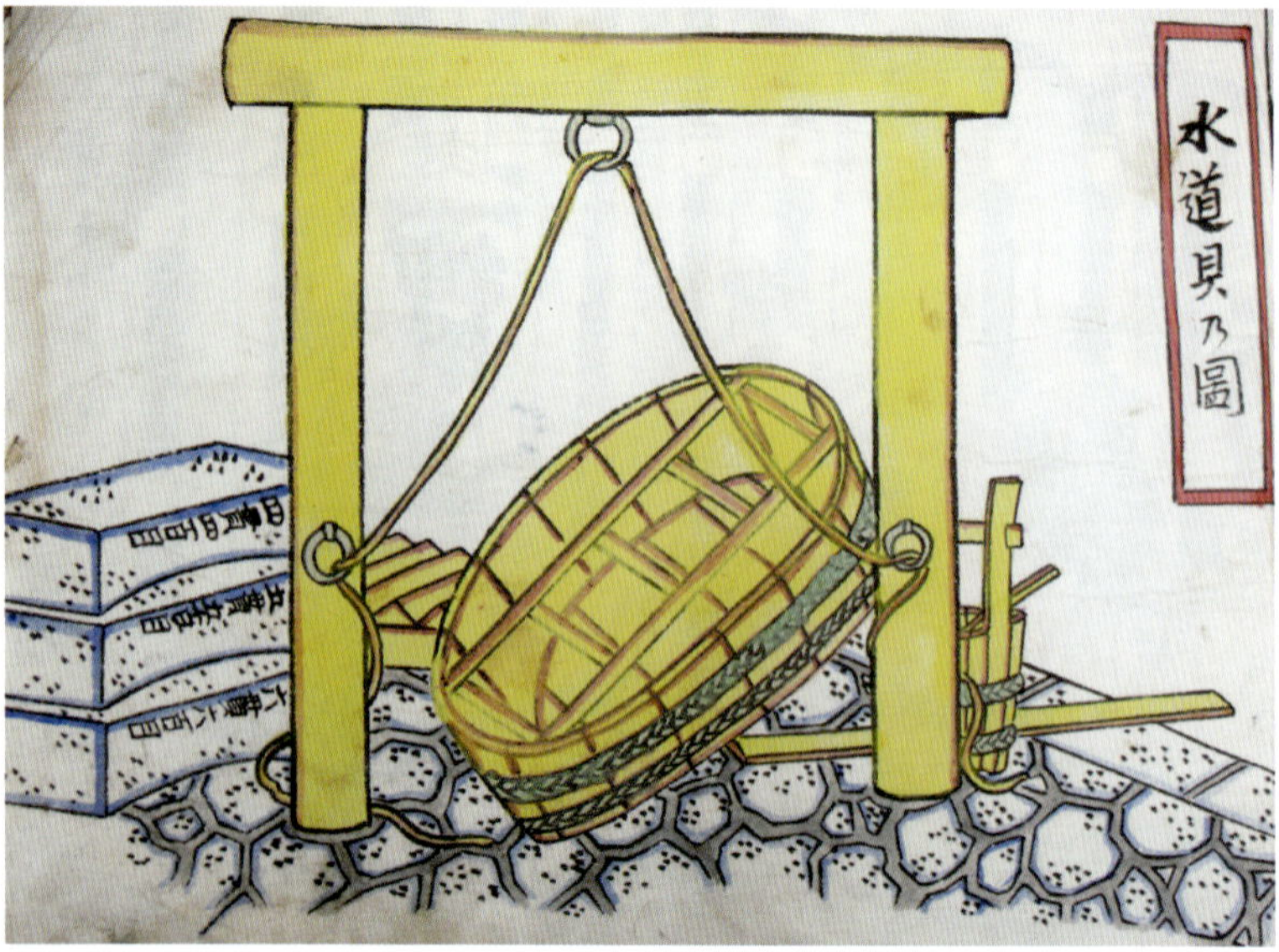

**上／水道具の図**　明治初年の裁判では、断罪には自白が不可欠であったため、旧幕府と同様に強情な被疑者は拷問にかけた。大阪府では「水責め」が一般的であったようである。たらいに上半身を固定し、顔にひしゃくで水をかける。「末代噺」より。

**下／御門前にて　たたきノ図**　比較的軽い刑罰のひとつに「敲（たたき）」があった。牢屋敷の門前で行われる公開刑で、執行は牢番が行い、大阪府の役人が検分した。「末代噺」より。

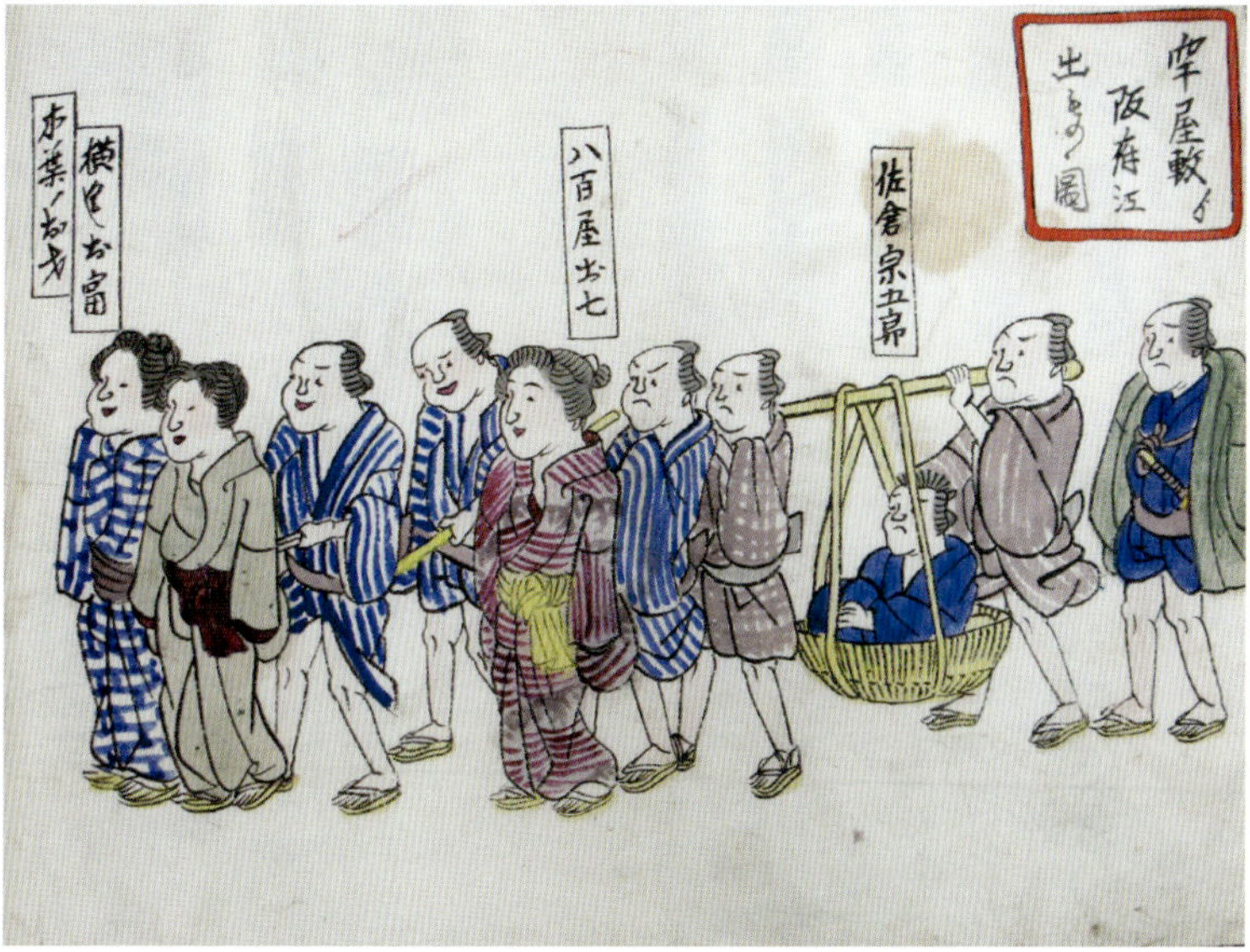


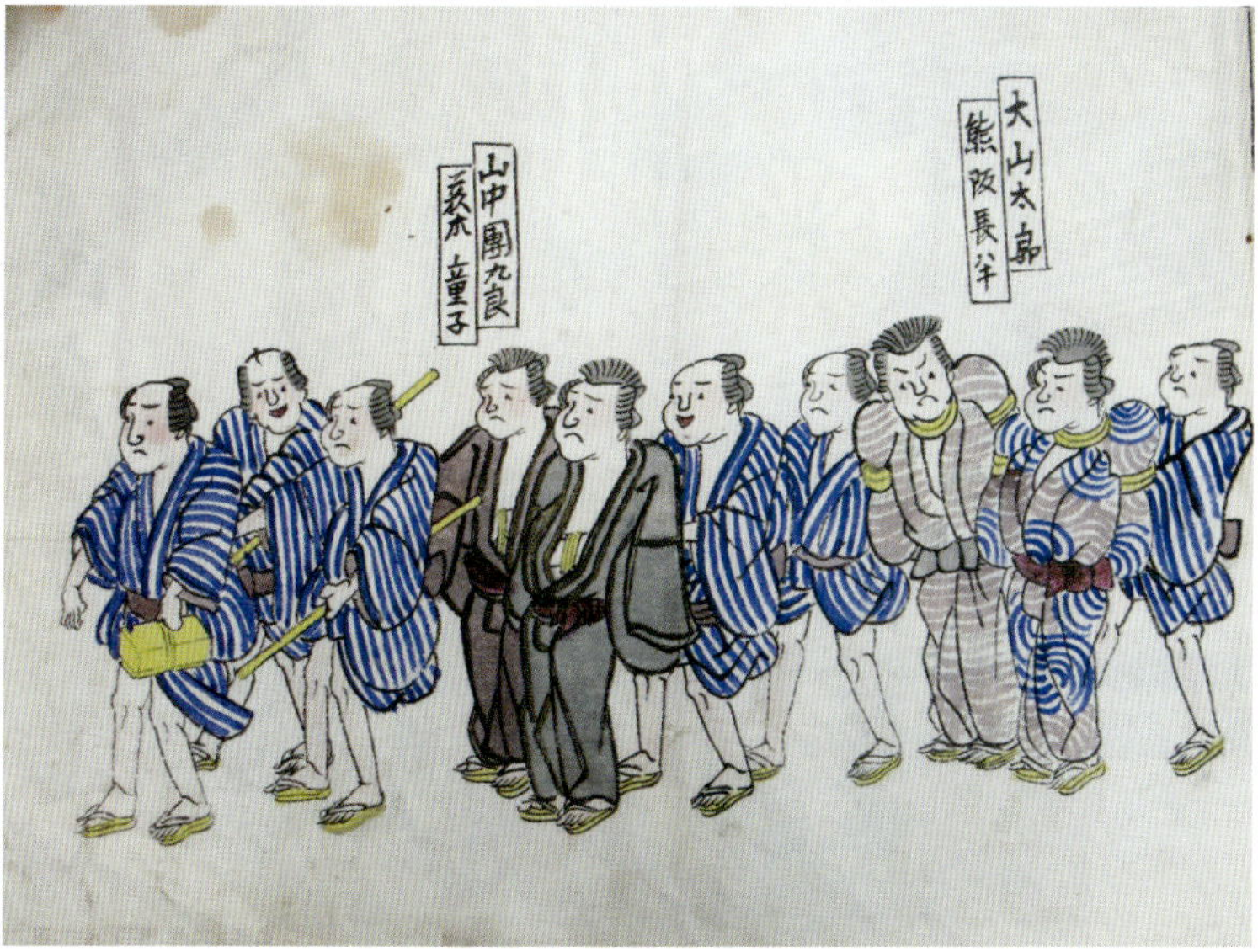

**牢屋敷より阪府え出ものの図**　裁判は大阪府庁（もとの西町奉行所）で行われた。囚人たちは役人に付き添われ、牢屋敷から約２町（200ｍ余り）の距離をゾロゾロと行列して移動した。罪の大きさにより縄のかけ方が異なった。「もっこ」で運ばれているのは病人であろう。「末代噺」より。

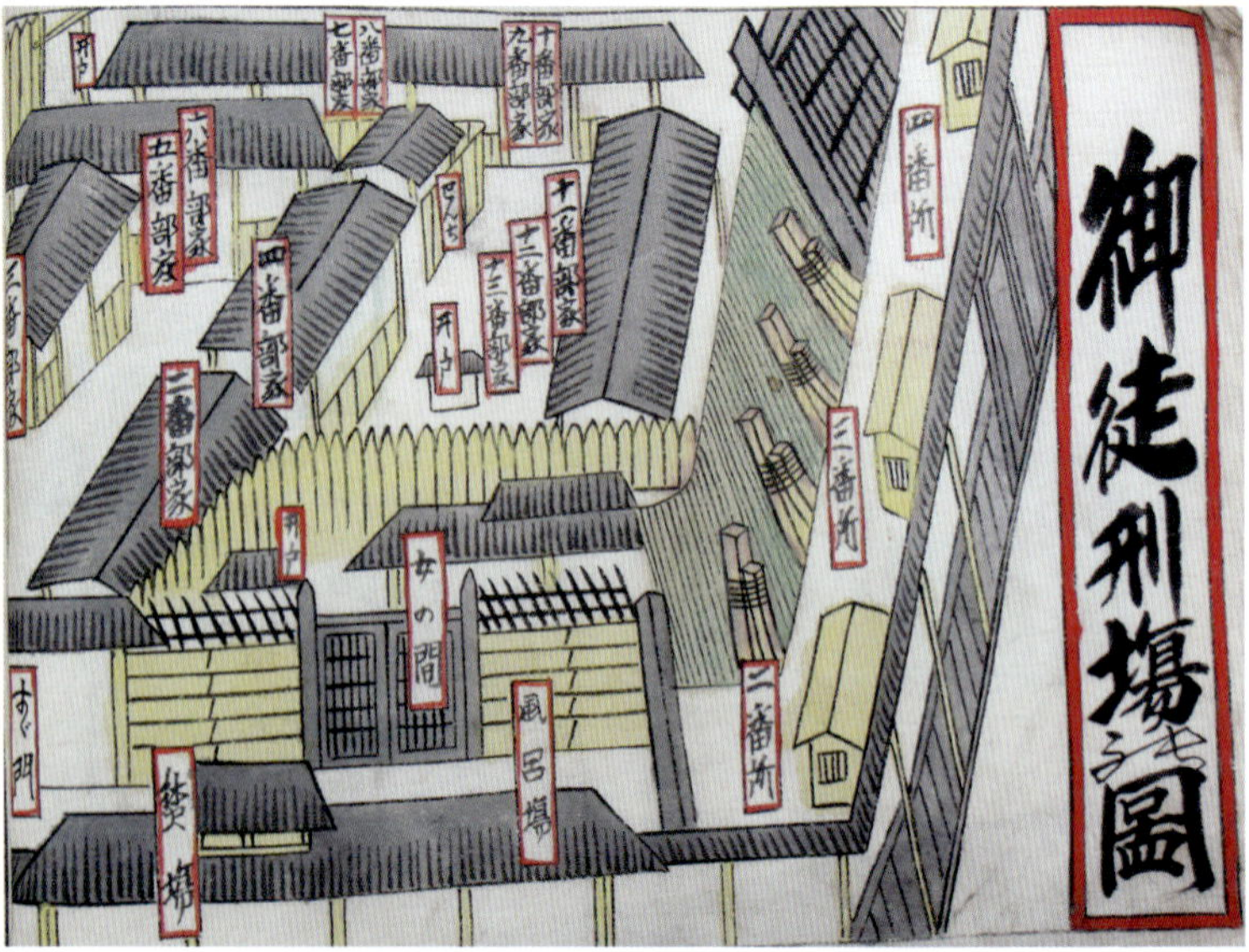


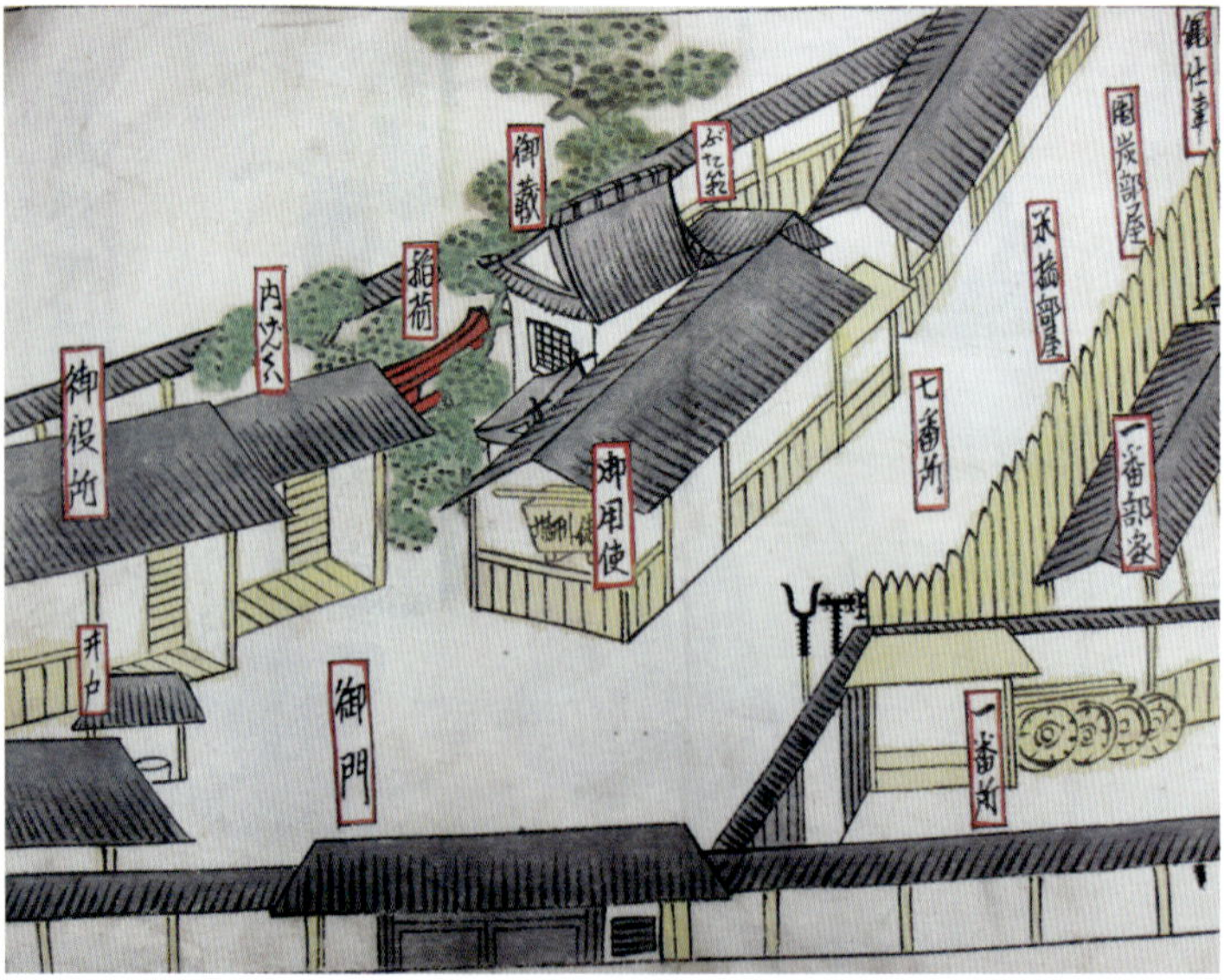


**御徒刑場の図**　徒刑は旧来の追放刑にかわる新しい刑罰であり、大阪府の徒刑場は、明治元年（1868）年の秋、旧幕府の「高原溜（ため）」を再利用して作られた（144頁参照）。その全体像を伝える貴重な図である。女囚は一画を板塀で囲って収容した。場内には「米つき」「炭団（たどん）製造」「縄仕事」の作業場が記されている。「末代噺」より。

**上／徒刑場十番部家**　徒刑場の役付囚が、外役に出す囚人を選んでいる。名前が記された木札を出役場所ごとにひもで束ね、現場へ持ち出す名簿がわりにした。うしろの帳面には「米搗（こめつき）」「縄仕事」「川堀」などとあり、当時の苦役がうかがわれる。「末代噺」より。

**下／徒刑内働　米搗　縄仕事**　徒刑場の中で行わせた作業のうち、「米搗（精米）」と「縄仕事（縄づくり）」を描いたもの。このうち「米搗」は、徒刑場から出て精米所で行う（出働）こともあった（139 頁参照）。「末代噺」より。

**男六人と和姦　明治八年**　一件（422 頁）を伝える「大阪日々新聞」の記事（早稲田大学図書館蔵）。この新聞では、内縁の夫が淫婦の妻を追い出すついでに、懲らしめのために仲間と輪姦したうえ、木津川河口の洲へ置き去りにしたと説明しており、裁判記録とはずいぶん異なる脚色がほどこされている。

**密通妻と姦夫と祖母を傷害　明治九年**　一件（423 頁）を伝える「錦画百事新聞」の記事（早稲田大学図書館蔵）。不貞の現場に踏み込んだ夫が、自分の妻と姦夫に刃物で斬りつけている場面。描くのは大阪の浮世絵師、二代目長谷川貞信（1848－1940）。この事件は同紙に 3 回にわたって連載された。いわゆる「錦絵新聞」は、浮世絵と平易な文章で書かれた一枚刷りの新聞で、明治初年の庶民のあいだで人気を博した。

**贋金と知って行使――慈善家の偽造犯　明治九年**　一件（382頁）を伝える「錦画百事新聞」の記事（早稲田大学図書館蔵）。機械を用いて太政官札を偽造した男が、警察に捕縛される場面。この新聞では、１円金貨の偽造を計画したものの、うまくいかなかったため、ニセ札づくりに手を染めたと説明している。なお、裁判記録のほうは、この偽造犯の世話になり、偽札をあちらこちらで使って捕まった貧しい男の処罰について記している。

# まえがき

明治初頭の一〇年間はまぎれもなく日本の激動期であった。本書は大阪におけるこの約一〇年間の刑事裁判記録である。

調査を依頼され案内された大阪地検旧庁舎の地下室に、和とじの書類が詰まったダンボール箱が山積みされていた。やぶれた箱から見える内容は、明治初年の刑事裁判の記録のようである。湿気による傷みや虫損もあったが、これはただごとではないと感じた。鳥肌が立った。文書はただちに高燥の部屋に移し、消毒された。精査すると、明治二年（一八六九）正月以降の大阪府や、その後の大阪裁判所で行われた刑事裁判の関係書類が、ほとんど継続してそろっている。

たび重なる庁舎の移転、風水害、空襲など大阪が受けた災害をしのいで、よくまあ残ってきたものである。

慶応四年（一八六八）一月、大坂に滞在していた将軍徳川慶喜は、鳥羽伏見の戦いに幕府軍が敗れたと聞くや、大阪湾に碇泊していた幕艦に乗って江戸に逃げ帰った。大阪の支配は若干の経緯を経て、町奉行所から大阪府に代わった。

残された判決の最初の事件を見ると、同年（＝明治元年）の秋には訴えられた犯人を召し捕り、翌二年正月に判決を申し渡している。その経過は「諸吟味書《しょぎんみしょ》」と題する簿冊の冒頭に記録されている。判決を記録した簿冊の題名は、明治五年から「断刑録《だんけいろく》」となる。その後、裁判制度の推移とともにその題名も変化した。

全国の地方検察庁に残されていた刑事判決記録類のうち、明治一四年以前のものについては、いま全て国立公文書館に移管されている。その目録を概観すると、大阪以外にも明治初年の記録を散発的に保存していた例はあるが、これほどまとまって残されていたところはない。

本書は対象とする時期を三期に分ける。

江戸時代の町奉行は、その地域のすべての支配をにぎっていた。民事・刑事にわたる裁判も町奉行の所管の一端であった。明治初年の大阪府はこのかたちを踏襲した。発足当初の裁判は旧幕府の法によって吟味され、判決が申し渡された。この期間が第Ⅰ期「大阪府時代前期（旧幕府法期・明治二～三年末）」である。

明治三年（一八七〇）の末に、刑法典「新律綱領《しんりつこうりょう》」が頒布施行された。これが第Ⅱ期「大阪府時代後期（新律綱領期・明治四～五年末）」である。明治六年（一八七三）に、大阪では裁判が行政の一端であることをやめ、裁判所が独立した。これ以降が第Ⅲ期「大阪裁判所時代（明治六～九年）」である。

この期間の記録に残された事件の総数がどれほどになるか、見当がつかないが、全体に目を通し、いちおう目についた事案を本書に採録した。選択に基準を設けたわけではない。歴史的に重要と思われる事件、制度の改廃に対する反応、社会の動向などには気をつけたが、選択が恣意的であるとのそしりは免れない。

「新律綱領」には「証拠があるのに自白しないときは拷問する」との規定が、また、明治六年七月に施行された「改定律例《かいていりつれい》」には、「断罪は当人の自白による」との箇条があった。この箇条が「断罪は証拠による」と改められたのは明治九年(一八七六)であるが、拷問の禁止が明文化されるのは、明治一三年(一八八〇)公布の旧刑法をまたなければならなかった。明治初年の裁判では、身体に苦痛をあたえて自白を強要するのは珍しいことではなく、その点では旧幕時代とかわるところはなかった。

たとえば、本書にも、明治四年に高野山の僧三人が、高官を呪詛したとのうたがいで拷問された事件(二六二頁)、翌五年、厳しい拷問の末に強盗殺人を自供した男の事件(二三一頁)を収めている。また、この年には、女性の手足を縛ったうえ、打擲して冷水をあびせ、自白を強要しようとした官員の処罰がなされた(二五五頁)が、こうした取調べは決して珍しいことではなかったであろう。

明治六年には、流刑三年を申し渡され壱岐島へ流された男が島抜けし、大阪を徘徊しているところを召し捕らえられた事件があった（三九五頁）が、この男は自白書のなかで「苦痛のあまり、やってもいない盗みを何件も自白した」と述べている。ちなみに、この吟味にあたったのは、あの児島惟謙《こじまいけん》であった。

この本は頁を開いて、どこから読んでくださってもよい。そして目を通してくだされば、明治初年という日本の激動期のイメージが生まれるかと思う。

口絵には、当時の状況を知る手がかりとなりそうなものをいくつか掲げた。特筆すべきは、明治四年（一八七一）に刊行された「末代噺《まつだいばなし》」と題する絵本を利用できたことである。京都帝国大学教授であった故小早川欣吾教授の旧蔵書であり、現在は京都大学法学部の所蔵するところである。「末代噺」の著者は、博徒の親分で、明治三年四月に入牢、六月に徒刑場に送られた。戒めのため画工に命じ、見聞したところを余すところなく描かせたものという。これまで暗黒のなかにあってうかがうことができなかった当時の牢や徒刑場の様子をかいま見ることができる。

用語などの用例は凡例に記した。参照されたい。

［凡例］

一　本文中の事件関係者の人名は、原則としてすべて仮名にした。ただし、歴史的に著名な人物、司法官、外国人および解説中の人名については実名とした。

一　本文の表題下に記した「明治～年」は、落着・判決時を示している。

一　事件関係者の名前の下にかっこ書きで記した年令（数え年）については、記録に記されているものをそのまま掲載した。その多くは吟味（取り調べ）中に作成されているため、犯行時や落着・判決時とは一致しない場合もある。

一　事件中の年月日についても、記録に記されているものをそのまま使用した。したがって旧暦の明治五年一二月三日（一八七三年一月一日）から、新暦が採用されたが、本文中では、その修正は行っていない。

一　元号についても、記録に記されている場合は、それをそのまま採用した。ただし、干支のみで記されていた場合には、読解の便を考え、それに元号をあてている。また、元号の下にかっこ書きで西暦を付したが、右に記したように、旧暦を新暦に修正してはいないことから、いちおうの目安と考えられたい。なお、慶応四年九月に「明治」と改元され、その際の詔書で慶応四年一月一日にさかのぼって明治元年とする旨が宣せられたが、本文中では同年九月以前は「慶応四年」と表記している。

一　近代になってしばらくの間、「おおさか」の「さか」は「坂」と「阪」が混在する状況が続くが、本文中では「阪」で統一した。ただし、明らかに近世のことがらである場合や、「大坂町奉行」「大坂城代」のように、歴史的用語として定着しているものについては「坂」を用いている。

一　本文の引用史料中のふりがなについては、原典にすでに付されていたものも若干あるが、大半は読解の便を考え、著者が付け加えたものである。

一　本文中には近世から明治初年にかけての被差別民や女性などに関する記述や呼称があるが、当時の歴史的現実をうかがう必要から、あえて記録中の表現をそのまま使用した箇所がある。

目次◉大阪「断刑録」——明治初年の罪と罰

## 番人（巡査）をめぐって　444



## 酒の災い　459



## 市井の触法（3）　466



## あとがき　474

＊解説

＊関連年表

# Ⅰ　大阪府時代前期（旧幕府法期・明治二〜三年末）

## 明治元年～3年末（1868～70）

| 元年 | 一般 | 大阪 |
|---|---|---|
| 1月 | 鳥羽伏見の戦い | |
| | 慶喜、大坂脱出 | 大阪鎮台の設置 |
| | 大久保利通大阪遷都論 | 「大阪裁判所」と改称 |
| 2月 | 堺事件 | |
| 3月 | 五箇条の御誓文発布 | 明治天皇大阪行幸 |
| 4月 | 江戸城無血開城 | |
| 閏4月 | 政体書により三権分立を宣言 | |
| | 府藩県の設置 | |
| 5月 | 銀目の廃止 | 川口運上所の設置 |
| | 太政官札の発行 | 大阪府の設置 |
| 6月 | | 府兵隊（浪華隊）を組織 |
| 7月 | 江戸を東京と改称 | 大阪開港と川口居留地設定 |
| | 刑部省の設置 | |
| 9月 | 慶應から「明治」へ改元 | |
| | 会津の落城 | |
| 10月 | | 徒刑場の設置 |
| 12月 | | 松島遊郭設置 |
| **2年** | | |
| 1月 | | 大阪府から摂津県・河内県独立 |
| 2月 | | 仮病院、大福寺に移転 |
| 3月 | 両・分・朱から円・銭・厘へ | |
| 5月 | 五稜郭開城（戊辰戦争終結） | 摂津県、豊崎県と改称 |
| 6月 | 版籍奉還 | 大阪三郷を廃し、東西南北の四大組へ |
| 8月 | | 豊崎県を兵庫県に合併、河内県は堺県に |
| 11月 | 民部省札の発行 | |
| **3年** | | |
| 1月 | 「日の丸」を国旗に | |
| 2月 | | 摂津・河内に下肥騒動 |
| 9月 | 平民に姓を許可 | 高麗橋鉄橋の竣工 |
| 11月 | 徴兵規則の公布 | |
| 12月 | 新律綱領頒布 | |

# いちばんはじめの事件　明治二年

明治二年（一八六九）正月にはじまる大阪府の刑事判決は、「諸吟味書」と題する簿冊につづられている。この年の分だけで二四冊、収録された事件数は六五〇を越える。

その最初に記録されていたのは、次のような事件であった。


摂州青木《おおぎ》村に住む清助（三五歳）は、百姓仕事の合間に酒を商っていた。慶応四年（一八六八）二月ごろ、親戚を頼って大阪に出稼ぎにきた清助は、ここでも酒商いをはじめることにした。

同年九月ごろ、福井町《ふくいちょう》に住む利左衛門（六一歳）の口次（仲介）で、立売堀《いたちぼり》の立花屋新吉という男に、手持ちの酒四〇樽を代金一二四両で売り渡した。うち一六樽分の代として五〇両を受け取ったが、残金は支払われないままであった。

たびたび催促したが、らちが明かぬまま、一〇月八日に新吉が家出してしまい、ゆくえが分からなくなった。通常の探し方では居所《いどころ》は分からないだろうし、もし見つかっても簡単には支払ってくれないだろうと考えた清助は、武家方の者を頼んで権威を示し、捜索や掛け合いをすればうまくゆくだろうと思いついた。知り合いに宇和島《うわじま》藩邸に出入りして人足と焚出《たきだ》し方の部屋頭《へやがしら》をしている男がいて、子分もたくさん抱えていることから、彼に相談してみることにした。

翌日、清助は頭を訪ね、新吉の居所探しを手伝ってくれるよう頼みこんだ。頭は即座に承知し、その場に居合わせた三人の子分に手伝いを命じた。子分たちはめいめい腰に脇差を帯び、清助とともに新助を探しに出た。

一行は途中で、この取引の口次をした利左衛門方に立ち寄り、事の次第を話して、いっしょに探してくれるように言った。利左衛門にも新吉から未回収の酒代があったので、すぐに承知していっしょに探しまわったが、居所は知れなかった。しかし、清助が売った酒のうち一五樽は、新吉が瓢簞町《ひょうたんまち》の米屋利兵衛という男に転売したといううわさが耳に入ってきた。

そこで清助は、「一五樽の酒は宇和島家の払い下げ品で、子細のあるものなので、よそに売り渡さぬよう」と利兵衛にいつわりを言って差し止めておき、その後で取り戻す算段をしようとみなにもちかけた。一同は同意した。

同夜、五人で米屋利兵衛方へおもむき、三人の子分から打ち合わせ通り言い渡して、酒をよそへ売らぬよう念を押した。その後に一同は、翌日酒を引き取りに出向くことを申し合わせて別れた。

翌一〇日、清助ら五人は再び利兵衛方を訪れ、酒は残らず引きあげると一方的に申し渡した。あれこれと文句を言ってきたので、一同は「文句があるのなら、宇和島家の御屋敷まで来いっ」と言葉荒くののしり、酒一五樽をむりやり荷車に積み込んで持ち帰った。もちろん利兵衛にはびた一文払わなかった。人足部屋に戻った三人の子分は、頭には「おだやかに掛け合って酒は引き取ってきました」と、うその報告をした。

その二日後、清助・三人の子分・利左衛門の計五人、それに人足頭までもが一網打尽に召し捕らえられた。酒を取り上げられた利兵衛が大阪府に訴え出たからであった。清助らが理不尽に持ち帰った酒は、後に利兵衛へ下げ渡された。

翌明治二年（一八六九）正月一四日、大阪府から一同に申し渡しがあった。首謀者の清助には「五百日徒罪」、三人の子分には「三百日徒罪」、利左衛門には「二百日徒罪」がそれぞれ科された。頭にも「急度叱《きっとしかり》」が申し渡された。


ちなみに「徒罪（『ずざい』または『とざい』）」とは、こんにちの懲役に似た自由刑で、歴代中国王朝や古代日本で用いられた刑罰法規「律」に由来するものであった。幕府は「徒罪」を採用することなく、各種の追放刑を維持しつづけたが、藩のなかにはこれを取り入れたところもあった。維新政府は王政復古を掲げたことから、「徒罪」もまた復活することになった。

他方、「叱《しかり》」は旧幕府法（公事方御定書《くじかたおさだめがき》）の刑罰体系のうち、庶民が犯した軽い罪に対して科される名誉刑であった。お白州《しらす》へ呼び出されて叱責《しっせき》を受けるのであるが、叱責の度合いの違いにより「急度叱」と「叱」の二種があった。

また、この時期の大阪府は、旧幕府の刑罰体系をそのまま用い、これに「徒罪」を当てはめて刑罰を申し渡していた。たとえば、大坂町奉行所であったなら「所払《ところばらい》」に処した犯罪者には、「徒罪二百日」を申し渡すといった具合である。しかし、「叱」など旧幕時の刑罰がそのまま残されたものもあり、両者が混在していた。新政府には、すでに支配下に置いた地域であっても、そこに統一的な刑罰法規を施行するだけの力はまだなかった。

それでも、大阪府が成立したのが慶応四年（一八六八）五月、後に紹介する徒刑囚による再犯事件からは、遅くとも九月下旬には判決の申し渡しが開始されていたことがうかがわれる。維新の動乱さめやらぬなか、大阪府による警察業務や裁判は日々行われていた。

# 前代のあと始末

## 「ぜんざい屋事件」の密告者を殺害　明治三年

もと土佐藩士の津村光之助（三一歳）は、一〇年ほど前に藩の家老につき従って京へのぼった。その後、武者修行のため無断で出奔《しゅっぽん》し、あちらこちらで修行に励んだが、三年前に大坂町奉行所で吟味を受け、京都東山の明暗寺《みょうあんじ》に引き渡された。普化《ふけ》正宗の総本山で、虚無僧《こむそう》で知られた寺である。

慶応四年（一八六八）正月の戊辰戦争のとき、有栖川宮熾仁《ありすがわのみやたるひと》親王が東征大総督として江戸へ発ち、府中に滞陣中と知った光之助は、寺を出て府中へと向かった。

志願のうえ、宮附属一四番局に加えられた光之助は江戸まで従軍し、その後、戦地の状況を探るため、日光山へ派遣された。ところが任務を果たして戻ってみると、局の同志はひとり残らず脱走してしまっていた。しかたなく光之助も同様に出奔した。

心当たりをあちらこちらと訪ね歩くうち、大阪安治川《あじがわ》や伏見で元同志たちのうち五人にめぐり逢うことができた。彼らはいずれも長州藩からの脱走者であったが、光之助とともに大阪で過ごすことになった。

同年七月ごろ、彼らのあいだで、「蔦亀《つたかめ》」こと播磨屋亀七という男の首を刎《は》ねてしまおうという話がまとまった。その理由は次のようなものであった。

・「蔦亀」は、右の脱走者五人が長州藩から「お尋ね者」となっていることを聞き込み、その潜伏先を探ってお上に密告した。また、光之助を含む一同を「あいつらは自らを『正義』などと称しているが、ほんとうは『風頼《ふうらい》もの』だ」と悪しざまに言い触らしているとのうわさがあった。

・光之助らが懇意にしていた元土佐の脱藩人で、その後に長州遊撃隊に加入した大利鼎吉《おおりていきち》は、かつて大坂に潜伏していたが、「蔦亀」が探索して壬生浪士《みぶろうし》（新撰組）の谷万太郎《たにまんたろう》に密告したために斬殺された。

・以前、「蔦亀」といっしょに池田《いけだ》村に一泊した際、当座の口論から、「蔦亀」が光之助の頭をこぶしでなぐったが、両者の間に仲裁人が入ったため、仕返しができなかった。

・これらに加えて、その後も「蔦亀」が一同を悪しざまに言い触らしているとの風聞があり、このままではみなの身に危険がおよぶとも思われた。

右のうち大利鼎吉の斬殺は、幕末史をいろどる有名な事件の一つであった。大坂に潜む土佐勤皇党《とさきんのうとう》の残党が、大坂城に火をかけ、長州征伐に向かう幕府の裏をかいて後方を攪乱《かくらん》し、その隙に尊皇倒幕の挙兵をしようという奇策を企てた。一味は焼玉《やきだま》（火薬を詰め火を付けて投じる球）などの用意も進めていた。その一人であった田中顕助は、昭和になってから回顧録『維新夜語』のなかで、たった六人の書生で、浪華城の焼打の計画を進め得るかは、甚だ疑しいものである。が当時の私共は、それをやり得ると信じてゐた。よしやり得なくっても、断じてやり切ってしまふつもりであった。（中略）今にも浪華の城が紅蓮《ぐれん》の炎に包まれ、将軍家茂《いえもち》の首が転り落ちたやうな気分で、意気天を衝《つ》くと言った有様……（後略）

と、当時をふり返っている。

土佐脱藩人の大利鼎吉は、後からこの計画に加わった。慶応元年（一八六五）一月八日、彼らの根城であるぜんざい屋に、新撰組大坂屯所《とんしょ》隊長の谷万太郎が門人らと踏み込んだ。『維新夜語』には、焼き討ち計画が漏れたのは、谷と同郷の谷川辰吉なる者が、「町内に土佐浪士のかくれ家がある」と教えたから、と記されている。そこに「蔦亀」の名は見えない。

田中を含む一味は外出中あるいはその場から逃亡したため、新撰組と斬り結んだのは大利鼎吉ひとりだけであった。大利は奮戦ののち、彼らによって斬殺された。享年二四。のちにこの一件は「ぜんざい屋事件」と称されるようになった。司馬遼太郎もこれを題材に「浪華城焼打」と題する短編を発表している。

さて、当初は全員で押し寄せて「蔦亀」を斬るつもりであった。ところが光之助が、「蔦亀ひとりくらいのこと、みなで殺《や》るには及ばぬ。俺ひとりでやつを斬って、首はもとより晒《さら》す。かたわらに遺恨をしたためた罪状書を添えるつもりだが、みなに難儀がおよばぬような文言にする」と言って仲間たちを説き伏せた。そして、罪状書を懐《ふところ》に何食わぬ顔で「蔦亀」宅を訪れた。

「蔦亀」は留守であったが、応対した下女に「用があるので呼んで来てくれ」と頼むと、やがて連れ立って帰ってきた。奥の間に通された光之助は、「蔦亀」に遺恨の次第を告げたのち、一刀の下に彼を斬り殺した。その首をさげて外に出た光之助は、近くの芦分橋《あしわけばし》の上に首を置き、そのかたわらに「極悪人猿の蔦亀」と題する次のような内容の罪状書を添え、その場から逃亡した。

この者は旧幕時に諸藩の潜伏人を探索した。諸藩の有志で猿のために命を落とした者は少なくない。また、庶民に対しても幕府の威光をかさにきて、猿の気に障《さわ》る者は無罪であっても密告し、わいろを差し出す者はたとえ有罪でも見のがした。難儀した人は数知れず、その罪は三才の童《わらべ》でも知らぬ者はない。万民の窮苦を救うため、制裁を加え梟首《きょうしゅ》するものである。

江戸時代に大坂町奉行所が御用に使った手先のひとつに、「猿」と呼ばれる者たちがいた。喜田川《きたがわ》守貞《もりさだ》が、江戸・大坂・京都のさまざまな風俗や制度を比較して著した随筆『守貞謾稿《もりさだまんこう》』には、この「猿」についても記されている。それによると、江戸の岡引《おかっぴき》がこれを生業とし捕り物にも携わるのに対し、京坂の「猿」は他に職を持ちつつ、情報を探って役人に密告することが主な任務であったという。「蔦亀」はまさにこの「猿」のひとりであった。

光之助はその後、あちらこちらに潜伏していたが、明治二年（一八六九）四月に召し捕えられた。大阪府は同年末に刑部省《ぎょうぶしょう》へ伺いをたて、翌三年の春、同省からは「斬罪」（斬首刑）の沙汰《さた》（指令）が下された。

「ぜんざい屋事件」で憤死した大利鼎吉は、その後、明治一六年（一八八三）に靖国神社に合祀《ごうし》され、同二八年に正五位を追贈《ついぞう》（死後に官位を送ること）された。難をのがれた田中顕助の尽力によるものであった。彼は後に田中光顕《たなかみつあき》と改名し、元老院議官、警視総監、学習院長などの要職を歴任、伯爵にまで昇りつめ、昭和一四年（一九三九）に九七歳で没した。

当時のぜんざい屋跡（現在の中央区瓦屋町二丁目）には昭和一二年に、田中の揮毫《きごう》による「贈正五位大利鼎吉遭難之地《そうなんのち》」と刻まれた石碑が建てられた。その裏面には大利の辞世「ちりよりも　かろき身なれど　大君《おおきみ》に　こころばかりは　けふ報《むく》ゆなり」が記されている。

## 亜米利加（アメリカ）みやげで災難　明治二年

慶応二年（一八六六）四月、幕府はそれまでの鎖国の方針を大転換して「海外渡航差許布告《かいがいとこうさしゆるしふこく》」を出し、「学科修行または商業」を目的とする渡航は、申請すれば審査のうえ許可することにした。

当時、この布告を利用して海を渡った者たちのなかには、軽業《かるわざ》師や曲芸《きょくげい》師などの芸人が少なからずいた。現存する旅券第一号（外務省外交史料館所蔵）も隅田川浪五郎《すみだがわなみごろう》という芸人で、一座を組み、アメリカ人興行師リズリーに連れられて同年一〇月に出国、アメリカやヨーロッパで興行し、好評を博したという。

それに刺激され、翌年七月にポルトガル人興行師ダローサに雇われてアメリカに渡ったのが早竹虎《はやたけとら》吉《きち》の一座であった。虎吉は幕末期の京都・大坂・江戸の三都で人気を博した有名な軽業師であった。

さて、この事件は早竹一座とともに渡米することになった男の話である。男の名は弥吉（三五歳）という。虎吉の養女のもとで日雇い奉公していたが、慶応三年（一八六七）七月、一座が外国興行に出発するというので、横浜まで見送りについていった。早竹虎吉一座は横浜奉行所へ渡航申請のうえ、免状を下付されたが、どういう手違いからか、そこには弥吉の名も書き加えられていた。

やむなく弥吉は、早竹一座らとともに蒸気船に乗り込み、横浜を出港した。一座は弥吉をふくめ、虎吉とその養女など総勢二三人であった。八月一八日にサンフランシスコに到着、そこで一座は一〇月上旬ころまで軽業興行を行った。その後一二月に船でニューヨークに移動し、慶応四年（一八六八）元日から興行したが、同月の五日ころ虎吉は発病、一六日に異国の地でその生涯を終えることになった。興行師と契約面でもめていたとも伝えられており、無念の最期であったと思われる。

座長の死により興行を続けられなくなった一座は、二月上旬、サンフランシスコに船で送り返されることになったが、その船中で弥吉は、美しい小さな本を取り出して読みふけっているニューヨーク出身の外国人と仲良くなった。この本をみやげに持ち帰りたいと思い、しきりにねだったあげく、ようやくこれを手に入れた。しかし何の本かわからない。乗り合わせていた通事《つうじ》（通訳）に尋ねると「亜米利加《アメリカ》経本」ということであった。

一行は同月二五日にサンフランシスコに着いたが、うち六名はしばらくアメリカに残ることになった。弥吉をふくむ残りのものたちは先に蒸気船に乗り、四月二〇日ころに横浜に着いた。一行は一〇月中旬まで横浜に滞在し、弥吉が大阪に帰って来たのは同月下旬になった。出国のときあった幕府はすでになく、時代は明治になっていた。

一〇月末日、弥吉は、十数年前に奉公していた歌舞伎役者の市川団四郎を訪ねた。近況を問われた弥吉は渡米した話をしながら、持ち帰ったあの本を出して「これは亜米利加宗門の面白い本で……」と言って、その場にいた九つになる団四郎のむすこに手渡した。むすこはこの本を父親に見せたが、団四郎は手にも取らなかった。母親のはまが受け取って見ると美しい本なので、もらい受けることにした。

その後は何事もなかったが、翌明治二年（一八六九）四月下旬ころ、はまが、理由も告げずにこの本を返しに来た。弥吉は自分の物入れにしまっておいたところ、とつぜん大阪府に召し捕らえられた。

弥吉が持ち帰った「亜米利加経本」とは、聖書であった。弥吉はアメリカでキリスト教の洗礼を受け信仰しているのであろうと疑われたのであった。

幕府のキリシタン禁制は明治政府にも受け継がれていた。慶応四年（一八六八）三月に太政官《だじょうかん》が出した「五榜《ごぼう》の掲示」とよばれる高札《こうさつ》には

切支丹《きりしたん》邪宗門《じゃしゅうもん》の儀は堅く御制禁《ごせいきん》たり、若《も》し不審なる者あらば其《そ》の筋の役所へ申し出《い》ずべし、御褒《ごほう》美《び》下さるべき事

と、キリシタン・邪宗門の禁止と不審者の密告奨励が明示されていた。明治六年（一八七三）二月にこの高札が撤去されるまで、禁制は継続していた。

さて、吟味の結果、弥吉が信者でないことは判明したが、その処置について大阪府は困惑した。合議の後に彼に下された刑罰は「違令ノ律ヲ以テ杖二十」であった。「違令」とは布告の類いに対する違反を意味した。また、「杖《じょう》」とは裸でうつ伏せに押さえ込まれ、上半身を棒状の刑具（杖）で所定

の回数打たれる刑である。「杖」も「徒罪」と同様、「律」に由来する刑罰であったが、幕府にもすでに享保期に、「敲《たたき》」という刑罰として導入されていた。さらに、団四郎と妻はまにも「屹度叱《きっとしかり》」が言い渡された。

はまの自供によると、弥吉からもらった本は飯台の引出しに入れてあった。その後、いつのことかは忘れたが、同じ町内に住む男が、娘を使いに寄こし「本を見せてほしい」と言ってきたので貸してやった。ほどなく返してきたが、しばらくして、懇意にしている歌舞伎役者の下男がやってきて、「本を貸してほしい」というのでやはり見せてやった。その男が「この本は切支丹に用いる本ではないか」と言うので、気味が悪くなったはまは、弥吉に本を早々に返したのであった。

じつはこの二人の男たちは、大阪府監察局の手先であった。監察局は探索のため、彼らに団四郎宅から本を借りさせたのである。アメリカ帰りの弥吉は、監察局から目を付けられていたのであろう。この二人の男たちも先の一件の「蔦亀」と同様、大坂町奉行所時代にいわゆる「猿」と呼ばれた者たちであったのかもしれない。

## 米商人を天誅《てんちゅう》と称しさらし首　明治二年

伏見練兵所五番隊の伍長岡本勇次郎（二四歳）は、もとは大和国（現在の奈良県）の小藩の家臣のせがれであったが、農家へ養子に出された。慶応元年（一八六五）に大坂警衛の足軽として召し抱えられたが、やがて暇《いとま》（解雇）を出され、その後はあちらこちらを漂泊していた。

慶応四年（一八六八）二月、同志の者八〇名ほどと、皇室の菩提《ぼだい》寺として知られる京都の泉涌寺《せんにゅうじ》に駐屯し、御親兵《ごしんぺい》として入隊を志願する旨の願書を軍務官《ぐんむかん》（軍事をつかさどる新政府の機関）に差し出した。御親兵とは、鳥羽・伏見の戦い後の軍事的緊張に対応するため、新政府が同月、急ごしらえで編成したもので、正規の藩士はそのごく一部に過ぎなかった。

五月に一同は御親兵として採用され、約二か月後に勇次郎は、伏見練兵所で五番隊に配属された。武術修行に精を出し、さらに一か月後には同隊の伍長に任じられた。

明治元年（一八六八）一〇月中旬、高津《こうづ》の知人宅を訪ねたところ、足軽時代に懇意にしていた川田新之助（三四歳）という男に偶然出会った。彼とよもやま話をするうち勇次郎は、隊の同僚が以前「金札《きんさつ》と正金《しょうきん》の両替で利を貪《むさぼ》ったり、米の買占めなど不正を行っている者を探索して刑法官《けいほうかん》に申し上げたならば、隊のなかでの受けもよいであろう」と話していたことを思い出した。そこで新之助に「探索のうえ、もし不正な者を見つけたなら知らせてくれぬか」と頼みこんでおいた。

同月下旬、勇次郎がふたたび高津の知人宅を訪れると、新之助がやってきて「小判をひそかに外国に売り渡している者がいるらしい」と伝えた。「皇国の宝を蛮国へ売り渡すとはけしからん。刑法官知事の大原大納言様へお伺いのうえ、なんとかせねばならん。子細は分かっておるのか」と尋ねると、「清助という男から聞いてくれ」とのことであった。

数日後、新之助宅を訪ねた勇次郎は、その清助（五三歳）を呼び寄せた。この男はかつて天満樋之《てんまひの》上町《うえちょう》で町代《ちょうだい》をつとめており、顔も広いことから、新之助から不正の者を探るよう頼まれていたのであった。町代とは町会所に詰めて、町役人の補佐をする者たちである。

勇次郎が「自分は伏見軍務局のもので、刑法官へもつねづね出入りしておる。小判の話をくわしく教えてくれ」と尋ねると、清助は「委細は分かりませんが、なんば橋南詰を西に入ったところの加島屋が、安政小判二百枚を外国人へこっそり売り渡したと聞いています。小判が加島屋のものかどうかは、よく分かりませんが、暮らしぶりに比べたら分不相応な金子《きんす》です」と答えた。勇次郎は「とにかく刑法官の大原大納言様へ申し上げよう。こういうことが他にもないか探って知らせてくれ。近いうちに大阪には刑法官の屯所《とんしょ》（詰め所）ができる。その折には物書《ものかき》（書記）として召し抱えられるよう推挙《すいきょ》してつかわすから」とあらためて清助に頼んだ。

伏見へもどった勇次郎は、隊の同僚たちに事の次第を話した。さらに京の刑法官へ出頭して知事の大原大納言（大原重徳《おおはらしげとみ》）にもじかに言上した。大納言がいうには「それは大阪府の管轄であるから、手を入れてはならぬ」とのことであった。「皇国の宝が蛮国にむざむざと売り渡されるのを見すごせませぬ」と申し上げると、「考えてみるので一両日待て」と申し渡された。

一一月二日、御沙汰を伺いに再び刑法官へおもむいたが、大納言は多忙とのことでお目通りはかなわなかった。むなしく伏見へ戻ると、留守中に刑法官の役人だという男が勇次郎を訪ねてきており、「小判の件で先に大阪へ下って待っているので、帰りしだい大阪へ来るように」との伝言を残していた。

そこで勇次郎は、隊長に外出許可をもらい、夜船で下って三日の未明に大阪に着いた。その日の昼、高津の知人方にこの刑法官の役人が訪ねてきたので、清助から聞いた小判の話などを伝えた。

その日の午後、勇次郎は新之助を訪ねた。「大阪の取締りをわが隊に申し付けられたなら、物価を引き下げ、万事すっきりと取り計らい、飛ぶ鳥も落とすほどの勢いにするのだが……」と勇次郎が言

う と、新之助は「それは正義でよい思いつきだ」と応じた。なおも「米穀を買い占めている者の首を斬ってさらせば米価も下がり、百姓どもも助かるのではないか」と思いつきを口にしてみると、新之助は「ふんふん」と相づちをうった。

さらに欲のわいた勇次郎は、「人斬りばかりでは芸がない。これで銭もうけはできぬか」と問うてみた。新之助は「やれんこともない。米商人の首を斬ればきっと米価が下がるだろう。事前に米相場をあつかう者に話し、売らせておけば利益が出るから、その配分を受ければよい」と策をさずけた。勇次郎がその手配を頼むと、新之助は「いささかの事ならばできなくもない」といって引き受けた。つまり、米の短期先物取引を事前に仕組んでおき、米商人を斬首することで米相場をあつかう者たちを恐怖させ、米価を下落させてその差益を手にしようというもくろみであった。

翌四日、勇次郎は自分より先に下阪していた隊の同僚二人とともに、再び刑法官の役人を訪ね、大阪で聞き込んだ情報などを伝えた。

五日の朝、この同僚らの逗留《とうりゅう》先を訪ねると、さらに四人の同僚が居合わせた。彼らと雑談ののち、勇次郎は新之助方を訪れた。

米相場取引の首尾を尋ねると、「じゅうぶんとは言えぬが、二〇〇両くらいならばなんとかなるだろう」とのことであった。さらに勇次郎が「首をさらす時には、かたわらに罪状書を置くものだ。だれかに文案を書かせておいてくれないか」と頼むと、新之助はこれも引き受けてくれた。引き替えに新之助は、「仕官の際の口利きと、相場でのもうけのうち五分」を望んだ。

勇次郎が帰った後、もと町代の清助が新之助を訪ねてきた。新之助はこれ幸いと、罪状書の下書きを命じた。清助は渋ったが、無理やりに引き受けさせた。

翌六日、勇次郎は同僚たちの逗留先を再び訪れ、昨日の新之助とのやり取りを話した。同僚のひとりが「米を買占めている者を斬るほかない。殺せば米価が下がるにちがいない」と考えを述べた。他のものたちも同意したので、その日の午後、みなで新之助方を訪れた。

仲間らを玄関に待たせ、勇次郎のみが内へ通ると、新之助が「二ツ井戸《ふたついど》の泉和と瓦屋橋《かわらやばし》の紙源、それに福島《ふくしま》あたりの二軒が大きな米屋だ」と教えた。勇次郎は罪状書の下書きを受け取り、ついでに清書用の紙も所望した。さらに「同行の者たちが一杯やりたいと言っているのだが、持ち合わせがない」というと、新之助は「自分の名前を出せば呑《の》ませてくれる」という料理屋を教えたうえ、案内の者までつけてくれた。

それから一同は料理屋の二階へ上がり、罪状書の清書をしようとしたが、全員があまりの悪筆であったため断念した。勇次郎は再び新之助方を訪れ、下書きと清書紙を差し出して清書を依頼した。斬り殺す者の名前を書き入れるところを空けて清書してくれるよう頼み、ふたたび料理屋へ戻った。

勇次郎が去ると、新之助はまた清助を呼び寄せて清書を命じた。清助は断ったときの後難と、物に召し抱えられたい欲とで、言われるがままに清書をした。ただ、自分と分からぬよう筆跡は変えた。

夕方、勇次郎らは三たび新之助方を訪ねて、清書された罪状書を検分した。だれからも特に意見も出なかったので、罪状書はそのまま預けておくことにした。新之助が「堂島《どうじま》の米問屋で帳面を調べれば、だれが米を買い占めているか分かるだろう」と言うので、勇次郎らは堂島へと向かった。

一同は名も知らぬ一軒の米問屋を訪れた。米商の名前や取引高を記した帳面を差し出させて調べてみたが、泉和の名前はなかった。「泉和が見えぬが」と問うと、その米問屋は「うちは帳合米《ちょうあいまい》（米の先物取引）ばかりを扱っています。泉和は正米《しょうまい》売買なので、帳面に名はございません」と答えた。

そこで、勇次郎たちは二手に分かれて泉和と紙源を探り、買占めが明らかになったほうの首を斬ろうと申し合わせた。紙源の不正のうわさはつかめなかった。泉和のほうは近くの呉服店の丁稚《でっち》に聞き合わせると、米を買占めているうわさがあるとのことであった。なおも近所の物売りに尋ねてみると「泉和は枡《ます》の底に糠《ぬか》を塗った二重枡を使って、ほかの店よりも一升につき一、二文安く米を買い占めています」と答えた。

一同は高津五右衛門町《こうづごえもんちょう》の町会所で落ち合って、探索の結果を話し合い、泉和を斬ってその首をさらすことに決めた。会所にいた町代に「この町内で搗米《つきごめ》屋渡世をしている泉屋和吉に尋ねたいことがある。ただちにここへ呼び寄せよ」と命じた。知らせを受け、すぐに和吉は会所にやってきた。

会所の町役人らには、「われらのところに和吉を訴え出た者がおる。その者と和吉を面談させれば子細はすぐに判明するであろう。事情が分かれば和吉はすぐに戻してやるが、ひとまず連れてゆく。町内にはあす連絡するので、その節はおまえたちも出頭せよ」と出まかせを並べたてた。そして、和吉に縄をかけて外に連れ出した。

一同はすっかり日の暮れた淀川堤の樋之口《ひのくち》まで和吉を引っ立てていった。勇次郎が「おまえは枡の底に糠を塗って二重枡をこしらえ、米を買占めておろう。天誅を加えるゆえ覚悟せよ」と申し渡すと、和吉は「これからは性根を入れ替え、万民の助けになるよう努めます。どうかお許しを……」と命乞いをした。同僚のひとりが「おまえのような悪者を生かしておいては万民が難儀するわ。殺すので覚悟せよっ」とののしり、和吉の髪をつかんで引き倒した。すかさず別の同僚が刀を抜き、その首を斬り落とした。

それから一同は和吉の手を縛ってあった縄を切り、その着物と遺体を淀川に投げ込んだ。斬った首を淀川で洗っていると、町方で火事が出た様子であったので、すぐにはさらさず、とりあえず逗留先へ持ち帰ることにした。隊長がいたので、斬首の次第は押し隠し、「米の買占めをしている者がおりましたので、縛って連れ帰りました。いかがいたしましょうか」と尋ねてみた。隊長はひどく酔っており、「好きにせよ」と言って寝にいってしまった。そこで首は庭先に置き、近くにあった盥《たらい》をかぶせておいた。

勇次郎は同僚のひとりと出火の様子を見に出かけることにした。途中で新之助方に立ち寄り、「五右衛門町の泉屋和吉の首を斬った。さいぜん預けておいた罪状書に和吉の名を入れておいてくれ」と言い置いて火事場へ向かった。帰りがけに再び新之助方に寄り、罪状書を受け取って逗留先へ戻った。

罪状書を見せるとだれにも異存はなかった。同僚のひとりが「さらした首をすぐに片付けられてしまっては元も子もない。三日間は片付けてはならぬ旨と和吉の年齢を書き加えては」と言うので、それぞれ書き足した。なおもこの同僚が「首はどこに掛けようか」と問うた。勇次郎が「和吉の居宅前はどうだ」と言うと、その同僚は「それは遠いのでだめだ。雨の掛からぬ所にさらそう。ともかく天神橋《てんじんばし》あたりまで行ってみようではないか」と提案した。

そこでみなで首をさらしに出かけることにした。出がけに隊長にもう一度「和吉はいかがいたしましょうか」と尋ねてみたが、泥酔していて「そんなもんは知らん」とろれつがまわらぬ口で言うので放っておいた。一同は和吉の首を携え、天神橋あたりまでやってきた。

勇次郎は、難波橋《なにわばし》北詰の米屋も買占めをしているといううわさを耳にしていたので、難波橋に首をさらしてはどうかと持ちかけた。みなが同意したので難波橋まで行き、そこに竹を三つ股にしたものを立て、その上に首を掛けた。同僚のひとりがあたりの壁に次のような内容の罪状書を打ちつけた。

二つ井戸　泉屋和吉
三十五才

右の者はかねてから悪だくみをし、当節の御仁政にもかかわらず、私利私欲におぼれ、米を大量に買占めて暴利を貪った。そのせいで諸物価は高騰し、万民は非常に苦しんでいる。その罪はとうてい許されるものではない。よって昨夜召し捕らえ、天誅を加えた。今後も同様な不誠意の輩《ともがら》は、即刻同様に天誅を加える。

辰一一月七日

なお、首は三日間このままにしておくこと。外す者は同じく天誅を加える。

翌朝、隊長が勇次郎に、「昨夜捕らえた者がいたようだが、あれはいかがした」と尋ねてきたので、「首を刎《は》ね、罪状書を添えて難波橋にさらして参りました」と答えた。「それはけしからん。高札場《こうさつば》にさらしたのか」と尋ねるので、「高札場は恐れ多いので、難波橋北詰に掛けて参りました」と言うと、「これが知れればただではすまぬ。以後は慎め」と念を押された。

同日の昼ごろ、勇次郎は新之助方を訪れた。「堂島の米相場はおいおい下がっているか」と尋ねてみると、予想に反して「下がるどころか、むしろ上がりつつある」との答えであった。金もうけのあてがすっかりはずれた勇次郎は、「浜の者（米市場で相場を扱う者）というのは大胆なものよ。いたし方ない……」とつぶやくしかなかった。

翌八日の朝、勇次郎はまた新之助を訪ねた。家人が知人のところへ出かけたと言うので、後を追った。その知人宅にいくと、新之助から、和吉の殺害を大阪裁判所（大阪府）に届けるよう強く勧められた。勇次郎はしかたなく承知し、新之助をともない同僚たちを訪ねた。新之助は彼らにも自訴（自首）するように説いたが、「そんなことはせぬ」と口々に言った。新之助が「ばれたらどうするのか」と聞くと、「尋ねられたら白を切るまで」と彼らは答えた。それを聞いた勇次郎も自訴する気が失せた。

説得をあきらめた新之助が、ふたたび勇次郎とともにさいぜんの知人宅へ戻ると、新之助の知人で煮売屋《にうりや》（軽食や酒茶を売る店）をしている男がふたりを待ちうけていた。この男は新之助に「一両日中に大阪裁判所が米の買占めの手入れをする。米価が下がるので売り注文をしておけば、かならず儲かる。自分には利の三分だけ配分してくれればよいから」と勧められ、米相場に手を出していた。ところが米価は下がらず、逆に七〇両ばかりの損となったために、文句を言いにきたのであった。勇次郎は「米相場は思惑どおりではないが、明朝には米の値段も下がるであろう。もし下がらなければ、さらに米の買占めをしている者を調べるつもりだ」などと出まかせを言って、煮売屋をなだめた。

なおもこの男が「堂島の長小や尼利などの米屋は、今日も買い方に廻っていますが」と食い下がるので、新之助が「こちらの勇次郎殿は米価が下がるよう、今から裁判所へ届けに出られるところだ」と出まかせを言って間に割って入った。それと察した勇次郎も裁判所へ行くふりをしていったん表へ出た。

その後で新之助が、「今のが前に話した岡本勇次郎様というお役人だ。米価はきっと下がるから安心しろ。私はあの方から聞いた通りを伝えただけだ。運にまかせてくれ」と言うと、男は少しだけ安心した様子で帰っていった。

勇次郎はしばらくあたりをうろついてから再び戻り、新之助が工面した帰りの路用金を受け取った。その足で刑法官役人の逗留先へゆき、あす伏見へ戻る旨を告げた。

翌九日、勇次郎は八軒家《はちけんや》から三十石船に乗り伏見へ戻ろうとしたが、その途中で召し捕らえられた。まもなく新之助や清助たちも大阪府に召し捕えられた。和吉殺害に加わった勇次郎の同僚たちは、伏見の練兵所で捕らえられた。後にわかったことだが、新之助はほかにも数名の米仲買に取引を持ちかけ、売り注文をさせていた。もちろんひとり残らず損を出していた。

一味のうち新之助は、翌明治二年（一八六九）二月のはじめ、吟味中に牢内で病死した。その後、この一件は刑法官扱いとなったことから、同月末に大阪府は勇次郎らを引き渡した。同年七月、刑部省から勇次郎を「刎首《ふんしゅ》（斬首刑）」に処すべき旨の伺いが太政官に出され、同月二五日、「伺之通《うかがいのとおり》」との沙汰が下された。勇次郎の同僚たちの処分については、残念ながらうかがい知ることができない。

ちなみに「刑法官」とは、慶応四年（一八六八）閏《うるう》四月に太政官に設置された組織で、司法行政や行政監察（官吏の不正取り締まり）、刑事裁判や法律解釈あるいは刑事法の起草などをつかさどった。

翌明治二年六月の官制改革により、「刑法官」は「刑部省」となったが、行政監察については、この時に新たに設けられた「弾正台《だんじょうだい》」に委ねられた。

### 成り上がり御親兵《ごしんぺい》の失態　明治二年

美濃国（現在の岐阜県南部）生まれの松田徳之進は一一歳の時、両親に死に別れた。近くの寺の世話で、摂州西成《にしなり》郡南長柄《みなみながら》村の百姓家で五年間養われ、さらにその後の五年を北長柄村の百姓に養われた。養育といっても養子としてではなく、実態は下人奉公であった。

ところが、慶応四年（一八六八）二月、徳之進の境遇は一変した。この月、新政府は鳥羽伏見の戦い後の軍事的緊張に対処すべく、御親兵の編成を急ぎ開始していたが、世話をしてくれる者があって、武士の身分に立ちもどったうえ、この御親兵になることができたのであった。

翌明治二年（一八六九）六月六日、徳之進はかつて世話になった北長柄村の養家に立ちより、少々酒を過ごした。夕方、酔った徳之進が西成郡本庄《ほんじょう》村を通りかかると、髪結いの駒蔵（二四歳）と農業兼菓子商いの宗吉（四四歳）の二人が、門先の床几《しょうぎ》に腰かけ、夕涼みをしているところに出くわした。この駒蔵は、徳之進が下人奉公をしていたころの知人で、その後の彼の出世についても耳にしていた。

現在の羽ぶりのよさを自慢したくなったのか、徳之進が駒蔵に「暮らしぶりはどうじゃ」とたずねた。駒蔵は「旦那は、いまは寺町《てらまち》にお住まいで」となにげなくたずね返した。ところが、この会話が酔った徳之進の逆鱗《げきりん》に触れることになった。「武士たるわが身分をかえりみず、不作法な言葉づかいをしおって、その分には捨て置かぬ」と激昂した徳之進は、手にしていた鞭《むち》で駒蔵を打擲《ちょうちゃく》した。駒蔵は、武士に逆らっては、と手向かいもせずひたすらわびた。

かたわらでその一部始終を見ていた宗吉が、見かねて仲裁に入り、その隙に駒蔵は逃げ出した。しかし徳之進は、今度はこの宗吉を鞭で打擲し、「そのほうを旅宿へ連れ帰る」とわめき出した。しかたなく自宅へ入り、着替えを出すよう女房へ命じると、女房が「口論の仲裁なんぞに入るから」と愚痴った。間の悪いことにこの愚痴を徳之進がまた聞きとがめた。「おまえもつべこべ申すかぁ」と女房もまた鞭で打たれ、卒倒してしまった。

徳之進は気が晴れたのか、そのままふらふらと立ち去った。納まらないのは駒蔵・宗吉の両人である。あまりの仕打ちに「せめて一度なりとも打ち返し、恨みを晴らしたい」と怒り狂っているところに、彼らが打擲されているところを目にした近所に住む三人の男たちが、事情を尋ねてきた。通りがかった見物人たちも寄ってきた。

「あいつは『あばれもの』だ」と答える駒蔵・宗吉に、隣家の男たちは助太刀を申し出、いったん家に入り、手に木切れなどを持って出てきた。通りがかりの野次馬たちも加勢を申し出たため、一同で徳之進を追いかけることになった。

途中の畑の中で駒蔵は木切れを、宗吉は竹切れを拾い、さらに追いかけていると、川崎《かわさき》村のあたりで徳之進に追いついた。後ろから「ちょっと待てぇ」と声をかけると、徳之進は足早に逃げようとしたが、自ら足を取られて転んだ。これ幸いとみんなで、暗闇でよく見えないこともあって、めったやたらに打ちのめした。そのまま駒蔵・宗吉はじめ群集たちは逃げ散った。その際、徳之進の帯刀を持ち去った者がいたようだが、だれのしわざかは分からなかった。

袋だたきにされて昏倒した徳之進は、しばらくして正気づいた。あたりを見回したが刀が見当たらない。やむを得ず近くにある同僚の縁者の家を頼り、そこからこの同僚を呼んでもらって、いっしょに帰隊した。

その後、この一件が明るみに出た。明治二年八月、松田徳之進には、「軍律に違反したのみならず、百姓どもに打ち倒され気絶のうえ佩刀《はいとう》を紛失、御親兵の称号を汚した罪は軽からず。刎首（斬首）を申し付けるべきところ、格別の御恩典により屠腹《とふく》を申し付ける」との沙汰が下った。急ごしらえとはいえ、最期は武士として「腹を切らせてやる」という情けであったろうか。

他方、駒蔵には遅れて翌明治三年（一八七〇）五月下旬、刑部省から「徒一年」、宗吉と隣家の男たち三人にはそれぞれ「笞《ち》一百」（棒状の刑具での一〇〇回の打撃）の刑が、大阪府に伝えられた。しかしすでに駒蔵は病死しており、この判決を彼が聞くことはなかった。

### ［解説1］ 明治初年大阪府の刑罰体系 ―― 幕府法の再利用

明治元年（一八六八）一〇月晦日《みそか》、新政府は全国に向けて次のような布達を出し、刑事法・刑事裁判の統一に向け第一歩を踏み出した。

王政復古以後、多くの事柄を順次改正しつつある。とりわけ刑罰法規は万民の生死に関わることであり、速やかに改正すべきではあるが、この春以来の戦（戊辰戦争）など国事に追われ、いまだ改正に至っていない。したがって新たな律を布告するまで、当面の間は旧幕府へ委任の刑罰法規（すなわち、公事方《くじかた》御定書《おさだめがき》や各藩法）に準拠することとする。ただし、磔刑《たっけい》（はりつけ）は主君や親の殺害といった大逆犯罪に限定し、その他の重罪や焚刑《ふんけい》（火あぶり）は、梟首《きょうしゅ》（さらし首）に換える。追放や所払は徒刑をもって換え、流刑は蝦夷地（北海道）に限定する。また、窃盗は被害額が百両以下の場合には死刑に処さないようにする。もっとも死刑については、勅裁《ちょくさい》（天皇の裁可）を経たうえでの執行とするので、死刑相当と考えられる事案については、府藩県ともに刑法官へうかがい出よ……（後略）

また、翌一一月には太政官布告により、新律制定までの暫定的な処置として、

放火・強盗殺人は梟首、強盗・百両以上の窃盗・強姦は刎首《ふんしゅ》、五十両以上の窃盗は徒罪、それ未満の窃盗は笞（棒での打撃刑）とする。死罪は勅裁を経よ。火刑（火あぶり）は廃止する。君父殺害は勅裁のうえ磔。

死罪は梟首・刎首・絞首の三種、流罪は七年・五年・三年の三種、徒罪は二年・一年半・一年の三種、笞罪は一〇〇・五〇・二〇の三種とする（一部略）

と、いくぶん詳しい刑罰体系を示している。

じつは新政府は、この時期にはすでに「仮《かり》刑律《けいりつ》」と称する新たな刑法を作成していた。「仮刑律」は、「清律《しんりつ》」と肥後藩の藩法である「刑法草書《けいほうそうしょ》」の影響を受けたものであった。編纂に当たった部局（右の刑法官の前身組織）に肥後藩出身者が多く登用されたからで、同藩は一八世紀以降、清律の研究を盛んに行い、すでに宝暦四年（一七五四）には独自の藩法「刑法草書」を編んでいた。また「仮刑律」には公事方

御定書の影響も強く残っていた。
ただし、この「仮刑律」は一般に広く公布されたものではなく、各地方からの刑罰伺いに対処するための手引きという性格が強かった。参考までに「仮刑律」の刑罰体系を左に掲げてみる。

笞刑……一〇・二〇・三〇・四〇・五〇・六〇・七〇・八〇・九〇・一百の十段階

徒刑……一年笞六〇・一年半笞七〇・二年笞八〇・二年半笞九〇・三年笞一百の五段階

流刑……近流笞一百・中流笞一百・遠流笞一百の三段階

死刑……刎・斬（袈裟切《けさぎり》）・磔・焚・梟首の五種

（徒刑と流刑には、笞刑が併せて科され、流刑の遠近は犯人の郷土からの距離で区別することとされた。また、翌明治二年八月に袈裟切の「斬」は廃止され「刎（首）」が「斬罪」と改められた。）

さて、本章でとりあげる明治二〜三年末の大阪府の刑罰体系について、各事件に下された判決を概観してみると、じつは右の「仮刑律」にも、また一一月の太政官布告にも合致していない。たとえば、二年三月下旬までの落着時に申し渡された徒罪には、一五〇〇日・一〇〇〇日・六〇〇日・五〇〇日・三〇〇日・二〇〇日・一〇〇日の七種を確認できる（ただし恩赦による刑期短縮をのぞく）。また、杖刑（棒での打撃刑）は、府では二年七月下旬の判決に至ってようやくみられるようになる。

さらに、明治三年（一八七〇）閏一〇月下旬の記録で大阪府の断獄局は、「死刑見込みの者は刑部省へ伺いを立てているが、それ以下の徒罪になるべき者は、旧幕府法を見合せ処置している」と述べている。すなわち大阪府では、明治三年一二月に「新律綱領《しんりつこうりょう》」が頒布されるまで、旧幕府法（公事方御定書とそれに基づく判例）の刑罰体系をいくつかに大別し、それらに徒刑を当てはめて刑期を決定していたのであった（「新律綱領」については、［解説12］参照）。

旧幕府の重要直轄都市であった大阪府でさえ、明治三年末まで中央とは足並みがそろわず、独自の刑罰体系を採用していた事実は、非常に興味深い。

# まぼろしの多田隊

## 「新組」結成のたくらみ　明治二年

戊辰戦争時に活躍した新政府軍のなかに、「多田隊《ただたい》」と呼ばれた一隊があった。存在したのは二年足らず、少人数の隊であったので、こんにちでも知る人はそう多くはないだろう。しかし、総督の御守衛士として常に征討軍の中枢にいたことから、赤報隊《せきほうたい》相楽総三《さがらそうぞう》らの処刑や新撰組近藤勇《こんどういさみ》の尋問など、多くの重要事件に関わった。会津征討軍として北越戦争にも参加している。

この「多田隊」の中心は、由緒ある多田郷士《ごうし》（御家人）たちであった。一〇世紀の中ごろ、源氏の祖である源満仲《みなもとのみつなか》が、多田盆地（現在の川西市）に館を構えて本拠地とし、ここに仏像を安置して多田院と称した。その一族郎党はのちに頼朝《よりとも》の御家人となって、満仲の廟所《びょうしょ》である多田院の警固を主な任務とした。戦国期に多田院はいったん衰退したが、源氏を称した徳川の四代将軍家綱《いえつな》により再興され、御家人制度が復活した。明治の神仏分離により多田院は多田神社となり、現在に至っている。

高山兵庫之助（三二歳）は能勢郡神山《こやま》村の医者のむすこで、一〇年前に東山《ひがしやま》村の百姓のところへ養子に入ったが、義父は八年前に病死した。兵庫之助の実家は多田院御家人の家筋であったので、その年に多田村の御家人総代に頼みこんで、御家人のうちに加えてもらった。それ以来、兵庫之助を名乗るとともに、月に三日ほどは多田院勤番所へ出勤した。ただ、彼は医業のほうが性に合っていたので、農業は養家の弟にまかせ、伊丹柳町《いたみやなぎまち》に薬の調合場を設けて、家内一一人で静かに暮らしていた。

ところが、慶応四年（一八六八）一月五日、多田院の別当《べっとう》（寺務を統轄する僧侶の長）から御家人らに対し招集の知らせがきた。太政官参与役所から「多田院御家人は急ぎ上京せよ」との達があった、とのことであった。鳥羽伏見の戦いの二日後のことである。院におもむいた兵庫之助は、「自分は無禄のうえ武芸も不心得、武具も持っていないので、上京はご勘弁を」といったんは断った。しかし、別当が「入用はすべてこちらで用意するから、ぜひ上京せよ」と言うので、同じく御家人で畑《はた》村の奥村三郎らとともに総勢七〇人ほどで上京し、多田隊員として勤皇奉仕することになった。

京都では岩倉様（具視《ともみ》）のもとで、太政官門内や二条城の警護を命じられ、二月下旬までその任にあたった。その後、岩倉様が北陸道（東山道の誤りか。また「岩倉様」は具視の子具定《ともさだ》か）に向かうことになり、多田隊の者にも供を命ぜられた。兵庫之助も美濃路まで従軍したが、そこで病におかされ、やむなく京に戻って屯所で養生していた。

四月上旬、多田隊は仁和寺宮様の附属となった。しかし上京以降、禄はまったくもらえず病も癒《い》えないので、兵庫之助は知人を通じ、隊の上司へ帰郷を申し入れてみた。上司からは「おまえはこれまで欠勤がちだったので、不勤料を出せ」と言われた。「今日まで無禄で勤めてきたので、不勤料など出せない」と渋ると、「ならば『後で不勤料を支払う』という一札を入れろ」と言われ、やむなくしたためて帰郷した。このころには奥村三郎をふくめ、少なからぬ数の御家人がすでに隊をはなれて帰郷していた。

この当時、多田隊にはさしたる任務も与えられていなかった。しかし、このまま引退してしまうのも残念に思った兵庫之助は、相応の任務を軍務官に願い出ればわが身のためにもなると考えた。そこで奥村三郎と相談のうえ、一〇月に三郎が上京することにした。公家の家来衆に、軍務官への願い出の際に便宜を図ってもらえるよう、事前の根回しを頼むためであった。

さて、同年一二月、兵庫之助が伊丹の西昆陽口《にしこやぐち》にある庵《いおり》に尼僧を往診した際、尼僧の兄で竹屋良平（四六歳）という足袋屋《たびや》渡世の男が、たまたま見舞いに来ていた。良平とあれこれ話をするうち、これまでの多田隊員としての働きや、軍務官へ出願をしようとしていることなども話題にのぼった。

翌明治二年（一八六九）正月下旬、その良平が訪ねて来て、「もし軍務官への願いが聞き届けられたなら、自分も多田隊に加入させていただきたい」と申し出た。兵庫之助は「承知した」と返事をしておいた。

四月、奥村三郎は再び上京し、公家の家来衆に根回しの首尾を問うた。しかし、「現在、多田隊は三つに別れているから、このような状態では願い出てもご採用にはならないであろう。三隊を和合のうえ出願するのがよろしかろう」との返答であった。

さる慶応四年一月に多田郷士たちが太政官からの召集に応じて上京した際、じつは京都にはすでに多田組を名乗る一隊があった。隊長は御家人の家筋で、二〇数年前に不祥事により村を出奔し、ゆくえ知れずになっていた奥西なにがしという男だった。奥西は維新の動乱に乗じて御家人を称し、多田隊を結成して一足先に勤皇奉仕を行っていた。しかしその隊員の多くは、大阪や堺で「多田院御家人に取り立ててやる」という甘言で集められた者たちであった。

ほんものの多田郷士の召集と隊の結成を朝廷に進言したのは、この奥西であったと推測される。ただし、由緒ある郷士たちは、素性のしれぬ浪人「多田隊」の存在を当然のことながら快く思ってはいなかった。その「浪人組」も明治二年はじめごろには、隊中の中堅層の内紛をきっかけに分裂し、それぞれが別に屯所を構えていた。

「分裂してしまった隊をいまさら和合させるのも難しかろう」と考えた兵庫之助は、三郎と相談のうえ，帰郷者たちをもう一度集めることにした。おいおい声を掛けはじめてはみたものの、なかには病気養生中の者もいて、たいした人数にはなりそうにもなかった。そこで兵庫之助は、源氏末流で勤皇の志ある者を新たに加入させることを思いついた。

さきの良平からの頼みを思い出し、彼を呼び出して三郎に引き合わせた。三郎から先だっての公家衆の返答などを説明させたうえ、入隊の意志を再び問うと、「ぜひに」というので許可した。兵庫之助が「そのほう以外にも源家末流で入隊を望む者がいれば、加入を許す」と言うと、ほかに一〇人ばかりいるということであったので、「その者たちの入隊も許す」と伝えた。

大阪へ戻った良平は、加入者が少なくては兵庫之助に申し訳ないと、知り合いをせっせと誘ってまわった。しかし、そのほとんどは源家の末流などではなく、単に暮らしに困窮した者たちであった。

良平が大阪に帰っていった直後、行き違いに彼の知人で作州（美作国・現在の岡山県東北部）津山出身の伊藤進之助という男が訪ねてきた。面会した兵庫之助は「このたび御所から御守衛士五〇〇人の募集を命じられた。急ぎ周旋せねばならぬが、五〇〇人を超えた時点で締め切られる。加入を望むのであれば世話をするが」といつわりの話を持ちかけた。進之助は「自分は国元から一千日の猶予をもらって出てきた。その間に生国のためになることをせねばならぬ。勤皇はその後にしたい」といったんは断った。兵庫之助がなおも「なにぶん今回は勤仕《きんし》する人数は一五〇人ほどもあればよい。年に一度くらい出勤すれば済むし、五〇〇人もいれば交代もできよう」と誘うと、進之助も「それならば」と入隊に同意して帰っていった。

その後しばらくして、奥村三郎から兵庫之助のもとへ「一刻も早く京へ出願に上りたい」と催促する旨の書状が届いた。そこで四月末に兵庫之助は大阪の良平方を訪れ、「今回上京するので、入隊志願者たちの苗字と名前をしたため、捺印のうえ差し出すように。妻子などある者はその名も書き添えておけば、軍務官では浮浪者ではないと思し召すであろう」と告げた。良平は松平貫之進と名をしたため押印のうえ、妻子の名前も添えて差し出した。

兵庫之助が良平に「願いが受理されるまで、苗字帯刀やあるいは多田隊を名乗ることもしてはならぬ」と申し聞かせているところに、小原兵衛と名乗る男がやってきて入隊を申し出た。兵庫之助は承知し、同様に名前書をしたためさせた。この男は、もとは上本町《うえほんまち》の商家の養子で、名前も本名ではなかったが、以後、この良平と兵衛のふたりが、隊員集めに奔走することになった。

続いて良平に誘われ、豊崎《とよさき》県役所の玄関番、白髪町《しらがまち》で木綿小裂《こぎれ》渡世を営む男、西高津町《にしこうづまち》の藤細工職人、天王寺《てんのうじ》村の搗米屋らが兵庫之助に面会のうえ、それぞれ適当な名を記した名前書を差し出した。そのすべてに入隊を許した。

小原兵衛のほうも、岸和田《きしわだ》岡部筑前守の家来と玉造撞木町《たまつくりしゅもくまち》のメリヤス商人の二人を連れてきた。数日後にメリヤス商人が、また岸和田藩家臣のほうは自身に加え、同居人の名前書も差し入れてきたので、いずれも入隊を許可した。さらに天満典薬町《てんやくまち》と安土町《あづちまち》御堂筋東に住む男ふたりも連れてきたので面会した。後日、兵衛が彼らの名前書を持参した。

その後も同様に良平が誘った男三人に入隊を許した。それぞれにもっともらしい名前を適当に付けた。また、かつて良平から「作州倉敷出身の男が入隊を望んでいる」と聞いたことがあったので名前書の提出を求めたところ、すでに国元へ帰っているとのことであった。そこでしかたなく、良平のむすこをその男に仕立てて名前書を提出させた。

さらに良平が「いまは国元にいるけれども、出願が認められたらなんとかしますから」といって、讃岐（現在の香川県）、安芸（広島県西部）、美作にいる男たちの名前書も差し入れてきた。兵庫之助はこれらも受け取った。

こうして大阪でかなり怪しげな隊員集めをした兵庫之助は伊丹へ戻った。その後、良平と兵衛が推薦した男たちのうち四人ほどが、「老人の面倒をみなければならない」「ほかに差し障りが」など、いろんな理由を付け入隊を断ってきた。また、一人は役に立ちそうには見えなかったので、兵庫之助のほうから入隊を断ることにした。

五月の半ばになって、兵庫之助の調合場に、かねて懇意の伊丹鍋屋町《なべやちょう》の医者原田乾三郎（二七歳）が訪ねてきた。姓名帳を目に留めた乾三郎が「これは何か」と尋ねるので、「このたび源家末流の者から人選のうえ、多田御家人として人集めをしている。じつは医師も三人ほど必要なのだ」と誘ってみた。医師として未熟と自覚する乾三郎は、多田隊に加入すれば医術修行もできるのではと考え、その場で入隊を申し込んだ。このようにして、新たな志願者に元多田隊員の帰郷者十数名を加えた、見かけだけは立派な名簿ができ上がった。

五月二一日ごろ、兵庫之助はいよいよ京の軍務官へ出願しようと、乾三郎を誘い大阪へ出てきたところを大阪府に召し捕らえられた。名簿から芋づる式に一同も捕縛された。ただし、小原兵衛のゆくえは知れなかった。良平が誘った男たちのうち、搗米屋は所預け（居所での軟禁）中に病死した。また、玄関番の男と原田乾三郎、そして一件の中心人物である高山兵庫之助は、大阪府の住人でないことから兵庫県豊崎出張所に引き渡された。さらに岸和田藩家臣の男と伊藤進之助は、それぞれ岸和田藩、津山藩に引き渡された。したがって残念ながら、彼らがその後どのような処分を受けたのかをうかがい知ることはできない。

同年九月三日、大阪府は多田隊への入隊志願者のうち府下に住む四人の男たちに「急度叱り」を、また、人集めをした良平にはそれより重い「二百日徒罪」を申し渡した。

こうして兵庫之助が結成しようとした「多田隊」はまぼろしに終わった。もっとも、京都の多田隊も、明治二年七月二〇日に刑法官により廃止が達せられ、一年七か月ほどでその役目を終え、すでに姿を消していた。

ちなみに西大組大年寄の日記によると、明治二年七月二三日に府の役人から、
多田隊と唱え、源満仲公の家来筋で昔から所々に住居を構えていた者が、ちかごろ「新組」と称し集まっているようである。届けを出して当地に逗留している者を、当人には知られぬように調べて明日中に報告せよ。また無届けで逗留中の者も調査せよ。
と命じられている。通達は各町々にまで廻されたようであるから、この「新組」が「まぼろしの多田隊」を指すものであったとすれば、大阪府ではこの一件をけっして些細《ささい》なものとは考えていなかったことがうかがわれる。

兵庫之助たちにとっては、多田隊の再興という大まじめな計画であったかもしれないが、大阪府は彼らのことを、「五榜の掲示」でもかたく禁じられていた「徒党」と見なしたのかもしれない。戊辰戦争の終結直後という微妙な時期でもあったから、なおさらであったろう。

## 多田隊事件余滴 ―― 津山の贋金《にせがね》鋳造未遂事件　明治二年

右に紹介した「まぼろしの多田隊」事件で、兵庫之助から入隊を誘われた者の中に、津山出身の伊藤進之助と名乗る男がいた。彼もこの一件で大阪府に召し捕らえられたが、吟味のなかで別の事件も白状させられることになった。

彼の本名は大和屋与次郎（三六歳）といい、美作国津山の鍛冶町《かじまち》生まれの刀鍛冶であった。慶応三年（一八六七）の春、刀鍛冶の腕を買われて津山藩士の家来となり、伊藤与次郎と名乗った。

その後、永井慶一郎と名を改めた与次郎は、「何か生国のためになることを」と志し、翌四年（一

八六八）正月に千日間の暇をもらい受けて国元を立ち、京へ上った。京都では公家の家士《かし》に召し抱えられ、伊藤帯刀と名乗っていたが、三月下旬ごろ、不祥事により暇を出され、五月下旬に生国の美作に戻った。

しかし、なお志に燃える与次郎は、七月中旬にふたたび国を出て京に向かった。そして、同月末には宿屋に逗留しつつ、「何か生国のためになることはないか」と心掛けていた。当時、津山藩は京都に屋敷地を買い入れようとしていたところであったので、その周旋につとめ、九月半ば、その功により、同藩の鞍掛寅次郎《くらかけとらじろう》から津山商法取扱を命じられた。

ちょうどそのころ、与次郎は同宿の名も知らぬ大阪の男と懇意になった。連れ立ってあちらこちらに遊びにいくうち、この男の知り合いで、やはり大阪住まいだという二七、八歳の男と、二四、五歳の男二人とも心安くなった。

ある時、この二人の男が「あなた様の生国では、こんなものはこしらえられませんかな」と言って書付を出してきた。手にとって見てみると、それは贋金の製法書であった。男たちは、さらに偽造に必要な品々の一覧も与次郎に示した。「とても力の及ぶところではないので、できそうにない」と答えると、男たちは「まぁいちど考えるだけでも……」と言って、その話はそれきりになった。

書付は与次郎の手元に残り、その後、この二人の男と出会う機会も二、三度あったが、贋金づくりが話にのぼることはなかった。ほどなく、この二人が何の疑いかはわからないが、京都で捕縛されたことを伝え聞いた。

同年一一月、津山藩による屋敷地の買入れが行われ、同月一五日、与次郎は京をたって津山へ帰った。二六日には買入れ周旋の功により、津山藩の鉱山掛役人から銅山支配に任じられた。しかし、銅山経営よりは商法（商業）を志願する与次郎は、同藩の商法掛役人に宛て、「藩で廻船を一艘お買い上げいただき、これを拙者におまかせ下さって、商法取扱いをお命じください」という旨の願書を提出した。

翌明治二年（一八六九）四月、その願いは聞き届けられた。右の鉱山・商法の両役人に「大阪で船を購入したいので、金子をお渡しいただきたい」と申し立てると、「金が入り用の節は、大阪表の当藩蔵屋敷にて受け取れるよう手配しておく」とのことであった。

そこで与次郎は、国元をたって大阪へ向かい、宿屋に逗留した。大阪について以降、与次郎は伊藤進之助と名乗っていた。藩の蔵屋敷に国元で商法取扱に任じられたことを伝え、船を探したが、適当なものを見つけることができずにいた。

四月一八日ごろ、かねてからの知人である竹屋良平が、伊丹から書状をよこした。「このたび心願の通り、北面武士《ほくめんのぶし》禁裏御守衛士に加わることになりました。あなた様も加入したければ頭取方へお越しいただきたい」という内容であった。良平の女房から逗留先を聞いて伊丹へ向かったが、良平とは行き違いとなった。かわりに頭取だという高山兵庫之助に直接会うことができた。ふたりの間で先に紹介したようなやりとりが交わされ、与次郎は多田隊への加入に同意した。

五月八日ごろ、ふたたび良平方を訪れたところ、「兵庫之助が大阪にきて、印を捺した名前書が必要と言うので、『伊藤進之助』とあなた様の名を書き、適当な判を捺して出しておきました」と聞かされた。与次郎は確たる返事もせず、そのままにしておいた。

それから数日後、防州（周防国、現在の山口県）大島郡の者が所持する千石船を、一三六〇両で購入する約定がととのった。与次郎はその代金を津山藩の蔵屋敷詰役人に請求し、五月一一日に金五〇〇両、一五日に金一三六〇両、一六日に金四六九九両三朱を借り受けた。

与次郎としては、船を購入した残りの金で、大阪や堺で物品を買い入れて九州へ運送し、交易で利益を上げる心積もりであった。しかし、九州と大阪の間の往復はせいぜい年に四、五度しかできず、しかも一度の往復で上がる利益は四〇〇両ほどに過ぎないことを知ったことから、この計画を断念せざるを得なかった。

かわりに彼が思いついたのは贋金づくりであった。以前に大阪の男たちから渡された製造法の書付はまだ所持しているし、生国の利益にもなると考えた与次郎は、大阪で銀や銅を買い求めて津山に持ち帰り、職人を雇って贋金を製造しようと決心した。そこで知人に、天満典薬町に住む男を紹介してもらい、この男の仲介で、名も知らぬ者たちから銀を一五貫目ほど、銅を二〇貫目ほど購入し、先だって藩から借りた金で支払いをした。そのほかに船道具や船中での賄《まかな》い品なども買い調えた。これらをすべて千石船に積んで津山へ帰国しようとしたところ、折悪しく病気にかかってしまい、大阪での養生を余儀なくされた。

さらに彼にとっては不運なことに、ここで多田隊の一件が発覚し、関係者のひとりとして大阪府に召し捕らえられてしまった。当初、多田隊の一件のみを白状し、「銀や銅を購入して国元に持ち帰れば国益になると思った」と言い張っていたが、きびしい追及に堪えかね、数か月後には贋金づくりの白状に追い込まれた。与次郎の身柄は旧藩へ引き渡され、その後どうなったか定かではない。

また、与次郎を津山商法取扱に任じた鞍掛寅次郎は、もと赤穂藩の出身で、若くして同藩の勘定奉行に抜擢《ばってき》されたが、政争により失脚し、美作に身を寄せた。その後、津山藩主におこなった建白が認められ藩士に登用された。第一次長州征討の際には長州藩を助けるよう進言し、藩論を勤皇に導いたとされる。維新後は津山藩権大参事（旧幕時の家老に相当）となったが、明治四年（一八七一）に暗殺された。この鞍掛は、後に紹介する「高野の仇討ち」事件（「最後の仇討ち」三二六頁参照）において、再び顔をのぞかせることになる。

## 新政のきしみ

### 不満の若者らが打ちこわし　明治二年

明治二年（一八六九）は、大阪の庶民にとって厳しい年であった。太政官札《だじょうかんさつ》の乱発によって諸物価が高騰したことに加え、前年の全国的な水害や戊辰戦争の影響もあって、大阪への回米が減少し、米価ははね上がった。

この時期の犯罪者たちの自白書にしばしば記される「暮らしに困って」という動機は、あながち単なる定型文言ではなかった。

西成郡難波《なんば》村で借家住まいの源三郎（二五歳）も、近ごろの未曾有《みぞう》の物価高騰に苦しんでいた。明治二年四月二四日、相撲興行を見物に行った源三郎は、一杯引っかけて酔って帰る途中、難波新地《なんばしんち》に住む知人の二郎兵衛（二八歳）に出会った。

二人は「近ごろ米の値段がむちゃくちゃに高いのは、搗米屋のなかにあくどいのがいるかららしいぞ」「銭両替屋も『銭がないので商いを休む』などと言って両替しようとしないから、小遣い銭もなくて難儀なことだ」「こいつらを一、二軒打ちこわしたら、おびえて物価が下がるだろうし、両替屋も店を開けて、両替もするのではないか」などと、愚痴をこぼしあった。

そのうちに「本相生町《もとあいおいちょう》の質屋柏屋吉左衛門は、かねてからあくどい商売をするので、難渋している者も多い。不人情なやり口に腹が立ってならない。こいつの家も打ちこわそうじゃないか」という話になった。しかし、二人ではとても打ちこわしはできそうにない。そこで、うそをついて仲間を呼び集め、打ちこわしに加担させることにした。

源三郎が酒を買い、二人でその酒を本相生町の料理屋に持ち込んだ。そして、日ごろからつきあいのある者たちに「けんかがあったのだが、俺たちが間に入ってうまく事をおさめた。これから仲直りの酒盛りをやるから、はやく来い」と、うその連絡を回した。やがて松次郎（二一歳）のほか、一七歳から二八歳までの若者一三名が料理屋に集まってきた。

酒盛りがはじまり、もりあがった頃合いを見計らって二郎兵衛が、「仲直りというのは全くのうそだ。ほんとうはあくどい商いをしている奴らの家を打ちこわそうと思って、おまえらを呼んだんだ。どうだ、やろうじゃないか」とみなに打ち明けた。酔った勢いもあり、「やってやろうじゃないか」ということになった。

深夜になり、一同は料理屋を出た。松次郎を含む四人の若者は後難をおそれ、隙を見てこっそりと逃げ帰った。源三郎が手持ちの斧《おの》や槌《つち》などを持ってきた。源三郎は斧、二郎兵衛が槌を手にし、残りの若者たちは割り木などを持った。そして、一同は柏屋吉左衛門宅に押しかけ、表の戸を打ち破り「米の値段が高くて難儀しているものたちに、施行《せぎょう》（貧しい者たちへの施し）を出せ。出さねば家を打ちこわすぞぉ」と大声でののしった。柏屋の者たちは恐怖したらしく、「施行させてもらいます」と応じた。

これを聞いた一同は引きつづき、もよりの両替屋へ押しかけ、同様にわめきながら表の戸や軒先の格子、表の竹垣などを打ちこわした。さらに他の渡世の商家も打ちこわして暴れまわった。やがて、大阪府の巡邏《じゅんら》（当時の警察官）が駆けつけてきた。これを見た一同は恐ろしくなり、ちりぢりになって逃げ去った。

その後、源三郎と二郎兵衛の二人は、自分たちが言い出してあちらこちらの人家に乱暴をはたらいたことを後悔し、大阪府に自訴した。残りの若者たちも身を隠していたが、やがて召し捕らえられた。吟味のなかで、打ちこわしにあったのは柏屋吉左衛門のほか、難波新地の商家が五軒、本京橋町《もときょうばしちょう》で二軒、本相生町で五軒、難波村で七軒の計二〇軒であったことが分かった。いずれの商家も表口の戸や軒先格子、あるいは表竹垣などを壊されたが、大した損害ではないと申し出た。

五月一五日、一同に申し渡しがあった。「徒党に類する所業により人心を動揺させたのは不届」とされ、発起人の源三郎と二郎兵衛には「六百日徒罪」が科せられた。打ちこわしに参加した他の若者たちには「百五十日徒罪」が、また、途中で逃げ出し参加しなかった松次郎ほか三名にも「急度叱り」が申し渡された。

この打ちこわしから二日後の四月二七日、大阪府から市中へ向け、非常に長文の諭示《ゆし》が出された。その要旨は、

近ごろの米の欠乏、米価や物価上昇による庶民の難儀には朝廷も苦慮されており、府も心を痛めている。しかし、昨年来の莫大な物入りのため、窮民の救恤《きゅうじゅつ》（お上からの扶助）が遅れており、日夜苦心しているところである。

近ごろ米穀が高騰し、府でも対策を講じているが、米屋どもがみな閉店しているとも聞く。やむを得ないことでもあろうが、せいぜい働いて早く店を開くように。また、庶民のなかにも暮し向きが苦しいあまり、前後の弁《わきま》えなく徒党を組み、大きな商家を打ちこわそうと計画する者があるやに聞く。これはもってのほかで、不埒《ふらち》なことである。

暮らしにさし迫った者は出願すれば策を講じようし、手足のきかない者には救恤もある。願い出ることなく乱暴におよぶのは許されることではない。

村町役人どもも、御趣意を厚く守り、心得違いの者が出ぬよう心がけよ。やむを得ない窮民がいれば早々に申し出よ。米屋どものなかには、相応の米を貯えながら、他にならって閉店し、あるいは米価の高騰を待つ者もいるやに聞く。米屋や窮民に心得違いの者があれば、当人はもちろん、村町役人まで罰するので、心得違いなきよう尽力せよ。

というものであった。

右の一件を受けて出された布告とも考えられるが、打ちこわしの規模としては、けっして大きなものとはいえないだろう。他へ飛び火して打ちこわしが拡大することを大阪府が恐れたのか、あるいは他にも打ちこわしが発生し、この一件の処罰は氷山の一角に過ぎなかったのかについては定かではない。

## 下肥《しもごえ》騒動　明治三年

そもそも糞尿というものは、その生産者にとってはやっかいな汚物に過ぎないけれども、農家にとっては貴重な肥料であった。汲取《くみと》り料とは、農家が汲み取り先の家々に対して払うのである。

こやしは大小便を第一とす、粕《かす》・干鰯《ほしか》・油粕《あぶらかす》・米ぬか等上肥なれども、大小便と灰を合わせて用ひざれば、能なし。よって人糞は穀物同様に貯え置くべし

と幕末に書かれた農書（『農業自得』）は、人肥の効用を説いている。

さて、この貴重な肥料を大量に生産する大都市大坂の糞尿を、農村がどのように配分するかは難題であった。屎尿《しにょう》（糞尿）は水路を通じて舟で摂津・河内の川沿いの農村に運ばれた。いまここに経過をたどるいとまはないが、大坂市中の下肥は幾多の経緯をへて、幕末になると特定の村が受け入れるルールが定まっていた。しかし、その価格などについては紛争が絶えなかった。

大阪府は明治二年（一八六九）一一月二五日付の府令でこう定めた。

これまで三二八か村はそれぞれ、どの町を汲取り場とするかや、価格を決めていたが、この取り決めを全部廃止して自由とする。近ごろ肥料の値段が高くなり、町人たちは汲取り料の値上げを

要求しているが、百姓たちはどうせ捨てるものだから従来の決めた値段でよいといって承知しない。また、屎尿がほしい特約のない村は、値段をつり上げても買おうとするため、もめ事が絶えず、願筋も出てくる。そこで、この際、町と村が自由に価格を取り決めるほうが、肥料も行き渡り適当である。

こうなると、これまで市中に取引先の無かった村々は喜んで高値で汲み取る一方、今までの受け入れ百姓は汲み取り先を失い、たちまち肥料に困り、このままでは年貢の上納にも差し支える事態になった。

この下肥騒動は旧摂津国で発生した。事件に加わったもののうち、河内国の者は堺県で吟味されることとされたため、大阪府で吟味の対象となったのは、当時の行政区画からいえば摂津の国西成郡の百姓たちであった。

西成郡の今里《いまざと》村・野中《のなか》村・三津屋《みつや》村・小嶋《こじま》村・掘上《ほりあげ》村・加嶋《かしま》村・堀《ほり》村、新在家《しんざいけ》村の八か村は、野中組と称する組合を結んでいたが、この事態について相談するため、二月三日、三津屋村の蓮正寺《れんしょうじ》に集まった。「このたびの改正により受け入れ場所を失ったものもあり、肥料に差支え当惑しているので、従来のやり方に戻してほしい」という願書を八か村の連印で作成し、翌四日、府庁に出頭して提出した。

府庁では願書を却下したうえ、市中の四組と相談するよう指示した。江戸時代には、大坂三郷《おおさかさんごう》といって、大坂市中は北・南・天満の三組に分けられていたが、明治二年に三郷を廃し、東南西北の四大組に再編していた。そこで願書に添書して大年寄（各大組に置かれた最上位の町役人）に提出したところ、七日にあらためて来るよう言われた。

七日に再び出向くと、「他村からも申し出があるが、野仲組はどれほど支払っているか」と問われた。以前は一人別に銀二匁五分だが、現在物価が上がっているから十倍にして銀二五匁で引き受けたいと答えた。大年寄は、町方と村方の考えを確かめた上であらためて返答するということになった。

その後、組合の代表者たちが大阪で定宿としている豊後町《ぶんごまち》の宿屋に立ち寄ったところ、こんなうわさを聞いた。西成郡佃《つくだ》村の忠兵衛と大和田《おおわだ》村の千右衛門、それに東成郡《ひがしなり》下之辻《しものつじ》村の治兵衛と茨田郡《まんだ》馬場《ばば》村の十兵衛の四人が申し合わせ、多額の金を出して市中の下肥汲取りの権利を一手に引き受けたいと大年寄に願い出ている、というのである。そんなことになれば、従来の受入れ村々は、のどを締められたも同然で、田畑の相続もできなくなる。そこで、右の四人のうち忠兵衛と千右衛門との交渉には野仲組の村々があたり、治兵衛と十兵衛には他の村々が掛け合うことになった。野里《のざと》村庄屋にも忠兵衛・千右衛門のもくろみを止めさせるよう、文書を差し入れた。

九日、代表者たちは「百姓たちが忠兵衛らのもくろみを聞いていきり立っているので、事は急を要する」と、大年寄に返答を求めた。しかし、「町方は数百町にもおよび調整が困難なので、しばらく待つように」ということであった。

聞くところによると、忠兵衛らは、大阪市中の下屎《しもごえ》を、一人につき玄米五升銭五貫文で引き受けるという。そんなことにでもなったら三二八か村の下屎受入れの百姓たちはたちまち難渋する。忠兵衛ら四人は悪だくみに長けた者たちなので、普通の応対ではらちが明かないから、村々の下屎受入人一両人ずつを動員して先方に掛け合い、要求に応じないならば大勢で押しかけなければなるまいという成り行きとなった。

そこで代表者たちは、加嶋村の氏神に村々受入人たちが集まるようにと、左のような趣旨の回文を作成した。

下屎の件をよく調査したところ、佃村の忠兵衛と大和田村の千右衛門が不当な企てをしていることが判明した。これについて急ぎ相談したいので、一一日早朝から下屎受入人は村ごとに一、二名ずつ、弁当持参で村役人とともに出会うこと。

文書の差出人を書けば責任者として後難の恐れがあるので「三百二十八か村受入人共」とし、堀上村の庄屋が下書き、野中・新在家村の兼帯庄屋のせがれが清書して、人足を雇い村々に回させた。大勢で押しかけるのは不穏当だという声もあったが、すでに回文もまわした後であった。

一一日、氏神稲荷明神社の境内に続々と人々が集まってきた。八か村の庄屋たちは神主宅に集まり、忠兵衛と千右衛門に返答書を求めたところ、一手に引き受けたいなどの願いはしたことがないと白々しい返事をして来た。いま一度掛け合って先方がわびれば、人々をなだめることもできようと出かけようとしたが、興奮した群衆から目を離すこともできないので、受入人のうちから一〇人を出して返答を待った。ところが回文をまわさなかったのに、隣接する豊島《てしま》郡の穂積《ほづみ》村や上《こう》（津《づ》）嶋《しま》村、それに嶋下《しましも》郡の別府《べふ》村の受入れ百姓も聞き伝えて加わり、群集は千人ばかりにふくれ上がった。庄屋たちは意外な結果に驚き後悔して、人を遣《や》って府庁に連絡したが、群衆は忠兵衛と千右衛門の返答を聞いていよいよいきりたった。だれが言い出したか「二人の居宅を打ちこわせ」との声が上がり、富光寺《ふこうじ》の釣り鐘を突いて騒ぎはいよいよ大きくなった。庄屋たちは「忠兵衛らの返答を確かめるまで待て」と制止しようとしたが聞き入れず、人数はいよいよ増えて手に負えなくなった。やむを得ず村近辺の茶屋に立ち入ったところ、忠兵衛・千右衛門の居宅や土蔵を打ちこわしていると聞いた。

村役人たちは、先の回文を置いておけば後難は計り難いので、焼き捨てるよう申し付け、群衆もおいおい退散したので帰村したところ、三津谷村に出張した役人に呼び出され、取調べを受けた。

打ちこわしの対象となった両名の損害を調査した捕り方によれば、

忠兵衛方では、建屋・土蔵三棟・納屋二か所・長屋・雪隠《せっちん》二か所・板塀一二間が破壊され、正金八〇両・金札五〇〇両・百文銭五〇貫文・銅銭二六貫文が紛失、道具類は残らず打ちこわされ、衣類三九五点散乱、米四石三斗・麦五石五斗・帳面一〇冊・証文五通・衣類など一三一六点などが紛失していたという。

千右衛門方では、建屋二棟・土蔵三棟・雪隠二か所・板塀五間・諸道具・建具類が残らず打ちこわしにあい、衣類五〇点ほど散乱、米二石九斗・もち米二斗・もみ二石五斗・麦一石五斗・金札三〇両・銅銭九五〇貫文などが紛失という。

この日の騒動は、大阪府にとっては大きな衝撃であった。西大組大年寄の日記には「一一日夜より府兵隊が五隊出動したが、翌一二日の朝には、このうち三隊が引き揚げ、少し騒動も落ち着いたようだ」と、収拾に多くの府兵隊を出動させた旨が記されている。

また、三月二日、大阪府は布達により、これまでの組合総代は排除し、改めて実直な者を人選して組合総代とすること、府の大会議で下屎価格を一人前につき一か年銭二貫七〇〇文と定めたこと、などを触れた。その後も町方と在方、これに府が加わった三者で協議が続けられ、約定書が交わされた。結果的に前年に大阪府が打ち出した下屎の自由売買は撤回され、旧幕時代の取引仕法がほぼ維持されることとなった。

大阪府が在方の下屎仲間に解散を命じたのは、もう少し後の明治七年(一八七四)三月のことであり、これ以降は府が屎尿流通の管理を行うようになった。

首謀者たちに処罰の言い渡しがあったのは、騒動からかなり日にちのあいた明治三年(一八七〇)一二月末のことであった。

この騒動で処分を受けた者たちを左に掲げる。前記の通り、ここには堺県の被疑者は含まれない。

| | | | | | |
|---|---|---|---|---|---|
| 野中・新在家村兼帯 | 庄屋 | 重左衛門(五七石) | 不埒 | 役儀取放 | 百日手鎖 |
| 三津谷村 | 庄屋 | 五平　(六五石) | 不埒 | 役儀取放 | 五十日手鎖 |
| 〃 | 同 | 治右衛門(三〇石) | 不埒 | 役儀取放 | 五十日手鎖 |
| 〃 | | 清八　(三一石) | 無構 | | |
| 〃 | | 伊右衛門(一七石余) | 無構 | | |
| 〃 | | 喜兵衛(二五石) | 無構 | | |
| 〃 | | 伊兵衛(二一石) | 無構 | | |

| | | |
|---|---|---|
| 〃 | 新兵衛倅《せがれ》　新太郎 | 無構 |
| 〃 | 吉右衛門（二〇石） | 無構 |
| 小嶋村 | 年寄　松右衛門（四八石） | 不埒　役儀取放　五十日手鎖 |
| 〃 | 年寄　伊右衛門（九七石） | 不念　急度叱り |
| 掘上村 | 年寄　弥五兵衛（六八石） | 不埒　役儀取放　五十日手鎖 |
| 堀村 | 庄屋　栄吉（五一石） | 不埒　役儀取放　三十日手鎖 |
| 野中村 | 庄屋　甚兵衛（一五石） | 不埒　役儀取放　三十日手鎖 |
| 〃 | 伊平次倅　卯蔵（六四石） | 不埒　二十日手鎖 |
| 三津谷村 | 庄屋　八右衛門（二四石） | 不束　過料三貫文 |
| 〃 | 庄屋　吉左衛門（三〇石） | 不束　過料三貫文 |
| 加嶋村 | 年寄　八左衛門（一三石） | 不埒　役儀取放　五十日手鎖 |
| 〃 | 百姓代　松右衛門（三一石） | 不埒　五十日手鎖 |
| 〃 | 治兵衛 | 無構 |
| 〃 | 喜助 | 無構 |
| 〃 | 太左衛門倅良太郎 | 無構 |
| 〃 | 松兵衛倅　松次郎 | 無構 |
| 新家村 | 嘉兵衛倅　善左衛門 | 不届　二百日徒罪 |

これを見ると、有罪とされたのはほとんどが村方三役と言われる、庄屋・年寄・百姓代であった。「役儀取放《やくぎとりはなち》」（村役人解任）のうえ「手鎖」となったのは、回文を作成して人集めをするなど、主導的な役割を果たして騒動の発端を作った者たちである。「無構《かまいなし》」（無罪）とされた一〇人は、いずれも村役人らに命じられ、忠兵衛・千右衛門との掛け合いに派遣された者たちであり、「尋常な応対をしており、不埒の筋も見つからない」と判断された。

回文を受けた村々も調べ上げられた。その数二二か村、このうち一七か村は要請に応じて、集会にそれぞれ一、二名の人を出したが、そのなかには打ちこわしに加わったものもいた。三か村は途中で引き返し、二か村はひとりも出さなかったと申し立てた。これら二二か村の庄屋・年寄に対しては、「徒党めいた回文を受け取ったのに、訴え出ることにも気づかなかったのは不念」として、一同に「急度叱り」が申し付けられた。

また、もっとも罪の重い「不届」で「徒罪」を科されたのは、最後に記された新家《しんけ》村の善左衛門ただひとりであった。善左衛門は当年二二歳、父が病気のため代理で参加した。忠兵衛居宅の打ちこわしがすでに始まっていたため、雰囲気にあおられ、あり合わせの槌で千右衛門宅の壁などの破壊に加わった。翌日にも、忠兵衛・千右衛門に加担した者の家が二、三軒打ちこわしにあっているのを見たが、彼は昨日の働きで疲れていたため、手出しはしないで帰村した。

ただし、善左衛門以外の不法におよんだ者たちについては、「名前などもきちんと確認できず、また御沙汰の趣もあるので子細には取調べないことにした」と記されている。「御沙汰の趣もあるので、子細には取調べないことにした」とあるのが不審である。この騒動は、直接にお上に向けられた反抗ではなかったが、穏便に済ませようとの配慮がうかがわれる。善左衛門はいわゆる「スケープゴート」であったのかもしれない。そうだとすれば、その「御沙汰」はどこから発せられたものであろうか。

ちなみに、村役人らに科された「手鎖《てじょう》」とは、旧幕府法に由来する刑罰で、所定の日数（三〇・五〇・百日の三種）のあいだ、在宅のままで手に手錠をかけられる軽い自由刑であった。公事方御定書には、百日手鎖は隔日に、それ以外は五日ごとに封印改めをすると定められていた。これはもちろん、無断で手鎖を外していないかを確認するためであった。

## 部屋住みの苦境　明治三年

明治三年（一八七〇）一〇月一五日、大阪府に「三七、八歳の卒族《そつぞく》の男が、今月五日の昼、六人ほど連れて天王寺領の安居《やすい》天神を訪れ、『自分たちは大阪府附属の者だが、談合があるので場所を借りたい』と言って、同社の山手にある平地に集まり、何やら密談をしていた。その後、中小路町《なかしょうじまち》の精進料理屋へ行って、さらに何か怪しげな相談をしていた」との情報がもたらされた。

ここにいう「卒族」とは、明治三年に定められた軽輩の武士（江戸時代に「同心」「足軽」などと呼ばれた者たち）に対する身分的呼称で、二年後の明治五年には「士族」か「平民」かのいずれかに編入されることになり、「卒族」の呼称は廃された。

さて、大阪府でなお内偵を進めた結果、この男は、元府兵の鉄砲方で卒族の山中歳哉（三四歳）であることが明らかとなった。府では山中を呼び出し糾問した結果、彼を含めいずれも元府兵の計一三名が関与していたことが明らかとなった。彼らはみな、もとは京橋組、玉造組、鉄砲方、武具方、蔵方、清水谷《しみずだに》といった旧幕府の与力・同心あるいは足軽の家の出身者であり、府の調べに対し、同月二三日付けで次のような連名の口上書を提出した。

われわれはいずれも部屋住みの身であり、一昨年の辰年（慶応四＝一八六八）六月以来、兵局で勤務してきたが、今年（明治三）の七月に解隊を仰せ渡された。これにより家督の相続人はみな御救助米を頂戴したが、同様の御奉公を勤めながらも、われわれにはなんの御仁心の御沙汰もなかった。

めいめい相応の年齢で家族もあり、いまさら一念発起して商業をすることも難しい。困窮は日々に迫り、じつに心痛のきわみである。なにとぞご一新の御仁恤（あわれみ情けをかけること）をお願い申し上げたく、連名で嘆願書を差し出すつもりでいた。

そのうち同様に必死困窮の者たちが、おいおい聞き伝えて加入したいと言ってきた。元兵局で同僚であった者たちなので、余儀なく仲間に加えた。嘆願書の案文を作り、一同の承諾を得ようと思ったが、めいめい借宅でひとの出入りも多く、御上様に対して申し訳ないし、町内の年寄・家主などへも済まないと思ったので、やむを得ず五日に神社で寄合をした。もっとも、当日は雨天であったので、組々のうち一両人ずつが代表として残り、他の者たちは引き揚げていた。これらの者たちで相談をした。

時節柄、このような寄合をしたことは重々申し訳なく思うが、右に述べたように必死の場合にいたり、止むを得ず行ったことである。宜しくご賢察のほど願い上げる次第である。なお、嘆願書は当月一七日に、組の触頭《ふれがしら》へ提出ずみである。

一〇月二八日、大阪府は計二三名の元府兵に対し、次のように申し渡した。

その方たち厄介部屋住《やっかいへやずみ》のものは、浪花隊の廃止後に無禄となって生活の手段がなくなったからと、再雇用を嘆願しようと回文をもって誘い合わせ、当月初旬に安居天神に参会した。身分が立ちゆくよう嘆願するのは、本来各人の意志で行うべきものであるところ、多勢で申し通そうとするのは、党を結ぶにも似た所業であり、上を憚《はばか》らざる致し方である。不埒につき押込《おしこめ》（自宅軟禁）を申しつける。

ただし、日数は十日とする。

慶応四年（一八六八）六月、大阪府は府兵隊を編成した。当初の任務は市中の警邏《けいら》であった。八月に府兵隊は「浪花隊《なにわたい》」と命名され、翌明治二年一月からは川口《かわぐち》の外国人居留地（現在の西区川口付近）の警備にも当たった。市中で火災が発生した際には、野次馬の制止や荷物搬出路の確保などにも出動した。

当初は、旧幕臣で大坂城附属であった京橋組・玉造組の与力・同心らを中心に編成されていたが、その後、清水谷と俗称された旧大坂城代《おおさかじょうだい》附の足軽なども加えられた。新政府による旧幕臣の再雇用の一環であった。

のちには大砲も備え、明治三年はじめには七〇〇人弱にまでその規模は拡大したが、政府内に藩兵や府県兵の増大を恐れる声もあり、このころから陸軍創設計画も具体化しはじめたことから、同年七月、大阪府兵局の廃止とともに浪花隊も解隊した。

江戸時代にも、武士の次男以下で分家や独立ができない者たちは、「厄介」「部屋住」などと呼ばれ冷遇されたが、その悲哀は明治初年にも変わることなく受け継がれていた。

### ［解説2］　吟味と仕置の見聞記

今に言う「裁判傍聴マニア」のような人が昔もいた。明治末年の大阪朝日新聞に次のような記事が掲載されたと、昭和四年（一九二九）発行の『太政官時代』という本に記されている。「明治初年の裁判」と題されたこの記事によれば、マニアの名は奥村弥吉（五九歳）、維新前の御番所（大坂町奉行所）時代から約四〇年間、裁判をたえず傍聴し続けた由、筋金入りである。

記事の内容には若干の誇張が含まれているような気がしないでもないが、明治初年における大阪府の裁判や刑罰を描写した貴重な証言ともいえる。ここでは弥吉氏に解説をまかせることにしよう。

私は密偵［其頃《そのころ》猿といった］や牢番に、酒をふるまっては連れていて貰《もら》いました。其頃は罪人の親類か何ぞで無ければ滅多《めった》に白州《しらす》に入られなんだのだす。お裁きは惨酷《ざんこく》なものだした。先づ板敷があって、そこへ荒筵《あらむしろ》を敷き、後手《うしろで》に縛られた罪人がずらりと並ぶ。

**しらべ振り**　正面一段高い処が御吟味役の席で羽織袴《はおりはかま》、牢番（今の廷丁《ていてい》）は法被股引《はっぴももひき》、何の事は無い、今の車夫に番号が無いばかりだす。これが青竹三本を心《しん》にして藁《わら》で捲《ま》いた大鞭《むち》で容赦もなく打据《うちす》える。白状しなければ算盤責《そろばんぜめ》に掛けるのだす、二十貫匁《かんめ》の重石を膝の上へ載せられてはミリ〳〵と足の挫《くじ》ける響《ひびき》がして大概《たいがい》の者はヘト〳〵になって足は立ちまへん、苦しい痛いと泣き喚《わめ》く声が恐ろしいやうだしたが、夫《それ》でも強情な奴は白状しまへん。昔はこんな仕かたで、押切強盗、家尻切《やじりきり》（家や土蔵の壁を壊して侵入する盗人のこと）、板場稼ぎ（銭湯での窃盗のこと）、偽印を拵《こしら》へた奴、皆其場で勘定なしに大概断罪にしたものだすが、今は打擲《ちょうちゃく》する抔《など》は爪の垢《あか》程もおまへん。

**引かれ者**　引廻しは、淀屋橋《よどやばし》と難波橋との間に梅檀木橋《せんだんのきばし》といふのがおました。罪人は其處《そこ》を渡って東に折れ、堺筋を通って日本橋《にっぽんばし》筋を行ったのだす。所謂《いわゆる》果ての二十日に限ったものでした。この日は道筋の商屋《みせや》などは滅多に戸も明けまへん。人子《ひとっこ》は無論おっかながって通りまへん。それを十五六名乃至《ないし》二十五名位宛《ずつ》の罪人が馬に乗せられて通ります。もう最後だすよって、自暴《やけ》で乱暴狼藉《ろうぜき》の仕度《した》い三昧《ざんまい》だす。酒屋を見れば酒呑《の》ませ、饂飩屋《うどんや》を見れば饂飩喰はせと一生懸命な声で強請《ゆす》ります。大概は喰《くら》ひ酔った勢《いきおい》でヤットコサの拍子を揃へて熊野節を謳《うた》って行ったものだすが、それも日本橋八丁目の極楽橋《ごくらくばし》を越えると、処刑場が近くなりますので勢ひが無くなり、バッタリ歌が止んだものだす。お処刑場は飛田《とびた》の墓つて、未だに罪人を縛りつけた松の木が残ってゐます。

**千日前の髑髏《どくろ》**　断罪がすめば例の千日前《せんにちまえ》に曝《さら》したので、私が三十であの辺を開墾しました時、何百といふ髑髏が山のやうに出て、震《ふる》ひ上りました。人間の首も生きてゐる間は奇麗《きれい》なものだすが、死んでは化物より恐ろしいものだすな。目や鼻の穴など飯喰《めしくい》茶碗より大きなものだす。あれからいへば別嬪《べっぴん》の美人のつて詰まらぬものだす。馬の脚の壮士《そうし》達がする裁判の芝居は見てゐるとほんに滑稽《こっけい》なものだすが、明治になってから間《ま》の無い頃はあんなもんだした。弁護士など今こそ洋服姿で素ばらしいものだすが、初めは木綿の紋付《もんつき》に小倉の袴《はかま》だして、大ざっぱに矢たらにしゃべったものだすよって面白いことも多うおました。世の中は変わったものだす。

　記事の最後に弁護士の話が出てくるが、その前身は「代言人《だいげんにん》」と言った。明治五年（一八七二）に制定された「司法職務定制《しほうしょくむていせい》」によってはじめて規定されたものである（［解説14］参照）。代言人は明治一五年（一八八二）の「旧刑法《きゅうけいほう》」「治罪法《ちざいほう》」の施行まで、刑事事件の弁護は原則として認められていなかった。それ以前の彼らの活躍の場は民事事件に限定されていた。

# 主殺し・親殺し

## 塩漬けの死骸を磔 ― 明治元年の親殺し　明治二年

河州交野《かたの》郡の村野《むらの》村に住む仁太郎（二〇歳）は、友達と遊ぶ金を父親にたびたびせがんだが、小遣いをくれるどころか、厳しく叱りつけられるのが常であった。そのため、仁太郎は遊びの割り前を出すことができず、友達から殴られたり、着ていた衣服を脱いで渡すこともあって、ついには仲間はずれにされてしまった。仁太郎は「親父が吝嗇《ケチ》だから、こんな恥をかかされるのだ」と逆恨みした。

慶応四年（一八六八）七月ごろ、しかという女（一九歳）が住み込みの下女奉公にやってきた。仁太郎はほどなく、このしかと同意の上で密通を重ねるようになった。「末は夫婦に」と約束を交わすほどの深い仲になったが、近ごろはどうも疎んじられているのではないかと感じていた。むしろ、しかは父親を慕っているようにも見受けられた。

「しかと親父は密通しているに違いない」と、これまたひどく腹立たしく思っていたところ、同年九月、たまたま自宅土蔵内の長持の間に、金三両二分が隠されているのを見つけた。祖母の貯金だと思った仁太郎は、これを盗んで酒食遊興に使い切ったところ露見し、立腹した父親からひどく折檻《せっかん》を受けた。居づらくなった仁太郎は家をとび出し、知人のところを転々としながら父親の存念を探った。

うわさでは、「どうやら、せがれを久離《きゅうり》（いわゆる勘当）するつもりらしい」ということであった。

これを耳にした仁太郎は、行く末に不安を覚えた。「そもそも親父がほんのわずかばかりの小遣い銭もくれないから、若いもの同士のつき合いもできずに恥をかかされた。それに、俺と懇《ねんご》ろだったしかを、妾《めかけ》同様にして仲むつまじく暮らしている。父親とはいいながら、あまりに惰弱《だじゃく》でわがまま放題じゃないか」と憤りを募らせた。そして、「人知れず親父を殺してしまえば、家業は俺が継いで思いのままになる。そうなれば、しかもきっと俺になびくだろうから、心のままに通じあえるぞ」と、大それた考えを抱くに至った。

九月一四日、仁太郎は企みを決行すべく、家の裏手の塀を乗りこえ、裏口から忍びこんだ。離れ座敷に置いてある鍵を取って土蔵に入り、たんすの中から脇差を取り出し腰に帯びた。父親の寝所のかたわらまで行き、ひそかに様子をうかがうと、寝入っている様子であったので、脇差を振り上げ夢中で切りつけた。

父親が悲鳴を上げたので、家のものに見とがめられては大変と、あわてて表口から逃げだした。脇差は途中で捨てた。その後、身を隠しているあいだに、父親がこの時の傷がもとで死んだといううわさが聞こえてきた。仁太郎はいまさらながらに後悔しているところを、大阪府に召し捕らえられた。事件後の検視では、父の頭部に切り疵《きず》と刺し疵が一か所ずつあった。

一方、下女しかの口書《くちがき》（自白書）によると、八月中旬ごろに仁太郎の父親から密通を申しかけられた。せがれとの関係を打ち明けられずにいたところ、さまざまに説得された。召し使ってもらっている恩義もあって、つい一度だけ身をまかせた。その後、仁太郎からたびたび密会を申しかけられたが、病気などもあって、顔を合わせるのをわざと避けていたという。

大阪府はそのしかを「向こうからの誘いとはいえ、せがれと密通しながら、主従の敬礼を忘れ父親とも密会し、それが原因でせがれが父親を殺害する事態に立ち至ったのは、重々惰弱《じゅうじゅうだじゃく》」という理由で、「急度叱り」に処した。

他方、仁太郎の処分は府から刑法官に伺いが立てられた。翌明治二年（一八六九）三月下旬、「不身持でありながら、教戒に憤って実父を殺害、かつ祖母の貯金を盗んだのは、強悪非道《きょうあくひどう》の所業《しょぎょう》、不届至《ふとどきし》極《ごく》の大罪《たいざい》」につき「磔《はりつけ》」、という勅裁が下された。ところがこの時、仁太郎はすでに牢内で病死していた。そこで府では、塩詰めにしておいた遺体を磔に処した。

江戸時代には親や主人に対する傷害や殺人は「逆罪《ぎゃくざい》」とよばれ、幕府は死刑の中でも最も重い「磔」を科した。磔とは、刑場に設けた横木付きの高い木柱に受刑者を固定し、両脇から槍で突き刺して殺害したうえ、所定の日数そのまま放置して人々に見せるという残虐な刑であった。

また、「公事方御定書」には、処刑前に死亡した犯罪者のうち「主殺」「親殺」「関所破」「重謀計《おもきはかりごと》」の四種の重罪については、死骸を塩詰めにした上で処刑（いずれも磔）を執行すべき旨が定められていた。防腐処置を施してまでも残虐な処刑を公開することで犯罪を抑止しようとする、一般予防主義的思想（見せしめ）が強く表われた処置であった。江戸時代にはこういう考え方を「見懲《みこら》し」と称した。

明治初年の刑罰にもこうした考え方は受け継がれ、当初は主人・親の殺害行為に対し、なお磔を科した（［解説1］参照）。明治三年（一八七〇）一二月の「新律綱領」では磔は廃止されており、直系尊属の殺害に適用される刑罰は梟示《きょうじ》（斬首のうえ首をさらす）となった。

## 古主夫婦殺しで磔 ── 凄惨な死闘の果てに　明治二年

尾張（現在の愛知県西部）うまれの伊八（二八歳）は、放蕩《ほうとう》により慶応三年（一八六七）四月に親から勘当され、同年末ごろ大坂に流れてきた。その後は知人の世話で、あちらこちらで奉公や日雇いなどをしていた。

明治二年（一八六九）七月下旬、この知人に請人《うけにん》（身元保証人）になってもらい、難波新地で諸鳥煮売屋を営む近江屋喜三郎のところへ、住み込みで下人奉公に入った。ところが喜三郎の気に入られず、七日ほど勤めただけで暇《いとま》（解雇）を受け、漂泊の身となった。

たちまち暮らしに困った伊八は、勝手知った喜三郎の家に盗みに入ろうと思い立った。九月二日の暁《あかつき》時分、顔を手ぬぐいで包み、横手の板塀から小屋根にはい上がり、二階から忍び入った。段《だん》梯子《ばしご》から台所へ下りたところ、奥の間に灯火がぼんやり見えたので、それを頼りに室内を物色した。ところがつまずいて物音を立てたため、喜三郎と女房のたみが起き出してきた。夫婦は「盗っ人だぁ」と叫びながら、伊八を捕まえようと迫ってきた。

ばれたら大変なことになると、伊八は二人の殺害を決意した。料理場にあった出刃包丁を手にとり、喜三郎めがけて突きかかり切りつけた。喜三郎はひるまず伊八に組みついた。たみも妊婦の身でありながらつかみかかってきた。伊八はたみに出刃包丁を突き入れたがかわされ、その隙に包丁を喜三郎にねじり取られて、逆に左手の甲に疵を負った。

そこで伊八はあたりにあった荷棒を手に打ちかかったが、これもねじり取られた。もう一本棒を手にして殴りかかったが、これまたねじり取られてしまった。それでさいぜんの出刃包丁を拾って向かっていったが、逆に棒で何度か打たれた。それにひるまず包丁で突き切りするうちに、とうとう伊八は庭に転げ落ちてしまった。

これを見た喜三郎は棒を捨て、伊八のえり元をつかんで押さえつけ、包丁をねじり取った。伊八はその隙に身体を入れ替え、喜三郎を逆に押さえつけた。かたわらに転がっていた棒で殴りつけると、ようやく喜三郎は倒れた。喜三郎はまだ包丁を手にしていたので、伊八が別の刃物で殺そうと、そばにあった出刃包丁を突き入れたところ、「金がいるのなら持って帰ってくれ」と叫んだ。伊八は奥の間のたんすの引出しから金札六両三分を盗み取り、「ほかにもまだあるだろう、言え」と脅すと、「それで全部だ」と喜三郎が答えた。

腹が立った伊八は包丁を振り上げた。すると、かたわらで一部始終を見ていた九歳になる喜三郎のむすこ喜之助が、次の間にあった帳箱から金札一両二分二朱と銭一貫五〇〇文を差し出し、「これでかんにんして」と懇願した。喜三郎も手を合わせ、むすことどもも命乞いした。伊八は聞き入れず、喜三郎の脇腹に包丁を突き立てた。父親は即死した。

伊八は「騒いだら殺すぞ」と喜之助をおどし、棒で頭やのどを打擲しておびえさせた。それから、あたりにあった瓢簞《ひょうたん》に菰樽《こもだる》の酒を移し入れた。金札や銭のほかに衣類なども盗み取り、庭に下りた。思わずつまずいたので手探りしてみると、人の身体らしきものがあった。「倒れてるのはたみだな。気がついたら俺のしわざだとばれてしまう」と考えた伊八は、手にした包丁をたみの腹や胸に突き立てた。表口から外に出たのち、包丁を道頓堀川《どうとんぼりがわ》に投げ捨てた。

このとき、喜三郎宅には三人の下女（二六歳・一三歳・一三歳）が住み込みで奉公しており、凶行時には二階の奥の間で寝ていた。伊八が出ていった後、喜之助が上がってきて「お父ちゃんが盗っ人に殺された。お母ちゃんはどこかに逃げたみたい」と告げた。驚いた三人の下女が台所に下りてみると、奥の間に喜三郎が無残な姿で横たわっていた。

下女二人と喜之助の三人で近隣に知らせることにした。いちばん年かさの下女がたみを探そうと表に出ると、夜明け前の薄闇の中、内庭にだれかが横たわっているのが見えた。盗賊が酒をくらって泥酔していると思ったこの下女は、賊が立ち去らぬうちに町役人に知らせようと、先の三人を追って丁《ちょう》年寄《どしより》宅へ向かった。話を聞いた丁年寄は、さっそく府の役人へ通報した。下女は改めてたみのゆくえを捜そうと、近所を尋ねまわったが見つからなかった。

やがて日が昇り、喜三郎宅へ戻った下女は、はじめて庭に横たわっているのがたみの亡骸《なきがら》だと気がつき仰天した。そこに喜之助らも戻り、両親ともに無残に殺害された事実を突きつけられることになったのであった。

報せを受けてかけつけた府の捕亡使《ほぼうし》（罪人逮捕を任とする役人）らは、検視をおこなうとともに、臨月であったたみの胎内の子を救おうと考えた。いそいで医師を呼び寄せ診察させたが、残念ながらそれもかなわなかった。

伊八はまもなく召し捕えられ、吟味のうえ、「大阪町中《おおさかちょうじゅう》引廻《ひきまわし》の上磔」という沙汰が下された。処刑は非常に迅速で、九月一八日に行われた。同日の西大組大年寄の日記には、「道頓堀裏の鳥屋の亭主とその女房、女房は妊婦でその腹を立ち割り、合計三人を殺害した無宿尾州のなにがしが本日、四組引廻しのうえ磔となった」と記されている。

気の毒なのは下女三人であった。「二階奥の間で寝ていたとはいえ、居宅で主人夫婦が殺害されたのを知らずにいた」のは不埒として、二六歳と二三歳の下女二人に「三十日押込」、一三歳の下女には幼年であるとして「急度叱り」が科された。押込とは私宅での軟禁刑である。また、両親を殺された喜之助についても、「幼年ゆえに処罰は必要ないでしょうか」という伺いが府の上層に対してなされ、承認されている。

江戸時代には親殺しや主殺しに極刑が科されたのと同じ理屈で、親や主人の危難の際には、子や奉公人は身命を賭してこれを救護すべきものとされた。そうした意識は明治初年にも変わることなく受け継がれていた。

## 元主人の妻へ傷害のうえ放火　明治三年

清次郎（一九歳）は、慶応元年（一八六五）二月に尾張坂町《おわりさかちょう》の砥屋龍三郎方に住み込みで年季奉公に入り、提灯《ちょうちん》袋張りを習い覚えた。明治元年（一八六八）一一月にぶじ年季が明けたので、あるじの龍三郎と相談のうえ、以後は飯料として一日に七〇〇文ずつ払い、職人として引きつづき砥屋で働く事になった。

ところが、龍三郎の妻はまは、ささいな過ちをとがめだてては、ぐちぐちと文句を言ってくるので、清次郎は前々から不快に思っていた。元主人のことでもあるので我慢してはいたが、明治二年（一八六九）一一月二八日、龍三郎が商用で外出したのを幸い、清次郎は、はまを殺して平生の鬱憤《うっぷん》を晴らしてやろうと考えた。

深夜、清次郎は寝所に忍びこみ、寝ていたはまに馬乗りになって、仕事に使う小刀包丁でめったやたらに切りつけた。はまは悲鳴を上げて逃げ出した。

「こんな大それたことをしでかしたからには、とても生きてはいられない」と覚悟した清次郎は、龍三郎宅に火を掛け、わが身を火中に投じようと考えた。二階に置いてあった提灯袋に付木《つけぎ》で火をつけると、炎が一時に燃え上がった。その火勢に気後れした清次郎は二階から飛び降りた。

そして、今度は仕事に使っている剃刀《かみそり》で自分ののどを突いてみたが、やはり死ぬことはできなかった。そのうち火は広がり、隣家にも燃え移った。恐ろしくなった清次郎は逃げ出したが、近くに身を潜めているところを召し捕らえられた。

はまは頭部や額、乳房、のど、肩など計一三か所に傷を負ったが、養生した結果、平癒した。

明治三年（一八七〇）四月、大阪府は刑部省に対し、清次郎を「磔」に処すべき旨の伺いを立てた。同年六月、刑部省は清次郎を「梟示」とするよう指令を下した。

### ［解説3］　断獄《だんごく》役人の懐旧談

明治四年（一八七一）四月の大阪府職員録に、断獄課権典事《だんごくかごんのてんじ》として中村元嘉《なかむらもとよし》という名が記されている。「断獄」とは当時の刑事訴訟全般を指すことばで、中村はこれを管轄する課の筆頭職員であった。彼は天保九年（一八三八）に高槻《たかつき》藩士の家に生まれ、同藩で大目付や町奉行などの職を経て、明治二年に大阪府に出仕した。その中村による懐旧談が、明治三四年（一九〇一）の「法律新聞」に掲載されている。以下に紹介する。

明治の初年、自分は大阪で吟味役をして居た。その頃までは裁判所―即ち奉行所の白洲《しらす》と云《い》ふものは、悉《ことごと》く石を鋪《し》いたもので、人民は民刑共此《この》石の上に座はって訊問《じんもん》を受けねばならぬ。それが何時頃《いつごろ》から改まって、誰れがこの旧幕以来の遺風を改めたかと云ふと、これは一向に世間に識《し》ったものが鮮《すくな》い。確乎《たしか》明治二年であったと思ふ。時の民部《みんぶ》大《たい》丞《じょう》井上馨《いのうえかおる》君が、大阪の西の奉行所の役宅に臨《のぞ》み、どふいふ取調方をやるかと思って、白洲を覗《のぞ》いて見た。所が井上は洋行をした位の人だから、西洋風の事が好である。でこの敷石の上に人民を座らせて、訊問するなどはどふも不可《いか》んと云ふので、縁付《へりつき》の薄縁《うすべり》を敷いて之《これ》に座らせて訊問することになった。これが日本の裁判所が旧幕以来の訴訟人の座席を改良した抑《そもそも》の始で、これと同時に訊問する場合には、白洲へ其訴訟関係人のみを呼入れ、他の事件の関係人は一切内に入れぬと云ふ旧制も改めて、出頭した者は一同白洲に呼入れて、片端からドン〳〵取調べることになった。これ等が今日の審問公開《しんもんこうかい》が行はれる端緒《たんしょ》であらふ……（後略）

この中村の回顧は、どちらかといえば聴訟《ちょうしょう》（民事）事件の裁判が中心のようにも思われるが、裁判所の座席改良や裁判の公開が、井上馨（長州）の影響で大阪からはじまったというのは、なかなか興味深い。

明治政府の刑事裁判に関するまとまった規則のうち、現在わかっているものでいちばん古いのは、明治三年（一八七〇）五月に刑部省が出した「獄庭規則《ごくていきそく》」である。全一三か条と白洲の図から構成されていた。

その主な内容は「糺問の際には、被疑者の身分により着席場所を区別すること」「判事以上が吟味する際には、事件担当の解部《ときべ》と史生《ししょう》二人、見座《けんざ》が白洲に詰めること。史生が供述を記録し、主要部分は解部が加筆訂正すること」「罪人の最初の吟味は判事が出座すること」「実質的な吟味は解部が訊問し、史生がその内容を記録すること」「拷問は判事以上が合議のうえで行うこと」「口書《くちがき》（自白書）に被疑者の承服印を捺《お》させる場合には判事が立ち合うこと。ただし口書の読み上げは解部が行うこと」「刑の宣告は判事が行うこと」などであった。「解部」とはこんにちの取調べ官、「史生」は書記官、「見座」は廷吏にあたるような役目を担う役人の名称であった。

この「獄庭規則」が大阪府において、どれくらい遵守されたのかは分からない。ただ、右の手続き自体は、役人の名称が律令風になったくらいで、旧幕府の吟味筋《ぎんみすじ》（刑事訴訟手続）をほぼそのまま受け継いだものであったから、結果的に大きな齟齬《そご》は生じなかったであろう。

余談ながら中村元嘉は、明治五年（一八七二）以降、神戸裁判所や東京の司法省裁判所で活躍し、明治一三年（一八八〇）に横浜裁判所長、明治二三年（一八九〇）には名古屋控訴院長を歴任、明治二四年には大審院《だいしんいん》（旧制度下における最高裁判所）の部長になっている。明治二五年に日本法律学校（現日本大学）が廃校の危機に陥ったとき、奔走してこれを切り抜けた。現在も日大の恩人として知られている。右の懐旧談を語った時には弁護士であった。昭和二年（一九二七）死去。享年八九歳。各裁判所に在職中の中村は、名裁判官としての誉《ほま》れが非常に高かった。

## 贋《にせ》金《がね》（1）——戊辰戦争の終結以前

### 郡上藩の贋金づくり　明治三年

郡上《ぐじょう》藩で鉱山会計掛をつとめる山田勇次郎（三九歳）と小西辰次郎（三一歳）の二人は、慶応四年（一八六八）四月、主用で大阪に出てきた。その逗留先にかねて出入りの尾崎屋銚次という男が、「鉱石の洋式精錬と大砲鋳造の心得ある者がいる」と知らせてきた。

譜代であった郡上藩（美濃国［現在の岐阜県南部］・青山家四万八千石）は、およそ二か月ほど前に、ようやく新政府方につくことに決した。その直後に飛騨防備を命じられるなど、たび重なる出兵で多額の出費を強いられた。藩は疲弊《ひへい》しており、家中への扶持の支給もままならないほどであった。

藩主からもかねがね資金の工面に尽力するよう命じられ、苦慮していた二人は、当時少なからぬ藩が「国金」と称して、贋《にせ》の二分金をつくっていると耳にしていた。それで銚次からの知らせを幸い、大砲鋳造という名目で職人たちを雇い入れ、二分金を贋造《がんぞう》しようと思い立った。銚次にたくらみを明かして職人たちを雇うように命じ、原料となる丁銅《ていどう》の買い入れと職人の手間賃として五〇〇両の金を渡した。丁銅というのは、おもに国内流通用に生産された、薄い長方形型の銅である。

銚次は知人で醤油《しょうゆ》屋の正吉（四六歳）と銭小売渡世の喜助（三〇歳）の二人に、あちらこちらで丁銅を買入れさせた。そして、これを鋳物《いもの》職の藤次郎（三四歳）のところに持ち込み、黄銅《おうどう》（真鍮《しんちゅう》）に精錬するよう頼んだ。藤次郎は菓子屋の五兵衛とともに、下働きの職人を雇って精錬を行い、黄銅に仕上げては山田・小西の逗留先へ納めた。やがてその目方は、おおよそ一六〇貫目（一貫目は約三・七五kg）にも達した。黄銅の売り買いを通じ、髪結の伝助（三九歳）と茂六（四七歳）のふたりも真相を知らされぬままに雇われ、仲間に加わった。

また、藤次郎はその職業柄、職人の雇い入れにも顔がきいたので、簪《かんざし》職一人、鍛冶職二人、飾《かざり》職三人、鉄砲鍛冶一人、煙管《きせる》職三人、日雇四人の計一四人の手配も行った。

こうして大阪での準備がととのい、明治元年（一八六八）一〇月三日、山田と小西の二人はひと足先に郡上へ向け出立した。大量の黄銅は事前に国元へ回送してあった。同日、伝助・喜助・藤次郎・五兵衛の四人も支度金をもらいうけ、職人一四人とともに旅立った。翌日には正吉と茂六も大阪を立った。銚次は用事があって大阪に残った。七日に一同は岐阜で落ち合い、連れだって郡上八幡《ぐじょうはちまん》へと向かった。

同月一七日、山田と小西の二人は、口長尾《くちなご》という人も通わぬ奥深い山中に一同を連れていった。そしてそこで「鉄砲製造というのはいつわりで、じつは贋二分金を大量に造るつもりだ。もし協力を断ればただではすまさぬ」とおどし、みなに贋造をむりやり承知させた。

しかたなく、正吉・茂六が肝煎《きもいり》（世話役）、伝助・藤次郎は職人頭取、喜助・五兵衛が記録係となり、職人たちを指図して贋金づくりにとりかかった。作業はかなり大規模な分業で行われた。職人二人で二分金の型を鍛造した。別の職人一人が本物の二分金を手本に、この型に彫りを施した。三人が黄銅を地銅に打って寸法通りに整えた。二人はふいごで真鍮を吹き流し、さらに二人の職人がこれを使って金色に鍍金《ときん》（メッキ）した。残りの者は作業小屋の手直しや土取りにあたった。できあがった贋二分金は、そのつど山田・小西の両人に引き渡された。

ところが彼らのうち気味が悪くなった伝助が、「用事がある」といつわって暇をもらい、賃金二〇両を受け取って一〇月二一日に大阪へ帰ってしまった。次いで茂六が同月二七日に、正吉もその翌日に路用金として一三両をもらい出立、大阪へ戻った。喜助も一一月一三日に作業場を去り、一九日に帰宅した。

さて、帰阪した正吉は市中で茂六に出会い、作業場には指図をする者がほとんどいなくなったことを知った。「これでは作業に差し支える」と考えた正吉は、大阪にいた銚次と相談のうえ、一一月一〇日に二人で出立し、一六日に再び美濃山中の作業場へと戻った。

しかし、監督たちがこのようなありさまでは、職人たちも当然つぎつぎと脱けていった。一一月二〇日には気味悪くなった職人六名が賃金をもらいうけ、作業場を去った。その後、同月中に二人、一二月一日に三人、同月八日にさらに二人が作業場を去り、大阪へ帰っていった。贋金をつくることはもはや難しかった。

これまでの作業で、贋二分金はおよそ四千両あまりも造られていた。しかしその出来は芳しいものではなかった。山田・小西の二人はもくろみがはずれ腹も立ったが、藩の役人が贋金づくりのうわさを聞きこみ探索しているとの風聞もあって、ついに一二月一〇日、作業場を閉じることにした。残っていた藤次郎と五兵衛は同日に立ち、翌日には正吉と銚次も賃金として三両を受け取り、大阪へと戻った。

翌明治二年（一八六九）の正月中ごろ、大阪を訪れた山田勇次郎は、藤次郎にこれまでの賃金として金二五〇両を渡した。藤次郎はこの金をすべて当座に使い果たした。その後、一同が山田・小西の両人と顔を合わせることもなかった。

ところが、しばらく経った同年一一月一〇日ごろ、藤次郎宅に突然使いがやってきた。「山田がいま大阪にきており、面会を求めている」とのことであった。すぐに訪れていろいろと雑談するうち、山田は「過日製造した贋二分金はとても使えないので、今もそのまま所持しておる。昨今は贋金に関する布令が特に厳しいので、このうえは溶かして地銅にして売り払うほかない。何とか手だてを考えてもらえぬか」と頼みこんできた。藤次郎は承知した。

翌月、藤次郎は山田を訪れ、「売りさばき先を探してみます」と言って、贋二分金四一五〇両分を持ち帰った。そして、これらを数百両ずつの小分けにして市中やその周辺などで売りさばき、一四〇両ほどを手にした。この金は山田のところへ持参するつもりであったが、金詰まりで難渋していたため、家事賄いなどにすべて使い果たしてしまった。そうこうしているうちに、職人らを含め全員が芋づる式に大阪府に召し捕らえられた。

翌明治三年（一八七〇）四月、府は山田勇次郎・小西辰次郎を含む計二一名の科刑につき、刑部省に伺いを立てた。一味のうち銚次は吟味中に病死し、五兵衛はゆくえが知れなかった。翌月、刑部省から届いた達には、山田・小西の両名を含め「全員を赦宥（放免）せよ」と記されていた。その理由については、後の［解説4］で明らかにしようと思う。

## 太政官札《だじょうかんさつ》の偽造　明治二年

明治元年（一八六八）一一月、洗い張り渡世の勘七（二五歳）は所用で外出した折、かつて奉公先でいっしょだった男に偶然出会った。連れ立って歩きながら身の不幸をなげくと、男は「贋札をこしらえれば暮らしの足しになるだろう。簡単だ、奉書紙《ほうしょがみ》（厚手の和紙）を五、六枚も重ね貼りしたら、それらしいものができるぞ」と教えてくれた。その話はそれっきりで男とは別れた。

かんじんの銅版のやり方を聞かずじまいだったのは残念であったが、贋札づくりは大それたことでもあり、その時は気にも留めなかった。ところが暮らしがいよいよ苦しくなった勘七は、さきに聞いた偽造法を思い出し、やってみようと決心した。銅版については、懇意の友禅上絵職の弥八（三六歳）なら、その仕事がら工夫もできるであろうと考え、偽造を持ちかけてみた。やはり困窮していた弥八も同意した。しかし、彼も銅版の製法にはくわしくなかった。

弥八はかつて、「坂本町《さかもとちょう》の中欽哉《なかきんや》という医者が、先代から銅版をたくみにする」と耳にしたことがあった。そこでつてを頼って、翌二年（一八六九）正月に欽哉宅を訪れてみた。「今度新しい模様の工夫をして、友禅の上絵に使ってみたいと思っています。銅版の技法を伝授してもらえませんでしょうか」と頼みこんでみたところ、「容易には教えられぬ。確かな証文を差し入れるならば伝授してもよろしい」とのことであった。そこで弥八は、ご法度は守る、他人にみだりに伝授しない、けっしてご迷惑を掛けない、という旨の一札を書いて欽哉にさし出した。欽哉はおいおい伝授してくれた。

こうして銅版のやり方を身につけた弥八は、いよいよ贋札の製造に取りかかろうと、大工の幸助（二九歳）と由兵衛（四一歳）へ事情を話し、仲間に引き入れた。三人で話し合い、太政官札のうち十両札と一両札を偽造することに決めた。弥八は欽哉から教えてもらった技法をつかい、次のような手順で銅版をこしらえた。

・本物の太政官札の上にごく薄い和紙を重ね、図案を写し取る。
・晒蠟《さらしろう》（漂泊精製した蠟）と松膠《にかわ》を混ぜ合せたものを、紙幣の形（長方形）にととのえる。
・その上に先の図案を透写した薄い和紙を貼り付け、上から釘で彫る。その下にはあらかじめ銅の延べ板を敷いておく。
・でき上がった彫り型の上から、ステリキと称する水薬を流し込むと、化学反応により銅が腐食し、図案が浮かび上がる。

これはいわゆるエッチングの技法であった。

こうして銅版は完成した。印刷に使う万力《まんりき》も買い入れた。しかし、印刷するには弥八の家は間狭であったので、京町堀《きょうまちぼり》にある幸助の知人宅の二階を借り受けることにした。三月一日から弥八と幸助は道具一式をそこに持ち込み、その後、由兵衛も合流した。当初は偽造を持ちかけてきた勘七も呼び寄せるつもりであったが、「あいつは若くて心もとない」という話になって、結局、彼には黙って印刷に取り掛かった。その方法は、

・笹の葉を黒焼にしたものに唐胡麻油《とうごま》（ひまし油）を混ぜて染料（インク）を作り、これを刷毛《はけ》で銅版に塗る。

・仙花紙《せんかし》（厚手の丈夫な和紙）の間に、杉原紙《すぎはらがみ》（やや薄手の和紙）を重ね貼りしたものと銅版を挟み、万力へ差し込んでしめ上げる。

というものであった。三月下旬ごろからは、幸助の誘いで木樋《もくひ》売買渡世の吉次郎（二六歳）も仲間に加わり、偽造を手伝った。贋札に捺す朱印は由兵衛が荒彫りし、吉次郎が仕上げをした。

こうして四人は、一両札をおいおい三〇枚ばかり刷ってみた。しかし、とても満足のいくような出来ではなかった。使えばたちまち露見するであろうと考えた彼らは、残念ではあったが偽造をいったん中止することにした。

一方、仲間はずれにされた勘七の耳に、弥八たちが贋札の印刷をしていることがもれ伝わってきた。「そもそもこのたくらみは、俺がはじめたものなのに」と、はなはだ不快であったが、このうえは自分で贋札を作ろうと決心し、向こうの一味であった由兵衛と、新たに友禅上絵職の正兵衛（四三歳）という男を仲間に引き込んだ。

勘七は、以前に弥八が中欽哉から伝授された銅版技法を試みているのをそばで見ていたので、その方法を正兵衛に教えた。作業は三月下旬からはじまり、正兵衛が一両札と一分札の銅版を同様の方法でこしらえた。その後、幸助もこちらの一味に加わり、勘七宅に集まった。偽札作りをあきらめた弥八が知人宅に預けていた万力も、勘七が無断で持ち出してきた。

ようやく道具もそろったので、いよいよ勘七らは一両札を五、六枚試し刷りしてみた。しかし、彼らは染料の製法をくわしく知らなかったので、望むような贋札はできなかった。試作品は残念ながらすべて火にくべた。その後は十両札や一分札の試し刷りもせぬまま、新たな工夫を思案しているところを一同召し捕らえられた。

明治二年一二月、大阪府は六人の男たちを「梟首」に処すべき旨の伺いを刑部省に立てた。ところが、翌三年五月、刑部省からは「郡上藩の贋金づくり」一味と同様、全員を赦宥《しゃゆう》（放免）するよう指令が下されたのであった。

はからずも贋金づくりの一味に銅版技法を伝授することになった中欽哉という男は、なかなか興味深い経歴の持ち主である。天保一一年（一八四〇）に広島藩士の家に生まれた彼は、安政三年（一八五六）に緒方洪庵《おがたこうあん》の適塾《てきじゅく》に入門、医学を学んだ。福沢諭吉《ふくざわゆきち》の後輩にあたる。その後、洪庵の師である中《なか》天游《てんゆう》家の養子となり、中姓を継いだ。

明治元年（一八六八）一二月には、大阪に開設された仮病院《かりびょういん》のお雇い医師として、洪庵の義弟郁蔵《いくぞう》らとともに名を連ねている。仮病院というのは日本の医療の近代化を目指して設立された、治療とともに医療技術の伝習も行う施設であった。教頭にはオランダ人医師ハラタマが招かれた。中は当時の第一級の医師であったといえる。

その後、欽哉は定勝《さだかつ》と名を改め、明治七年（一八七四）に医師をやめ、福沢の食客《しょっかく》となった。そして同年には代言人（弁護士の前身）に転身し、司法省裁判所で熱弁をふるった。さらに九年には判事に登用されている。明治二三年（一八九〇）には大審院判事にまで登り詰めた。翌年に起きた有名な

「大津事件」（来日中のロシア皇太子に警備の巡査津田三蔵《つださんぞう》が斬りつけ、負傷させた事件）では担当判事の一人となった。事件の影響で判事を辞職した後は、実業界に身を置いた。非常に多才な人物であった。

## ［解説4］　新政府の通貨偽造対策 ― 戊辰戦争の終結と偽造宝貨律《ぎぞうほうかりつ》

慶応四年（一八六八）五月、新政府は初の全国通用紙幣として、いわゆる「太政官札」を発行した。一〇〇両・五両・一両・一分・一朱の五種からなり、金札とも称された。当時としては先端技術の銅版印刷ではあったが、盛んに偽札が作られた。

翌明治二年（一八六九）には、殖産興業の一環として通商司のもとに通商会社および為替会社が設立されたが、このうち為替会社には紙幣の発行も行わせた。為替会社は東京、横浜、京都、大阪、神戸、大津、新潟、敦賀の八か所に作られた。大阪通商会社・為替会社は同年八月に、現在の中之島公会堂あたりに設立された。大阪為替会社では一〇〇両・五〇両・一〇両・五両・一両の金券と、一貫文・五〇〇文・二〇〇文・一〇〇文の銭券が発行された。

同年一一月には民部省も新たな楮幣《ちょへい》（紙幣）を発行した。いわゆる「民部省札《みんぶしょうさつ》」である。二分・一分・二朱・一朱の四種があった。太政官札の補完紙幣としての役割を担っていたが、この民部省札もまた盛んに偽造された。

当初、明治新政府は偽造犯に対し厳罰をもって臨んだ。先に紹介した「仮刑律」では、金銀ならびに銭を偽鋳する者は「斬（梟首）」、従犯および贋金と知りつつ買い取り行使した者は「笞百のうえ遠流」、雇われて鋳造に携わった職人も主犯と同刑、などと定められていた。

ところが明治二年（一八六九）四月末、新政府は通貨偽造に関し驚くような策をとった。その時の太政官布告には次のように記されている。

貨幣偽造はもとより厳禁ではある。しかし、国家紛擾《ふんじょう》の際にあたり、諸藩はしばしば貨幣を私鋳して兵馬の費用をまかない、焦眉の急への助けとしてきた。無智な庶民のなかには、その贋金の流布を見て厳禁であることを忘れ、ついに通貨偽造を犯す者も少なくない。これは全く政令が広く周知されていないのが原因である。それゆえ今般深き思し召しをもって、昨年五月の箱館の残賊平定を期とし、それ以前の犯罪者は、すでに発覚したもの、いまだ発覚していないもの、すでに判決の出たもの、いまだ出ていないものを問わず、いっさいを赦宥することとする。

すなわち、五稜郭《ごりょうかく》の戦いの勝利による戊辰戦争の終結を期とし、それ以前に実行された通貨偽造はいっさい罪に問わないことにしたのである。先に紹介した「郡上藩の贋金づくり」や「太政官札の偽造」一味が全員赦免されたのは、犯行時期が明治二年五月以前であったために、この「箱館平定恩赦」が適用されたからであった。

この恩赦の前提には、明治二年（一八六九）七月にイギリスのパークスをはじめとする欧米五か国の公使と新政府とのあいだで行われた、いわゆる「高輪談判《たかなわだんぱん》」があった。対外決済に用いられる偽造貨幣（主に贋二分金）のあまりの多さに不満を抱いた欧米列強が、新政府に対し強硬に開催を求めた協議であった。日本側からは三条実美《さんじょうさねとみ》右大臣、岩倉具視《いわくらともみ》大納言、沢宣嘉《さわのぶよし》外務卿（以上三人は公卿）、寺島宗則《てらしまむねのり》外務大輔（薩摩）、大隈重信《おおくましげのぶ》大蔵大輔（肥前）、伊藤博文《いとうひろぶみ》大蔵少輔（長州）らが出席したが、この協議において新政府は、欧米諸国に対し諸藩の贋貨鋳造の事実を認めざるをえなくなった。翌八月下旬以降、薩摩・土佐をはじめとする諸藩の自訴状の提出が相次いだ。新政府はこれら自ら偽造を認めた藩や、いまだ自訴状を提出していない藩を含めた、全国の諸藩を赦免する必要に迫られたのであった。庶民の贋金づくりの赦免は、いわばその余恵に預かったものといえよう。

しかし、この恩赦の発表から間もなく、新政府は通貨偽造犯の処罰に関し、再び厳罰化へと大きく舵《かじ》をきった。そのきっかけは、三年六月に民部省が、

犯罪者は重刑に処し、国家や人民への被害を未然に防ぐことが肝要である。寛大な処置に慢心して無智で頑愚《がんぐ》な民が通貨偽造を盛んに行えば、ついには政府も倒れる事態にいたる。寛大な処置は姑息《こそく》な小仁に過ぎず、断然たる処置を至急に下知するべきである。

という旨の、さきの「箱館平定恩赦」への痛烈な批判ともとれるような上申をしたことであった。

この上申は、翌七月に「偽造宝貨律」として実を結んだ。そこでは、

・宝貨の偽造行使は額の多少にかかわらず、首犯は梟（さらし首）、従犯および職人または情を知って買い取り行使する者は斬、雑役（偽造行為そのものではない）に携わった者は徒三年

・すでに偽造したが、まだ行使していない場合、

首犯は斬、従犯および職人は流三等（最も重い流）、雑役は徒一年半。

など、非常に厳しい刑罰が定められた。

しかも、この「偽造宝貨律」の府藩県への布達に際しては、「今後、地方官は管轄内で発生した通貨偽造犯については、吟味のうえ本律に照らして即決処置し、事後に刑部省へ報告すること」とされた。死刑相当犯については原則として中央への伺いを義務付けていたにもかかわらず、通貨偽造犯に限っては例外とし、地方官に死刑を含む即決を許可すると、政府みずからが宣言したのであった。

## 贋金(2)──大阪府知事の即決

### イカの甲で一朱銀を偽造　明治三年

曾根崎新地《そねざきしんち》で小間物を商う金助（四五歳）は、かつて烏賊《いか》の甲を使って贋金を鋳造する方法を聞いたことがあった。その当時は気にも留めなかったが、近ごろ暮らしに困ったことから悪心がめばえ、これを試してみる気になった。あちらこちらで烏賊の甲を拾い集め、錫《すず》や鉛《なまり》を買い求めて、贋金鋳造の準備を進めた。

そこへ薩摩堀《さつまぼり》で同じく小間物屋を営む懇意の五兵衛（五五歳）が訪ねてきた。偽造に使う品々を目にした五兵衛は、「これで何をこしらえるつもりか」と尋ねてきた。隠しきれなくなった金助は、「贋金をつくるのだ」と打ち明けた。やはり暮らしに困っていた五兵衛も、贋金づくりに加わることになった。

明治二年（一八六九）九月、金助宅の二階で二人はいよいよ贋金づくりにとりかかった。一朱銀を偽造することにしたが、その方法は次のようなものであった。
・いかの甲二つの間に、本物の一朱銀を挟んで強く圧し、型をとる。
・錫と鉛を沸かし溶かして合金にし、烏賊の甲の押し型の中に流し込む。
このやり方で二人は一朱銀を一六両ぶんほど偽造し、山分けにした。おそるおそる使ってみたら、ばれずに通用した。味をしめた二人は、その後、それぞれの自宅で偽造にはげみ、金助はおよそ五〇両分ほど、五兵衛は三〇両分ばかりを偽造した。

金助はこのうち四五両ほどをあちらこちらで使った。五兵衛のほうも二一両あまりを両替屋で金札や銭に交換して使い、残りもあちらこちらで支払いに使った。

翌明治三年五月、偽造が露見して二人とも召し捕らえられた。翌月、大阪府は刑部省に対し、「両人とも梟首」に処すべき旨の伺いを立てたが、七月下旬、刑部省は先の解説に述べた「地方官即決」を理由に、伺いを差し戻した。

大阪府は八月七日、あらためて府知事の判断で五兵衛を「梟示」に処した。金助のほうはこの間に牢死してしまっていた。

この烏賊の甲を使った偽造は庶民のあいだでけっこう流行したらしく、処罰事例が散見される。このような稚拙な偽造であっても、露見すればもちろん「偽造宝貨律」によって命を落とした。

## 一両楮幣《ちょへい》を偽造行使　明治三年

東京四谷伝馬町《よつやてんまちょう》の銀次郎（二九歳）は、去る辰年（慶応四＝一八六八）正月に父親が死んだことから、東京を離れ大阪にたどりついた。あちらこちらと住み込み奉公をしていたが、明治三年（一八七〇）四月に摂州川崎《かわさき》村に住む実母方に身を寄せ、版木の下を書く仕事をして生活していた。

七月上旬から母親の留守中に楮幣の贋造にとりかかった。一両の紙幣を薄葉紙《うすようし》（ごく薄い和紙）に模写し、黄柳《つげ》に貼りつけて彫った。西ノ内紙《にしのうちし》を三、四枚貼りあわせたものに刷って贋造した。一二枚できたが、どうも出来がよくない。そこで貼りあわせた紙に手書きでさらに二枚を偽造し、合計一四枚つくった。そのうち三枚を使用して、残り一一枚所持していたが召し捕られた。

八月一四日、銀次郎は「梟首」に処せられた。大阪府による即決処置であった。

ちなみに西ノ内紙は和紙で、現在の茨城県大宮市西野内《にしのうち》を原産地とする。楮《こうぞ》を原料として厚く強い。

## 偽造困難な紙幣を――大阪府の上申　明治三年

「偽造宝貨律」の頒布から約二か月後の明治三年（一八七〇）八月下旬、大阪府から弁官《べんかん》に対し、偽造犯の即決処置を報告する届書が提出された。弁官とは、前年一一月の官制改革により太政官の下に置かれた役職で、内外庶務の受付をつかさどった。後に司法卿となる江藤新平《えとうしんぺい》もこの職の経験者であった。

届書の内容は、一名が徒三年、一名が斬首、残りの四名が梟示（さらし首）という厳しいものであった。梟示のうち二名は、右に紹介したいかの甲を使った偽造犯の五兵衛と、一両楮幣偽造犯の銀次郎であった。この時の届書には、次のような大阪府からの上申が添えられていた。

今般の「偽造宝貨律」により、通貨偽造犯の即決処置と事後の刑部省への報告が達せられたので、大阪府においてもおいおい捕縛のうえ、この律に照らし即決処置を行いました。しかし、当管内は悪事をたくらむ者が集まってくる地であるため、事態は拡大の様相を見せ、筑前（現在の福岡県西部）や芸州（現在の広島県西部）あたりにまで関連する事件も発生しています。また、現在市中には大量の贋札が流通しており、露見すれば犯人は数百人に上るかと思われます。

これらは犯情がそれぞれ異なっていて、わずかの違いで主犯・従犯・連累の者（連座して処罰される者）といった処罰の差異があり、それを区別して府で即決することは、とりわけ困難です。通貨偽造に限って即決処置するのは非常に不安が大きいので、他の犯罪と同様、中央から指図のうえで処刑する形に改めてはいただけないでしょうか。

また、今回の即決処置は、「早く厳刑を示して未然に通貨偽造を防ぐ」という政策と拝察いたしますが、古来より強盗や窃盗といった大賊は、厳刑が待ち受けていることを承知しながらも、塀を乗り越え戸に穴を開け、危険をおかして犯行に及ぶ者が後を絶ちません。しかるに通貨偽造は危ない橋を渡ることもなく、ひと気のないところで偽造に成功すれば、少しの元手で莫大《ばくだい》な利を得ることができます。したがって、今回の即決処置は一時の隆盛を防ぐには有効かもしれませんが、犯罪断滅の良法とは言えません。

できることなら、造幣寮《ぞうへいりょう》において急を要しない土木工事はこの際省略し、早々に真の紙幣を製造していただき、偽造が容易な楮幣（太政官札や民部省札）と交換するならば、愚昧《ぐまい》にして死刑に陥《おちい》る者もなくなるのではないかと考えます。楮幣は止むを得ず発行されたものであることは重々承知していますが、現在では弊害を生じております。鉄道蒸気機関車の敷設など、さしあたり民衆が希望していないような政策はしばらく見合わせ、真の紙幣製造に全力を傾注していただく時節かと存じます。

大阪府における合議の概要は以上のようなものです。なお今回、府において即決のうえ処刑した者は五人、現在捕縛のうえ吟味中の者はおおよそ五〇人ほどもおります。

政府はすでに明治元年（一八六八）一一月から、大阪の旧川崎村約一八万平方メートルの敷地に、当時としては世界最大規模の造幣局の建設を開始していた。翌二年七月に大蔵省が設置されて以降はその所属となり、名称も「造幣寮」と改められた。国家の威信を賭けた一大プロジェクトであったが、そこで製造されるのは金属貨幣であって、紙幣ではなかった。大阪府としては硬貨よりも、また鉄道敷設のような大規模な公共事業よりも、偽造が困難な紙幣の製造と楮幣との交換こそが先決であると考えていたのである。

また、末尾の「現在吟味中の被疑者五〇名ほど」という部分からは、「場合によっては、これを全部斬首せねばならぬ事もあり得るが、本当によいのか」という大阪府の悲鳴が込められているようにも感じられる。

この上申に対する回答は、翌九月下旬に大阪府に届いた。その主旨は、先般、民部省からの伺が採用され、大阪府に達（「宝貨偽造律」と地方官即決処置を指す）があったはずであり、それに沿って然るべく処置せよ。また、金銀楮幣偽造犯については、今回特別に即決が許可されているのであるから、たとえ管轄外の者であっても、大阪府において断然即決して全く差し支えない。

という、にべもないものであった。

大阪府の願いは全く顧慮されず、むしろ「筑前であろうが芸州であろうが、たとえ五〇人であろうが、どんどん府において摘発し処刑せよ」という断固たる中央政府の意志が改めて示された。上は諸藩から下は市井の庶民に至るまで、いかに贋金づくりが盛行したか、そして先に紹介した「箱館平定恩赦」によりいったんはリセットしたものの、その後に命を失った者がいかに多かったかが想像される。

ちなみに造幣寮は、明治二年一一月に建築現場が火災に見舞われたことなどもあって、右の府の上申と同じ三年八月にようやく竣工し、同年一一月から稼働を開始した。この火災の時に、当時造幣寮の役人であった幕末の剣豪のひとり斉藤弥九郎《さいとうやくろう》が、猛火のなかに飛び込み、大やけどを負いながらも重要書類を運び出したことはよく知られている。

翌明治四年（一八七一）二月一五日、造幣寮は創業式を挙行し、同年五月一〇日に布告された「新貨条例」により、新たな貨幣の単位は「円・銭・厘」とすることが定められた。旧一両は新一円と等価とされた。

また、大阪府が待ち望んだ太政官札・民部省札にかわる新たな紙幣「明治通宝」(俗に「ゲルマン札」と呼ばれた)は、明治五年(一八七二)四月にようやく発行が開始された。

## 寺子屋師匠、贋札で買春　明治三年

鰻谷《うなぎだに》二丁目の京屋吉蔵(二七歳)は、読み・書き・そろばんを指南する寺子屋の師匠をしていたが、遊興好きで遊ぶ金に詰まっていた。そこで贋札を造ることを思いついた。

明治三年(一八七〇)六月一九日ころ、典具帖紙《てんぐじょうし》(楮で作ったごく薄い手すき和紙)に大阪為替会社一貫文札の図柄を写し取り、自分で梨子《なし》ノ木に彫刻した。半紙を一〇枚ばかり糊《のり》で貼りあわせ、贋札が一一枚でき上がった。

日は覚えていないが七月の上旬、平右衛門町《へいえもんちょう》の浜先で客をとっていた、やすという女と遊び、手製の贋札を渡して四〇〇〇文の釣り銭をもらった。また同じころ、長浜町《ながはまちょう》の浜先で身売りをしていた、くまという女とも遊んだ。代金として贋札一枚を渡したところ、贋札のように見えるから替えて欲しいという。それで知人の宅に行き、正銭を借りてくまに支払い、贋札は受け取って帰宅した。残りの贋札一〇枚を所持していたところを召し捕られ、七月八日入牢した。

最初の相手やすは、受け取った楮幣は贋札のように見えたので捨てたという。彼女の夫は三月ころから病気になり、物価は上がるし一家は生活に窮し、やむを得ず売春に及んだ。夫も妻の売春を承知しており、全く夫のための身売りであったから不埒ではない。

また、くまを糺したところ、夫は五月ころ病気となり日々の暮らしができなくなった。夫も承知の上での身売りであるから、これも不埒の筋はないと判断された。

一〇月、京屋吉蔵には、銭幣を贋造し使い捨てたのは不届きとして「梟首」の判決があった。斬首された吉蔵の首は晒され、そのかたわらに次の札が建てられた。

鰻谷二丁目　京屋吉蔵
午廿七歳

右吉蔵義、銭幣偽造いたし及行使段、不届ニ付、梟示申付候もの也

## 一分楮幣贋造　明治三年

当時無宿の紀州の嘉吉（二九歳）は、三年前の辰年（明治元＝一八六八）九月に親元を家出した。あちらこちらで武家奉公をしていたが思わしくなく暇をもらい、今年三月に大阪にやって来た。知人の名前で摂州川崎村の借家を座敷借りし、独身で暮らしていたが、だんだん暮しに行き詰まり、この六月中旬から楮幣の贋造を始めた。

一分楮幣を薄葉紙に写し取り、銅の延べ板に「水薬ステレキ」を用いて腐彫刻した。

その他の印判も取りこしらえた。西ノ内紙を三、四枚重ねて貼りつけ、印刷してみた。うまくできなかったうえ、朱肉の色が良くない。

そんな折、知人の治助（三八歳）が金を貸してほしいとやって来た。治助は一一、二年まえに上方

に来て、所々で下人奉公をしてきたがいずれも暇を受けた。東京に帰りたくなったが路用がないため、嘉吉のもとにやって来たのである。嘉吉も持ち合わせはない。じつはこうだと、楮幣贋造の件を打ち明け、仲間に引き入れた。

治助は、以前の奉公中に判摺《す》り職を見憶えていたことから、朱肉の製法や刷りの手伝いに嘉吉のところへ数回出向き、ふたりでこの七月下旬ころからこれまでに、一分楮幣を一〇〇枚ばかり偽造した。治助はこのうち一三枚をもらって使った。六四枚ほどは嘉吉がおいおい使い果たした。残り二三枚と、銅板ほかの用具は嘉吉が所持していたところ召し捕えられた。

嘉吉は八月九日に入牢、治助は八月二四日に入牢となった。

吟味の結果、無宿紀州の嘉吉は「一分楮幣を薄紙に写し、蠟を塗って銅版に貼りつけ鉄筆で刻み、水薬ステリキを塗布して腐食させ、さらに修正を加えて楮幣を偽造したことは不届につき、梟首」、無宿浅草の治助は「東京へ帰りたくなり、嘉吉に無心したことから楮幣偽造を手伝い、偽幣をもらい受け使い果たしたことは不届につき、斬罪」と申し渡された。

なお「水薬ステレキ」は硝酸のことだとエッチングの作家から教えてもらった。

# 痴情の果て(1)

## 離縁した妾《めかけ》に路上で刃傷　明治二年

北平野町《きたひらのまち》に住む要次（四八歳）は、古着や古道具の売買を渡世とし、妻子ある身であった。四年前（慶応二＝一八六六年）ころ、きみという女（三三歳）と知り合い、ねんごろとなった。要次は、慶応四年四月ころに、知人の阿波屋善兵衛が借りている家をまた借りしてきみを住まわせ、彼女との関係を続けていた。きみには独身といつわっており、きみは、将来添い遂げるものと思っていたが、要次が妻子のある身であることを耳にして、将来夫婦になる見込みがないならと、手切れを思案していた。要次は九月ころから商売が忙しくなって、きみのもとに通うのが途絶えていた。

翌年一〇月ころ、阿波屋善兵衛のもとに、武助（二八歳）という阿波（現在の徳島県）出身の男がやってきて、下人奉公をはじめた。武助は、要次との関係を知りながら、きみに惹《ひ》かれた。明治二年（一八六九）二月、武助がきみの家を訪れたところ、家には彼女ひとりしかいなかった。武助はきみを口説いた。当初ははねつけられたが、「あんたのためを思ってのことだ」と再三くり返し迫った。きみもとうとう身を許した。

それからは二人の密会が続いたが、同月下旬のある日、二人がたわむれているところに、久しく遠ざかっていた要次が突然やってきた。武助はそそくさと出て行ったが、要次は二人の関係を疑い、きみに詰問した。その場は白を切って切り抜けたが、その後も武助との関係を続けるうち、きみは要次が疎《うと》ましくなってきた。武助には、「要次とは離縁し、共稼ぎをしてあなたと添い遂げる」と約束した。そして、武助の入れ知恵で、要次には「妻子のあるあなたとは添い遂げられないし、別れてくれれば善兵衛さんのもとででも下女奉公したい」と離縁をもちかけた。さらに善兵衛とその妻に、「要次には妻子があり、添い遂げることはできないから別れたい、要次に離縁するように勧めてもらえないか」と頼みこんだ。

何も知らない善兵衛夫婦は、要次との離縁の仲立ちをすることになった。その結果、要次はきみに宛てて、次のような離縁状を書いた。

一　はたか女壱疋、不用ニ付、おいたし申候、二度入用ニ御座なく候間、たれてもさし遣候

三月　　　　　　　　　　要　次

ちくしょ

「裸女いっぴき、不用になったので追い出すことにした。今後いっさい不用なのでだれにでもやる」と書き、あて先は「畜生」という。これは普通の離縁状ではない。

離縁状は、江戸時代以来「三下《みくだ》り半《はん》」といわれるように、三行半に分けて書くのが定型で、内容は、確かに離縁したという「離縁文言」と、今後はだれと再婚してもかまわないという「再婚許可文言」から成っていた。要次の書いたこの離縁状は、形式上は要件を備えているが、一般的には離縁状には「当方勝手《とうほうかって》に付《つき》」と書くのが決まり文言であった。つまり、これは「離縁する妻に落ち度があるわけ

ではなく、当方に都合があるので」という離縁する妻へのいたわりであった。

さて、離縁状は書いて渡したものの、要次のきみへの未練はたっぷりと残っていた。そこで善兵衛夫婦に復縁の仲介を頼んでみたが断られた。そのうち「善兵衛夫婦が手引きして、きみと武助を密通させたうえ、二人を夫婦にしてやりたいと言い触らしていた」とのうわさを聞いた。要次は、彼らは示し合わせて俺をだましたかと怒り、脅しのために脇差を買い求め、彼らを捜し歩いた。

四月一七日の夕方、要次は、雑喉場《ざこば》あたりを仲良く歩いている武助ときみに出会った。要次はとっさに脇差を抜き、きみの腕に切りつけた。恐れた武助は逃げ出し、きみも往来人に紛れて逃げた。要次は抜き身を提げて二人のゆくえを探しながら、善兵衛宅に向かった。善兵衛は要次を見るや逃げ出した。要次は、きみと武助の不義を仲介したのはやはり善兵衛に違いないと、怒りにまかせて後ろから斬り付けた。声を立てて倒れた善兵衛を見て我に返った要次は、恐ろしくなりいったんは逃げたが、とても逃れられないと、もよりの海部堀川《かいふぼりがわ》にある紀州藩屯所に自首して出た。そこから大阪府に引き渡された。

きみは奉公先に戻っておびえていたが召し捕られた。武助は知人宅に隠れていたが、あるじの善兵衛宅に戻ったところを召し捕られた。善兵衛が背中に受けた疵二か所は、やがて平癒した。きみは切りつけられた時、脇差を思わず手で受け、左手の指に傷を受けたが治癒した。

大阪府による吟味が行われた。

きみは要次の妻ではなく、事実上、妾と見なされたが、公事方御定書下巻の「密通御仕置之事《みっつうおしおきのこと》」には「密通御仕置、妻妾すべて差別無し」との箇条があり、妻と同様に妾は夫の配偶者として扱われた。さて、要次の書いた離縁状が問題となった。府の役人は、普通の離縁状とは違い、執着や恨みを含んでいるようであるが、「武助・きみを討ち洩らしたからには、憤りを晴らすために、お上に『寛仁《かんじん》の御所為《ごしょい》』を願う気がないか」と誘導訊問をしている。寛仁の御所為とは、要次のうらみを顧慮する処置をいうのであろう。これは公事方御定書に、「(夫が訴え出れば)密通の妻も男もともに死罪」との箇条があり、さらに「密通の男女を夫がともに殺害しても罪を問わない」という、夫を尊重する規定があったためと考えられる。しかし要次は、「そんな気持ちは毛頭ない」と応えたので、大阪府は要次が書いた文書を効果のある離縁状と認定した。ほんらい離縁状を交付した女に対する傷害は、通常の傷害事件として処理されるべきである。同様な事件は後に出てくる。

明治二年九月、判決が言い渡された。

きみは、要次の妾同様の身でありながら武助と密通し、要次に感づかれたなら改心すべきを、かえって彼をうとんじ、善兵衛夫婦に離縁の仲介を頼んだことなどが「不届」とされ、「遠島」。武助は、きみが要次の妾同様の身であると知りながら姦通し、要次に感づかれたなら改心すべきところ、かえってきみと添い遂げようと離縁させたことなどが、「不届」とされ、やはり「遠島」。善兵衛夫婦も罪に問われた。要次に頼まれたからといって、身元も糺さずきみを借家に住まわせたこと、彼女に頼まれ離縁の駆け引きをしたことが原因で要次が憤り、傷害事件に至ったことなどは、夫婦のかねてからの「心得方不実《こころえかたふじつ》」によるもので「不届」につき、善兵衛は「百五十日徒罪」、妻やすは「急度叱り」。

さらに、善兵衛がまた貸しした借家の家主・年寄・五人組にも累は及んだ。借家内に無人別の者（きみ）を住まわせたのを取調べまで知らなかったのは、かねてからの「改方不行届《あらためかたふゆきとどき》」として、家主と年寄は「過料銭五貫文」ずつ、五人組には同じく「三貫文」が科せられた。

要次は、たとい善兵衛夫婦が武助・きみの密通と婚姻を画策したといううわさがあったとしても、いったん離縁したうえは放念すべきところ、安易にうわさを信じて二人を負傷させた事実は、自首し、武助・きみへ申し分のない旨を申し立てたとしても「軽率短慮之至《けいそつたんりょのいたり》」で「不届」として、「徒罪一年」を申し渡された。しかも、吟味にあたった府の役人の原案は「徒罪五十日」であり、これを受けた府の上層部が、判断に迷って刑部省に伺いを立てた末の量刑であった。

## もとの男とよりをもどすために夫を毒殺　明治二年

本相生町に住む徳助（四一歳）は、父親が営む酒小売りを手伝い、家内一一人で暮らしていた。いまから二四年前、本京橋町で泊茶屋《とまりちゃや》（いわゆる遊女屋）を営む男の養女でしまという女と心安くなり、双方とも得心のうえで、たびたび情を通じた。

ふたりの関係は二年ほど続いたが、やがてしまは、宗右衛門町《そうえもんちょう》に住む男のところへ縁付く約束ができたので、手切れしてほしいと言ってきた。徳助は承知してしまと別れた。その後は絶えて逢うこともなかったが、しまがその男とは離縁したといううわさは聞いていた。

時は流れ、慶応四年（一八六八）四月、徳助は路上で偶然しまに出会った。話があるというので、道ばたで聞くのもいかがなものかと思い、しまを本相生町で知人が営む泊茶屋の砂屋へ連れていき、二階の座敷にあがった。

しまは「今は島之内《しまのうち》に子どもと二人で暮らしてます。貧しくて子どもになにか買ってやることもできません。お金を貸していただけませんか」と無心をした。さらに「昔のあなたとのことが忘れられません。もう一度……」と持ちかけてきた。徳助も昔の「色情再発」して、彼女の現在の身分を確かめもせずに、その場で情を交わした。その際、しまには金三両を渡して別れた。

翌五月、徳助が再び砂屋を訪れたところ、しまからだという手紙を二通手渡された。見てみるといずれも金の無心だったので、返事も出さずに放っておいた。その後、だれからかは覚えていないが、しまには夫がいるということを聞いて、驚くとともに後悔もしていた。

同月中旬、徳助は砂屋の近くでたまたましまに出会った。「お話があります。さいぜんのお茶屋に行きましょ」というので、密通のことを口止めしようと、砂屋の二階へあがった。彼女は金の無心とともに、またよりをもどしたいと頼みこんできた。徳助は「あんたには旦那がいるだろう」と言って、同衾《どうきん》も無心も断って帰った。

同月下旬、砂屋へ行くと、またしまからだといって手紙を二通手渡された。内容は前と同じだったので、返事も出さずに放っておいた。その数日後、家の表へ出たところ、しまがたたずんでいた。「お話がありますの。砂屋さんへ行きましょう」というので、断ろうと思ったが、往来で人通りも多く、外見もはばかるので、しかたなく二人で二階へあがった。また無心と情交をせがまれたので、両方とも強く断って帰った。

七月上旬、徳助が砂屋へおもむくと、「またまた来てますよ」と、しまからの手紙を三通渡された。一通だけ開いてみると、前と同じく無心の手紙だったので、残りは見ずに破り捨て、返事も出さずに放っておいた。

同月二〇日ごろ、家の門口に出たところ、ひとりの見知らぬ女が、「徳助さんですか」と尋ねてきた。そうだと答えると、しまからの手紙を差し出し、「返事をもらって帰るよう言われてますの」と言う。しかたなく手紙をみると、いつものように金の無心だった。「ほんまに毎度毎度同じことばっかり。これは金さえ渡したら、もう今後は手紙も寄こさんようになるだろう」と考えた徳助は、女に「これをしまにやっておくれ」と金札二両を渡して帰した。

一〇月、しまからまた手紙がきた。見てみると「夫が先日病死した」と書かれていたが、そのまま放っておいた。ちょうどそのころ、難波村に持っている借家の普請が始まったので、ずっとそちらへ行っていた。

翌一一月、その難波村の普請場に突然しまがやってきた。「亭主は死にました。よりをもどしてくださいな」と頼むので、徳助は「普請で取り込み中だ」と言って断り、取り合わなかった。

その後はしまと会うこともなく、手紙も来なかったが、同月下旬、徳助はいきなり大阪府に召し捕らえられた。なんとしまは、徳助と再会して密通してから、「亭主さえいなければ、徳助さんに世話してもらえる」と思い詰め、夫を毒殺したのであった。

しまは「夫は『ケチで薄情で、老人で病身』なので、かねてから疎ましかった。それで徳助と密通したが、その後、夫があることを理由に密通を断られたため、亭主さえいなければ世話をしてもらえると思った」と供述した。彼女は、さいぜん徳助への手紙を託した女をだまして鼠取薬を一服買ってきてもらい、これを亭主に盛ったのであった。京坂では「猫いらず」とも称した当時の鼠取薬の主成分は亜砒酸《あひさん》であった。

そのしまは、正式な口書を取る前に牢内で病死した。存命であったなら、極刑を科されたことは間違いない。

明治二年（一八六九）一二月、大阪府の判決があった。しまから手紙を託され、鼠取薬を買って手渡した女には、「過料五貫文」が申し付けられた。

徳助は、しまとの共謀の疑いは晴れたものの、密通が発端でしまが夫を毒殺するに至ったことが不届とされ、「二百日徒罪」を申し渡された。過ちの高い代償であった。

## 清僧《せいそう》と後家の密通　明治二年

生玉寺町《いくたまてらまち》のある寺の住持龍昇（四〇歳）は、もとは周防国《すおう》（現在の山口県東部）の百姓のせがれであった。今から二一年前の嘉永二年（一八四九）に出家し、自分の村にある寺の住持の弟子となった。一九年前に修学のために江戸に出たが、嘉永五年（一八五二）に大坂に来て、天満《てんま》西寺町《にしてらまち》のある寺の住持に随身した。文久元年（一八六一）の秋からはいまの寺の住職となり、身分堅固に勤めていた。

一方、とく（三一歳）は材木置場の商家の娘であったが、いまから一二年前の安政五年（一八五八）

に江戸堀《えどぼり》の商家に嫁ぎ、七年前には男の子も産まれた。とくの生家は、龍昇が住職をつとめる寺の檀家であったので、嫁いだ後もときどき仏参に寺を訪れていた。龍昇もとくの嫁ぎ先をしばしば訪ね、互いに心安い間柄であった。

ところが、慶応四年（一八六八）閏四月にとくの夫が病死した。家業が傾き暮らしに困ったとくは、龍昇に無心を頼みこんだ。龍昇も知人の難儀を見捨てておけず、金五両と米五斗を貸してやった。二人の間はますます親密になっていった。

同年六月、とくの家を訪れた際、龍昇は仏戒も忘れて密通を申しかけた。とくの方も、金を借りている恩義もあって、相手が清僧とは分かっていたが、承知をして情を交わした。

その後、龍昇はとくへ小遣いとして金六両と米二石五斗をおおいに渡した。そして二人は、彼女の自宅や旅籠屋《はたごや》で密会をくり返していたが、やがて露見して召し捕らえられた。

さて、この一件、現代ならばなんの問題もなさそうに思える。しかし江戸時代には、戒律を厳守し肉食妻帯を禁じられた清僧の密通は、破廉恥《はれんち》な犯罪と意識された。公事方御定書には「女犯之僧《にょぼんのそう》」に対しては「寺持之僧　遠島」と定められていた。だから、この一件の吟味にあたった府の役人は、住職に「遠島」、後家には「三十日押込」ではいかがか、と上層部に伺いを立てた。

ところが、府の上層部のなかに、この処分に疑問を覚えた者がいたらしい。一件書類に、次のような紙片が挟み込まれていた（四角囲みや丸囲みはいずれも朱印）。

破戒の僧は、旧幕府法（御定書）では、一寺の住職の場合は遠島、伴僧なら三日さらしのうえで筆頭に渡し、寺法に則り処分するとあります。今回はいかがいたしましょうか。新規の事ですので、御賢慮をうかがいたく存じます。　西園寺

・木場　原案通りでよいと存ずる　木場

・明律では、僧尼の姦通は庶人の姦通に二等を加え、刑は杖一百である。重賢は、遠島は厳しすぎるのではないかと思う。僧といえども人情としては忍びないものがある。明律に二等を加えて徒一年半とするのはどうか。女は笞一百。刑の前には三日さらし。

伊丹　関　春田

・公業　明律は笞刑なので、重い徒刑のうえで、僧籍を剝奪してはいかがか。

西本　植邨正道　木場　春田　関　伊丹

おそらく意見を求めたのは、当時、府の権判府事であった西園寺《さいおんじ》雪江《ゆきえ》（宇和島）と思われる。三つの案の筆跡はいずれも異なっていることから、右の書面は府上層部のあいだで回覧され、意見のある者が処罰の案を書き込み、他の者はこれらの案のうち賛同できるものに押印したのであろう。第一案は判府事の木場《こば》伝内《でんない》（薩摩）、第二案は同じく判府事の伊丹重賢《いたみしげかた》（地下《じげ》官人）、そして三つめは知府事の西四辻《にしよつじ》公業《きんなり》（公家）の案であったのではなかろうか。つまり、当時の大阪府では適当な箇条がない場合に、上層部による多数決で処罰を決めたのであった。

この結果、明治二年（一八六九）四月下旬、龍昇に対し「脱衣《だつえ》のうえ牢屋敷前で三日さらし、六百日徒罪」、とくには「牢屋敷前で三日さらし、三十日押込」が申し渡された。そして、これがその後

も大阪府で僧侶の密通事件に用いられる刑罰の基準となった。

現代からみれば「罪刑法定主義」（法律なくして刑罰なし）に反するやり方かもしれない。しかし、統一的な刑事法がいまだ存在しないなか、旧幕府法の機械的な適用がふさわしくないと判断された場合には、中国律など当時参照できる法を比較衡量し、慎重に知恵をしぼったのであった。

ちなみに「さらし」という刑罰は、江戸時代には付加刑として、女犯の僧や主殺などの犯罪者に対し、処刑の前に科されるものであった。通常は三日間さらされ、その場所は大坂では牢屋敷、あるいは高麗橋《こうらいばし》・日本橋《にっぽんばし》の両所が交替で使われた。江戸では「さらし」に「晒」の字をあてるが、大坂では「肆」と記された。

また、清僧と後家の密通というのは、当時の人々の好奇心を刺激する事件であったのか、このときの「さらし」には、ずいぶんたくさんの見物が集まったようである。同年八月初旬に「すり」が計六名、一括して処罰を受けているが、いずれもこのときの「さらし」見物に集まった人々の懐をねらった犯行であった。うち五名は一二歳から一四歳までの少年であり、「四十杖（四〇回の棒での打撃刑）に処すべきところ、幼年につき」という理由で、「四十日徒罪」を科せられた。「さらし」は「すり」の荒稼ぎの場でもあった。

## ふたりの男を行ったり来たり　明治三年

摂州熊内《くもち》村生まれのきく（三五歳）は、一九のときに一度縁付いたが、三年前（慶応三＝一八六七）

に離縁され、その後は兄の厄介になって手仕事で暮らしを立てていた。

三年前の八月、近くの農家へ水車働きに来ていた播州の百姓で千代太郎という男と親しくなった。間もなくその千代太郎から想いを打ち明けられたきくは、暮らしに困っていたこともあって、彼の妾となった。別宅もあてがってもらった。

ところが同年一〇月、千代太郎が人減らしのため働き先をくびになり、転がりこんできたので、二人で共稼ぎをしていた。しかし、千代太郎は病気がちで、まともに働けなかったので、きくの心労は増すばかりであった。そこで熟談のうえ、慶応四年（一八六八）二月に千代太郎とは別れた。

その後、ほかの男の妾となってみたものの思わしくなかったきくは、千代太郎とよりを戻そうと考えた。明治二年（一八六九）六月、きくは手紙を出し、再会のうえでふたたび彼の妾となった。しかし千代太郎の病気は相変わらずだったので、きくは手仕事に精を出さざるをえなかった。

そのきくは、じつはすでに同年二月ごろから、隣り村の大工で辰之助（四一歳）という男と親しくなっていた。辰之助は独り身のようにみえたので、きくは「末は夫婦に」と約束を交わしていた。もちろん、千代太郎の存在は隠したうえでの付き合いであった。

七月下旬、辰之助が出稼ぎに大阪へ行く事になったので、きくもいっしょについていった。当初は旅籠屋に逗留していたが、やがて新淡路町《しんあわじまち》に家を借り二人で引っ越した。そこではじめて辰之助と情を交わした。

しかし、とかく小遣い銭に不自由したきくは、もう一度千代太郎に会いたくなった。今後の身の振り方を考えるのと、千代太郎と同居していた時分に自分の衣類を質入れしてもらったことがあったので、それを取り戻す算段をするためであった。

八月下旬にきくは、自分がかつて千代太郎の妾同然であったことや心の内は明かさず、辰之助に「播州に質入れの品々があって、請け戻したいのだけれど、お金を貸してもらえませんか」と、うそを言った。辰之助は金六両を用立ててくれた。

金を手にしたきくはすぐに出立し、千代太郎の親元を訪れた。ところが千代太郎は四国巡礼に旅立ったということであったので、近くで日雇い働きをしながら、帰りを待った。九月中旬、その千代太郎が帰ってきた。望み通り再会は果たしたが、きくにとって、田舎暮らしはとかく不自由であった。そこで、「しばらくにぎやかな土地へいきたいの。とくに大阪表だったら芋を売ってでも暮らしていけるわ。いっしょに行きましょ」と持ちかけた。千代太郎は大阪行きを承知した。

一〇月はじめ、千代太郎の諸道具や衣類五〇点あまりを船に積み込み、大阪へ送った。きくと千代太郎も大阪へ出立し、以前に辰之助と逗留した旅籠屋に泊まった。

数日後に船荷がついたので、そのままこの旅籠屋に預けておき、二人は何をして暮らそうかといろいろ考えた。しかし、きくはここに至って、千代太郎が生来の愚か者に思えてしかたなくなった。彼といっしょではとても将来がおぼつかないと感じたきくは、やっぱり辰之助の女房になったほうがよいと思いなおした。

そこできくは、大阪に運んできた千代太郎の道具類をわが物にしようとたくらみ、彼には内緒で辰之助を訪れた。千代太郎といっしょにいることは隠したまま、辰之助に「播州で質入れしていた品々は、おかげさまで無事請け出せました。あの旅籠屋に置いてあるので、近いうちに引き取ります」と言いつくろった。

同月一〇日、きくは千代太郎に「高松藩邸にある金毘羅《こんぴら》社へいっしょにお参りしましょう」と持ちかけ、旅籠屋から連れ出した。そして、途中で千代太郎を撒《ま》き、大急ぎで旅籠屋に引き返すと、近くに居合わせた仲仕《なかし》（荷揚げ人足）を雇った。旅籠屋には、「さいぜん預けた諸道具が入り用になったので渡してちょうだい」と言って残らず受け取り、雇った仲仕に辰之助方まで運ばせた。辰之助には自分の道具だといつわり、そのまま辰之助方に潜んでいたところを召し捕らえられた。

翌明治三年（一八七〇）一月下旬、大阪府は、世話になった千代太郎を見限り、辰之助をもいつわって女房になろうとしただけでなく、千代太郎の諸道具をだまし取ったのは「不身持の至り」であるとして、きくに「遠島」を申し渡した。また、辰之助に対しては、夫ある身とは知らなかったとはいえ密通したこと、所持品だとだまされたとはいえ、諸道具や衣類の出所を糺さずに預かったことを理由に、「五十日手鎖」を申し渡した。

これだけ二人の男の間を行ったり来たりされると、正直どちらが間男か分からなくなりそうになる。

## 毒薬斑猫《はんみょう》のききめ　明治三年

りく（四五歳）は、摂州西成郡北野《きたの》村に住む久兵衛という男の女房であった。ある日、夫の留守中に、知人で同じ村に住む小吉（五五歳）が訪ねてきた。小吉はすでに酔っぱらっており、りくに戯れかかってしきりに情交を申しかけた。りくも夫ある身でありながら、ついその気になって身をまかせてしまった。酔いがさめた小吉は後悔し、その後は互いに身を慎んで逢わないようにしていた。

ところがしばらく後に、りくが用向きがあって小吉宅を訪れたことから、焼けぼっくいに火がつき、二人はまた密通するようになった。逢瀬を重ねるにつれ、小吉が愛おしくなったりくは、亭主さえいなければ思いのままに逢えるのに、と夫の存在を疎ましく思うようになった。

そんな折、りくは知人の尼僧とよもやま話をする機会があり、斑猫《はんみょう》という毒虫があることを知った。この尼僧はりくに、かつて苦難におちいり自殺しようと思った際、この斑猫を粉にして飲んでみたが、毒気にもあたらず死ねなかったこと、今でもその時の残りを所持していることなどを話してくれた。これを聞いたりくは、その残りの薬で夫を毒殺すれば、小吉ともはばかることなく通じ合えると思い定め、尼を言葉たくみにだまして斑猫の粉をもらい受けた。

りくは夫に一服盛る機会をうかがっていた。やがて、夫が疝痳《せんま》という腹の病気にかかって便通が止まったため、煮皮を買ってくるように言いつけられた。りくはこれ幸いと、さいぜん尼僧からもらった斑猫と、これとは別に「洗い物に使うから」と二人の者をだまして買い求めた斑猫を煮皮に混ぜて煎じ、夫に飲ませた。

夫が毒にあたった様子はみえなかったが、病状は重くなった。「もし医者に診せなかったら、夫が死んだ時に自分が疑われ、悪行がばれるかもしれない」と奸計をめぐらせたりくは、医者に往診を頼んだ。

やってきた医者は診察のうえ、煎じ薬を出してくれた。りくはこの煎じ薬にも斑猫を混ぜて夫に飲ませた。ついに夫は苦悶しながら死んだ。悔やみや葬式の手伝いにきた者たちは、夫の遺体の半身が紫に変色していることを不審がったが、りくは病気のせいだと言いつくろい、葬式を済ませた。

その後、身寄りのないりくは、小吉に身の振り方を相談したところ、彼の居宅裏手にある借家を借りてくれたのでそこに引っ越し、二人で密通を重ねていた。もちろん小吉には夫を毒殺したことはかたく秘していた。ところが、やがて彼女の悪行が世間のうわさにのぼり、明治三年（一八七〇）五月に大阪府に召し捕らえられた。小吉も捕縛され、毒殺の共謀のかどで吟味を受けたが、自白は得られなかった。

同年八月、大阪府は刑部省に対し、りくと小吉の両名ともに「梟示」に処すべき旨の伺いを立てた。同省は一一月下旬、りくに「梟示」、小吉には「徒三年」の指令を下した。とくには頒布直前の「新律綱領」人命律中の「謀殺祖父母父母」条（目上の親族の謀殺）が、また小吉には犯姦律の「犯姦」条（姦通）が適用された結果であった。

じつは、日本で「斑猫」と呼ばれる甲虫は無毒で、江戸時代に中国から伝わった「本草綱目《ほんぞうこうもく》」（薬物となる動植鉱物を集成した古典）を翻訳する際、その名を別の虫をあてはめてしまったと言われている。中国の「斑猫」は毒虫で漢方にも用いられるが、りくが夫に盛ったのははたしてどちらであったろうか。

## 遊女の受難

### 茶立女《ちゃたておんな》を虐待死　明治二年

天満東寺町《てんまひがしてらまち》前で茶屋を営む万屋菊次郎（四八歳）は、慶応三年（一八六七）六月に曾根崎《そねざき》村の河内屋こまの娘で小いそという女を、四年半年季、給金一二両で茶立女として雇い入れた。小いそには鶴松という名を付け、茶立奉公に召し使っていたが、翌慶応四年八月ごろ、彼女は湿病にかかった。湿病とは、当時湿気が原因と考えられた病の総称で、今で言うところの気管支炎・皮膚炎・リウマチなどをさした。

菊次郎は鶴松を医者に診せたり薬を与えたりして介抱した。しかし、とかく不養生なので、時には折檻《せっかん》を加えることもあった。二度ほどはこぶしで殴りつけた。鶴松はやせ衰えてゆき、全快のきざしも見えなかった。菊次郎は「これも不養生のせいだ」といらだちを募らせた。

明治二年（一八六九）五月中旬ごろから彼女の病状はますます悪化し、身体の自由がきかなくなった。大小便もたれ流しになった。場所ふさぎの上に来客時には見苦しいと考えた菊次郎は、無慈悲とは思いつつも、同月二九日に離れ座敷の中二階下にある土間へ畳を敷き、鶴松をそこに寝かせた。

翌日、鶴松はしきりに水を欲しがり、床下から井戸端へ這《は》い出してきた。それを見た菊次郎は、「かねてから養生しろと言ってるのに、聞かないからだ」と怒りに堪えかねた。相手が重病人と知りながら、こぶしで殴りつけた上に厳しく叱りつけた。

その翌日の六月一日、鶴松は容体が急変して死んだ。菊次郎は驚き、彼女の親族や請人へ知らせたのちに弔いを出したが、その後、召し捕らえられた。その吟味中に鶴松の母親や請人は、「鶴松が死んだのは病気によるものに相違ない。折檻で悪化したわけではないし、菊次郎に対しいささかの申し分もない」との書面を大阪府に提出した。

八月末、府は菊次郎に対し「徒罪五十日」を申し渡した。

## 恋しい女と心中のつもりが……　明治三年

大竹善左衛門（三二歳）は平戸《ひらど》藩（肥前国［現在の長崎・佐賀県］・松浦家約五万石）で五〇石の禄を食《は》む士官であった。大阪勤めの大竹は、慶応四年（一八六八）五月には木津川筋《きづがわ》松ケ鼻《まつがはな》および安治川筋芦分橋詰を命じられていた。同月には大阪府が設置されていたが、治安維持のため、諸藩による市中やその周辺の警備はまだ続けられていた。

大竹は非番の際には、曾根崎新地にある泊茶屋へしばしば遊興におもむいていた。やがて、この泊茶屋のあるじの娘で酒席の酌取りに出ていた食焼女《めしたきおんな》留吉となじみになった。九月ごろ、大竹は留吉に密通を持ちかけた。以後通じ合うようになった二人は、「末は夫婦に」とまで約束するほど深い仲になった。

ところが翌一〇月、国元の重役から帰国の命令が達せられた。心ならずも大阪を離れなければならなくなった大竹は、暇乞《いとまご》いと遊興のつけの支払いに、いつもの泊茶屋を訪れた。そこに留吉が居合わせたことから、彼は「別れの盃」の心づもりで酒宴をもよおした。思わず時を過ごし酔いも回ったため、寝所を設けさせ彼女と同衾した。

寝物語に帰国せねばならなくなった事を告げると、留吉は深く悲しみなげいた。「どうしてもお国にお帰りになるとおっしゃるのなら、もう二度とは逢えないでしょう。夫婦の約定までした仲、添い遂げられないのなら私を殺して」と、大竹をかき口説いた。そのけなげな覚悟を聞いた大竹は、恋情で胸がいっぱいになった。そして、「留吉を切り殺し、自分も割腹して果てよう」と心中を決意した。

脇差を抜き、彼女の首筋めがけて切りつけた。

留吉はその場に倒れ臥《ふ》し、そのまま果てた。大竹も後を追おうとそのかたわらで下腹を一寸（約三センチ）ほど切った。ところがそこに、ただならぬ物音に驚いた留吉の母親が駆けつけてきた。現場を一目みるや逆上した母親は、やにわに大竹の後ろにあった彼の大刀を手にして斬りかかってきた。大竹はやむなく刀をその手からもぎ取り、逆に彼女をめった斬りにしてしまった。

この惨状に大竹は死ぬ気がすっかり失せてしまった。その場から逃げ去り、深夜に屋敷へ戻ろうとする途中で召し捕らえられた。留吉は首筋・右頬・左手首などを斬られて即死、母親も頬・左腕・左手指に傷を受け養生していたが、やがて死亡した。

翌明治二年（一八六九）一二月、大阪府は大竹の処分に関する伺いを立てた。翌年春、刑部省はこれに対し「梟示」に処すべき旨の沙汰を下した。

［解説5］　幕末から明治初年の大阪の遊所

近世大坂における官許の遊女町は、一七世紀前半から半ばにかけて形成された新町《しんまち》のみであった。ただし、大坂では風呂屋や茶屋などという名目で女性奉公人を抱え、売春をさせることが盛んに行われた。彼女たちは髪洗女《かみあらいおんな》や茶立女《ちゃたておんな》などと呼ばれた。また大坂ではこういう地域を「島《しま》」「島場所《しまばしょ》」などと称した。大坂町奉行所は営業場所や人数を限定して、茶屋・風呂屋などに茶立女・髪洗女などを置くことを認め、そこでの売春は黙認するという独自の政策を採用していた。

ところが、天保の改革期に大坂でも遊所の統制が行われ、天保一三年（一八四二）八月、新たに「食盛女附旅籠屋《めしもりおんなつきはたごや》」が出現することになった。これは、新堀《しんぼり》・曾根崎新地・道頓堀の三か所に限り営業を許可された、俗にいう飯盛女《めしもりおんな》つきの旅籠屋のことで、一軒につき二〜一〇人の女を置くことが認められていた。

この時に出された町触には、許可の理由として「大坂は諸国から商人らがたくさん訪れる場所だから」と記されている。つまり、旅人相手の「調理や給仕」という名目で一定数の女性奉公人を置くことを許可し、これら「食盛女」による売春は黙認するというわけである。江戸周辺の宿場町（品川《しながわ》・内藤新宿《ないとうしんじゅく》・板橋《いたばし》・千住《せんじゅ》）と同様の論理を導入した統制であった。翌年、右の「食盛女附旅籠屋」は「泊茶屋《とまりちゃや》」に、また、そこで働く「食盛女」も「食焼女《めしたきおんな》」と改称する旨が、あらためて市中に触れられた。

「あくまでも宿泊施設」というタテマエゆえに、そこに働く女性奉公人は「茶立女」ではなく「食焼女」という名称に変わると同時に、泊まりがけの遊興も可能となったのであった。「泊茶屋」という一風変わった名はこれに由来する。

さらにそれから一五年後の安政四年（一八五七）、再び江戸からの指令により、「市中繁栄のため」という理由で、新たに一三か所で茶屋営業が許可されることとなった。茶立女の復活である。そこでの「隠売女《かくしばいじょ》ニ紛敷《まぎらわしく》候義」は禁じられてはいたが、実際には厳守されなかった。

翌安政五年に幕府が欧米五か国と結んだ通商条約により、大坂の開市が約束された（「解説8」参照）。慶応三年（一八六七）四月には川口に外国人居留地を造成することを決定した。同年一二月には大坂開市が、また翌四年七月には大阪開港が実施された。

これにより長崎や横浜などと同じく、大阪においても居留地の外国人対策の一環として、兵士や水夫を主な対象とする新たな遊女町の開設が必要となった。計画は旧幕時代からすでにあったが、土地の買い上げや申請業者への貸し出しは、大阪の外交・税関事務を行う機関である川口運上所（明治元年一二月に大阪府外国事務局と改称）が実施にあたった。いわば官主導の遊女町形成であった。場所は川口居留地の南に隣接する島のような土地で、一帯はのちに「松島遊廓《まつしまゆうかく》」と呼ばれるようになる。

その後、明治二年（一八六九）八月に大阪府は、市中およびその周辺部に散在する近世以来の計一六か所の茶屋・揚屋《あげや》・遊女屋渡世の者に、営業（株）を許すかわりに税金を徴収することにした。これにより新町・松島の両遊廓、天保期以来の泊茶屋三か所を加えた計二〇か所以上の遊所が公然と営業を許されることになった。こうした状況は明治四年（一八七一）一〇月に府が、計二一か所の泊茶屋渡世の者に対し、廃業か松島への移転を迫るまで続いた。

## 牢は避けたい

### 牢番へわいろ　明治二年

慶応四年（一八六八）八月、摂州西成郡曾根崎村に住む旅籠屋の繁蔵（四六歳）のところに、知人の佐吉がある相談を持ち込んできた。それは、「島屋甚兵衛という男が吟味中で、いま牢に入っているのだが、その女房のつたという女が、『亭主はもう年だから、牢内で患いつくのではないか』と、とても気をもんでいる。もしなにかツテがあるのなら、頼みこんでやってはもらえないだろうか」というものであった。

話を聞いて気の毒に思った繁蔵は、佐吉と連れ立ち、つたに会いに行った。そして、「牢番には知り合いもいる。自分から頼めば、きちんといたわってくれるだろう。しかし、それには金が六両ほど必要なので、工面してほしい」と告げた。つたが「これを質に入れてお金にしてもらえませんか」と、衣類三品を差し出して頼むので、かねて取引のある北野《きたの》村の質屋に質に入れてやった。これが金五両になったので、不足分の一両はつたに言って工面させ、なんとか六両を作った。

同月一八日、繁蔵と佐吉、それにつたの知人だという男の三人で、松屋町《まつやまち》の煮売屋へ行き、繁蔵の知り合いの牢番二人に面会した。二人は床髪結《とこかみゆい》仲間に雇われて牢番を勤めていた。繁蔵は彼らに「牢にいる甚兵衛が患わぬよう、よろしくいたわってやってくれ」と頼みこみ、佐吉らには見えないように、金一両二分をこっそり手渡した。

牢番は二人とも「そんな頼みは受けられん」といったんは断った。しかし、「そこをなんとか」と強引に頼みこまれ、暮らしに困っていたこともあって金を受け取ってしまった。繁蔵はこの煮売屋での接待に一両二分を支払った。残金がまだ三両あったが、だまって自分の懐に入れた。

その後も暮らしに差し迫った繁蔵は、「さいぜん世話をしてやったのだから、断りもしないだろう」と考え、九月初旬、つたに金をせびりにいった。持ち合わせがないとのことで、三味線一挺と衣類五品を渡してくれた。質に入れると金四両と銭三貫文になった。これらはすべて繁蔵が家事賄いなどに使いきった。

しばらくしてつたが「三味線が入り用なので、請け戻してもらえませんか」と言ってきたが、繁蔵には請け戻す金もなかったので断った。つたが金二両を持参したので、この金で三味線だけは質請けしてやって渡した。

その後、繁蔵と二人の牢番は召し捕らえられた。佐吉はゆくえをくらましていた。翌明治二年（一八六九）二月、繁蔵は別の男から頼まれて盗品を質入れしてやった余罪も発覚したことから、「千五百日徒罪」を申し渡された。牢番の二人は、それぞれ「三百日徒罪」となった。

また、つたは事件の発端を作ったことを咎《とが》められ、「過料五貫文」を命じられた。

## 早く「下宿所預け《したやどところあず》」にして(1)　明治二年

明治二年（一八六九）七月上旬、西成郡北野村に住む善太郎（四〇歳）は、知人で曾根崎新地の後家いわ方を訪れた。いわは「わたしの知り合いが、吟味の筋があるとの事で、牢に入れられてます。かねてから病いがちなので、数日牢にいたら、病気になるに違いありません。もしなにかツテがあるようでしたら、早く『下宿所預け』にしていただけるよう、その筋にこっそりお願いしてはもらえませんでしょうか」と頼みこんできた。「下宿所預け」とは、重罪ではない有宿者を牢から出し、居宅で軟禁する措置で、近隣の者たちには常時の見張りが申し付けられた。入牢中の男は「だんじり」をめぐるけんかの仲裁に入りながら、金をねだり取った疑いで、吟味中の身であった。

善太郎は、よくない事とは知りつつも、いわの頼みをむげに断るわけにもいかず、とりあえず承知したと言って帰宅した。しかし、差し当たり役人に頼みこめるようなツテもなく、あれこれと思案していた。

同月中旬のある日、善太郎は再びいわ方を訪れた。彼女が金一分を差し出し、「これで菓子でも買って、役筋に贈ってください」というので、そのまま預かっておいた。

八月一二日、この入牢中の男が重病になったので、「下宿所預け」とする旨が仰せ渡された。折あしくいわは病気であったので、かわりに善太郎が大阪府へ出頭し、男を引き取り連れて帰った。

いわ方に着くと、曾根崎村のうた（三一歳）という女が居合わせた。うたは「うちの亭主も、吟味の筋で牢に入っています。同じようにその筋にお願いしてはもらえませんか」と、善太郎に頼みこんできた。うたの夫は米切手の取込の疑いで、六月から牢に入れられていた。いわもうたも、男が「下宿所預け」となったのは、善太郎がその筋に頼みこんでくれたからだと信じ込んでいた。善太郎はうたにも承知したと告げ、家に帰った。

翌日、うたがやってきて、「これで菓子でも買って、その筋に贈ってください」と金二分を差し出した。善太郎はこれも預かった。しかしこれといったツテもなく、女たちから預かった金は返すべきだと分かってはいたが、暮らしに困っていたため、結局すべて使い込んでしまった。やがてこれが露見して召し捕らえられた。

吟味のなかで、善太郎の身寄りの者から、使い込んだ金は女たちに弁償する旨の申し出があった。いわとうたは、不筋の儀を頼みこみ、一件の発端をつくったのが不埒であるとして、「過料銭五貫文」ずつを支払うよう命じられた。「下宿所預け」となった男は「だんじり」の一件で、八月下旬に「杖四十」に処せられたが、いわの善太郎への頼みこみは知らぬことであったので、この件では罪に問われなかった。

同年一〇月下旬、大阪府は善太郎に対し、「本来ならば五十敲《たたき》のうえ七百日徒罪に処すべきところ、使い込まれた金は弁償され、二人の女から申し分ない旨の申立がある」として、「百五十日徒罪」を申し渡した。

## 早く「下宿所預け」にして(2)　明治三年

西成郡大和田《おおわだ》村に住む百姓の友四郎（四六歳）は、もとは漁師であったが、病気で漁に出られなくなった。そこで三年前から、近隣の者が公事出入で大阪府に出頭を命じられ、その者が差し障りあって出られない場合に、代人（代理）として出ることを稼業にし、その賃銭で生計を立てていた。

明治二年（一八六九）一〇月上旬、友四郎は大阪府の門前に設けられた「溜《たまり》」に二、三度行くことがあったが、そのたびごとに同じ女を見かけた。「溜」というのは、もと大坂町奉行所の施設の一つで、奉行所の門前にあり、訴え事や願い事がある者あるいは呼び出された者たちが順番を待つ場所であった。大阪府はもとの西町奉行所を再利用していたから、「溜」もまた活用されていた。

何か願い事があって来ているようだと察した友四郎は、女に事情を尋ねてみて、ことと次第によっては代人になって賃銭を稼ごうと考えた。そこで女に「どうしていつもここに来ているのか」と尋ねてみた。女は「夫が米切手の一件で牢に入れられています。早く宿下ケになるよう、お役人様の情けにすがろうとお願いに来てます」と答えた。

女はあの曾根崎村のうたであった。さきの一件で「過料銭五貫文」に処された彼女は、まだ夫の「下宿所預け」をあきらめてはいなかったのであった。

これを聞いた友四郎は、ツテを探して一件の担当役人にお情けを頼みこんでやり、謝礼をもらおうと考えた。「お役人のお名前は」と尋ねると、うたは「由良様がお掛りです」と答えた。「よし、そのうちお掛りにツテを求めて、旦那が宿下ケになるよう都合してみよう」と友四郎が言うと、うたは「よろしくお頼み申します」と言って、その日は別れた。

同月中旬ごろ、友四郎は知り合いの男に道で出会った。男は「商用であんたと話したいことがある」と言ったが、道ばたでは話もしづらいので、二人で近くのうたの家へ立ち寄って商談をした。話し合いが済むと、うたが「亭主の宿下ケは頼んでいただけましたか」と尋ねてきた。友四郎は「まだ手筋が見つからない。そのうち頼んでやるから」と答えておいた。そうこうするうちに、夜半になってしまったので、友四郎らはうた方に一泊させてもらった。

次の日、友四郎は所用で京町堀に住む親類のところを訪れた。用向きがすみ、帰宅の途中で夕暮れになった。「夜は不用心」と考えた友四郎は、この夜もうた方に寄って一泊させてもらい、翌朝帰宅した。

その後、御掛り役人の由良様へのツテを求めようと心掛けていたが、見つからなかった。しかたなく、うたにも会わずそのままにしておいたところ、しばらくして友四郎は召し捕らえられた。

翌明治三年（一八七〇）七月はじめ、大阪府は友四郎に「百五十日徒罪」を、うたには再び「過料五貫文」を申し渡した。しかし、友四郎はすでに死亡しており、この沙汰を聞くことはなかった。

うたの夫を想う気持ちは理解できるが、その熱意が罪人を増やしている気がする。しかもこの一件で友四郎が悪事を働いたとはとても思えない。

右の落着から約二年後の明治五年（一八七二）七月下旬、大阪府は、

悪業を犯し吟味中の者に対し、親族や町村から宿下げを願うものがあるが、そもそも取調べの筋があるから入獄などを申し付けているのである。たとえ出願しても調べの途中で帰す道理がない。また罪状が定まれば大法が適用され、それは容易に変更できるものでもない。つまり宿下げ願いは無益の手数を費やすことにほかならない。誠にやむを得ない事情があるものを除き、今後は宿下げ願いは取り上げない。

との布令を出し、宿下げの出願を原則として禁止した。

## ［解説6］　大坂町奉行所の牢と大阪府の牢

幕府の牢はこんにちでいう刑務所ではなく、原則として被疑者や未決囚を拘置しておく場所であった。大坂町奉行所の牢は与左衛門町《よざえもんちょう》（現在の中央区）にあり、松屋町筋に面していたことから俗に「松屋町牢屋敷」と呼ばれた。大阪府が置かれた元大坂西町奉行所からは約二丁（一丁は約一〇九メートル）の距離にあった。奉行所で吟味がおこなわれる日には、牢から出した被疑者たちに縄をかけ、列を組ませて連れていった。人目を引く行列であったと思われる。

この牢屋敷は天保八年（一八三七）の大塩平八郎《おおしおへいはちろう》の乱で焼けたため、翌九年に改築された。その時の史料によると、総坪数は八二九坪、性別や身分、精神状態あるいは切支丹か否かなどにより分別収容されたが、原則として雑居であった。

牢の管理は大坂町奉行所の牢屋敷取締方・詰合方の同心が行い、牢番は床髪結《とこかみゆい》が交替で行った。床髪結とは橋や辻に簡易な店を構えて客を待ち、髷《まげ》や月代《さかやき》を整える職業で、牢番役は株仲間による独占営業を認めてもらう対価としての性格も含んでいた。牢番は通常は組頭一人を含む計八名でおこない、牢舎人が多いときには増員された。丸一日勤務であり、牢番以外に敲刑の執行や拷問にも携わった。

明治初年の大阪府の牢も、この旧大坂町奉行所の牢屋敷を再利用していた。口絵に掲げた「末代噺《まつだいばなし》」は、明治三〜四年（一八七〇〜七一）ごろの松屋町牢屋敷を描いたものと考えられるが、その様子は旧幕時代と大きく異なっているようには見えない。

さらに明治二〜四年の大阪府職員録の「囹圄掛」(「囹圄は「れいぎょ」あるいは「れいご」と読む。牢のこと)をみると、全員ではないものの高い割合で旧大坂町奉行所同心が任じられている。また、床髪結の牢番役は、株仲間の解散から間もない明治五年(一八七二)五月にようやく解かれた。ただし、牢番じたいは名を「定附」と称して、その後も従来の者を使役した。少なくとも幕末以降は、床髪結自らが牢番を勤めることはなくなり、株仲間が金を出し、別の者を雇用していたようである。彼らがいつまで勤めたかは定かではない。監獄の近代化ももう少し先の話ということになるのであろう。

もとの牢屋敷の建物がいつまで大阪府によって使用されたのかは不明であるが、明治一五年(一八八二)に北野・川崎両村にまたがる広大な堀川監獄《ほりかわかんごく》(現在の扇町公園)が建設され、明治一八年(一八八五)一二月に松屋町の監獄はその幕を閉じた。

# 徒刑 ── 新しい刑罰

## 外役《がいえき》徒刑囚の逃亡　明治二年

無宿の松之助(二九歳)は、明治元年(一八六八)九月二七日、盗みの咎《とが》により本来であれば死罪のところ、恩赦により減刑され、千五百日徒罪を申し渡された。同じく無宿の幸吉(二一歳)も一〇月九日に千五百日徒罪のところを、千日に減刑となり服役した。明治天皇の即位と改元を記念しての恩赦である。

一一月二五日、二人は追手筋の普請所へ外役に出ていたが、夕方七つ半（午後五時ごろ）の休憩時に、いっしょに働きに出ていた亀蔵と申し合わせ、三人でこっそりと近所の煮売屋へ行き酒を呑んでいた。思わず時を過ごし、気づくと晩になっており、徒刑場に帰る時刻を過ぎてしまっていた。今から戻っても部家頭《へやがしら》から怠慢を咎められるのは間違いないし、労役がきついこともあって、他国へ逃げようという相談がまとまった。

同夜、玉造越中町《たまつくりえっちゅうまち》の人家の床下に隠れ、めいめい首輪を外した。首輪と法被《はっぴ》と手ぬぐい三つずつをくくって、亀蔵が持った。五つ（午後八時）過ぎごろ家人が戻ってきたので、床下から這い出し「隣家などに知らせたら打ち殺すぞ」とおどして立ち去った。

近くを荷《にな》い売りのうどん屋が通りがかったので呼びとめ、めいめい七、八杯ずつうどんをすすった。ところが銭を持ち合わせていないため、くくり合わせた首輪・法被・手ぬぐいをうどん屋の荷に掛け、亀蔵をそこに残して、松之助と幸吉の二人は「銭を取ってくる」といって立ち去り、近くに隠れていた。

しばらくすると向こうから亀蔵がやってきた。聞いてみると「二人が代金を持って来るのが遅いので、見に行ってくるから待っててくれ」とうどん屋をだまし、首輪などは置いてきたとのことであった。三人はそれから天王寺村まで行き、畑で積んであった麦わらを抱いて明け方まで眠った。

翌朝、和泉を目ざして歩く途中、堺の北の端松之中あたりの古手屋で、官給の股引《ももひ》き一つを二貫七

○○文に売り払った。そして、これを路用にして顔見知りの泉州南王子《みなみおうじ》村に住む男の家へ行き、一泊させてもらった。股引き二足と幸吉が着ていたお仕着せを所持品といつわり、この男に六貫八○○文で買い取ってもらった。官給の三尺帯三筋も所持品といって渡し、代わりに古帯一本をもらった。また、その後、下帯二筋を往来の古手買へ一貫五○○文に売り払った。「この後はこっそり大阪へ戻って盗みを働き、大和路へ逃げよう」と相談がまとまり、堺までやってきて金を使い果たしたところ、三人とも召し捕らえられた。

三人のうち亀蔵は吟味中、口書を取る前に牢内で死亡した。明治二年九月、大阪府は松之助に「二千四百四十三日」、幸吉に「千八百五十四日徒罪」を申し渡した。

## 徒刑囚の情事　明治二年

無宿者の栄助（四一歳）は、盗みと博奕《ばくち》の咎により、明治元年（一八六八）一〇月二五日、北司農《しのう》局《きょく》において二千日徒罪を申し渡され、大阪府の徒刑場で服役していた。「司農局」とは、大阪周辺の旧天領（幕府領）を支配するために、大阪府に附属する役所として設置されたものであった。

村々の支配と年貢の確保を急務とする新政府は、大阪への進駐後まもなく、「司農局」を設置して、旧天領の支配を開始した。慶応四年（一八六八）七月、この司農局は南北に分離し、北司農局は摂津八郡（計一五万石余）を、南司農局は河内一国（計一八万石余）を管轄することとされた（詳細については「解説11」参照）。

しかし、当時の北司農局はいまだ自前の徒刑場を持たなかったため、栄助は大阪府の徒刑場にいっしょに入れられていたのであった。模範囚であった栄助は、明治二年（一八六六）正月には「部家頭助」に任命され、他の徒刑囚たちを励ましまとめる立場にあった。

同年五月二七日、知人で無宿のしまという女（一七歳）が、盗品預かりの咎で大阪府から五十日徒罪を申し渡され、徒刑場に送られてきた。翌月、栄助は徒刑場内で洗濯中のしまを見かけ、女部屋の囲垣の外からひそかに手まねきした。しまが近寄ってきたので、垣越しに互いの身の上について話し合った。そのうち、かねてから好意を抱いていた栄助は、「行く末は夫婦にならないか」と申し込んだ。しまは承知した。

うれしくなった栄助は、「上本町二丁目の尾張屋徳太郎の女房でなつというのは俺の知人だ。ちかごろ俺はその近くで働いている。おまえが徒刑場を出たあとで、そこまで来てくれたら、俺もこっそり抜け出すから、なお行く末について話し合おう」と、手筈を示し合わせた。

六月二九日、しまは無事に満期を迎え、徒刑場から出所した。七月初旬、栄助がなつ宅の近辺で外役中に、計画通りしまがやってきた。栄助は石運びの駆け引きに紛れ、付添い役人の目を盗んでなつ宅を訪れた。そして、「腹が痛くて働けん。しばらく休ませてほしい」と頼みこみ、二階へ上がった。続いてやってきたしまも、二階に上がってきた。二人きりになって色情堪えがたくなった与助は、その場でしまと情を交わした。二人はすぐに別れ、栄助も働き場へ戻った。しかしこれが露見した。はからずも密通の場所を提供することになったなつの供述によると、日々の外役が終わったときに、栄助がむしろや火鉢などを預けに来たことから顔見知りになったとのことであった。

一〇月下旬、大阪府は栄助に対し「徒刑小屋において三十日手鎖、その後、刑期の残日数をつとめよ」との沙汰を下した。一方のしまには「三十日過怠牢《かたいろう》」を申し渡している。過怠牢というのは、本刑に換えて牢へ入れておく刑である。江戸時代には女性には敲《たたき》を科さず、通常は過怠牢を申し渡した。いちばん気の毒なのは、なつであった。栄助の頼みを断るべきところ、承知して二階を貸したことから密通が生じたとして、府は「百五十日徒罪」を申し渡したのであった。栄助が満期後にしまと夫婦になれたかは明らかでない。

また、北司農局は、明治二年一月に摂津県として独立した。同年五月ごろには自前の徒刑場を設置したと考えられ、支配下の村々に対し「徒刑人の風体は、男は左の片眉、女は前髪を剃り落とす。髪はわらで結わえ、頭に『摂津県』と彫った真鍮の輪を入れ、木綿の白地に浅黄色で背中に『徒』の字を染めた法被を着用させる」と回達している。

### 徒刑場部家頭《へやがしら》の密通　明治三年

無宿の弥一郎（二五歳）は、二年前の明治元年（一八六八）九月二〇日に千五百日徒罪を申し渡された。その後、神妙に精を出して働いたので、翌明治二年正月に刑期を四〇日減らす旨を仰せ渡された。さらに部家頭に任じられ、徒刑人が外で仕事をする際の監督をまかされた。

明治二年一二月中旬のある日、難波御蔵《なんばおくら》内の精米所へ徒刑人たちと出働きに行った。夕刻になり彼らを連れ帰る際、弥一郎は行列の後ろに付き添って歩いていた。日本橋通八幡《はちまん》筋あたりの辻まで来たところ、行列がまったく動かなくなった。なにごとかと思って見てみると、往来人が寄り集まって道路をふさいでおり、通行できない様子であった。

弥一郎が行列の先頭まで走っていくと、年ごろ二〇くらいの男が盗みでもしたのか、男二人に捕らえられ、あれこれと言い争っていた。それを野次馬たちが見物しており、道をふさいでいるのであった。

往来するよう群集に声を掛けてみたが、道は開かなかった。腹が立った弥一郎は、盗人らしき者を捕らえている男に平手打ちをくらわした。驚いた野次馬たちはみな逃げ散り、道はあいた。

ちょうどその時、付添いのお役人がその場にやってきた。「なにごとか」とお尋ねになったので、「往来人が群集して道をふさいでおりましたが、もう片づきました」と答え、徒刑人たちを通していっしょに徒刑場へ帰った。

この件から一週間ほど経ったころ、同様に精米所へ徒刑人たちを連れていった。その日は金沢商社の出米があって、商人や仲仕などの出入りが激しく混雑していた。弥一郎は付添いのお役人から「徒刑人が雑踏に紛れて脱走せぬよう、御蔵所の門口で見張れ」と指図を受けて見張り番をしていた。

ところが、しきりに腹痛がした。「寒さにやられたな」と思った弥一郎は、薬を買おうとお役人の目を盗み、蔵のそとへ出た。もよりの難波村あたりを訪ね歩いてみたが、薬屋は見つからなかった。どうしようかと思案のあげく、戎之町《えびすのちょう》（難波村のうち）にある一軒の煮売屋へ立ち寄った。

徒刑人の身分をはばかり、束ねた髪は手ぬぐいで包み、首輪は着物のえりで覆って、平人の体をよそおい休息した。酒を出しているのを見た弥一郎は、大の酒好きなのに長く禁酒を強いられていることもあって、もう我慢ができなくなった。「腹痛も寒さからだろうし、呑んだら腹もぬくもって治るだろう」と勝手な理屈をつけ、持ち合わせの小遣い銭で酒を注文して呑んだ。久しぶりの酒で酔うにしたがい、腹痛も治まった。

ごきげんになった弥一郎は、店にいた煮売屋の娘りき（一五歳）を見かけ、ひとめで恋心を抱いた。ほどよくだまして外に連れ出し、この娘と密通しようと、かたわらに招き寄せて酌をさせ、世間話などをして打ち解けた。「散歩がてら近くの汁粉餅屋へ行こう」と誘ってみると承知した。

「娘さんをしばらく借りるよ」と煮売屋のあるじに言うと、承知はしたが、下女を付添いとして、いっしょに連れていくようにとのことであった。酒肴代は七貫八五〇文だったが、気前よく金一分を出した。「もらい過ぎだ」とあるじが言うので、「散歩からもどるまで、残りは預かっといてくれ」と言って、女二人と連れ立ち散歩に出た。

途中で名も知らぬ煮売屋へ立ち寄り、なおも酒宴をもよおした。そのあいだもずっと、りきに密通を持ちかけようと思っていたが、機会を見出せずにいた。付き添ってきた下女も、弥一郎がりきに懸想《けそう》しているのを察している様子であった。「難波新地のあたりまで行けば、茶屋の貸座敷もある。あそこへだまして連れていき、密通を持ちかけよう」と考えた弥一郎は、煮売屋を出て「それじゃあ汁粉餅屋へ行こうか」と誘った。

りきは「もう遅くなったし、帰りたいわ」と渋った。弥一郎は「いっしょに行こう」と強く誘い、下女も「行きましょう」と勧めた。りきが承知したので、難波新地へ女二人を連れていった。二階座敷を席貸ししている様子の茶屋を見かけたので、そこに入り「話し合いたいことがあるから、しばらく座敷を貸してほしい」と頼み、三人で二階へ上がった。

下女は、弥一郎がりきと密通したがっていることを察したらしく、すぐに席を外し下におりていった。ほかにじゃまする者もなくなった弥一郎は、いよいよ密通を申しかけた。しかしりきは「お父さんは継父だから、もし知れたらどんなに叱られるかわかりません」と言って断った。「お互いに口外さえしなかったら、ばれたりしないから。頼むから承知してくれ」と押して口説き、ついに情を通じた。

茶屋には茶料として金一朱を払い、三人で外に出た。煮売屋へ戻ろうと思ったが、もはや徒刑人たちを連れて帰る時刻が近づいていたので、女二人とは途中で別れた。弥一郎は精米所へ何食わぬ顔で戻り、徒刑人たちの終業を待っていっしょに帰ったが、やがてこれが露見した。

吟味のなかでりきは、「茶屋の二階で『いよいよ』という段になって、弥一郎の頸《くび》の鉄輪に気がつき、徒刑人だということがはじめて分かった。いったん同衾は断ったが、聞き入れてもらえなかった。下女はいないし、強いて断ればどんな目にあわされるかと思い、どうしようもなく情交におよんだ」と申し述べた。また、帰宅したりきは、後悔して両親に打ち明けていた。下女はその直後に暇を出され、その後ゆくえが知れなかった。

弥一郎に平手打ちされた男も知れた。置引きに気づいて盗っ人を追いかけ、ようやく捕まえて「取った金返せ」と言っているところに野次馬が集まってきた。そこに徒刑人の行列四、五〇人が通りがかったのだった。平手打ちをくって驚いているあいだに、捕まえた盗人は逃がしてしまった。しかし、その前に金銭の入った風呂敷包みを投げ捨てた場所は白状させてあったので、無事回収することができたとの事であった。

明治三年（一八七〇）四月下旬、一同に申し渡しがあった。情交の場を提供することになった難波新地の茶屋は、「弥一郎の素性や密通を知らなかったとはいえ、座敷貸しが発端となった」ことが不束《ふつつか》として、弥一郎が支払った茶料取り上げのうえ「急度叱り」に処せられた。煮売屋のあるじは「娘から密通を打ち明けられたなら、すぐに訴え出るべきところをそうしなかった」のが不束として、酒肴料の釣りを取り上げのうえ「急度叱り」を申し付けられた。また、娘のりきには「頸輪を見て徒刑人と気づいたなら、何としても拒絶すべきところ、恐怖でどうしようもなかったとはいえ密会に及んだのは不身持の至り」として「三十日押込」が申し渡された。

肝心の弥一郎であるが、平手打ちと密通を「重々不届」として、「徒刑小屋での五十日手鎖のうえ、残りの日数の徒刑」が申し渡された。「重々不届」というわりには、脱走に比べて、刑がえらく軽いような気もする。

ちなみにこの男、右の一件以降おおいに改心したらしく、その後、徒刑場からの脱走人を捕まえること四度、さらには放火を未然に防ぐなど数々の功績をあげた。そのたびに減刑されただけでなく、刑期満了後には徒刑場の小使に任じられ、大阪府から月給を受け取る身分となったと、明治五年（一八七二）七月下旬の「大阪新聞」の記事は報じている。

## ［解説7］　初期徒刑場と徒刑

先の［解説1］で、明治新政府が「追放や所払は徒刑をもって換え」るよう全国に通達したことに触れたが、諸藩のなかには、江戸時代からすでに徒刑を採用していたものも少なからず見られた。中国律をモデルとした藩法を持つ藩の多くがそうであり、肥後藩はその代表格であった。しかし、徒刑を採用しなかった旧幕府領では、その導入にあたり新たな措置が必要となった。

大阪では明治元年（一八六八）一〇月二九日に、次のような布令が市中に出されている。

今般、瓦土取場《かわらつちとりば》の元高原溜を徒刑場とする。徒罪受刑者は頭髪を元結《もとゆい》際から一寸（約三センチ）ほど先で切り放し、首に鉄輪を入れ、空色の法被に背に白く染め抜いた(徒)印を付け、同色のパッチを着用させて普請場に出す。彼らは元来悪党であるから、深い御仁政を理解せず逃亡する恐れがある。今後、受刑者が市中を徘徊しているのを見聞するか、止宿などを依頼された際には、拘束のうえすぐに訴え出よ。もしかくまって後に露見した場合には、町役人まで厳重に処罰する。

右の布令にいう「高原溜《たかはらだめ》」とは、安永二年（一七七三）に大坂町奉行所が、行き倒れの非人（原住所を離れ都市に流入した者）を収容するため、御用瓦師寺島藤右衛門《てらしまとうえもん》の請地に設けた施設であった。現在の空堀《からほり》周辺にあたる。のちには無宿の入牢者で重い病気にかかった者もここに収容した。間口が二五間半、奥行三一間半（一間は約一・八メートル）の規模で、取締りは大坂町奉行所同心が、実際の運営や警備などは大坂四か所の非人（身分としての非人）がつとめた。

その後、天保期に幕府が無宿対策として、主要都市に「人足寄場《にんそくよせば》」を設置するよう命じた際には、この溜内に小屋が作られ「人足寄場」としての機能（保安処分的な措置としての無宿者の拘留と彼らへの授産）もあわせもった。天保一四年（一八四八）に大坂町奉行が江戸の町奉行に行った照会には、寄場収容者を「男女を分置し、相応の手業や川ざらえ人足、担ぎ人足などに使役」させている旨が記されている。そういう意味では、無宿か犯罪者かという収容対象の違いはあるものの、徒刑は全く未知の経験であったとはいえないかもしれない。

また『大阪府全志』によると、明治二年一月から四年六月までの一時期ではあるが、大阪府は聚楽町《じゅらくまち》（現在の東区粉川町）にも徒刑場を設けていた。記録中にもこの聚楽町徒刑場に収容された者の記述が散見されるが、その詳細はよく分かっていない。

さて、口絵に掲げた「末代噺」には徒刑の場面も多数描かれている。これによると徒刑場には一〇あまりの部家（部屋）があり、「女の間」は場内の一角を柵で仕切って設けてあった（「徒刑囚の情事」一件参照）。各部家には「頭」「役割」「世話方」といった役付きの徒刑囚がおり、部家の管理や労働の監督などを行っていた。

徒罪受刑者の異様かつ目立つ風体は、逃亡を想定したものであった。すべての労働を徒刑場の中で行うことは不可能であり、外役に出さざるを得なかったからである。それゆえ、脱走は数えきれないほどに多かった。その自白書からは、男は「石運人足」「草刈」「川砂運び人足」「土運び」「木挽手伝《こびき》」「精米所働」「川浚《かわざらえ》」「瓦製造」などの肉体労働に従事したことがうかがわれる。徒刑場での内業もあり、「末代噺」には「紙すき」「米搗《つ》き」「縄仕事」「炭団《たどん》」の図が描かれている。女の脱走事例はそれほど多くはないが、「徒刑人ども衣類洗濯」などが見られることから、おそらく外へは出さなかったのであろう。「末代噺」にはほかに女の内業として、「糸つむぎ」が描かれている。

なお、徒刑場や外役先からの脱走犯に科される刑は、初犯の場合は刑期の上積みであったが、その計算式は時期によって異なっていた。「仮刑律」の捕亡律中には「徒罪・流罪の受刑者で脱走する者は、即決で刎首」とあることから、首を刎《は》ねずに刑期を加重するやり方も、大阪府独自のものであった可能性が高い。

ただし、再脱走して捕らえられると、脱走中に余罪がなくとも死刑となった。徒刑囚にこれらの情報が事前に知らされていたか否かは分からないが、再脱走して捕らえられ命を落とす者もけっして少なくなかった。ただ、捕縛された脱走者の数から推測するに、逃げおおせた者も相当いたであろうし、今日では想像できないほど、受刑者の外界との接触も多かった。試行錯誤のなか、徒刑という新たな刑罰は始まったといえよう。

## かたり

**詐欺師上総介《かずさのすけ》　明治二年**

石町《こくまち》で宿屋を営む伊三郎（四二歳）は、ふとしたきっかけで喜多村上総介《かずさのすけ》という男と懇意になった。禁裏の造酒寮につとめているとのことで、帯刀のうえ長蔵という名の供を連れていた。

明治二年（一八六九）三月下旬、その上総介が「松島町《まつしまちょう》の新廓《くるわ》（松島遊郭）を見物したいので案内してほしい」と頼みこんできた。いっしょに廓を見物した後に天満天神社へ参詣したところ、神社の社家が上総介をことのほか丁重にもてなした。これを目にした伊三郎は、「上総介様は偉いお方なのだ」と驚いた。

このとき以降、伊三郎は上総介の供をするようになった。伊三郎の家を折々訪れるようになった上総介は、伊三郎と親しい昆布仲買のせがれ新助（二〇歳）ともやがてなじみとなった。

同月末、上総介が伊三郎のところへやってきて「住吉社へ参詣したいのだが、供をしてくれぬか」といった。たまたま新助もそこにいたので、二人で供をすることになった。上総介は烏帽子《えぼし》をかぶり、素袍《すおう》（直垂《ひたたれ》の一種）を着ていた。長蔵は若党姿であった。伊三郎と新助は上総介から羽織・袴を借り、所持の脇差を差して供をした。

社家を訪れた後で住吉社に参詣したが、ここでも上総介は天神社と同様、たいそう丁重にもてなされていた。伊三郎と新助は、「ほんとうに高貴なお方だ」と驚き入った。

四月一日、上総介が「座摩《ざま》社に参詣したいので、侍の格好をして供をするよう」と伊三郎と新助に申し渡した。二人はなにげなく聞き受け、前と同様に羽織・袴を借りた。伊三郎は所持の脇差を二本腰に差した。新助は伊三郎から一本借りたうえで、自分のも帯びて二本差しになった。上総介は肩衣《かたぎぬ》と袴を身につけ、長蔵は若党姿であった。

一行は座摩社に参詣した後、上総介の知人だという安土町で呉服唐物を商う河内屋平兵衛方に立ち寄った。上総介はかねてから平兵衛とはなじみの様子で、さっさと奥の間へ通っていった。伊三郎・

新助・長蔵の三人は表の間で待っていると、しばらくして上総介が用向きは済んだ様子で出てきたので、いっしょに帰った。

翌二日、また上総介が「宗右衛門町の原田屋という宿屋に用向きがあるので、供をするように」と言ってきた。この日の上総介は烏帽子をかぶり、素袍を着ていた。伊三郎・新助・長蔵の三人も、前同様の風体で供をした。

原田屋で昼飯を食べ、用向きが済んだようなので帰りかけると、上総介が「昨日の河内屋平兵衛方へまいるぞ」と言い出した。昨日と同様、彼は奥に通り、供の三人は表の間で待った。何の用だかさっぱり分からなかったが、小一時間ほどで出てきたので一行は帰った。

次の日、早朝からどこかに出かけていた上総介と長蔵が夕方に戻ってきて、「大阪での用向きはもう済んだので、これより京へ戻る。その方らも見物かたがた上京するよう」と伊三郎と新助に言った。二人とも幸い京に用事があったので、同夜、伊三郎と新助それに伊三郎の下人松助の三人で、上総介・長蔵といっしょに上京することになった。

いよいよ出立という時になって、卯一郎という髪結の男が、上総介様にお礼を申し上げたいと訪ねてきた。卯一郎はしばしば上総介の髪を結っていたが、京へ戻るにあたり、過分の髪結い賃と心付けを寄こしたことへの礼を言いにきたのであった。上総介が「その方も京へ供をせよ」と言ったので、彼もまた同行することになった。

上総介は「その方らが平服では見栄えがせぬ」と言って、伊三郎・新助・松助の三人に黒の筒袖、白の襦袢《じゅばん》、頭巾などを貸してくれた。これらは事前に上総介が買い調えておいたものであった。脱いだ衣類は風呂敷に包み、上総介・長蔵・伊三郎・新助・松助・卯一郎の一行は船に乗り、翌朝、城州の淀《よど》に上陸した。

上総介の荷物とめいめいの衣類などは長蔵にまとめて持たせていた。平服で来ていた卯一郎に上総介が、「それでは不都合なので、長蔵が着ておる筒袖や襦袢、頭巾などを着けよ」と言うのでその通りにし、長蔵には荷物を持たせて先に上総介宅へやった。京都御幸町《ごこうまち》四条下ルで伊三郎ら四人は上総介と別れ、新助の知り合い宅で一泊した。

翌五日、四人は上総介宅を訪れ、いっしょに京都見物をした。その夜は上総介宅に泊まった。翌日、四人が大阪へ戻ると言うと、道中の小遣いと船賃だと言って金札五両をくれた。四人が借りた装束を返そうとすると、「そのままの格好で帰阪せよ」と強く勧めるので、しかたなくそのまま上総介方を出た。しかし、こんな風体では気詰まりなので、丸太町《まるたまち》に住む松助の母親の家に立ち寄り、普段着に着替えた。借りた装束は松助の母親に預かってもらった。

こうして大阪へ戻った伊三郎と新助は、何がなんだか分からぬまま大阪府に召し捕らえられた。四月の一日と二日に上総介と訪れた河内屋平兵衛から、多額の金札をだまし取ったという疑いであった。

上総介のだましの手口は次のようなものであった。

三月晦日の夕方、平兵衛方を、状箱を持った使いの者が訪れた。状箱には「森家役所」と記されていた。心当たりがない平兵衛は開封せず、使いの者に差し戻した。

翌四月一日の朝にもふたたび同様の状箱が来たので断った。ところが同日の午後、平兵衛の留守中に、二七、八歳の中肉でかっぷくのよい赤ら顔に総髪の男が、黒羽二重の小袖・肩衣・襠高袴《まちだかばかま》という姿で、供侍二人を連れてやってきた。

この男は「われは禁裏御所御膳所の官人で森山城守と申す。昨日よりこちらへ書状を出しておる者である。このたび大阪府へ納付するため、正金七〇〇両を持って京より参ったが、金札でないと納入できないとのことで当惑しておる。じつは昨年、帝が行幸された折、わが同僚の二人がこちらに逗留し、格別のもてなしを受けたと聞いておる。われらのこのたびの下阪についても、『何かあれば平兵衛に相談せよ』とこの両人が申しておった。われが所持する正金七〇〇両を渡すので、金札を用立ててもらえぬか」と申し入れた。応対した手代が「なにぶん主人は留守でございますので」と断ると、「では明日、あらためてあるじに面会のうえ頼むことにいたそう」と言って男は帰っていった。

翌二日の午後、山城守を名乗る男が、立烏帽子に紫の下着、熊の皮尻鞘《しりざや》の太刀を帯び、供侍たちを召し連れて再びやってきた。平兵衛は面会のうえ、いったんは断ったが、男が「火急の用なので、なにぶん頼む」と言い、ことに行幸時のことを話す様子やその風体にも気おされ、しかたなく承知してしまった。男は「明日、金札八五〇両を逗留先の宗右衛門町原田屋へ持参してくれれば、正金七〇〇両を渡すから」と言って帰っていった。

次の日、平兵衛は金札八五〇両を用意し、手代二人に原田屋へ持たせた。そこで山城守が「亀井橋《かめいばし》東詰の長浜屋六兵衛方がわれらの本旅陣である。わが家来の鈴木善造と申す者がそこで正金を持って待っておる。そちらへ金札を持っていって引き換えてくれぬか」と言うので、手代二人はいったん店に戻った。

手代らが支度をして家来が待つという長浜屋へ赴こうとしていたところ、侍が「もう一度、原田屋までお越し願いたい」との山城守の伝言を持ってきた。平兵衛が再び原田屋へ手代二人を遣わすと、山城守が言うには「家来の鈴木がたった今、大阪府へ納付する金札には封印をしないと受け取ってもらえぬとの書面を寄こした。その方らが持参した金札に今ここで封印したいのだが」とのことであった。その言葉を信じた手代らが金札を差し出すと、山城守は十両札で七五〇両分、五両札で一〇〇両分の二つに分けて紙に包んだ。それぞれの包みに封印をしたうえ、箱に入れ、その箱にも封をした。

山城守から封箱と家来鈴木への添え状を受け取った二人の手代は、あらためて亀井橋の長浜屋六兵衛を訪ねていったが、そういう名前の者はまったく見つからなかった。不審に思った二人が、封箱を開けて金札包みを手にとってみると、手触りがなにやらおかしい。びっくりした二人の手代は店へ飛んで帰り、事の次第を平兵衛に報告した。平兵衛が金札の包みを開いてみると、中味はただの紙束だった。紙で包む際に、手代たちの一瞬のすきをつき、あざやかな手口で紙束とすりかえたのである。

言うまでもなく、森山城守と名乗り金札をだまし取った男は上総介であった。しかも、この喜多村上総介もまた偽名であり、本名は縫之助といった。京都で呉服渡世を営む母親と二人暮らしであったが、明治元年（一八六八）一〇月ごろ、借家から母子とも追い出され難渋していた。母親が商売で一〇年ほど前から出入りしていた、もと造酒司史生の喜多村権之丞に同居を頼んだところ、承知してくれたので、二人で権之丞宅に転がりこんだ。

しばらくすると縫之助は、権之丞に「ひとかたならぬ世話になった。もし養子にしていただけたなら、喜多村家を再興して報いたい」と切り出した。権之丞には実子がいることでもあり、母親に相談してみると「放蕩むすこの縫之助が改心するのなら、いかようにもしてほしい」とのことであった。結局、この養子話は立ち消えになったが、その後、縫之助が「山井家（藤原北家の流れを汲む公家）に勤めるのに、喜多村の姓を名乗るのが都合がよい」と頼むので、権之丞は「それは好きにせよ」と言っておいた。

三月中旬、縫之助が「山井家の重役から頼まれて大阪へ下る」と言い残して喜多村家を出ていった。その後、四月四日に長蔵という男が、権之丞あてに金札二二〇両入りの状箱を届けてきた。大金なので不審に思ったが、翌日に四人も来客があったので、慌ただしさに取り紛れてしまった。この四人の客とは、もちろん伊三郎たち一行のことである。

六日に四人が出立した後、縫之助は京都府に捕らえられた。縫之助はだまし取った金札を、大阪での宿料や茶代、宿の下男下女への心付けなどに使い、権之丞に預けた金札のほかに二三〇両余りを所持していたが、それ以外は買物や遊興にすべて使い果たしてしまっていた。

その縫之助は大阪府へ移送され吟味を受けたが、口書を取る前に牢内で病死してしまった。長蔵も京都で捕らえられ、大阪で吟味を受けたが、やはり病死した。彼が縫之助とどこまで共謀していたかは定かでない。

明治二年九月、大阪府は知らぬ間に供侍に仕立てられ、縫之助が打った芝居の演出（もっともらしさ）に一役買わされた伊三郎と新助の二人に対し、知らなかったとはいえ、縫之助の身元も糺さず町人の身分で刀を差して供をしたこと、金札を受け取ったことなどを不届と咎め、「四百日徒罪」を申し渡した。また、権之丞も出所不明の金札を預かったとして「急度叱り」に処された。

## 天狗がとり憑《つ》いた　明治二年

摂州東成郡馬場《ばば》村の百姓のせがれ忠吉（二二歳）は、幼いころに両親と死に別れ、同じ村に住む叔父源七の家に厄介になっていた。慶応三年（一八六七）七月、その叔父と相談のうえ、村の庄屋である太右衛門のところに下人奉公へ出た。ところが身持ちの悪い忠吉は一一月に暇を出され、また叔父の家へと戻ることになってしまった。

叔父の厄介でいることに気詰まりな忠吉は、太右衛門が奉公人を優しくいたわり召し使ってくれたことが忘れられなかった。知人を介して再び奉公させてもらえまいかと頼んでみたが、きっぱりと断られた。それでもあきらめきれない忠吉が考えついたのは、「近ごろ流行《はや》りの奇怪異説にあやかって、自分の身体に天狗がとりついたことにし、太右衛門を畏れ惑わせて帰参しよう」という企みであった。

同月末日、忠吉は見知らぬ村の一軒の家で頼みこみ、小さな紙に太右衛門にあてた書付をしたためてもらった。「このたび源七のせがれを、ぐ印がお頼み申し上げる」というものであった。そして、持っていた住吉太神宮の神札を髷《まげ》の下に挟み、夜分に太右衛門宅を訪れた。入口の戸を強くたたくと太右衛門が出てきたので、身体を震わせながら書付とお札を手渡し、「この者には天狗が乗り移っておる。永年この者を召し使うべし。もし断れば身のためにならぬぞ～」と声色を変えて告げた。これを聞いた太右衛門は恐怖し、書付とお札を神棚にまつって伏し拝んだ。忠吉もちゃっかりと家に上がり込み、そこではじめて正気に戻ったようなふりをした。

翌日からこの天狗のうわさを聞き伝え、見知らぬ人々がおいおい太右衛門宅へ参詣に訪れるようになった。太右衛門も再び忠吉をいたわって召し使ってくれた。

これに味をしめた忠吉は、一二月四日、今度は神棚に供えてあった洗米とみかん一つをこっそり盗んだ。そしてこれらを庭先に置き、「庭に天からの降り物があると、天狗からお告げがありました」と言って、太右衛門に拾わせた。

また、一〇日には同じく神棚にあった金一両のなかから三分を盗みとった。このうち二分をわが物とし、残りの一分を裏手の土蔵のあたりに置いたうえで、同様の手口で太右衛門に拾わせた。この時、太右衛門が「神棚の金のうち三分がなくなっているのはなぜだろうか」といぶかしんだので、「これも天狗のしわざです。天狗が一分を土蔵近くに置いて、残りの二分は遠く住吉と毘沙門天《びしゃもんてん》の両社に供えたと言ってます」と体よくごまかした。

さらに大晦日には天満宮のお札一枚を庭先に、また翌日の元旦には「龍天議法神白山妙理大権現」と記された掛け軸を縁先に置き、やはり同様に太右衛門に拾わせた。

お人好しの太右衛門は、これらも天からの「降り物」と信じて神棚に祭り、家内のものたちも日増しに信仰を厚くした。この様子を見た忠吉はますます大胆になっていった。「神札に性根が入っていないとご利益が薄い。京の修験者本山へ金一両を供えて祈禱せよ。その使いは忠吉にさせよ」との天狗のお告げがあったと言って、金一両をだまし取った。そして京へ出立したふりをし、しばらく身を隠したのちに、頃合いをみて戻った。

また、同じ村内へ嫁いでいた太右衛門の娘が去る九月に病死し、家内のものたちが悲嘆にくれていたのにもつけ込んだ。「日々なげいてばかりでは、かえって死者のためにならぬ。京の西大谷あたりの山中に尼寺がある。そこで回向してもらえば娘の成仏は間違いなし」と、これまた天狗のお告げがあったとして、同様の方法で回向料一両をせしめた。さらに一〇月には隙をうかがい、仏壇の引出しから金札二両を盗んだ。

こうして一年あまり、忠吉は庄屋とその家族を欺きつつ奉公を続けた。さすがの太右衛門もここまで来ると、怪しいと疑いはじめ、とうとう、翌明治二年（一八六九）正月四日をもって暇を遣わすと忠吉に言い渡した。忠吉は「永年召し使うよう、天狗に託して太右衛門に申し渡したのに、いまさらくびとはなんだ」と不快であったが、「疑われている以上、むげに拒みもできない」と考え、またまた懸命に思慮を巡らせた。そして、「もし忠吉を追い出せば、天狗のたたりで火災の難に逢うであろう」と近所に言いふらせば、やがてそれが太右衛門の耳に入り、恐怖して自分を引き続き召し使ってくれるだろうと思いついた。ところが、近隣にそう触れ回ってみたものの効なく、暇の前日に至っても太右衛門の心底はうかがい知れなかった。

あせった忠吉は「これはほんとに家を焼き払って天狗のしわざにしないと、これまでの悪事も自分のしわざとばれてしまう」と思い詰めた。そこで三日の夕方、裏手の納屋にあった畳や竹柴などを立てかけ、その内側へ火口《ほくち》・消し炭・わらを突っ込み、煙草の吸いがらを火口の上に吹きすてて、隣家で様子をうかがった。

くすぶっていた火はおよそ一時間後に燃えあがった。しかし、駆けつけた家人や隣家のものたちが懸命に消火にあたったため、納屋の敷板や丸太を焦がしただけですんだ。忠吉のもくろみは外れた。

同夜遅くになって隣家のものが、「主家が大変なのだから、早く戻れ」というので、なにげない体をよそおって戻った。しかし、気がとがめて居づらくなり、翌日、黙って太右衛門方を出奔した。やがて、火事は忠吉のしわざというわさが立ち、恐ろしくなってあちらこちらに潜伏していたが、見つかって召し捕らえられた。

さて、驚いたことに、この件では太右衛門も「急度叱り」に処せられた。「怪奇現象や失せ物、放火などがあったのであれば、早々にその筋に訴出るべきところ、それを怠り、忠吉に金をだまし取られたのは、浅慮《せんりょ》の至り」という理由であった。

肝心の忠吉については、同年二月の大阪府の見立ては「牢屋敷前において肆《さらし》の上死罪」という重い処分であった。当時、死刑相当と考えられる事案については勅裁（天皇の許可）を得る必要があったため、府は四月に忠吉を含む計四八名の重罪犯の処分を一括して刑部省に伺った。刑部省では八月に全員の処分を決定し、書類を外国船便で大阪へ送った。ところが、この船が途中でゆくえ不明になってしまった。

府では紛失の事情を刑部省に説明のうえ、再度の指図を請うた。同省では一〇月に指令を再送している。忠吉に下された刑は「流終身」、死刑を免れていたが、彼はすでに牢死していた。上記四八名のうち二七名が忠吉と同様、判決を聞くことなく牢死している。当時の牢の環境は非常に劣悪であった。

ちなみに、この事件の発端となった慶応三年（一八六七）の後半は、世情不安もあって、大坂でも「おかげおどり」や「ええじゃないか」などが大流行した。当時、大坂で両替商を営んでいた平野屋武兵衛の日記には、連日のように踊りの記事や各所に札が降ったというわさが書き記されている。

石や骨や卒塔婆《そとば》が降ったとか、天狗が異国船を空中へ吊り上げたとか、いろんな人にとり憑いたというようなうわさも、人々の間でまことしやかに囁《ささや》かれていた。

## 事実無根のかわら版の発行　明治二年

西高津新地《にしこうづしんち》の播磨屋吉三郎（二六歳）は、神社仏閣法会の場所に出向き、野師《やし》と唱え、手遊び人形や雑菓子を売って渡世してきた。しかし近ごろそれでは収入が少なく、困窮していた。

明治元年（一八六八）の一〇月下旬、吉三郎は天満天神社内で、東京の野師永井兵助《ながいひょうすけ》の子分と称する定六という者に出会い親しくなった。永井兵助は江戸でガマの油などを売った著名な野師（香具師《やし》）である。二人はお互いに、景気が悪いことをなげき合ったが、そのうち定六が、このごろ市中のあちらこちらで建屋を取り壊し立ち退きになる者があるといううわさであるが、これを版木に彫って摺り、売れば相応のもうけがあろうと言い出した。吉三郎は、どうかなと思ったけれども貧乏のあまり同意した。定六は、それだけのことでは買う者もないだろうし、そのうわさをもとにして、根も葉もないことを大げさにでっち上げて文章として版木に彫り、実説だと言って売り出せば、きっともうけになると持ちかけた。吉三郎も賛成した。

定六はどこで彫らせたのかわからないが、版木を持ってきた。それを使って吉三郎が、一一月一八日から二三日までに、合計三〇〇〇枚ばかりを刷り上げた。これを五名ほどの男たちに、一〇枚につき銭一〇〇文の割で合わせて七〇〇枚ばかり売り払った。吉三郎も自分で売り歩き、売り上げが七貫文ばかりになったので、定六と配分し、手にした銭は家事や食費に使ってしまった。あと二三〇〇枚と阪木が手元にあったが、召し捕られた。定六はゆくえをくらませていた。

吟味の結果、明治二年（一八六九）二月二日、吉三郎はゆくえ不明の定六と申合せ、うわさをもとに事実無根の内容を大げさにして、彫刻板行して売りさばき、人心を惑わせたことは不届として、「三百日徒罪」を申し付けられた。

この刷り物が市中に出回ったのと同じ元年一一月、大阪府は市中に向け、左のような布令を発している。

当節、大阪市中のうち「立退き場」と称し、左のような町名を刷り物にして根も葉もない虚説を申し触らす者がある。

大阪市中立退の図

・追手より谷町南八町、上本町札之辻《ふだのつじ》東、玉造稲荷前焼場取込十町、二軒茶屋新宅《にけんちゃやしんたく》一町、本庄《ほんじょう》三町、九之助橋《くのすけばし》住友裏四町、八軒家《はちけんや》天神橋東四五町、淀屋橋・大江橋《おおえばし》間福島羅漢《ふくしまらかん》前残らず

大阪市中立退の図

・道頓堀新戎町《どうとんぼりしんえびすちょう》十四五軒、寺島木津川町《きづがわちょう》裏表八町ばかり、新町ひけ江戸吉原廓《よしわらくるわ》町と改

・江之子島《えのこじま》亀井橋より南二三町ばかり、安治川橋取払、富島《とみしま》一丁目八十軒取払、川口役所・天神御旅所《おたびしょ》まで、難波新地溝川四町四面、戎人町となる

ただし、右の一か条めのうち「新役所御用地の鈴木町あたり、鉱山局御用地の九之助橋あたり、商法会所御用地の中之島あたり」に限っては、実際に立退きを申し付けた。しかし、そのほか大

道の場所を一くくりにして大規模な移転であるかのように申し触らし、また二か条め・三か条めのように全くのいつわりを刷り物にし、人心を動揺させ、政体にも影響をおよぼすほどのふるまいは、不届きの至り、もってのほかである。

発起人はさっそく召し捕らえ、厳重に罪科を申し付けた。諸民に知らせ、安堵せしむるものである。

吉三郎の処罰は明治二年に入ってからのことであったから、あるいは先口の刷り物がすでに出回っていたのかもしれないが、右の布令にも見られるように、当時は役所の新設による立退きが実施されていた。また、松島遊廓や川口居留地あるいは雑居地の整備などがこの前後に、しかも右に掲げられた地域周辺で行われ、市中の景観は変化を遂げつつあった。「針小棒大」ではあっても「荒唐無稽」でないがゆえに、人心の動揺を恐れた府も神経をとがらせたのではなかろうか。

## だまされたほうも悪い　明治二年

西高津新地に住む豊吉（二九歳）は、知人で無宿の男二人と申し合わせ、通行人をだまして金をせしめようと考えた。びた銭七六文を一くくりにし、その上に紙に貼りつけた玩具の二分判を乗せ、これを紙で包んで「金七十五両」と上書きした。そして、わざと上の部分を少し破き、金色が見えるようにした贋の金包みをこしらえた。

明治元年（一八六八）一二月、三人ははるばる江州（近江国、現在の滋賀県）の大津あたりまでやってきた。そして、道にこの贋の金包みをわざと落としておき、往来人が通りかかると、その目の前で豊吉がこれを拾い上げてみせた。豊吉は愚鈍を装い「これはいったい何だろぉ」と、やはり通りがかりを装った仲間の二人に見せた。

二人は贋の金包みを手にとり、「これは小判包みじゃないか」と往来人の男に聞こえるような大声で、驚いたふりをしてみせた。男が二人のほうに近寄ってきた。

二人は男に「どうもあいつは少し足りないようだ。うまいこと言いくるめて、いくらか金をやってこの金包みと取り替えようじゃないか。あいつに渡す金をあんたが立て替えてくれないか。ひと足先に行っててくれたら、取り替えてすぐにあんたを追いかける。あとで山分けしようや」と持ちかけた。欲に目のくらんだ男はいくらかの金を二人に渡し、山分けを楽しみに先に歩いて行った。もちろん、三人はだまし取った金を手に逃げた。

同じやり方で三人は、ほかに二人の往来人をだまし、計四両三分を手に入れた。手にした金は三人で山分けして使い果たした。

翌二年二月、豊吉は近所に住む別の男と同じ手口で金をだまし取ろうと、大阪の市中をうろうろしているところを召し捕らえられた。豊吉の仲間はみな捕まらなかった。だまされた三人もだれかは分からなかった。

同年五月、吟味にあたった大阪府の役人は豊吉に対し、「八百日徒罪」が適当として伺ったが、府の上層部は八月に「杖六十」の沙汰を下した。

## お上をかたって大金強奪　明治三年

山城（現在の京都府南部）生まれで無宿の勇太（二六歳）は、慶応四年（一八六八）正月に大阪に出てきたが、暮らしは苦しく、諸品売買の口入をしてようやく糊口をしのいでいた。近ごろ、厳禁にもかかわらず、悪金（贋金）の売買をひそかに行うものがあると耳にした勇太は、これを探り出してお上に密告すれば、ほうびでももらえるのではないかと思いついた。そこで明治二年（一八六九）九月中旬のある日、その筋に知り合いがあるという知人の土州（土佐）浪人杉原千吉郎（二九歳）に、相談を持ちかけてみた。

翌日、千吉郎の引き合わせで、無宿の市助という男に会った。市助は勇太の考えを聞くと、「なるほどそれも奉公筋の一端にはなるし、お上もほうびくらいはくれるだろうが、たいしたもうけにはならない。いっそのこと町人どもをだまして悪金の売買を仕組もう。役人にばけて取引の場に乗り込み、その場の悪金をごっそりいただこうじゃないか」と提案した。これに同意した勇太はいっしょに計画を練り、同月二七日には千吉郎にも企みを打ち明けて、仲間に引き入れた。

その後、勇太は、正助・伝助・和一郎（三一歳）・慶三郎（二九歳）という男たちとおいおい懇意になった。勇太は「俺は大阪府監察役の手先をつとめている」といつわりの身分を告げて彼らを信用させた。そして、「お上は、悪金を売ろうとする者を探り出すつもりだ。いつわりの約定をしておいて、取引の場に監察役が乗り込み、悪金をみな取り上げるという算段だ。そのお膳立てをすれば、お上からほうびがたくさん出ることになっている」と言葉たくみにだました。お上の「おとり捜査」に協力するのだと信じ込んだ彼らは、情報集めに精を出した。

やがて、和一郎が「悪金の売買じゃないが、安土町二丁目の柳屋利助が、二〇〇〇両分の二分金を、一〇〇両につき金札一〇五両二分の割りで売り払うといううわさがある。すでに伝助をニセの買い手に仕立てておいた。助右衛門町《すけえもんちょう》の大嶋屋久助は金の目利き《めき》（鑑定者）ということなので、一〇月一〇日に久助方で取引する約定をしてある」と知らせてきた。当時は正金と金札の歩合を付けての交換も厳禁されていたから、一味はこれに狙いを定めた。そして、当日のそれぞれの役割と手筈を練った。

さて、取引の当日、市助は曾根崎村あたりの借馬屋《かしうまや》で馬を借り、目利きが行われる久助方からやや離れた場所で知らせを待った。勇太と慶三郎のふたりが久助方の近くで様子をうかがっていると、やがて大量の二分金を持った柳屋利助が連れの者とやってきた。買い手に扮した伝助と和一郎は手筈どおり、中に金札が入っているようにみせかけた風呂敷包みを持参のうえ、すでに久助方で待ち受けていた。

利助と連れの男は二分金を大嶋屋久助に渡すと、目利きの時間を利用して昼飯を食べようと外に出ていった。なにも知らない久助は、立会いに扮した正助と二分金の目利きに取りかかった。やがて買い手を装った伝助が、かねての打ち合わせ通り「持参した金札では足りそうにないので、この者を家へ遣わして取って来させる」と言って、風呂敷包みを和一郎に渡した。表に出た和一郎は、近くにひそむ勇太に合図をおくり、その場から立ち去った。勇太は出番を待ちかまえる市助のところへ駈けてゆき、決行を告げた。

市助は馬を駆って久助方に乗りつけた。そして、ずかずかと中に入るや否や、「自分は大阪府の役人である。御法度を犯し、正金の売買をするとは不届き千万。すべて没収じゃ」と叫ぶや、目利き中の久助をいきなりげんこつで殴りつけた。それを合図に正助と伝助のふたりは、あわてふためく芝居をしつつ表に逃げ出した。慶三郎は門先で「これはお上の御用であるぞ」と集まってきた往来人を制しつつ、久助の家人を「騒ぐでない」と取り鎮めた。

市助はその場にあった二分金一七〇〇両を引っさらうと、また馬にまたがり一散に駈け去った。その途中で一〇〇両分は落としてしまった。強奪した一六〇〇両のうち、市助が二〇〇両、杉原千吉郎が二〇〇両、勇太が四八三両二分を取った。さらに勇太は金札と交換するつもりで、三〇〇両を千吉郎へ預けた。また、「おとり捜査」への協力のほうびだと言って、慶三郎に二八二両、正助に一〇両を渡した。

配分を受けた者らは、思い思いの用途に金を使ったが、やがて露見して一同召し捕らえられた。和一郎はいまだ配分金を受け取らぬうちに捕まった。一味のうち、市助と正助は吟味中に牢死し、伝助はゆくえが知れなかった。

翌明治三年（一八七〇）二月、大阪府は勇太と千吉郎を斬罪、和一郎を三十日手鎖、慶三郎を六百日徒罪とする伺いを刑部省に立てた。同省は勇太を「准流十年」、千吉郎を「絞罪」、和一郎を「杖七十」、そして慶三郎を「徒三年」に処す旨の沙汰を下した。和一郎は金の配分を受けていなかったことが幸いした。

## 余聞 ― ひとりだけ死刑のわけ　明治三年

右の事件の一味のひとり杉原千吉郎は、土佐藩士の三男で、慶応三年（一八六七）一二月に主用で大阪に出てきたが、病気になり、翌年四月に退身した。千吉郎はその後も帯刀したまま、湊町《みなとちょう》に住む知人方に滞在し、商業を営んでいた。

明治二年（一八六九）九月、この知人が、知り合いからの頼みごとだといって、「大阪の土佐藩邸に国元から大量の当百銭が運び込まれるやに聞いています。もしこれが払い下げられた時には仲介をしていただけませんか」と言ってきた。当百銭とは天保通宝のことで、一枚で百文に相当したことからこう呼ばれた。

千吉郎はすでに脱藩しており、藩邸に頼みごとができるような身分ではなかったが、まわりにはいまだ藩士といつわっていたので、断ることもできず引き受けた。手だてを考えているうち、あちらこちらの借金先から厳しく催促を受け途方に暮れた千吉郎は、この当百銭売買の口入を利用して金をだまし取ることを思いついた。

この知人に、当百銭の買い手と相談したいと申し入れておいたところ、同月下旬、先方の口次（仲介者）の博労町《ばくろうまち》の清七という男が訪ねてきた。「当百銭を五〇〇〇両分ほど引き換えたいので仲立ちをお願い申します」と頼む清七に、千吉郎は「きたる一〇月一日が取引日と決まった。手付金として三〇〇両を用意しておいてもらいたい」と、うそをいった。

当日、買い主だという本京橋町《もときょうばしちょう》の紙屋万造という男が手付金を持って、清七といっしょにやってきた。二人に「土佐藩邸に掛け合うのでしばらく待っていてくれ」と言い置いて外に出た千吉郎は、「当百銭五〇〇〇両の手付として三〇〇両確かに受け取った。来る七日に間違いなく引き換える。土州勘定方」という旨の、にせの受取証文をしたため、役名の下にあり合わせの判を据えた。そして、このにせ証文を持ち帰って万造と清七に渡し、まんまと手付金三〇〇両をだまし取った。このうち一六〇両あまりはあちらこちらで遊興に使い、残りは諸品買入れの手付や、借金の返済、知人への立替え金などとして渡した。手元には一六両ほどしか残らなかった。

やがて取引の約定日の七日がやってきて、紙屋万造らから当百銭受け取りの催促を受けた。切羽詰まった千吉郎は、自分あてに、土佐藩勘定方役人桐島なにがしからのにせ手紙をしたためた。その内容は「京都で騒動があり、藩邸はいま混雑しているので、取引を日延べしてほしい」というものであった。これをさも土佐藩邸から到来したように見せかけて万造らをだました。

「そのうちに思わぬ所得もあれば、それで穴埋めをしよう」と心掛けていた千吉郎は、先のように勇太から大金強奪の企みを打ち明けられ、これに加担することになったのであった。

強奪じたいには加わらなかったが、事件当日の夕刻、市助と勇太がやってきて「首尾よくやり遂げた」と告げた。彼らは二分金で二〇〇両を分け前として千吉郎に渡し、さらに三〇〇両分を金札と引き換えてくれといって寄こした。この五〇〇両のうち二二〇両ほどを、借金の返済や品物の買取り代金、知人への貸金や遊興費などに使ったところを大阪府に召し捕えられた。

強奪事件の一味のうち千吉郎だけが死刑に処されたのは、吟味のなかでこの謀書を使った詐欺も露見したからであった。

## 川口居留地 ── 西洋人との出会い

### 英・蘭居留館から盗み、居留地で三日さらし　明治二年

幸助（二〇歳）は、泉州堺の紙屋のせがれであったが、身持ちが悪く親元には居づらくなり、去る辰年（慶応四＝一八六八）正月に家出をした。それからは、日雇い働きなどで日を過ごした。七月ごろからは大阪の居留地人足請負を稼業とする男に雇われ、人足たちの飯炊きをしていたが、今年（明治二＝一八六九）の三月五日に暇を出された。

その後は思わしい仕事もなく食うにも困って悪心を生じ、三月一六日に居留地イギリス人居館の扉が開きかけになっていたので中に入り、白と萌黄《もえぎ》色のラシャを取りまぜ四枚盗み取った。同月二〇日には梅本町《うめもとちょう》あたりの人家裏口の竿に干してあった衣類二枚を盗み取った。翌二一日、オランダ人居館裏手の生け垣から侵入し、縁先にあった花ラシャ一枚を盗み取った。さらに二二日には天満宮旅所内の昔噺《むかしばなし》小屋の開きかけになっている戸口から入り、木綿布団大小二帖を盗み取った。

盗み取った品々は、確かな品だといつわって、ラシャ二枚は知り合いに代金三分で、同一枚と衣類・布団は、名も知らぬ往来の古手買に銭七貫七〇〇文で売り払い、ラシャ二枚はそのまま所持していた。売り払った代金を使い果たしたところで、召し捕らえられた。

外国人居館の被害について、外国事務局からの掛け合いがあり、被害者はイギリス人「ウヰク」、オランダ人は「ヒストリュス」であると知れた。その他、被害者の申し出と幸助の自白は符合した。

盗品を買い取った知人は幸助の言葉を信用していたので、盗品であったと聞いて驚いたと述べた。
この知り合いは、買い取った品物を差出し、幸助と馴れ合いもないが、品物を買ったとき確認しなかったのが「不念」であるとして、品物は取り上げ、代金は損失とされた。盗品は価格に見積り金三両相当、この男から取り上げた品は外国事務局に引き渡された。

四月一〇日に下された判決では、幸助の罪状を挙げ、その行為は「不届」に付、居留地において「三日さらしの上、九百日徒罪」となった。大阪府の判決では、市中や近辺の村々での盗みには「さらし」は付加していないが、居留地での盗みには必ず科しているのが特徴である。外国人からの盗みは、より「破廉恥」な犯罪と意識されたからであろうか。

## 外国人商会から持ち逃げ　明治二年

清太郎（二三歳）は、豊後杵築藩《ぶんごきつき》（現在の大分県、松平家三万二千石）の船手役人のせがれであったが、八年前の文久二年（一八六二）に国元を脱走し、あちらこちらを放浪した。明治元年（一八六八）九月に大阪へやってきた清太郎は、アメリカ商人ライアンスの番頭政七の世話になり、ライアンス商会に住み込みで勤めていた。

明治二年（一八六九）七月末、かねて懇意にしている鉄砲師の鶴蔵という男が、「杵築藩が自分を仲介役として、シャフル銃三〇挺を入手したがっている」と知らせてきた。清太郎は番頭政七と相談のうえ、ライアンスに話し、商会にある見本筒（サンプル）一挺を鶴蔵のところへ持参して預けた。

八月二日、鶴蔵とのあいだに、銃一挺につき一五両一分一朱の値段で売買する契約を結んだ。鶴蔵から手付金として二〇両を受け取った清太郎が、ライアンスに契約が成立した旨を報告すると、ライアンスは一挺につき一七両一分でないと売り渡すことはできないと言った。

困った清太郎は、違約すれば「手付金倍返し」となることもあって、ほかの商会から一五両一分一朱で鉄砲を調達し、見本筒は受け取った手付金で回収しようと考えた。しかし、他の商会をあたってみても、銃の調達はできなかった。

翌三日、番頭の政七は病気で自宅に引きこもってしまい、清太郎はひとりで困り果てていた。進退きわまった清太郎は、同夜、ライアンス商会にあった短銃三挺と懐中時計一つを盗み取り、手付金も懐にして逃げ出した。

懇意にしている大工の兵吉を訪れ、「これから讃州金毘羅神社へ参詣し、それから豊後へ行くので、いっしょに来ないか」と誘ってみると承知したので、二人で明石から船に乗り、金毘羅さんに参詣した。その後、豊後まで足をのばし、同月一一日の夜、杵築藩で足軽をしている伯父の家に立ち寄った。伯父には筑前への用事の途中で立ち寄ったといつわり、泊めてもらった。

ところが、ここで旅費が尽きてしまった。そこで、伯父に盗品だとは明かさずに、短銃と懐中時計を杵築城下の質屋に質入れしてもらい、金一五両を手にした。このうち二両二分を逗留中の手当てとして伯父に渡した。

一三日、伯父の家を出た清太郎と兵吉は、別府《べっぷ》の温泉に逗留したのち、二〇日にまた伯父の家へ戻った。その一週間後に杵築を出た二人は船に乗り、九月一〇日に大阪へ帰って来た。兵吉と別れた清太郎は、高津五右衛門町の知人宅に身を潜めていたが、やがて大阪府外務局に召し捕らえられた。

清太郎の出奔後、ライアンスは外務局に訴え出ていた。清太郎が鶴蔵に渡した見本筒は、じつはライアンスのものではなく、梅本町の草野屋丈吉から預かったものであった。この状況を打開するため、亜国岡士（アメリカ領事）のロヒネットが乗り出すこととなった。当時、まだ「領事」という言葉はなく、consul の音訳で「岡士《かんし》」と称した。ロヒネットはライアンスと番頭政七、それに鶴蔵を吟味したうえで、シャフル銃の見本は草野屋丈吉へ戻し、清太郎が持ち逃げした手付金二〇両は、ライアンスが杵築藩に弁償する旨の裁定を下した。

その後、日本人の処罰は大阪府に委ねられ、一一月中旬、一同に申し渡しがあった。政七と鶴蔵にはなんの咎も科されなかった。清太郎の伯父には、出所の怪しい品を質入れしてやったことが不念とされ、質代金の弁償が申し渡された。事情を知らずにタダで政太郎との旅に同行した兵吉には、「急度叱り」が科された。そして、清太郎には、「居留地において三日さらし、五十敲のうえ七百日徒罪」が科せられた。

ちなみに、シャフル銃の持ち主の草野屋丈吉とは、明治元年（一八六八）九月に雑居地の梅本町でレストラン兼外国人止宿所「自由亭」を運営した草野丈吉《くさのじょうきち》であると思われる。「西洋料理の父」と称される草野は、天保一一年（一八四〇）長崎に生まれ、出島でのボーイ稼業から出発して西洋人のもとで料理の腕を磨き、文久三年（一八六三）に長崎で日本人による日本最初の西洋料理店「良林亭」を開業した。草野の大阪進出は、府知事後藤象二郎《ごとうしょうじろう》（土佐）、外国官権判事五代才助《ごだいさいすけ》（のち友厚《ともあつ》、薩摩）の懇請によるものであったといわれている。

また、アメリカ領事ロヒネット（W・M・ロビネット）は、幕末には長崎で貿易商を営んでおり、グラバー商会の仕事もしていた。慶応二年（一八六六）五月、前年の五代らのイギリス留学に続き、アメリカに密航留学した薩摩藩留学生八名の案内役として同行した。明治二年二月には、大阪―神戸間の鉄道敷設を外国事務局に請願し、五代に却下されている。

## 所預け中に英国人から悪金売買の依頼　明治二年

摂州神戸《こうべ》村の銀次郎（二二歳）は、慶応四年（一八六八）七月ごろに大阪にやってきて雑喉場町《ざこばちょう》に居を構え、外国人から諸品を買受けて売りさばくのを稼業としていた。明治二年（一八六九）正月、不正な取引により金を取り込んだ疑いで、いったん大阪府の牢に入れられたが、同月下旬に出牢することができた。

銀次郎は入牢する前に、中船場町《なかせんばまち》の商人との間に、ケツトウ（＝ブランケット［毛布］か）を売り渡す約定を結び、代金三〇〇両を受け取っていたが、品物を先方へ引き渡さなかったために破談となり、代金返却を求められていた。ところが、金はすでに使い込んでしまっていたため、いろいろと言い訳をしては引き延ばしていた。

出牢後も厳しく返金を催促され、出訴をほのめかされていたこともあって、銀次郎は「二月末日には必ず返す」と約束をしてしまっていた。これ以外にもあちらこちらに買掛けの未払いがあり、これらも日々支払いの催促を受けていたことから、銀次郎は追い詰められていた。

二月二五日、知人のひとりが「唐金巾《かなきん》（西洋布）を五〇〇反ほど買いたいという者がいるのだが、半分は現金、残り半金は百日の延手形を入れるので、世話をしてもらえないだろうか」と頼みこんできた。銀次郎はこれ幸いと、この金を取り込んで当座をしのごうとたくらんだ。

ちょうど英国人のイトンが金巾を大量に輸入し、一反につき正金二両二分三朱で売ると聞いていたところであったので、「五〇〇反で一三四三両三分、このうち一反につき銭二〇〇文ずつが、あんたの口入の口銭（仲介料）だ」などと、その知人と取り決めをした。

三月二日、この知人が買い主の京屋伊左衛門ほか三人の男を連れて銀次郎を訪れ、「さいぜん約定した通り、半金の六七一両二朱と残金分の延手形を持ってきた」と言って、金巾の引取りにやってきた。

実際にはまだイトンへの申し入れさえしていなかったが、銀次郎は「先方へ言って、荷出しさせて来る」といつわって金と手形を受け取り、四人を待たせて表へ出た。そしてわざと夜になってから戻り、「夜に荷出しはできないし、ここ一両日は先方の都合も悪いそうなので、五日に取引しよう。金は確かに向こうへ渡してきたから」といつわり、一同を帰した。

その日の夜中、買い主の京屋伊左衛門が再びやって来て「さいぜん渡した金子をいったん返して欲しい、五日に改めて持ってくるから」と申し入れた。銀次郎が「深夜に先方とそんな掛け合いはできないから、明朝来てくれ」と断ると、翌三日の早朝にまた伊左衛門がやって来た。「掛け合ってくる」と言っていったん表に出た銀次郎は、頃合いをみて戻り、「留守だった。後刻また行ってみる」と引き延ばしているところへ、ほかから呼び出しの使いが来たので、これ幸いと外出した。午後に自宅へ戻ってみると、伊左衛門はもういなかった。そのまま放置しておいたところ、伊左衛門が自分を相手取って大阪府へ出訴したという情報を耳にした。

怖くなった銀次郎は逃亡し、知り合いのところを転々として身を隠していた。その間に、伊左衛門から取り込んだ金のうちから三〇〇両を中船場の商人に返し、二四〇両ほどを買掛け先への返済や酒食遊興などに使った。残金一三〇両あまりを所持したまま、やがて銀次郎は召し捕らえられ、牢に入れられた。

その後、吟味中に銀次郎は牢から出され、摂州九条《くじょう》村に住む男のもとで「所預け」となった。所預け中は番人が四六時中ついて監視されていた。取り込んだ金の弁償は、親類が伊左衛門に掛け合ってくれていたが、金の調達が上手くいっていないために交渉がまとまらず、とても気がかりであった。

七月二四日、見張り番たちがたまたま居合わせない時に、かねてから取引で懇意にしている英国人ステヱペンスが訪ねてきた。こっそり会ってみると、ステヱペンスは「粗悪な二分金を交換すれば利益が出るので、買い集めてくれ」と頼んできた。

悪金取引厳禁の御布令も出ていたし、とりわけ政府が、外国人が所持する二分金の引替えを仰せ出されていたことも知っていたので、いかがなものかとは思ったが、銀次郎は先だってある知人から、「自分の知り合いが、『悪金を三〇〇〇両ばかり所持している者を知っている』と言っていた」と聞いたことを思い出した。

「悪金を調達して世話料をもらえれば、それを伊左衛門への弁償の足しにできる」と考えた銀次郎は、ステヱペンスの頼みを聞き受けた。そして、およそ悪金一〇〇両につき金札七〇両を上限とし、翌二五日午前までに引き替える約定を交わした。

ステヱペンスが帰ったのち、その知人が幸いにも訪ねてきた。銀次郎は「あんたの知り合いに悪金の持ち主を聞き合わせてくれ」と頼みこんだ。その後、知人からは何の連絡もないまま、銀次郎はいきなり外務局に召し捕らえられ、吟味のうえ大阪府に引き渡された。吟味中に伊左衛門からは、「取り込まれた金子は銀次郎の身内が弁償すると言ってきているので、損失については申し分ない」との申立がなされた。

明治二年一一月二〇日、大阪府の申し渡しがあった。銀次郎に対しては「伊左衛門からの申し分ない旨の申立もあり、本来ならば二百日徒罪を申し付けるところであるが、預け中の慎みない行動もあることから」と、刑期が加重され、「三百日徒罪」が申し渡された。

九条村で銀次郎の見張りをしていた二人の番人に対しては、「過料三貫文」と「急度叱り」がそれぞれ申し渡された。銀次郎を預かった九条村の男と同村の年寄は、それぞれ「急度叱り」とされた。銀次郎が英国人と不正な談合をしたのは監視を疎《おろそ》かにしたから、というのがその理由であった。

この当時、西洋諸国との取引決済におもに利用されたのは、小判ではなく二分金であった。ところが、この二分金は諸藩をはじめとして偽造が盛んに行われ、悪金が蔓延していた（「郡上藩の贋金づくり」「お上をかたって大金強奪」一件など参照）。

「贋金(1)」の［解説4］で紹介した明治二年七月の「高輪談判」により、政府は西洋諸国に対し、外国人が所持する二分金の真贋検査（検勘）を行い、封包をして検印を施したものについては、たとえ贋金であっても正貨と等価で交換するか、あるいは納税に使用可とすることを了承させられていた。

大阪では二分金の提出は七月二五日、検勘は翌二六日に行われた。英人ステヱペンスは、悪金を安く大量に購入して検勘に持ち込み、暴利を得ようとしたのであろう。当然のことながら、記録にはステヱペンスの処分については何も触れられていない。

**［解説8］ 川口居留地**

幕府が安政五年（一八五六）に欧米五か国と締結した修好通商条約により、一八六三年一月一日の大坂開市が定められた。その期限が近づいた文久二年（一八六二）に、幕府は国内情勢を理由に五か年の延期の承諾を得た。

慶応三年（一八六七）四月にようやく居留地の地域が決定した。木津川と安治川に挟まれ、当時は戎島《えびすじま》とよばれた地域の北端（現在の西区川口）で、これに隣接する地域は雑居地とされた。「戎」は外国人を侮蔑する意味があるとして、戎島は梅本島と改称された。同年八月ごろから造成がはじまったが、当時の緊迫した情勢から工事は中断された。

慶応四年一月、新政府は京都に外国事務科を置き、外交担当機関とした。その事務総督四人のうちのひとり伊達宗城《だてむねなり》（宇和島藩主）は大阪《おおさか》鎮台《ちんだい》に任じられ、二月から旧大坂西町奉行所で事務を開始した。同月行われた人事において、事務科の判事には五代才助・寺島宗則・伊藤博文・井上馨などが任じられた。外国事務科はすぐに外国事務局と改称され、三月には旧大坂東町奉行所へと移転した。

同年五月、外国事務局は外国官とさらに改称され、京都へ移転したが、前月には外国事務局判事五代才助（友厚）・陸奥《むつ》陽之助《ようのすけ》（のち宗光《むねみつ》、紀州）が、大阪で運上所の事務をとることを命じられている。運上所は外交と税関の事務を担い、居留地に関する事務もここで扱われた。運上所は明治元年（一八六八）一二月に大阪府外国事務局、翌二年九月には大阪府外務局と改称した。さらに四年一月には再び大阪府外国事務局、翌五年一月には大阪府外務課となった。本来、運上所は外務省の一課であったが、実質的な監督は大阪府知事の役目であった。

中断されていた居留地の造成工事は、慶応四年閏四月から再開し、七月一五日には大阪開港が実施された。また、同月下旬には居留地の競売が行われた。競売地は二六区画、総坪数は七七五〇余坪で、一区画平均三〇〇坪程度であった。落札したのはイギリス・プロシア・フランス・アメリカ・オランダ・ベルギーなど、欧米諸国の商会や個人であった。グラバー商会のように、長崎から進出した商社も少なくなかった。

明治初年においては、清国人の多くは欧米人の使用人として滞在していたが、明治三年三月に大阪府外務局は、届け出れば在留清国人の雑居地居住を許可することとした。

居留地全体は砲弾のような形をしており、総坪数は約一万四〇〇〇余坪、六つのブロックに分割され、人道と馬車道が分けられた広い道路が設けられていた。街路樹にはユーカリやゴムが植えられ、石油ランプの街灯がともり、異国情緒豊かな景観であった。ただし、明治初年にはまだ空き地が目立つ状態であった。

また、一時的に滞在する外国人向けとして、運上所は元年九月に雑居地の梅本町に外国人止宿所を設け、その運営を草野丈吉に委ねた（「外国人商会から持ち逃げ」一六七頁参照）。居留地の運営は明治二年以降、外国人たちの自治組織である居留地会議が行った。また、居留地とその周辺の八か所に関門が設けられ、守衛が置かれた。明治二年一月以降は府兵隊（浪花隊）が居留地の警備を担当した（「部屋住みの苦境」七二頁参照）。一〇月には外務局が居留地警備を引き継いだ。

# 被害者側からの減刑願

## 主人の金一五〇〇両を持ち逃げ　明治二年

朝次郎（二二歳）は安政六年（一八五九）正月、かねて懇意の者に請人になってもらい、今橋《いまばし》二丁目の中原庄兵衛方に下人として住み込み奉公をはじめた。慶応元年（一八六五）まで滞りなく勤め、同年八月に庄兵衛方を出た後は、南勘四郎町《みなみかんしろうまち》で知人の同家人となり、ここから日雇いとして、ひきつづき庄兵衛方に勤めていた。

近ごろ遊興の味を覚えてしまった朝次郎は、その借金の支払いに困っていたが、英国へ渡って向こうで学問をしたいという夢を抱いてもいた。明治元年（一八六八）一二月末、庄兵衛の店の金銭取引をあつかっているうち、「この金で借金を返済して、かねての望み通り英国へ行こう」とよからぬ企みを抱いた朝次郎は、鍵のかかっていない金箱から金札一五〇〇両を持ち逃げした。

このうち四〇両をなじみの曾根崎新地の泊茶屋で、また三〇両を同町で遊興代に使い、さらに二〇両をあちらこちらで酒代や遊女の揚げ代に使ったところで、大阪府に召し捕らえられた。

その吟味中、主人の庄兵衛からは「朝次郎は長年召し使っており、現在は日雇いではありますが、下人同様に勤めている者であります。かねてから実体《じってい》（真面目）な者で、全くふとした出来心からしでかしたものと、不憫《ふびん》に存じております。使いこんだ金札は朝次郎の親類が弁償すると申しておりますので、府がお取り上げになった分を私に下げ渡していただければ、損失については全く申し分がございません。なにとぞ御仕置を宥免《ゆうめん》していただけますようお願い申し上げます」との書付が大阪府に提出された。

翌明治二年（一八六九）二月五日、大阪府は朝次郎に対し、金札一五〇〇両を取逃《とりにげ》したことは不届であり、本来であれば「死罪」を申し付けるべきところ、親類からの弁償の申し出と主人の宥免願が出されていることを考慮し、「五百日徒罪」に処する、と申し渡した。

江戸時代には、奉公人が主家の金品を持ち逃げしたり、使いに持たされた金品を持ち逃げしたりする犯罪を「取逃《とりにげ》」と称した。「公事方御定書」には、前者については「一〇両以上ならば死罪、以下ならば入墨敲」、後者であれば「一両以上で死罪、以下ならば入墨敲」と定められていた。しかしその但し書きには、しばらく牢に入れて置き、その間に「取逃げした金品の弁償」と「被害を受けた主人の助命願」があれば、江戸払にまで減刑するとあった。

したがって、江戸時代の実務にたずさわる役人は、「取逃」を吟味する際、この「弁償」と「助命願」をそろえるのに腐心した。弁償は当人には難しいので、親族や請人（身元保証人）に「償います」と言わせた。主人からの「助命願」もかなり誘導して提出させたといわれている。

商都大阪では「取逃」はひんぱんに起きる犯罪であった。右の朝次郎の一件は、じつは残された記録のなかでいちばん古い「取逃」であるが、これ以降、「新律綱領」頒布前までの「取逃」一件の落着文には、まず例外なく、

その方は不届きにつき、本来ならば死罪を申し渡すところではある。しかし、主人から「かねてから真面目に働いており、全くの出来心からだと不憫に思っています。使いこんだ金品は親類から償うと言ってきております。捕えられた時に持っていた金品をお下げ渡しいただけたなら、損失については全く申し分ございません。御仕置を宥免してやってください」との願いが出ている。よって願いの通り宥免し、徒罪○百日を申し付ける。

と記されている。たとえ「目見中《めみえちゅう》（試用期間中）」に取逃された場合であっても、主人からは「真面目なやつの出来心で不憫」との宥免願を出させた。こうした江戸時代以来の役人らの実務慣行は、明治初年の大阪府にも受け継がれていた。しかも、右の朝次郎は「徒罪五百日」であったが、少し後になると全般的な刑期短縮の影響を受け、「徒罪二百日」が相場となった。

余談ながら、取逃の被害者である中原庄兵衛家は、豪商鴻池善右衛門《こうのいけぜんえもん》家の別家のひとつで、江戸時代には十人両替をつとめたほどの豪商であった。取逃の額もやはり並ではない。

## 不埒《ふらち》の下人を殺害　明治三年

河内屋梅松（二一歳）は、安堂寺《あんどうじ》橋東詰に履物直しと牛肉店を開業して、宗助と亀松のふたりの下人に切り盛りをまかせていた。

ところが、明治三年（一八七〇）一二月三日、宗助は店の売上金を勝手に持ち出し、酒肴を買って飲食した。同僚の亀松は見かねて止めようとしたが、宗助は聞き入れないばかりか、出刃包丁で切りつけて傷を負わせ、残金を持って出て行った。

亀松から報告を受けたあるじの梅松は、そのままにしておけば今後の取り締りにもかかわるから懲らしめる必要があると思い、自分の短刀を持って店に駆けつけた。宗助のゆくえをさがすうち、八軒家あたりにいるといううわさを聞き、尋ねたところ京橋《きょうばし》二丁目の髪結床にいるのを見つけた。連れ帰ろうとしたが、宗助は反抗して出刃包丁で切りかかり、梅松は左ひざに傷を受けた。怒った梅松は思わず短刀で、宗助の左脇下その他六か所を突き刺した。即死したように見受けたので、恐ろしくなり逃げ帰った。

事件の次第は、あるじ梅松の居村と犯行現場近くの住人から訴え出た。

死亡した宗助は、かねてから身持ちが悪く大酒のみであった。主人の申し付けに背き、店の売り上げを勝手に使い込み、朋輩の止めるのを聞かず傷を負わせ、主人が駆けつけたところ手向かいするので、主人に刺されて死亡した。宗助の母親および叔父ふたりが連印して、これはすべて宗助のしわざが原因であるから、加害者である梅松に対して不満はないと申し出た。

吟味の結果、一二月の判決では、梅松が短刀で宗助を刺殺したことは、きっと処罰しなければならないが、これらはすべて宗助の不法の行為に対し、やむを得ずに生じたことであるとした。さらに被害者の母親と親類たちも、宗助が殺されたことについて加害者の梅松に対し不満はなく、御仕置をしないようにと願い出ていることも考慮された。

その結果、大阪府は宗助を刺殺した梅松に「三十日手鎖《てじょう》」を言い渡した。これは旧幕時代の法を適用したものである。

公事方御定書下巻第七二条には「相手《あいて》理不尽之《りふじんの》仕方《しかた》ニ而《て》、不得止事《やむをえざること》切殺候《きりころしそうろう》におゐてハ、相手方親類名主等、被殺候《ころされそうろう》もの平日不《へいじつふ》法者《ほうもの》ニ而申分無之《もうしぶんこれなく》、下手人御免申出《げしゅにんごめんもうしいで》、無紛候《まぎれなくそうら》ハヽ、中追放」という規定があった。つまり、理由もないのに危害を加えられようとしたので、やむを得ず相手を切り殺したようなとき、殺された者の親類や名主が、殺された者はかねてならず者で、殺されてしかたがなく不服はないから、加害者を「下手人《げしゅにん》」にはしないでほしいと申し出た場合、吟味の結果、それに相違なければ中追放とするというのである。ここにいう「下手人」とは死刑の一種である。同じく幕府の死刑であった「死罪」とは、ともに首を刎ね死骸は取捨てとする点では同じであるが、死罪では死体を様切《ためしぎり》（罪人の遺体を斬って刀剣の利鈍をためすこと）に用い、財産を没収するのに対し、下手人の場合はそれらの付加刑がない点で異なっていた。

## 護身用のピストルが暴発　明治三年

泉州日根《ひね》郡安松《やすまつ》村の百姓安右衛門（四九歳）は、いまだ幼い親類の家業をすべて引きうけて切り盛りしていた。明治二年の冬、周防《すおう》町《まち》の両替商から酒造の元手金を借り入れた。翌明治三年（一八七〇）二月一日、安右衛門はその返済のために、下人を連れて大阪に出てきた。

多額の金であり、途中で盗難にあう心配もあったことから、かねてから護身用に買ってあった六連発の短筒に弾を込めて持ってきた。幸い何事もなく久左衛門町《きゅうざえもんちょう》の宿屋に着き、短筒は荷物の間に入れてしまっておいた。

その夜は本京橋町の泊茶屋に上がり、そのまま居続けで遊興した。三日には逗留先の宿屋のあるじもやってきて、いっしょに遊んだ。そのうち短筒を持ってきたことが話題にのぼり、宿屋のあるじが「ぜひ見せてほしい」と言ってきた。酔っており、自慢したい気持ちもあって、安右衛門は人をやって宿から短筒を取り寄せた。あるじに見せた後は、茶屋の部屋の片隅に置いておいた。

昼ごろ、松島町あたりを見物しようということになった。安右衛門は泊茶屋のあるじの姉とその娘、食焼女三人らと連れ立って外に出た。短筒は懐中に入れた。

九郎右衛門町《くろうえもんちょう》あたりまで来たところ、短筒が袂《たもと》へ落ち込んでしまった。ひっぱり上げようとしたが、何かに引っかかって出てこない。むりやり取り出し、ふたたび懐中に入れ直した時、引金に指がかかって撃鉄が落ちたとみえ、短筒から弾が発射されてしまった。

びっくりしたが酩酊《めいてい》していたので、弾が飛んだ先も確かめず、同町の河岸からみなで船に乗ろうとした。その際、安右衛門は後ろから「ちょっと待ってくれ」という声を掛けられた。なおも名前を尋ねられたので、宿泊先と名前を教えて宿へ戻った。

暴発した弾は、九郎右衛門町の松木屋市松方の日雇いで、台所で用事をしていたはなという女に命中していた。はなが気絶したので、市松方ではすぐに医者を呼び治療介抱したが、とうとう死んでしまった。市松方から大阪府に訴え出たため、検使が派遣されてきた。安右衛門はその際に検使の者に召し捕らえられた。

その後、死んだはなの養父母・実父母・兄弟からは、「安右衛門が酒狂《しゅきょう》のあまり誤って短筒を暴発させ、弾がはなに当たったことに間違いはない。このうえ安右衛門に対し申し分はなく、御仕置を宥免してやってほしい」との願書が府に提出された。

明治三年二月下旬、大阪府は安右衛門に対し、「本来ならば遠島を申し付けるべきところ、被害者の養実父母や親類からの宥免願があることを斟酌《しんしゃく》し、鉄砲取り上げのうえ五百日徒罪」との沙汰を申し渡した。

### ［解説9］ 大坂町奉行所から大阪府へ（1）——近世の大坂町奉行所と吟味筋

これまで紹介してきたさまざまな事件において、容疑者の捕縛や取調べにあたった大阪府の職員は、いったいどういう人々であったのか……それを説明するためには、少し時代を遡り、幕府の重要な遠国奉行所のひとつであった大坂町奉行所から話をはじめる必要がある。

**近世の大坂町奉行所**

大坂町奉行は元和元年（一六一九）に創設され、以後、東西二つの町奉行所が大坂市中の民政や治安維持あるいは裁判などを担当した。享保七年（一七二二）以降は、摂津・河内・和泉・播磨の四か国が大坂町奉行の支配国となり、その管轄する領域は拡大した。二人の町奉行が一か月ごとに交替して業務を担当する月番制であった。享保期の火事により両町奉行所が焼失移転してからは、東町奉行所は現在の大阪府大手前第一合同庁舎、また西町奉行所はマイドーム大阪のあたりに位置した。

奉行の下で実務を担当したのが、与力と同心であった。大坂町奉行が旗本の出世コースのなかに位置付けられ、数年程度で転入・転出をくり返したのに対し、与力・同心は代々大坂の地付であった。与力は東西それぞれ三〇騎、同心はそれぞれ五〇人ずつが配置された。もっとも、これらの数は株数（定数）であり、彼らのむすこたちが見習と称して勤めていたから、実際にはもう少し多くの人数がいた。あの有名な大塩平八郎は東町奉行所与力、幕末に辣腕《らつわん》をふるい後に暗殺された内山彦次郎《うちやまひこじろう》は西町奉行所の与力であった。

**大坂町奉行所の吟味筋**

おおむねこんにちの刑事訴訟手続にあたるものを、江戸時代には「吟味筋《ぎんみすじ》」あるいは「吟味物《ぎんみもの》」などと称した。大坂町奉行所の吟味筋にかかわる組織は、一八世紀なかごろから一九世紀後半にかけて整備が進んだ。

大坂町奉行所で吟味筋にかかわる部署には、当番所《とうばんしょ》、定町廻り《じょうまちまわ》、吟味役《ぎんみやく》などがあったが、とは常設の芝居小屋の木戸番のなかから、一二名が任命されて「下聞」の御用をつとめたものであった。長吏や役木戸は市中や周辺の村々に独自の情報網を有しており、捜査の際にはこれらが活用された。

このほかに大坂の質屋・古手屋・古金古道具屋の惣代が日々、盗賊吟味役の役場に詰めており、市中のこれらの店々に不審な物が持ち込まれた際には注進（通報）がなされた。盗難品の一覧もこれらの商売仲間に回達され、質入れ品や買取り品に似た物があった場合にも報告をさせた。

また、床髪結は牢番を交替で勤めたが（「解説6」参照）、各町で雇用している町髪結たちを手下として差配しており、町中で悪事の情報を見聞した際には、盗賊吟味役に注進することとされていた。

りわけいちばん大きな役割を果たし、それゆえに多くの配下を抱えて機動力を有したのが盗賊《とうぞく》吟味役《ぎんみやく》であった。

盗賊吟味役は「火付・盗賊・あばれ者、怪しき者」の召捕や詮議を、大坂市中のみならず周辺の幕府領・私領を問わずに担当した。お尋ね者は他国までも広域手配した。天明八年（一七八八）には「捨て子」、寛政六年（一七九四）には「博奕《ばくち》」もその管轄となった。捕らえた者は牢屋敷内の役所で厳しく吟味した。

盗賊吟味役の主な手先としては、長吏《ちょうり》・小頭《こがしら》・役木戸《やくきど》などがあり、これらが江戸でいう岡っ引きや目明かしのような役割をはたした。盗賊吟味役の与力・同心が町廻りを行う際には、これらを召し連れた。長吏・小頭は非人たちが集住する垣外《かいと》の上層部であり、長吏は小頭よりもさらに上位に位置した。また、役木戸長町《ながまち》の木賃宿《きちんやど》や旅籠宿《はたごやど》でも、不審な宿泊者があった場合には、盗賊吟味役へ注進するように申し渡されていた。さらに役木戸や長吏らの協力者として、大坂では「猿」と俗称される者たちの存在があった。その多くは自身の犯罪を「おめこぼし」してもらうかわりに、情報提供者となった者たちであったようである（「『ぜんざい屋事件』の密告者を殺害」二六頁参照）。

捕らえられた被疑者は、原則として奉行が直に吟味したうえ、入牢が申し渡され、以後は上記の担当部署の役人が吟味を行った。事件によっては、複数の担当部署の役人が協働して吟味にあたることもあった。有宿者であれば重罪でない限り、居町村での所預けや手鎖預けになることも少なくなかった。

吟味は自白を取ることに重点が置かれた。被疑者が白状しない場合には、拷問にかけた。自白は「吟味《ぎんみ》詰《づま》りの口書」と称する書面にまとめられた。この書面は、一人称で語られる自白と、末尾に記された服罪の意思（「どのような仕置を仰せ付けられても守ります」という意の定型文言）から構成されていた。もちろん、事件関係者の供述録取や被害額の算定、共犯者の手配なども行われた。こうした被疑者周辺の捜査は「引合調《ひきあいしらべ》」と呼ばれた。

刑罰決定は右の口書をもとに行われた。かつては遠島や各種死刑の場合のみ上司である大坂城代に伺うこととされ、それよりも軽い刑罰であれば、大坂町奉行の権限で申し渡すことができた。しかし、公事方御定書の成立を契機として、一八世紀半ば以降になると、ほぼすべての仕置について伺いが必要となった。大坂町奉行が自分の権限で申し渡せるのは、「急度《きっと》叱り」や「叱り」程度にまで制限された。

その公事方御定書は秘密法であり、大坂町奉行にさえ正式な写本は交付されていなかった。しかし、奉行所内で実務に携わる役人たちは、長年の経験や情報の継受、あるいは私的に筆写した公事方御定書などをもとに、科されるであろう刑罰をあらかじめ予測しながら被疑者を吟味し、口書をしたためた。

刑罰の宣告を「落着」と呼んだが、これは大坂町奉行が直接申し渡すこととされていた。ただし、死刑の宣告は与力から申し渡していたようである。

つまり、吟味筋への奉行の関与はかなり限定的であり、その実質的な部分は配下の与力や同心たちに委ねられていた。

# 市井の触法(1)

## 男女混浴の禁止違反三件　明治二年

江戸時代に大坂の銭湯で男女混浴禁止の触れが出されたのは、天保改革の一環としてであった。天保一三年（一八四二）六月二七日に出された緊縮令の第一条には、

町々の湯屋のうち、浴場を男女の区別をせずに、混浴させている者がいると聞く。前々からの仕来りとはいいながら、惰弱な風俗といわざるを得ない。これから新規に湯屋を開業する者は男女混浴とならぬようにせよ。すでに湯屋を渡世とする者も、当八月限り浴場を修築し、九月から混

浴とならぬようにせよ。それまでは男女の入浴日を区分するなどして、混浴とならぬようにすること。

とあった。これをみれば大坂の湯屋では、男女の混浴は以前からのしきたりとして認められていた。また、同年八月には、

さきに湯屋の男女混浴禁止を触れ出したが、今月中に行う改善策を二十八日までに書面で提出すること。

と達せられた。この後、弘化四年（一八四七）五月一四日に惣年寄から「御制禁が緩《ゆる》むことの無き様に云々」との達、嘉永五年（一八五二）六月一日に「このごろ多く男女を入交り入湯させているやに聞くが」との達が見えるのみである。男女混浴の禁止と言ってもほとんど有名無実であったようである。

慶応四年（一八六八）八月一九日、大阪府は改めて左のような混浴禁止の布令を出した。

湯屋が男女混浴とするのは、風俗に関わるので以後は厳禁する。男湯・女湯と別に設けている湯屋でも、やがて混浴となって、有名無実で意味のないものになっている。今後は厳重に境界を設け、入口も別に設置するように。修理期間は二〇日間とし、改善結果は改役人に確認させること。

この日、ほかに風俗に関する二件の法令が出された。一つは「まくら絵」（春画）販売の禁止である。本屋や板行屋の中には、店先や夜店でまくら絵を販売するものがある．禁制に背き売買するものは見かけ次第に召し捕るという。他は、猥褻《わいせつ》興行の禁止である。男女を問わず「下躰を露《あらわ》し、陰部等を見せもの」にする小見世物があるが、今後はいっさい禁止する。禁制に背くものは、当人はもちろ

ん、小屋主・興行人ならびに土地の役人まで厳重に処罰する、ともっとも厳しい。

この時期になぜこうした取り締りが始まったのかは推測を出ないが、外国人との関係が考えられる。この年の一月二二日、外国との和親条約締結が布告され、同日、外国人との応対について心得が布告された。そこには「夷人《いじん》ニ対シ不礼不法之所業《ぶれいふほうのしょぎょう》これなき様、きっと相心得えべく候、そもそも皇国之尊キ所以《ゆえん》ハ礼儀・廉恥《れんち》之風ニ厚キより生る事ニ候云々」と記されている。

右の混浴禁止等の風俗取締に関する告の数日後（八月二二日）にも、外国人に対する心得が出された。ちかいうちに築地が開かれ、市中に外国人の往来も多くなるであろうから、不都合なことがないように、と注意をうながしている。前月には大阪の開港があり、川口居留地の競売が行われた。こうした状況の中で混浴禁止令があった。九月一〇日には、「前月の布令を遵守しない者がいるようであるが、今回は格別に宥恕するので、一〇日間のうちに混浴状態を改善すること。その後の違反者は湯屋渡世を禁止する」と、再度布令が出されている。

その翌二年に行われた違反者の処罰は、かなりの数にのぼった。

北平野町で湯屋を営む阿波屋喜一郎（三九歳）は、慶応四年九月に出された混浴禁止の布令に違反したかどで、同年一一月に「五十日徒罪」を申し渡されたが、即日、償銭を支払って徒罪は勘弁してもらった。その後は厳重に境界を設けて渡世をしていたが、ちかごろ物価の上昇が激しく、とりわけ薪の値段が沸騰した。もともと不景気な場所で入湯人も少なかったので、男女の境界を設けていては入費も多く、暮らしにも差し支えるようになった。そこで、本年三月下旬より、午前中は仕切り板を外し一か所で焚いて男女混浴にし、午後から仕切るようにした。

三月末、大阪府は「前回違反したにもかかわらず、たとえ終日混浴ではないにせよ、これに懲りずに再び布令に背いたのは不届」として、喜一郎に対し「二百日徒罪」を申し渡した。

広教寺《こうきょうじ》門前の枡田屋芳兵衛（四五歳）は、知人の湯屋株を借り受け湯屋を営んでいた。芳兵衛の言うところはこうであった。

去年の混浴厳禁の御布告もあったので、厳重に境界を設けて渡世していたが、本年五月中ごろ境界の仕切り板が外れた。その旨を株主に告げて繕わなければならないと思いながら、忙しさに紛れ、そのままうち過ぎた。六月四日、男女三、四人が仕切り板の隙間から入り込んで入交りになった。驚いて止めようと思ったが、そうすれば人気にかかわり渡世に差し障るかと心得違いをして放置してきた。

株主を取調べたところ、芳兵衛の自白と一致し、かねてから混浴や火の用心については厳しく申し付けてあったのに、吟味によって混浴のことを初めて知り驚いたと供述した。

六月、この株主には、芳兵衛への申し付け方が疎かであったのが不念であるとして、「急度叱り」が申し渡された。

また、芳兵衛に対しては「触渡の趣旨を弁えながら、境界の仕切り板が外れているのを取り繕わず、そのまま放置したことから、入湯人どもが右場所より出入りして混浴になった。それに気づきながら、差し留めては人気にかかわると心得違い、そのままに差し置いたことは不届である」として、「百日徒罪」が申し渡された。

次の事件はこうであった。三島屋勘三郎（五〇歳）は仕立屋渡世であったが、養子を分家させ、湯屋株を得て新天満町永代堀《しんてんまちょうえいたいぼり》で湯屋渡世をさせていた。昨年に混浴禁止の布令があったので境界を厳重に建てておいた。ところがこの養子が重病を患ったので引き取って養生させ、今年の二月ごろからは勘三郎が渡世を引き受けた。風呂の水は居宅横手の阿波座堀川《あわざぼりがわ》から汲み入れていた。ところが六月四日には、水を汲み遅れ、干潮になって堀川の水位が下がったため、男湯にしか水を入れられなかった。名も知らぬ女性客が二、三人やってきたので、そのつど断るべきだとは思ったが、それでは人気に拘り商売の妨げになるかと思い、入交ぜに入浴させたところを召し捕られた。

六月一五日、養子は、養父勘三郎が触れに背いたことを初めて知り驚いたというが、知らずにいたのは「不念」とされ、「急度叱り」が申し渡された。勘三郎は、布令の主旨に背き、入交りに入浴を放置したことは「不届」であるとして「百日徒罪」に処せられた。

ちなみに、刑罰の申し渡し時に付される「不届」とか「不念」といった語には、大坂町奉行所時代から一定の用法があった。たとえば一八世紀末のある史料には、

主殺・親殺などは「重々不届至極《じゅうじゅうふとどきしごく》」、獄門（さらし首）以上は「不届至極」、所払くらいから死罪までは「不届」、ただし、徒党や強訴は軽い刑罰でも「不届」、急度叱りや叱りは「不束《ふつつか》あるいは不念」

とのいちおうの目安が記されている。

前に紹介したように、この時期の大阪府は、大坂町奉行所の刑罰体系に徒罪をあてはめて判決を下していたから、こうした語もまた受け継がれていた。記録をみる限り、大阪府で裁判が行われていた明治五年（一八七二）末まで、この慣行は続いていたようである。

### 石打《いしうち》——手荒い婚礼祝い　明治二年

かつて日本各地で婚礼の際に行われた風習のひとつに、「石打《いしうち》」と呼ばれるものがあった。『日本国語大辞典』には、

婚礼の家や行列に向かって近隣の人や若者仲間などが石を投げつける風習。本来は村外婚の場合に行なわれ、酒食を強要する手段にも用いられた。石の祝い。

と記されている。

幕府や多くの藩では、この「石打」を禁じた。「公事方御定書」にも「婚礼之砌《こんれいのみぎり》石を打、狼藉《ろうぜき》いたし候もの」に対し、頭取に「百日手鎖」、同類には「五十日手鎖」を科す旨の箇条がある。幕府は「石打」による器物の損壊や負傷などが発端となり、喧嘩《けんか》や徒党のような事態に拡大するのを懸念していたようである。

明治二年（一八六九）九月一三日の夜、天王寺村の平次郎（二六歳）・安三郎（一八歳）・源太郎（二八歳）を含む計九名の若者たちが、村内の知人方に寄り集まり酒盛りをしていた。日付も変わろうとするころ、一同は帰宅しようと連れ立って知人方を出た。

その道すがら、去る一〇日に村内の百姓仁右衛門の妹を、長兵衛のせがれが嫁にもらったという話題が出た。そのうちだれが言い出すともなく「あいつらは二人とも村のなかでの評判が悪い。『嫁入り祝いだ』と言って、石打して困らしてやろうじゃないか」という話がまとまった。

彼らは往来の道ばたやあたりに落ちていたものを拾い取った。平次郎は竹切れ、安三郎は丸太、そのほかの者たちは荷車の台や石瓦を手にして、仁右衛門宅へ向かった。そして「嫁入り祝いじゃあ」と叫ぶや、表口の格子へめいめい手にした得物を突き入れたり、投げつけたりした。格子が五、六本へし折れる物音に、仁右衛門があわてて表に出てきた。「この狼藉もんがぁ、お上に訴えるぞぉ」と仁右衛門が大声で叫んだので、みなで走って逃げた。

一同は続いて長兵衛宅へやってきた。同様にして表の格子を五、六本へし折ると、長兵衛が表に出てきて、えらい勢いでどなりつけた。平次郎は怖がらせようと思い、手にしていた竹切れで、長兵衛をめった打ちにした。ほかの者たちも石や瓦を投げつけた。一同はそのまま逃げ散り、めいめい帰宅した。

翌一四日、一同が襲撃した両名の様子をうかがうと、長兵衛はひじやひざ頭などに怪我をしたとのことであった。後難を恐れた平次郎と源太郎は、たまたま道で出会った知人に事情を話し、「表沙汰にならないよう、先方に掛け合ってはもらえまいか」と頼みこんだ。

承知した知人は、仁右衛門と長兵衛の二人に掛け合ってくれた。仁右衛門のほうは内済（和解）に応じたが、長兵衛は怪我をさせられたこともあり、詫《わ》び証文を差し入れるなら内済してもよいとのことであった。

平次郎は、自分が打擲して長兵衛に怪我を負わせたのだから、自分ひとりの名前で詫び証文を差し入れるので、それで手を打ってほしい、と仲介役の知人を介して頼みこんだ。長兵衛は不法におよんだのは平次郎ひとりではないから、そのほかの者たちも連名の詫び証文を入れんことには勘弁ならん、と言ってきた。

ところがほかの若者たちは、「わしらは怪我させていないし、なぜ詫び証文など書かねばならないのか」と承知しなかった。知人は「それでは先方は得心しない」と交渉役を降りてしまった。平次郎らはしかたなくそのまま放っておいたところ、大阪府に召し捕らえられた。

一〇月下旬、判決があった。この一件は、長兵衛が訴えたから露見したのではなかった。長兵衛も怪我は治ったし、損害もわずかであったので修理をして、そのままにしておいた。吟味の過程でも、石打をした一同に対してなんら申し分ない旨を述べた。大阪府は石打の被害を受けた仁右衛門と長兵衛の両名に対し、「すぐに訴え出るべきところ、心得違いをして掛け合い中に猶予」したことを不念として、「急度叱り」を申し渡した。

石打をした若者たちに対しては、「酔った勢いの過ち」にしては度を越しているとして、平次郎に「五十敲のうえ百五十日徒罪」、残りの八人には「五十日手鎖」の沙汰を下した。

## 大阪町人らの私刑（リンチ）　明治二年

立売堀南裏町に住む和泉屋小兵衛（四七歳）は煙管《きせる》渡世を営んでおり、商品を店先にも出していたが、それがなくなることが往々にしてあった。盗っ人のしわざだと思った小兵衛は、つねづね注意をしていた。

九月二二日のこと、店で物音がしたので急いで出てみたところ、年ごろ二二歳くらいの男が、店の商品を盗んで逃げ去ろうとしていた。憎らしく思った小兵衛が後を追いかけると、新京橋町《しんきょうばしちょう》あたりで往来人たちが、その盗賊を捕まえてくれた。

盗まれた煙管二本を取り返しているうちに、往来人たちが大勢集まってきた。群集は盗賊を殴ったうえで、立売堀川中橋《いたちぼりがわなか》まで引っ立てていった。小兵衛はそのまま帰ろうかとも思ったが、ほかにも何か盗んでいるのではないかと疑心が生じ、男の懐中を改めようと、群集についていった。

群集は橋の上でなおも男をこづきまわし、だれともなく「川にほりこんでしまえ」という罵《ののし》り声があがった。小兵衛は「そんな手荒なまねをするほどの賊でもない」と思い、そう言って止めようとしたが、ちょうどその時、動転して逆上したのか鼻から血が噴き出した。

群集から少し離れて鼻血を拭いていると、「ドッボーン」と賊を川の中へ放り込む大きな水音がした。驚いた小兵衛は後難が恐ろしくなり、家へそそくさと帰ったが、あれこれ心配しているところを大阪府に召し捕らえられた。

聞込みの結果、川にほりこまれたのが盗賊に間違いないことは明らかとなったが、その男の生死や、手を下した者については分からぬままであった。

一〇月一三日、大阪府は「『川の中へ投げ込め』という罵り声が聞こえたなら、なんとかして差し止めるべきところ、それを怠ったのは、たとえ放り込む手伝いはせずとも不念」として、小兵衛に「急度叱り」を申し渡した。

大阪では江戸時代から、こうした小盗っ人や「ちぼ（掏摸《すり》）」を往来人が捕まえた際には、私刑として、殴ったうえで川へほうりこむ慣習があったようである。たとえば、文化七年（一八一〇）四月二五日には、

懐中物などを盗んだ者を往来人が捕まえた際、ほかの往来人らも集まってきて、打擲のうえ、ときにはだれともなく、その盗人を川にはめてしまうこともあると聞く。混雑した場所で、万一人違いで盗んでもいない者を川にはめ溺死でもさせれば、取り返しのつかないことになる。もし盗賊がほかにいて、溺死した者が盗賊ではなかったことが明らかになれば、たとえ賊を川にほりこんだ者が一、二人であったとしても、だれと知れれば重いお仕置きが科される。それはなんとも不憫であるので、以後は川にはめる事を厳禁する。

もっとも盗賊は従来通り、油断なく召し捕らえよ。往来人が懐中物を盗られた様子であれば、その近辺の者がなるべく盗賊を捕らえるようにし、さっそく奉行所へ召し連れるか、町内へ留め置いて訴え出るようにせよ。盗賊を捕らえた者には、お褒めやほうびが下されることもある。溺死させた場合にお仕置となることと比べれば、雲泥の差があるので、若年者まで左様心得えよ。

と、掏摸を「川へはめる」ことを禁ずる触が出されている。大阪では小盗っ人もちぼも、命懸けであったのかもしれない。

## 下手な物まねから死人が出る　明治三年

瓦町《かわらまち》に住む佐兵衛（三九歳）は、もとは百姓のせがれであったが、十数年前に畳職人の養子になり、

養父の死後はその名と家業を継いだ。明治二年（一八六九）九月上旬ごろからは、生家の実弟新吉（二六歳）を引き取り、下人として畳職の見習いをさせていた。

明治三年（一八七〇）六月中旬のある夕方のことであった。佐兵衛は夜仕事にとりかかり、弟の新吉は知人の平助（二五歳）と表で涼んでいたところ、門先に五人連れの男が立って、歌舞伎役者の物まねをやり始めた。いずれの物まねも声が小さいので、新吉と平助が「聞こえへんぞぉ。もうちょっと大声でやれぇ」とからかうと、男のひとりが「なにぶんみんな初心者なんで、辛抱して聞いてくれよ」と頼んだ。

図に乗った新吉と平助がなおも悪口を言い立てているうち、とうとうこの男と口論になってしまった。佐兵衛は新吉と男を家の中に入れ、間に入ってなだめようとしたが、二人は聞き入れようとはしなかった。それどころか新吉は割木、男はもよりの料理屋からまな板を持ち出してきて、いまにも殴り合いにならんばかりであった。

通りがかりの者たちも大勢集まって二人を引き分けようとしたが、双方とも手が付けられないほど猛り狂っていた。しかたなく佐兵衛は弟を懲らしめようと、仕事に用いる長さ三尺（一尺は約三〇センチ）ばかりの定規でたたこうとした。ところが雑踏のなか手元がくるい、誤って男のほうを殴ってしまった。

あたりどころが悪かったのか、男はその場に昏倒した。驚いた佐兵衛は男を介抱しようと家の中に引き入れ、医者を呼んだが男は死んでしまった。怖くなった弟新吉はその場から逃げ去り、ゆくえ知れずとなった。死んだ男は、御池通《みいけどおり》に住む仲蔵という者だということが後から分かった。

死んだ仲蔵の父親や親類からは、のちに大阪府に対し「仲蔵が死んだのは全く災難だったとあきらめる。佐兵衛にはなんの申し分もない」という旨の書面が提出された。

翌月、大阪府は佐兵衛に「五百日徒罪」、口論の発端となった平助に「百五十日徒罪」を申し渡した。逃亡していた新吉もやがて召し捕らえられ、八月に「五百日徒罪」を申し渡された。

## ［解説10］大坂町奉行所から大阪府へ(2)――大坂町奉行所の終焉《しゅうえん》

### 幕末の大坂町奉行所

幕末になると幕府はその存続をかけて、全国各地でさまざまな制度改革を断行した。大坂周辺でも、たとえば兵庫奉行を再設置し、大坂町奉行がこれを兼帯することとされた。また堺奉行が廃止され、その事務は大坂町奉行所に移管された。

大坂町奉行所じたいも慶応三年（一八六七）七月、東西の町奉行所が統合されてひとつとなった。従来の東町奉行所に両方の機能を集中させて町奉行所とし、これまで東西に分かれていた与力・同心も合併したうえで、町奉行所組として職務に従事することになった。

町奉行所の内部組織にも改革が行われた。これまであった多種多様な役掛りは、寺社方・川方・地方《じかた》掛・吟味方・目安方・盗賊吟味方の六つに整理された。翌八月には与力・同心の称も廃止された。与力は調役と改称され、従来の与力見習は調役並出役と称することになった。同心のほうも定役と同心に二分された。東西両町奉行所の統合に伴う人員整理でもあった。

**大坂町奉行所の終焉**

慶応四年（一八六八）一月三日の鳥羽伏見の戦い、同六日の八幡《やわた》山崎の戦いにいずれも敗れた幕府の軍勢は、将軍慶喜のいる大坂を指して撤退をはじめた。ところが肝心の慶喜は六日の夜、幕閣らと軍艦開陽丸で脱出し、江戸へと向かった。大坂城代や大坂町奉行も同じく大坂を離脱した。

大坂町奉行所与力のひとり田坂直次郎が書きのこした記録によると、翌七日朝、何も知らずにいつものように出勤した彼は、居残りの定役（同心）の一人から、「紀州経由で江戸へ脱出して幕臣をつらぬくか、そうでなければ解雇するので好きにせよ」という旨の、町奉行からの伝言を聞かされた。これを聞いて驚きあきれた田坂は役宅へ戻り、あわただしく片付けをしたのちに退去した。おそらく他の与力・同心たちも、田坂と同様の行動をとったであろう。

その結果、前日まで大坂の町の治安や行政を担っていた大坂町奉行所は無人となり、まもなく暴徒と化した町人たちの略奪にあった。大坂町奉行所だけでなく、おおよそ市中にある幕府の役所はほぼ例外なく、そして大坂城もまた同様の略奪にあった。

しかも、松屋町の牢屋敷に入れていた被疑者たちも残らず解き放たれた。のちに大阪府に捕らえられた者のなかには、「正月七日、事件の節、追払」「辰正月七日、罪人一同牢払」などの前歴をもつ事例が少なからずみられる。彼らはこの混乱時に解き放たれ自由の身になれたにもかかわらず、再び悪の道に踏み込んでしまい、また牢へと舞い戻ったのであった。

各所での火災、暴徒の横行、敗残兵の流入に加え、九日には大坂城が爆発炎上し、市中は混乱とともに無政府状態におちいった。

## 身分逸脱

### 町人の身分で乗馬　明治二年

曾根崎新地に住む山城屋弥兵衛（三五歳）は、屋形船持ちを渡世とし、家内四人で暮らしていた。生来の酒好きで、呑みすぎたときには気が大きくなってしまうため、普段から気をつけてはいた。

明治二年（一八六九）二月下旬、弥兵衛は酩酊して、曾根崎村にある借馬屋《かしうまや》を訪れた。馬を借り、馬場のなかを乗り回したところ、だんだん面白くなり、その後もおりおり同じ借馬屋を訪れては乗馬を楽しんだ。

「町人の身分で馬に乗り、道路を通行してはならない」というかねての布令は承知していたが、八月上旬、酩酊のうえ布令を忘れ、「遠乗りしたら面白かろう」とくだんの借馬屋を訪れた。あるじは留守だったのでその女房に、遠乗りしたいので馬を仕立ててくれるよう頼んだ。女房は、町人の風体で遠乗りは不都合なので、手持ちの脇差、冠笠《かぶりがさ》、馬乗袴などを貸そうと言った。弥兵衛はこれらを借りて身につけ、借馬屋の下人の男に馬を用意させて、遠乗りに出た。

十三村《じゅうそう》あたりまで遠出するつもりで外に出た。借馬屋の女房は馬の口取りとして、右の下人に後を追いかけさせた。弥兵衛は成小路《なるしょうじ》村あたりまで来たところで馬から落ちた。怖くなって追い付いてきた下人に馬をひかせ、歩いて借馬屋へ戻った。借りた品々を女房に帰して帰宅したが、これが露見して吟味を受けることになった。

一〇月初旬、大阪府から一同に沙汰が下された。借馬屋の女房は布令に違反して馬や脇差などを貸したことが咎められ、「過料十貫文」を科せられた。借馬屋のあるじには、かねてからの妻や下人への申し付け方が疎かであるのが不念として、「急度叱り」が申し渡された。下人の男は、事件の当夜、出先から戻ったあるじから叱られたことを根に持ち、出奔してしまっていた。

肝心の弥兵衛には「百五十日徒罪」が申し渡された。ちなみに、明治二年三月に大阪府は、

一　近ごろ町人体の者が、帯刀馬上で徘徊しているやに聞くが、もってのほかである。とりわけ、市中や在方の人の集まる場所で馬乗のまま通行し、往来人が難渋しており言語道断である。以後はそのような者は見かけ次第召し捕らえ、厳しく処断する。

一　借馬渡世の者は、客の身分も糺さず、みだりに町人へ馬を貸してはならない。

ただし、あらかじめ免許の馬場内であればよい。

一　借馬屋の口取りが、馬を牽《ひ》く際や行き帰りに往々にして馬に乗っている由、不埒であり、今後は見かけ次第召し捕らえる。馬は取り上げ、馬主ともども厳しく処断する。

一　往来人が馬により怪我をした際には、遠慮なく訴えでよ。

との布令を市中に出している。

## 町人の身分で帯刀　明治二・三年

難波村の瀬戸屋徳次郎（四三歳）は、もとは綿打ちを渡世としていたが、つねづね医道と易道の両道を修行したいと考えていた。

先年、勢州松阪（現在の三重県松阪）で知りあった医師から、いささか医道を教えてもらった。易道のほうは書籍などを買い求め、自己流で修行をし、五年ほど前から医と易の両道を家業としてきた。

昨年（明治元＝一八六八）九月ごろ、易道のほうは九郎右衛門町に逗留する土御門《つちみかど》家の家士に随身して、同家の配下となった。この家士が言うには、土御門家に上納金をすれば、苗字帯刀を許されるとのことであった。そこで徳次郎は古道具屋で古い拵付《こしらえつき》（出来合い）の刀を買い求めた。しかし、上納金の工面ができず、免許を受けることはできなかった。

今年の四月に「みだりに苗字帯刀すべからず」という布令が出たのは承知していたが、河州の村々へ往診する際、両刀を帯びていると、みなが尊敬して手厚く遇してくれた。それで村々へ出向くときに、大したことはなかろうと心得違い、平生から帯びている木製の脇差に、先だって買い求めた刀を添え、二本差しで出歩いていたところ、取調べを受けることとなった。

明治二年一一月、大阪府は徳次郎に対し、刀・脇差を取り上げたうえで、「四百日徒罪」を申し渡した。右にいう四月の布令では、

百姓・町人で免許もなく苗字を唱えることは許されない。町医・村医あるいは儒者などと称し、みだりに苗字帯刀する者がいるが、今後は帯刀はもちろん、苗字を用いることもけっしてしては

ならない。
と触れられていた。

その翌年、南本町《みなみほんまち》四丁目の宿屋のせがれ啓助（二六歳）は、大小両刀を所持していたので吟味を受けた。

昨年（明治二＝一八六九）正月、函館産物掛の役人が所用で来阪し、父親の経営する宿に宿泊した。翌二月に用事が済んで役人は東京に帰ることになった。啓助はかねてから東京見物をしたかったので、頼みこんで若党として同行してもらう話ができた。そこで刀屋に行き「拵付大小一腰」を買い求め、二月五日にこの役人に同行して大阪を出発し東京に着き、方々を見物することができた。四月五日、暇を受けて大阪に戻った。

その後、啓助は町人の身分で大小を持っているのはいかがかと思い、かつは小遣い銭も欲しかったので大小の売却先を探していたが、明治三年一〇月一二日、心得違いをして両刀を携えて遊里《ゆうり》（遊郭）に足が向いたところ、見咎められて召し捕られた。と言うのが、啓助が申し立てた弁解まじりの説明である。帰阪してから一年以上を過ぎている。遊里に遊びに出かけるのに大小を携えたのは、武士の居心地が良かったからであろう。

明治三年閏一〇月三日、啓助は、「町人の身分にて武器を携え遊里に罷り越す」行為は「不埒」として、「急度叱り」の判決を受けた。

## 身分をいつわり泊茶屋《とまりちゃや》で遊興　明治二年

摂州役人村《やくにんむら》の常七（二七歳）は、かねてから平人の姿になって色町で遊興すればさぞ面白かろうと憧れていたが、手づるがなかった。去年（慶応四＝一八六八）六月、かねて心安くしていた天満の和泉屋竹次郎に村内でたまたま出会った。雑談をしているうち、かねてから願っていた件を打ち明け、世話をしてくれないかと頼んだらさっそく引き受けてくれた。もちろん、身分は隠してのことで、手筈を決めた。

一両日ののち、約束の通り常七は天満の竹次郎を訪ねたが、竹次郎は泊茶屋になじみがなかったので、懇意にしている知人の孫兵衛に頼んで、曾根崎新地の泊茶屋に同道案内してもらった。

常七は、大和の商人だといつわり泊茶屋のあるじに引き合わせてもらった。孫兵衛が帰ってひとりになると、食焼女を七、八人を呼び寄せ、酒盛りを始めた。心ゆくままに三日間居続けをし、代金二七両を支払って帰宅した。

常七は、その楽しさが忘れられず、今年（明治二）五月下旬に再び同じ店をおとづれ、女七、八人と男芸者三人を呼んで酒盛りを楽しみ、代金一六両を支払って帰宅した。その後は慎んでいたが、どこから明るみに出たのか、素性を隠して食焼女と遊んだことで召し捕られた。

和泉屋竹次郎、孫兵衛、泊茶屋のあるじの証言にも違いはなかった。孫兵衛やあるじらは常七が「えた」であるとは聞かされていなかったと言い、取調べの際に初めて素性を聞いて驚いたと申し立てた。

常七は、素性を隠して遊興したのは「不埒」だとして「急度叱り」に申し付けるところ、「穢多《えた》身分」なので穢多村（役人村）年寄に引き渡された。常七の願いをかなえてやった竹次郎の所業も「不埒」なので「急度叱り」、孫兵衛も知らぬこととはいえ、周旋したのは「不行届」として「叱り」とされた。泊茶屋のあるじや食焼女たちにはお咎めはなかった。

ちなみに、近世の大坂では、穢多・非人の仕置を平人とは区別して、判決があれば相当の仕置に申し付けるよう命じ、それぞれの村年寄に引き渡した。江戸では、両身分のあいだに厳しい上下の別と支配関係を設けていたことから、公事方御定書では「非人の仕置は、えた頭の弾左衛門に渡す」と定められていた。

## 入湯拒否に憤って不法におよぶ　明治三年

河州丹北《たんぼく》郡のある村に住む牛博労《ばくろう》の駒吉（二三歳）は、明治二年（一八六九）一一月中旬ごろから、西成郡木置場の屠牛所で働いていた。また、同じ村の菊松（二八歳）は、同じ月のはじめから外国人ゴーマン方に雇われ、安治川口の十番屠牛所で働いていた。

二人は平人の風体で、九条村にある湯屋へよく通っていた。一一月下旬、いつものように申し合わせて湯屋へ行ったところ、「おまえらは他のお客の差し障りになる」と言われ、入湯を断られた。その夜はむなしく引き上げたが、湯屋の仕打ちを心憎く感じていた。

二、三日経ったころ、駒吉は屠牛場内の小屋で、だれの所持品かは分からないが「運上所御用」と記された小田原提灯が置いてあるのを見つけた。彼は「これを持ってあの湯屋へ行き、風呂を断られた意趣晴らしをしてやろう」と考えた。ちょうど菊松も来合わせたので、駒吉は提灯を持ち、菊松は所持の脇差を帯びて湯屋へおもむいた。

二人は土足のままで湯屋の台所へ上がり込んだ。そして、「先日おまえが入湯を断ったせいで、御用を勤めるわれらに悪名がついた。運上所の御役人様からも『その分には捨て置きがたいので、召し捕らえて連れ帰れ』と、言われてきた。お縄も持ってきたぞぉ」などといつわりを並べたて、湯屋をおどした。これを信じた湯屋のあるじとその父親が二人にわびたが、「あす運上所へ出頭せぇ」と言い捨てて、駒吉と菊松の二人は帰った。

しばらくして、安治川上《あじかわかみ》二丁目の髪結だという男が、仲人として酒肴を携えやってきた。仲人というのは、もめ事が生じた際に、あいだに入って内済（和解）がととのうように努める者のことをさした。仲人の男が丁重にわび言をのべたので、駒吉と菊松は許してやることにした。仲人が持参した酒肴は先方へ差し戻した。

ところが、酒肴を持ってさいぜんの仲人の男が再びやってきた。そのときには菊松は居合わせず、駒吉が応対した。駒吉は、今度は酒肴を受け取り、ひとりで呑み食いした。やがてこれが露見し、駒吉と菊松は召し捕らえられた。

明治三年（一八七〇）四月上旬、大阪府は「身分をかえりみず、湯屋へ入湯に行ったうえ、不法に及んだ」ことを咎め、脇差を取り上げたうえ、二人に「二百日徒罪」を申し渡した。入湯を拒否した湯屋にはなんのお咎めもなかった。

## ［解説11］　大坂町奉行所から大阪府へ(3)――大阪府の成立と旧幕臣たち

### 新政府軍の大坂進駐と与力・同心の再雇用

敗走する幕府軍を追撃する形で、一月九日には長州藩が、翌一〇日には薩摩藩が征討大将軍仁和《にんな》寺宮嘉彰《じのみやよしあき》親王とともに騒然とした大坂に入り、西本願寺（現津村別院）を本営として駐屯した。彼らは一〇日にはさっそく市中へ向け、六か条からなる触を出し、その統治を開始した。このうち「訴訟処理」については、とりあえず下坂した公卿らが取りさばくものとされ、同時に市中の治安維持には薩摩・長州両藩があたる旨が通達された。しかし、このような措置は現実的なものとは言えなかった。前回解説で紹介した元与力田坂の記録を、いましばらくたどることにしよう。

市中に右の触が出された翌日の一一日、仁和寺宮本陣から元与力の大須賀鎌次郎に対し、出頭が命じられた。これを知った田坂を含む三名の元与力と二名の元同心が、大須賀を訪れ同行を願い出た。大須賀は前年の大坂町奉行所の統合時に「大坂町奉行支配調役」のひとりに任じられており、いわば町奉行所役人を統括する立場にあった。

翌一二日、大須賀を含む計六名の元与力・同心は舟で本陣（津《つ》村《むら》御《み》堂《どう》）へ向かったが、「本日は勅使下向のため忙しく、追って沙汰する」と言われ、一同は引き取った。

一三日の夕方、「昨日の者どもは出頭するように」との沙汰が大須賀を通じて伝えられた。一同が誘い合わせて再び本陣におもむくと、その場で計六名の元大坂町奉行所役人に対し、

「市中鎮撫取締方」に任ずる旨の書付が下された。あっという間の幕臣から朝臣への転身であった。

また、その際に、今後帰順を希望する大坂町奉行所の元与力・同心は、原則としてすべて再雇用するという意思が表明された。この方針は大須賀らによって同僚に伝えられたとみえ、以後、新政府への帰順者が相次ぐことになった。

**「大坂裁判所」から大阪府へ**

ほぼ同時期に、町奉行所以外の幕府役人らも相ついで新政府に帰順したものと考えられ、一月二一日には、彼らを旧所属役所単位ごとに薩摩・長州・芸州の三藩に附属させ、軍役に服すべき旨の辞令が交付された。その多くは大坂城附の元与力・同心たちであった。

ただしその際には、今後の「勤功」や「人材」によって選抜のうえ正式採用する旨が宣せられ、「全員再雇用」という当初の方針は早くも変更された。大坂町奉行所の元与力・同心らは芸州藩附属とされ、この時点で少なくとも七〇～八〇名、つまり旧幕時の約半数がすでに新政府に帰順していた。

翌二二日、大納言醍醐《だいご》忠順《ただおさ》と宇和島藩主伊達《だて》宗城《むねなり》が、大坂鎮台として統治にあたることが決定され、二七日には「大坂裁判所」の設置が宣せられた。場所はもとの大坂西町奉行所であった。二月五日には市中へ向け、宇和島少将の着坂と公事訴訟の受理開始が触れられている。

これに対応して二月中旬には、元与力一五名・元同心二〇名が芸州藩附属から「大坂裁判所」へと異動のうえ、与力は「市中取締方」、同心は「市中取締方附属」に任ぜられた。三月にはさらに約二〇名の元与力・同心が補充され、「大坂裁判所」の組織拡充が図られている。

彼らは旧奉行所時の職務を引き続き遂行するよう命じられたことから、「大坂裁判所」は幕末の大坂町奉行所の職制と職務（寺社・地方・川方・吟味・目安・盗賊）をほぼ引き継いで発足することになった。

したがって、「裁判所」という名称ではあっても、こんにちとは異なり、一般行政や立法、警察・裁判・行刑業務も行う組織であることには留意しておく必要がある。その上層部は、幕臣から雄藩出身者・公家へと変わったが、実態は大坂町奉行所の復活に近いものであった。旧町奉行所の瓦解から約一か月半、元与力・同心の再雇用により、「大坂裁判所」はようやく政務機関としての実質を備え、その統治を開始した。

四月二〇日には、元与力・同心（「市中取締方」・「市中取締方附属」）は、それぞれ「裁判所調役」「裁判所手代」と改称のうえ、四年間の期限付で任用されることになった。「人材」次第でその後の雇用期間延長を考えるというわけである。

その後、閏四月に制定された「政体書」において府藩県の設置が方向づけられたことに伴い、翌五月二日、「大坂裁判所」は「大阪府」へと改称された。

**大坂代官所から司農局へ**

このような新政府の政策は、大阪周辺の農村部支配に対しても同様に実施された。一九世紀はじめ以降、大坂市中には、鈴木町と谷町の二か所に代官所が設けられ、二名の代官が常駐して、大坂町奉行所とも密接な連携を保ちながら摂津・河内・和泉・播磨に散在する天領を支配していた。代官には手附・手代と呼ばれる役人らが附属して実務に携わった。幕末にはひとりの大坂代官につき、一五名程度の手附・手代が配下に付けられていた。

慶応四年（一八六八）には内海《うつみ》多次郎《たじろう》と斉藤《さいとう》六蔵《ろくぞう》の両名が、最後の大坂代官としてその任にあった。このうち斉藤は鳥羽伏見の戦いの際、兵庫で開港業務にあたっており、英国船で江戸へ脱出していた。内海は近郊の農村に潜伏していたが、早々に新政府に帰順し、一月二二日には「摂津・河内・和泉三箇《さんか》国鎮撫《こくちんぶ》方御用掛《かたごようがかり》」として、旧幕時の支配地を差配すべき旨の辞令を受けた。

内海は受任直後に六か条からなる建言を行っているが、そのなかには「四散流浪する元代官所役人のうちから、有能な者を選抜して旧職に復帰させる事」「従前の役所において事務を行なう事」という項目が含まれていた。

この施策は翌二月末ごろから徐々に実施にうつされた。近隣各藩への一時預りとなっていた摂津・河内・和泉国内における内海の旧支配地（約九万石）が「大坂裁判所」へと移管され、旧代官所役人（手附・手代）の再雇用が相次いだ。財政的基盤が脆弱《ぜいじゃく》な新政府にとって、旧幕府領の掌握と貢租の確保は急務であり、そのためには郡村支配に習熟した元代官所手附・手代の存在が不可欠であった。この元代官内海と元手附・手代らからなる役所は、「司農局」と名づけられ、谷町の旧代官所に置かれた。

「大坂裁判所」が「大阪府」へと改称されたその日、内海は任を解かれ、かわって大阪府判事の岩下佐治右衛門（薩摩）が兼任することとされた。その後も大阪府の管轄地は膨張し続け、六月末までには約三四万石にまでなったが、その大半を「司農局」が管轄した。

七月にこの「司農局」は南北に分離し、北司農局は摂津八郡（計一五万石余）を、南司農局は河内一国（計一八万石余）を管轄することとされた。北司農局長には陸奥陽之助（のち宗光、紀州）が、南司農局長には税所《さいしょ》篤《あつし》（のち堺県令、薩摩）がそれぞれ任ぜられ、南司農局には鈴木町の旧大坂代官所があてられた。この司農局の南北への分離に伴い、従来の吏員は二分されて配属された。しかし、さらなる増員が必要となり、旧大坂代官所以外の元手附・手代（たとえばもと信楽《しがらき》・久《く》美《み》浜《はま》・倉敷《くらしき》などの代官所出身）が両局に補充された。

その後、明治二年（一八六九）一月には、南北両司農局はそれぞれ河内県、摂津県として独立、五月に摂津県は豊崎県と改称のうえ、同年八月にはともに廃県をむかえた。河内県の管轄地は堺県に、豊崎県のそれは兵庫県に合併された。

このように、初期大阪府の職員には、数多くの旧幕臣が再雇用され、旧幕時と同様に実務を担っていた。とりわけ、本書が対象とする捕縛や取調べといった専門性を要する職務には、大坂町奉行所の元与力・同心らが多数配置された。それは同時に、かつて彼らの手先として使役された者たち（前記［解説9］参照）もまた、当面は温存されたということを意味した。

# Ⅱ　大阪府時代後期（新律綱領期・明治四〜五年末）

## 明治4〜5年末（1871〜72）

| 4年 | 一般 | 大阪 |
| --- | --- | --- |
| 閏2月 | | 造幣寮の創業式 |
| 3月 | 東京―京都―大阪間に郵便開始 | |
| 4月 | 戸籍法の制定 | 堂島米会所の再開業 |
| 5月 | 新貨条例発布（旧1両は新1円に） | |
| 7月 | 司法省の設置 | 貧院の設置 |
| | 廃藩置県 | |
| 8月 | 断髪脱刀の許可 | 大阪鎮台の設置 |
| | 賤称廃止令 | |
| 11月 | 岩倉使節団欧米へ | 大阪府・高槻・麻田両県を廃し、大阪府を再置 |
| | 3府72県の設置 | 堺・丹南・吉見・岸和田・伯太県を廃し堺県を再置 |

| 5年 | | |
| --- | --- | --- |
| 1月 | 壬申戸籍の編成 | |
| 2月 | 田畑永代売買の解禁 | |
| 3月 | | 四大組に区を設置（計79区） |
| 6月 | マリア・ルス号事件 | |
| 7月 | | 各大組ごとに一取締所四出張所を設置 |
| 8月 | 司法職務定制の制定 | |
| | 学制発布 | |
| 9月 | 新橋―横浜間鉄道開通 | |
| 10月 | 遊女解放令 | 大阪裁判所設置許可 |
| 11月 | 監獄則の公布 | |
| | 太陽暦の採用 | |

# 外国人の犯罪

## ドイツ人が竈《かまど》の修理人に暴行 ── 条約締結国の場合　明治五年

明治五年（一八七二）一〇月の下旬、西成郡九条村の丸山作次郎は、ドイツ人サイシンの女房から、破損した竈《かまど》の修理をするよう注文を受けた。作次郎は修復料には三両かかると言ったが、値切られて二両二分の約束をした。二日ほどで修理ができ上がったので届けさせたが、その翌日、サイシンから作次郎みずからが出てくるようにと言われた。

作次郎の「口上書」によると、先方に出向いて、「どこが悪いのか」と聞くと、サイシンはいきなり理不尽に作次郎を突き飛ばした。「なぜそんなに突き飛ばしたりするのか、悪いところがあれば修理する」と言ったところ、サイシンがまた作次郎の胸ぐらをつかんで隅のほうに押しつけ、こぶしをふるって口のあたりを二、三度力まかせに殴ったので、血が出て真っ赤になった。

ようやく立ち上がったところ、なおも壇の上から突き落とそうとするので、思わずサイシンの服をつかんだが、そのまま上から突き落とされた。その際サイシンの服の肩のあたりが、六、七寸ばかり破れたようである。作次郎は壇の下にあった飛び石で頭や肩を打った。帰宅した後も打ったところがひどく痛み、臥したまま四、五日は薬を服用しなければならなかった。

作次郎は父親を通じて大阪府へ出訴した。しかし、同月末になって、「暴行を受けた件については、痛みも消えてきたし、お上にお手数をかけるのは恐縮ですので、その訴えを取り下げます。修理代金二両二分のみを相手方から取り立てて下さるようお願い申し上げます」と再び願い出た。あるいは大阪府から何か言い含められたのかもしれない。

当時、幕末に締結した通商条約により、条約国であるドイツの国民の犯罪に対しては、日本に裁判権はなかった。

そこで大阪府参事の藤村紫朗《ふじむらしろう》は、ドイツ代弁領事にあて、左のような内容の書簡を送付した。代弁領事とは、領事の不在時に居留地民の中でその職務を代行する者を指した。

貴国サイシン氏が所持する竈を修理するために、丸山作次郎との間に代金二両二分の取り決めをしました。修理ができ、館へ持参したところ、何か不都合があると言って、その場で作次郎を暴行したのみならず、修理代も支払われない旨の訴えがありました。サイシン氏を吟味のうえ、事実に相違がなければ、修理代金の支払いと、わが国民を理由なく暴行した件につき、適当な処置をしていただきたく、掛け合う次第です。至急のご返答をお待ちしております。

ドイツ代弁領事のフォケーからは、左のような回答があった。

日本人丸山作次郎に対し、ドイツ人フェイシン（原文ママ）が犯した事件に関する書簡を受理した。一件につきフェイシンを糺したところ自白したので、以下のように申し上げる。フェイシンと作次郎がけんかになり、作次郎が負傷した件については、フェイシンが先に手を出したため、フェイシンの方へより重い責めを帰すべきである。したがって、竈の修理代のほかに、過料および贖として十弗を作次郎へ支払わせるようにする。しかし、フェイシンのほうも作次郎から被害を受けており、勝手にやり返した作次郎に対しても厳しい処分を要求するものである。

この代弁領事フォケーからの報告と要求に対し、藤村は書簡で次のように回答した。

貴国のサイシン氏とわが国の丸山作次郎との間で、竈の修理が不充分ということから口論、ついに喧嘩となった一件につき、サイシン氏を糺していただき、責めは同氏に帰すべき旨をもって、修繕料のほかに贖として過料十弗を申し付けていただいた由。サイシン氏が直ちに大阪府外務局に持参しましたので、とりあえず預かっております。作次郎がやり返したことにつきましては、わが国の法に照らして、適当な罪科を申し付け、追ってご連絡いたします。

一一月二九日、大阪府は作次郎に対し、「サイシンに抵抗はせずとも、最初柔和に応対すべきところ、私憤を表に出して答えたことから、けんかとなったことは不埒」として「屹度《きっと》叱り」を申し渡した。サイシンが出した竈の修繕料と贖罪金一〇両は、作次郎に下げ渡された。ひいき目かも知れないが、大阪府の応対は当時としては、なかなか毅然としたものに思える。

ちなみに、ドイツ領事と応対した大阪府参事の藤村紫朗は、弘化二年（一八四五）、熊本藩士の次男に生まれた。尊王の志士として奔走し、あの「七卿落ち」にも同行した。のちに脱藩して長州軍に参加、慶応三年（一八六七）には高野山に挙兵した。翌四年に朝廷に出仕した後は多くの官職を歴任、明治四年（一八七一）に大阪府参事となった。

明治六年に山梨県へ転出、翌七年に山梨県令となり、明治二〇年（一八八七）に愛媛県知事となるまで、一四年間にわたって山梨県の行政に携わり、同県の近代化に努めた。現在でも県内には「藤村式」と呼ばれる擬洋風建築が多く残されている。また、古くからぶどうの産地であった同県に欧米式栽培法を導入し、ワインの醸造所を開設したりもした。

## 清国人の詐欺取財 ── 条約未済国の場合　明治五年

大田安兵衛（四八歳）は大阪新町通で両替商を営んでいた。

明治五年（一八七二）四月二〇日の午後三時過ぎ、一人の見知らぬ清国人が入って来て、「自分の持っている貨幣を、紙幣と両替してほしい」と言った。主人の安兵衛は用足しに出かけていたので、妻が応対し、「主人は不在なので」と断った。

たまたま店にはその時、日向町《ひゅうがまち》にある両替屋の奉公人が居合わせ、「自分の店には金札があるから両替をする」と話していた。清国人は「金円をとってくる」と言い置いて出て行った。奉公人の男は「今の清国人が来たら店に来るよう伝えてほしい」と言って帰った。

その後、先ほどの清国人がまたやってきて、「さっきの男の店を訪ねたが所が分からなかった。明朝またここに来るから両替してほしい」と言って帰った。その後、主人の安兵衛が帰宅したので、妻からあらましのことは報告した。

翌日、安兵衛が他出した後、三時すぎに再びきのうの清国人がやって来た。妻がまた主人は不在だと言って断ると、「さし当り二〇〇両だけ必要なのだけれども」と困った顔をする。何度も足を運んだ彼を気の毒と思い、有り合せの金札を渡したところ、五〇〇円の封金包みを取り出し、これに「川口三番」と書いて妻に渡した。そして、「残りは後ほど取りに来るから」と言い残して帰って行った。あるじ安兵衛は七時ころ帰宅した。待っていたけれども清国人は現れない。置いて帰った金封の目方を量って見ると本物より軽い。そこで第三区取締所に事の次第を訴え出た。

犯人が、どうして倪財生（二二歳）であると判明し、召し捕られるに至ったかは記録がないのでわからない。彼が両替商に持参したのは、上海から持ってきた鉛製の「将棋之子（駒）」を、五〇〇円の古い金包みに入れて封印したものであった。

倪財生は寧波の出身、明治四年一一月に来日し、神戸で商売をしていた。二〇〇両をだまし取った彼は、このうち一〇〇両を神戸で召使いをしている同国人に預け、二七両は神戸で英国人の召使いをしている同国人二人への借金返済にあてた。また、一両は剃頭代に、三分を洗濯代に支払い、九両二分は神戸居留地で仏国人の召使いをしている同国人の男に衣類代として渡した。さらに一両は大阪への船賃としてこの男から借りた金の返済にあて、一両二分で扇子を購入、四両は人力車賃として支払った。七両二分は当座の費用に使い果たし、捕えられた時、財生は四八両二朱四銭八厘を所持していた。

翌月、大阪府は司法省に、倪財生の処置について、「これまで大阪府では条約未済国人を取り扱ったことはないので、日本の刑律で当府が処決しても差し支えないか」と伺いを立てた。司法省は、清国人は条約未済国民なので内国人民と同様に流三等、すなわち准流（＝一〇年の徒刑）に換えて処刑すればよいが、徒役場の中で内外人が混同して不都合の場合は、その日数を禁獄（苦役のない拘禁刑）にかえて処置せよ、と命じた。

七月になって、大阪府は再び伺いを立てた。その内容と司法省からの回答は、おおむね次のようなものであった。

①清国人をわが国の律で処断する際には、わが国に在留し清国と同盟のあるイギリス・フランスなどの各国領事に了解を得る必要があると聞いているが、いかがか。

答　その必要はない。

②財生が同国人に預けた一〇〇両は取り上げて、被害者の大田安兵衛へ下げ渡す。同国人二人への借金返済にあてた二七両も同様としたいが、彼らの主人であるイギリス商人が、自国の法律を盾に返さないと言ってきた時にはどうすればよいか。また、剃頭代や洗濯代など財生が費消した分、買物に使った分は取り上げないつもりだが、それでよいか。

答　内国人と同じく、預けた金や借金返済に宛てた分は取り上げて、被害者（安兵衛）に下げ渡すこと。工賃銭や物品代は取り上げず、被害者の損失とすること。また雇い主の国の法律を参酌すべきものではないが、もし苦情を言ってきた場合には、在留の領事館へ掛け合うこと。

③判決後に府から外務省への届け出は不要か。

答　いちおうの犯罪は、処断が済んだら外務省へ届けること。

④清国の商人五名が、同郷のよしみで「自分たちが被害者に全額弁償するので、財生を牢から出し

格別の憐憫《れんびん》を賜りたい。そうすれば即刻帰国させる」との連名の嘆願書を提出してきている。これは却下するつもりだがそれでよいか。

答　願い出については、大阪府の見込み通りでよろしい。

これに基づき九月一五日、大阪府は倪財生に対し、次のように申し渡した。

その方は、上海より持参した将棋の駒を五〇〇円の古い紙包みに入れて封印をし、大田安兵衛へ抵当に入れ、金札二〇〇両をだまし取ったかどにより、十か年の准流を申し付ける。

# 強　盗

## 三井組から大金強奪 ― 馬鹿むすこに親馬鹿　明治四年

内平野町《うちひらのまち》の医師曲直部元甫のせがれ林蔵（二三歳）と、西成郡北伝法《きたでんぽう》村の氏神神主である牟田成雄のせがれ茂雄（二四歳）は、国学を学ぶ同門で、日ごろから仲が良かった。

明治三年（一八七〇）二月二日の夕刻、連れだって京橋にある猪肉料理屋で飲み食いした後、曾根崎新地へ遊興に行く途中で、林蔵が「当節、大蔵省から大金を持ち帰る者がいると聞く。これを脅して奪い取ろうではないか」とよからぬ計画を持ちかけた。

茂雄はこれに同意し、二人して栴檀木橋《せんだんのきばし》南詰で待ちぶせていた。やがて帯刀して供を二人連れた男が大蔵省から出てきて、橋を南へ渡っていった。供の一人は先に立って肩に風呂敷包みを担い、片手に提灯を持っていた。もう一人の供は帯刀人に付き添って歩いていた。一行は当時、大蔵省の為替御用をつとめていた三井組のものたちであった。

林蔵と茂雄は、刀を抜いてこっそり後ろからつけていった。栴檀木橋筋高麗橋《こうらいばし》通あたりで、林蔵がいきなり帯刀人に三太刀ばかり切りつけた。帯刀人が倒れ伏したので、林蔵はなおも逃げた付き添いの供を追いかけ、一太刀切りつけた。供は傷を負いながらも逃げ去った。茂雄のほうは風呂敷包みを持ったもう一人の供に切りかかったところ、包みを放り捨てて逃げたので、これを奪い取った。そのあと二人で一目散に北へ逃げた。このとき三太刀切られた三井の手代はその後本復したが、もう一人の手代は養生のかいなく、襲撃から一六日目に死亡した。

さて、凶行におよんだ二人は、上福島《かみふくしま》村の畑の中でようやく一息つき、風呂敷包みを開いて金箱を取り出した。刀で切り割ってみたところ、中には多額の金札・革の文箱《ふばこ》・書類・帳面などが入っていた。文箱や書類などは金箱に入れて近くの糞壷に放り込み、金銭のみを風呂敷に包んで、あぜ道を東へ歩いた。

暗夜であったので、途中で林蔵が包みを持ったまま農業用水路にはまりこみ、ずぶ濡れになってしまった。二人は名も知らぬ飴屋でしばらく休んだ後、尼崎藩士といつわって駕籠を二丁雇い、曾根崎村の知人宅へ立ち寄って、金包みを濡れた衣服に包んで預けた。それから曾根崎新地で夜半まで酒宴をもよおし、その後別れた。林蔵はその足でさいぜん包みを預けた知人宅へ戻り、包みを受け取ってから家に帰った。

翌三日、林蔵は奪い取った金札のうちから一〇〇〇両を机の引出しに入れ、残りはひそかに土蔵に隠して外出した。帰宅すると母親が、「おまえが留守のあいだに茂雄が訪ねてきた。『貸してあった本が入用になったので返してもらいたい』と言うので、部屋に入れて探させた。結局本は持ち出さずに、『住吉社に参詣に行く』と言い残して帰った」と告げた。居室へ行ってみると、引き出しの金札が一〇〇両不足していた。「さては茂雄が持っていったな」と思っていると、父の元甫に呼ばれ、「泉州伯太《はかた》の家中の太田なにがしに貸し付けた金の返済催促へ行くように」と言いつけられた。

これ幸いと林蔵は住吉まで行き酒楼へ上がると、そこで茂雄と落ちあい酒宴をもよおした。茂雄が一〇〇両持ち出した旨を告げて差し出したので、そのうち七〇両を受け取った。その後、林蔵は堺、伯太と泊まりを重ね、貸付金の督促にいったが不調に終わった。夜通しの酒宴を重ねつつの呑気な旅であり、七日に大阪に戻った。

使いの首尾を父元甫に報告して家にいると、「去る二日に三井の手代三人が闇討ちにあい、大金を強奪された。強盗捕縛のための手配が厳しく行われている」との風聞が耳に入ってきた。怖くなった林蔵はそわそわと落ち着かなかった。

翌八日、むすこの挙動を不審に思った父元甫が、「近ごろ様子がおかしいが、いかがした。自宅内に大金があるが、よもや栴檀木橋の賊はその方ではあるまいな」と問いつめた。林蔵は驚いたが、そ知らぬ体で「以前から茂雄と組んで神戸あたりで交易をやり、思わぬ利益が出た」と取りつくろった。そして、土蔵から金札包みを取り出し、そこから八〇〇両を取りのけて、残りを父親に手渡した。

しかし父の疑いは晴れなかった。元甫は茂雄の父成雄に書状を書いて招き寄せると、「三井の強盗は、むすこたちのしわざであろう。金札包みはお渡しする」と打ち明けた。成雄も驚き、「このままには捨て置けない」と気をもんだ。しかし、元甫が「容易ならざる儀ではあるが、子への愛情はだれも同じ。できることなら助けてやりたい……」というので、成雄も「ひと思案してみる」と言い、いったん帰宅した。

家に戻った成雄はむすこに向かい「去る二日の夕刻、林蔵と申し合わせて容易ならざる所業に及んだであろう。おかげで我が家は滅亡じゃ、不孝者め、手打ちにしてくれるわ」と怒鳴りつけ、刀を抜いた。茂雄はひたすらわび入り、言葉もなく泣き伏した。その様子をみた成雄は、父子の情愛堪え難く不憫《ふびん》になり、刀を納めた。そして、「できる限りのことはしてみよう。露見せぬよう身を慎め」と教訓を垂れた。

同月一一日、大阪府から神主の成雄に対し、京都の出張神祇官より御用につき呼び出しある旨が伝えられた。元甫にこれを話すと「不正な金子包みをわが方が所持しているのは落ち着かぬ。預けるので京都へ持って行ってほしい」と、金札の入った紙包み三つを差し出した。成雄は中身を改めずに持ち帰り、文箱に入れて自宅の二階に置いたまま上京した。

京都で成雄は官掌《かじょう》に任ぜられ、いったん大阪に戻ったのち、金包みを持って再び上京した。官掌とは雑役を担う下級役人である。成雄は神祇官に勤めつつ、包みの金の中から一八〇両を取り出して京都の知人に預けた。また、一一〇両余りを衣類・諸道具の購入や家事賄いに、また一〇〇両はかつて質入れした田畑を請け出すのに使った。

その後、元甫が上京してきて金札の配分を求めた。成雄が包みのまま差し出すと、元甫はそこから八〇〇両を持ち帰ったので、手元には残金九七九両二分が残った。元甫のほうは持ち帰った八〇〇両に手持ちの金を加え、一〇五〇両を知人に貸し、八〇両は自宅の備品代の支払いに使った。

強盗息子らの上前をはねる親も親だが、息子らもまたおとなしくはしていなかった。茂雄はさきに父親が上京した隙をうかがい、自宅の二階に置いていった金包みからこっそり六〇〇両を抜き取っていた。また、その後も父の京の滞在先へ留守をねらって行っては、合わせて一〇一〇両一分と銭一五貫文をくすねて帰阪していた。

同年閏一〇月ごろ、二組の愚かな父子はようやく召し捕らえられた。むすこたちは強盗の際、いくら盗んだのかを確かめていなかったし、父親らも金のやり取りの際には包みごと受け渡ししていたので、いくらあったのか知らなかった。後に判明した被害額は、切手や手形を除いて金札五六六〇両と銭一五貫文に上り、このうち回収できたのは二八七七両三分に過ぎなかった。

翌明治四年(一八七二)正月、大阪府は弁官に伺いを立て、翌月、林蔵・茂雄の二人のむすこらには「斬罪」、元甫・成雄の父親らにはそれぞれ「徒三年」の沙汰が下された。

### 石割強盗《いしわりごうとう》　明治四年

幕末から明治初年の大阪で流行した犯罪のひとつに、石割強盗というものがあった。『日本国語大辞典』で「いしわり」と引くと、その語意のひとつに

(かつて、京阪地方で盗賊が横行し、各家で戸締りを厳重にしたため、盗賊が石で戸を破って侵入したところから) 強盗をいう、盗賊仲間の隠語。

とあるところからも、その流行ぶりがうかがえよう。

本書の素材の一つに、大阪府が死刑相当と考える事案につき、刑部省や司法省などに立てた伺書を集めた簿冊があるが、ここには計二〇件あまりの石割強盗が収録されている。犯行の時期は明治元年から四年（一八六八〜七一）ごろにわたるが、捕縛された者・逃げた者合わせて二〇〇人を越える名前が記されている。このうち吟味中に牢死した者を除けば、梟示・斬罪・絞罪など各種の死刑に処された者の数は七四名にのぼる。見張りなどを別にすれば、実行犯は例外なく極刑に処された。大半は無宿者であったが、ときには藩の足軽や奉公人が石割強盗と化すこともあった。

石割強盗の多くにみられる特徴として、多人数で押し入ること、押し入る仲間はその都度ひんぱんに変わること、刀・脇差・短銃など殺傷能力の高い得物を携えて入ること、比較的短い間に何度も続けて押し入ること、家人を「声を出すな」「殺すぞ」などと脅して金品を出させること、実際に殺傷をいとわないことなどが挙げられる。非常に荒っぽい手口であった。

そして、その名が示すように、入口の戸に石を打ちつけて破るのがなによりの特徴であった。一件書類には「人家《じんか》表之戸《おもてのと》、石《いし》を以打破《もってうちやぶ》り、」という定型文言で記される。自治体史や先行研究では、「軒下に縄でくくった大きな石をつるし、振り子のように反動を与えて戸を打ち破る」方法がしばしば紹介されるが、そのような用意周到なやり方はむしろ少なかったのではなかろうか。大きな商家などは別にして、普通の人家に押し入る時には、石を抱えて戸に投げつけているようであり、なかには誤って石を足の上に落とし、怪我をして断念する「どんくさい」強盗もいた。

もちろん市中の町々や近郊の村々でも警戒・自衛し、大坂町奉行所や大阪府も役人や手先をひんぱんに巡邏させて捕縛に努めた。それでも流行はなかなか下火にはならなかった。

以下にひとつだけ石割強盗の例をあげてみることにしよう。

明治四年（一八七一）の一二月下旬、大阪府は無宿貧相の富蔵（三七歳）・同山城の広吉（二五歳）・同西宮の元吉（二九歳）・同尾崎の楠松（三二歳）・同紀州の常助（三九歳）の五人の石割強盗に対し、いずれも「斬罪」を申し渡した。捕縛されたのは全部で九名であったが、このうち四人は吟味中に牢内で病死した。また、ひんぱんに入れ替わって組んだ一味のうち一四名は、依然としてゆくえがわからぬままであった。

（一）明治二年（一八六九）一一月二〇日、無宿貧相の富蔵ほか三人は、摂州兵庫津今出在家町《いまでざいけちょう》の人家表戸を炭火で焼き切って掛け金をはずし、うち二人が抜き身をさげて押し入った。家人を捕らえ「金を出せ」と脅して金一二両を強奪した。同日、この四人で摂津佐比江《さびえ》新地の人家表戸が開いていたのを幸い押し入り、家人を縛り脅して、金札七両・銭三〇貫文を奪った。続いて川崎町人家でも表口の戸を石で打ち破って押し入り、家人を脅して金二〇両を奪い取った。

（二）明治三年（一八七〇）正月一一日には、富蔵と山城の広吉を含む計七人が申し合わせ、摂州富《とみ》屋町《やちょう》の人家表戸を包丁でこじ外し、抜き身をさげて押し入った。家人を捕らえて脅し、金五〇両・銭札三貫六〇〇文を奪い取った。

（三）同年五月八日、広吉ほか五人が申し合わせ、淡路町《あわじまち》一丁目人家の表戸を材木で打ち割り、めいめい抜き身や竹槍を手に押し入った。家人を捕らえて脅し、安政小判一両・一分銀一三両一分・一朱金札取りまぜ一八三両一分、金手形四両・小玉銀五〇〇目・百文銭銅銭取りまぜ五三二貫文・脇差二・衣類一一品を奪い取った。

(四)八月一五日、無宿西宮の元吉・広吉ほか一名の計三人で、信濃町《しなのまち》人家の表戸を石で打ち破り、抜き身を手に押し入った。家人が逃げ去ったので、安政小判六両・正金八両一分・金札取りまぜ三一両二分・洋銀三分ドル三枚・銭五一貫三〇〇文・衣類など九品を盗み取った。ここにいう「洋銀三分ドル」とは、幕末に外国からの要求を受入れ、メキシコ八レアル銀貨に「三分」の極印を打ち、国内で三分として通用させたものであった。

(五)同月二〇日、広吉ほか四人で申し合わせ、北堀江《きたほりえ》五丁目人家の表戸を石で打ち破り、一同抜き身をさげて押し入った。家人が逃げ出し「盗賊だぁ」と叫び、近隣の者が集まってきたので、何も盗らずに逃げた。

(六)同月二八日にも広吉ほか四名で、亀井町《かめいちょう》人家の表戸を石で打ち破り、抜き身を持って押し入ったが、やはり家人が逃げ出し叫んだので、何も盗らずに逃げた。

(七)翌二九日、広吉ほか二人で浜町《はまちょう》人家の表戸を石で打ち破って押し入った。抜き身で家人を脅し、金札二両三分二朱・銭六貫八〇〇文・衣類八品を強奪した。

(八)九月一日、広吉・元吉ほか六人で、南本町《みなみほんまち》四丁目人家の表戸を石で打ち破り、めいめい抜き身や鉄砲を持って押し入った。家人を捕らえ「金を出せ。出さねば殺す」と脅し、正金二〇両三分・金札五両二分を奪った。同日、同じ八人で権右衛門町《ごんえもんちょう》の人家表戸を石で打ち破って押し入っ

た。家人を脅し二朱金三分・一朱銀一両一分・金札七両二分二朱・百文銭五貫文・銅銭四三貫

文・衣類など一〇品を強奪した。さらに続いてこの八人で藤右衛門町《とうえもんちょう》人家表口の戸を石で打ち

破って押し入った。家人を脅して正金三両一分・金札一〇両一分二朱・銭二四貫文・衣類など九

品を奪い取った。

（九）同月六日、右の八人で長堀心斎町《ながほりしんさいちょう》の人家表戸を石で打ち破り、抜き身や鉄砲を携え押し入っ

た。家人を脅して正金二両・金札四〇両・脇差四・その他八品を盗んだ。続いて博労町人家の表

戸を石で打ち破り、家人を捕らえて土蔵へ引きずっていき、錠前をこじ開けて保字小判（天保小

判）一枚・正金六両・小玉銀四〇目・丁銀二枚・金札九一両・脇差一・その他二品を強奪した。

（一〇）同月二〇日、広吉・元吉ほか一人の計三人で、伊達町《だてまち》人家表の戸を石で打ち破り、抜き身

や鉄砲を持って押し入った。家人を縛っていたところ、隣家から「盗っ人だぁ」と叫び声がして

近所の者が集まってきた。台所にあった帳箪笥《ちょうだんす》から金二両一分が入った紙入れを奪い取って表へ

出たところ、だれかが屋根から瓦を投げつけてきたので、発砲して逃げた。

（一一）同月二五日、広吉と宗吉ほか五名の計七人で、本町五丁目人家表の戸を石で打ち破り、抜

き身や鉄砲を持って押し入った。宗吉ほか一人が表で往来人を見張っていると、南のほうから人

が歩いてきた。家の中に引きずり込んで縛り上げ、懐中の紙入れを奪いとった。他の者たちは屋

内の下人を縛り、「斬り殺すぞ」と脅したうえ、奥の間にあった帳箪笥の錠前を抜き身でこじ開

け、正金五両・小玉銀百目ほど・金札取りまぜ五〇両・衣類六品・その他二品を強奪した。

一味がなおもかわるがわる表を見張っていると、西のほうから大阪府の廻り方役人と思しき一

団がやってくるのが見えたので、宗吉が持っていた鉄砲を撃ちかけた。もう一人も台所から発砲し、みなで逃げ出した。この一団は夜回り中の大阪府捕亡方の配下たちであったが、このうちひとりの眉間に玉が命中して死亡した。

この一件で用心したのか、一味は以後、市中ではなく村々の人家を狙うようになる。

(一二) 一〇月一三日、広吉・宗吉ほか二名の四人で、河州黒土《くろつち》村の人家表戸を抜き身でこじ開けて押し入り、家人を脅して衣類一二品を奪った。

(一三) 同月二四日、元吉・紀州無宿の楠松・同じく常助ほか七名ほどで紀州長瀬庄(長谷《はせ》・現かつらぎ町か)中村の人家へ押し入ろうとしたところ、たまたま家人が表へ出てきた。これ幸いと抜き身・槍・鉄砲などを携えて押し入り、家人を縛り上げ、「金を出せ。さもなくば殺す」と脅して、正金九〇〇両を奪い取った。

(一四) 翌閏一〇月二八日、広吉ほか一名の計二人で河州富田林《とんだばやし》村人家の表戸の開いているところから抜き身を下げて押し入り、家人を脅して衣類三品を奪い取った。

(一五) 翌一一月一九日、広吉・宗吉ほか三名の計五人で、泉州堺大小路《おおしょうじ》にある墓守の家の裏戸を石で打ち破り、めいめい抜き身を持って押し入った。家人を脅し衣類七〇品ばかりを盗み取った。

(一六) 明治四年(一八七一)正月、広吉・宗吉ほか三名の計五人で、泉州百代村人家裏口の雨戸を刀でこじ開けて押し入った。家人を縛り上げ、金札取りまぜ一五両・銭五〇貫文・脇差六・衣類四〇品ばかりを奪いとった。

(一七) 同月二五日、広吉・宗吉ほか二名のあわせて四人で、泉州貝塚の名も知らぬ村の人家表戸を石で打ち破り、抜き身や鉄砲を手に押し入った。主人と思しき者を縛り上げて脅し、正金九両・岸和田通用銭札一五〇〇文を奪い取った。

こうして盗んだ金銭や品々、あるいは盗品を売りさばいた銭などは、そのたびごとに一味で分けて使い果たした。その後は別れ、集まることはなかったが、明治四年の四月ごろから、石割強盗一味のうち九名がおいおい召し捕られることになった。

明治四年一〇月、大阪府は司法省に対し、生き残った五名を斬罪に処すべき旨の伺いを立てた。同省からは「伺之通　斬罪」との指令が下された。

## 藩邸の門番が路上強盗　明治四年

伊予国（現在の愛媛県）生まれの辰三郎（二五歳）は、明治二年（一八六九）三月に伊予小松藩（一柳《ひとつやなぎ》家一万石）に小者として雇い入れられ、大阪藩邸の門番を勤めていた。同じく予州の勘吉（二七歳）と鶴次郎（二七歳）の二人もその翌年の三月に同藩に雇い入れられ、やはり門番をしていた。

明治三年（一八七〇）七月上旬のある日、辰三郎と勘吉の二人は夜歩きを楽しんでいた。瓢箪町あたりの往来で、ひとりの町人が誤って辰三郎の足を踏んだ。腹が立って思いっきり突き飛ばしたが、男は何も言わずに行ってしまった。

「大阪の町人というのは軟弱なもんだ。それなら往来人の懐中品を奪い取ってやることにしよう」

と二人はよからぬ考えを抱いた。藩邸に帰って鶴次郎に相談すると、彼も同意した。路上強盗に出るときには、勘吉と鶴次郎のどちらかが藩邸の門番に残り、体よく言いつくろうことを示し合わせた。

同月中旬、辰三郎と勘吉は両刀を腰に外出し、獲物を探して歩いた。日吉橋《ひよしばし》南詰を七、八丁ほど東へ入ったところで、年ごろ五〇歳ばかりの男が、女性を四、五人連れてやってくるのに出くわした。勘吉が男を捕まえ、いきなり懐中の紙入れを奪い取った。

同夜、新難波東之町《しんなんばひがしのちょう》の金沢藩邸前で、女一人と船頭らしき男二人がやってきた。辰三郎と勘吉の二人で男を捕まえ、懐中の紙入れを奪い取った。続いて高台橋《たかきやばし》の上で年ごろ一七、八歳の男が、女連れでやってきたのを捕まえた。女は逃げたが、男の懐中から紙入れを奪い取った。この日の収穫は合わせて一九両二分になった。

同月一四日、また辰三郎と勘吉の二人で市中に出た。立売堀四丁目の往来で、一人の男を捕らえようとしたところ、男は背負っていた袋を投げ捨てて逃げた。中をみると銅銭で四〇貫目（金にして四両）ほども入っていた。

同月一七日、やはり辰三郎と勘吉の二人で帯刀のうえ獲物を探した。津村御堂《つむらみどう》前の往来で三〇歳ほどの男を捕まえた。辰三郎が「金を出せ」とすごむと、「持ってない……」というので、こぶしで男の顔を殴りつけた。男が懐から紙入れを出して投げ捨てたので奪い取った。あとで確かめると、金札で六六両ばかり入っていた。門番役の鶴次郎に七両二分やり、残りを二人で二七両ずつ山分けした。

八月に辰三郎は藩から暇を出された。しかし、大柄な彼はそのまま大阪にとどまって相撲の稽古に励んだ。若の海というしこ名ももらった。相撲取りになった後も辰三郎はときどき藩邸へおもむき、勘吉や鶴次郎と遊興した。

同年閏一〇月下旬、今度は勘吉と鶴次郎で帯刀して出かけた。津村御堂の北手で通りがかった二人連れの男たちを前後から挟みこんで威した。一人は逃げたが、もう一人の男が持っていた金札二〇両を奪い取った。

一一月二三日、辰三郎と勘吉の二人で、阿波座花屋橋《あわざはなや》北詰の路上で二人連れの男を襲った。一人は提灯を持ち、もう一人は風呂敷包みを背負っていた。風呂敷包みを持った男を引き倒して奪い取り、帰る途中で開いてみると、中には二分金で八〇〇両、東京横浜金札二〇〇両、神戸商社五〇〇〇両の預け証文一通が入っていた。金札と証文は川の中に投げ捨て、風呂敷と正金一〇〇両も途中で捨てた。藩邸に戻った辰三郎と勘吉は、奪い取ったのは三〇〇両だと鶴次郎をいつわり、彼に一〇〇両を渡した。残りの六〇〇両は二人で山分けした。

こうして奪った金銭は、めいめい酒食遊興や衣類の購入に使った。翌明治四年（一八七一）二月、二分金で三五〇両足らずと金札六〇両ほど所持したまま、三人とも召し捕らえられた。

同年四月、大阪府は弁官に三人とも斬罪に処すべき旨の伺いを立て、翌月、三人には伺い通り「斬罪」の沙汰が下された。

## 三人を謀殺強盗――大阪府は梟首《きょうしゅ》にしたかった　明治五年

石見国邇摩《にま》郡（現在の島根県西部）湯之津（温泉津《ゆのつ》）村出身の麻之助（二五歳）は、かつては船乗り稼業をしていた。後に、召し捕られ、苛烈な拷問に耐えかねて自白したところによると、経過はこうであった。

麻之助は、明治三年（一八七〇）一〇月の上旬ころから、横須賀《よこすか》で工部省出仕の役人の世話になり、別名を名乗って製鉄所で西洋製鉄の修行をした。この工部省の役人は翌四年正月三日に長崎造船所へ出張となり、横須賀を去った。翌月下旬ころ、麻之助は後を追って長崎に行こうと、製鉄所から暇をもらって横須賀を発った。

ところが、西下の途中で眼病を患ったため、相模国（現在の神奈川県）上草柳村《かみそうやぎ》で医師のもとにとどまり、治療を続けなければならなくなった。その間、東京に上って、浅草松山町《あさくさまつやまちょう》にある工部省役人の懇意先を訪ね、彼が入用だといつわって四八両三分をだまし取り、さらに富島町《とみしまちょう》の懇意先でも同様に四〇両をだまし取った。ついで山口藩の男から代金八両二歩の懐中時計を買うと称してだまし取ったうえ、図引き道具一式を品川駅にある工部省役人の定宿に届けるように言ってこれも詐取した。また龍驤艦《りゅうじょうかん》の士官から刀一腰を借り受けて帯刀した。

ちなみに、龍驤艦とは慶応元年（一八六五）に熊本藩主が英国に発注し、明治二年（一八六九）七月に竣工、明治三年三月に日本に回航された軍艦であった。一四二九トン、乗組員二七五人。三本マストの汽帆併用、木造であるが舷側には鉄板で装甲していた。同年四月一二日に明治政府に献上されていた。

さて、翌四年の三月二〇日ころ、麻之助は再び長崎に向かって出立した。だまし取った金子は道中で使い果たした。時計も伊勢路で名も知らない商人に代金四〇両で売り払い、これも同様に使ってしまった。これでは長崎へ行っても合わせる顔がなくなったので、故郷に帰って商売でもしようかと考えたが、元手にする金もない。盗みでもして金を手に入れようと阪神間を徘徊するうち、神戸で知り合いの紹介で宿をとった。図引き道具や羽織袴をこの知り合いに預け、金五両を借りたがこれも使い果たした。

なおも盗みを心掛けつつ、五月七日、大阪である船宿に泊まったところ、同郷の知り合いで船頭をしている源一郎に出会った。彼は日和丸という船で、国元から鉄を大量に積み込み、大阪で売り払い、多額の大金を持っていると語った。これが船頭源一郎の不運であった。麻之助はこの金を奪い取ろうと狙いを定めた。源一郎に、「自分はちょうど故郷へ帰ろうとしているので船に便乗させてもらえまいか。荷物は神戸製鉄所に預けてあるので、帰りがけに寄って船に積み込ませてもらいたい」ともちかけた。

五月一三日、船頭源一郎と加子《かこ》（水夫）二人、それに麻之助の四人で日和丸に乗り込んだ。海が荒れたので、一五日の夕方に船はようやく神戸沖に着いて錨を下ろした。麻之助はひとりで上陸した。

じつは麻之助は、さきに神戸に滞在していたころ、ある男と懇意になっていた。その男に「このたび東京へ行くことになったので供に雇ってやる」と、うそを言い、以前に知人に紹介してもらった宿屋に前もって泊まらせてあった。

上陸した麻之助はこの男を迎えに行き、兵庫お台場付近の人気のないところで「じつは自分たちが乗ってきた船にいるのは、同じ石見の国の者であるが、意趣遺恨がある。今夜切り殺し、金品を奪い取るから、お前は製鉄所から使いの者のふりをして、荷物を今夜九つころ（夜一二時ごろ）取りに来るよう、われわれに告げてほしい。そうすれば加子をひとりずつ上手く説きつけて釣り出し、船頭も切り殺すつもりだ。うまく運べば礼金として五〇両と船中の道具はすべてお前にやる」と説き伏せた。

男は承知した。

打ち合わせ後、男と別れ、麻之助は船へ戻った。ところが、夕六時すぎごろ、さきに金を借りた神戸の知人とその女房が訪ねてきた。夫婦から過日の宿泊費と立替え金の返済を催促されたうえ、自宅に来るように言われたのでやむなく同道した。その夜は泊まって行くように勧められたが断ると、借金のかたに帯びている刀を預かると言うので渡し、夜中の一二時ころ、この知人に送ってもらって帰船した。知人は体よく言いつくろって帰した。

ところが、呼び出しの手筈をしていた男はやって来ない。夜も更けたのでしかたなく、加子のひとりに「製鉄所に荷物を取りに行くからいっしょに来てくれ」と頼み、小舟を下ろして二人で乗り込んだ。漕《こ》ぎ出したところでこの加子を脇差で刺し殺し、海中へ投げ込んだ。そのあと、もうひとりの加子もだまして小舟に乗せ、同様に刺殺し海中に投げ込んだ。

日和丸に戻って見ると、船頭の源一郎は船中で熟睡していた。のど元を三度切りつけ殺害し布団をかぶせた。船中の金子五〇〇両ばかりと衣類など二九品を盗み取り、脇差は海中に投げ捨てた。来合わせた漁船に頼み、大阪の木津川口まで曳航《えいこう》してもらった。木津川口の浜で、居合わせた小舟に頼み、盗品を積み入れ、日和丸は堺沖へ向けて突き流した。

盗んだ金のうち、八両は曳航させた漁船の者に、四両は賃料として小舟の者に与えた。一四両二歩一朱は神戸の知人への宿賃ならびに借金の返済に充て、預けていた刀などを受け取った。一一一両三歩弐朱で衣類などを調えたりした。盗品はほとんど所持していたが、金はあらかた酒宴や遊興費に使い果たしたところで召し捕られ、明治四年六月一二日、牢に入れられた。

最初の吟味のときには麻之助は、「正月三日に工部省のお役人が長崎に出て行ったあと、自分は横須賀に居残り修行をつづけ、その上で長崎に来るように命じられた。その際、かねてこの役人に預けてあった金三三〇両を受け取り、さらに四月七日に龍驤艦の士官に預けていた金九〇両を受け取り、合計四二四両をもって横須賀を発った。同月二五、六日ころ大阪に着き、立ち回っているうち金子を費消し、残り三〇九両一朱を所持して止宿中であった」と弁明した。

しかし、厳しい拷問にたまらず、船頭と乗り組みの水夫と合わせて三人を殺害し、強盗を働いたことを白状した。海に捨てられた二人の加子の死体は揚がらなかった。

明治四年（一八七一）一〇月、大阪府は東京の司法省に対し、麻之助の自供書を添えて、次のように伺いを立てた。

麻之助は工部省役人の名をいつわり、金子または時計などを詐取し、その後、神戸沖で日和丸の船頭源一郎ならびに加子二人の計三人を謀殺し、大金を奪い取りました。重々不届至極なので、「梟示（さらし首）」に処すべきと思いますが、いかがでしょうか。

また、神戸の知人および殺害計画を打ち明けられた男は召し捕らえ、厳しく痛めつけて吟味をしましたが、計画には関与せず、またそれによる利益も得ていないと申し立てています。しかし、知りながら阻止や救護もせず、官に訴えもしなかった罪は死刑以下の犯罪なので、それぞれ当府において処置をとるものとします。

麻之助が詐取した金額は、一二八両三歩、強盗して得たのは五〇〇両と盗品は金額にして二一両一分三朱であり、総計五二二両一分三朱になります。

翌五年(一八七二)正月八日、大阪府の意に反し、司法省からは「斬罪」との指図があった。

さて、その間、麻之助は獄中でもおとなしくしていなかった。

入牢中の麻之助を含む四人の重罪犯は、いずれ死刑になるのは間違いない者たちであったので、破牢(脱獄)しようとひとりが言い出し、他の三人もすぐさま同意した。

明治四年九月七日の夜、隠し持っていた鋏《はさみ》の折れで牢の格子に切りかけ始めた。ところが翌朝、脱獄計画には加担していなかった同牢の男が、囹圄《れいご》(獄舎)掛の役人に密訴した。麻之助も直ちに牢舎から引き出されて取調べを受け、事の次第を自白した。

さらに、もう一つ。

麻之助は入牢してみると、牢内には音吉なる者がおり、その男は盛相飯《もっそうめし》の配分が不公平であった。盛相(物相)とは木製の曲げ物の円筒形容器のことで、牢では食器として用いられたことから、俗にいう「臭い飯」のことを「もっそうめし」とも称した。

また、麻之助は自分が「間頭《まがしら》」になりたかったのに、音吉が「間頭」になったことが気に入らなかった。「間頭」とは、各房(間)ごとに「比較的軽い犯罪を犯した者、あるいは強窃盗犯ではない者のなかから一名」を選抜し、役人の指示を同囚に伝達させたり、房の秩序維持を委ねる、いわば公認の役付囚のことであり、明治三年(一八七〇)三月に、旧幕以来の牢名主《ろうなぬし》の弊害を改めようと導入されたものであった。

ちなみに、江戸時代の「牢名主」も、牢内の秩序を維持した。これを「牢内の自治」と記したものもある。雑居の牢内では、世間で大きい罪を犯してきたものほど、権威があった。麻之助は、みずからを資格充分と意識していたのであろう。しかし、右のたてまえからすれば、凶悪犯の麻之助の「間頭」就任はいささか無理があると言わざるを得ない。

さて、ある日ひとりの男が、音吉や麻之助と同じ房に転牢してきた。音吉はかねて世話になったからと言って、その男を牢内の上座につかせた。それやこれやで麻之助は不満で堪えがたくなり、同牢の男ら三人を説いて音吉を殺す計画を持ちかけたところ、彼らも納得した。

明治五年（一八七二）正月二九日の夜一一時ころ、音吉が便所から戻ったのを見計らって麻之助は飛びかかり、彼の首に手をかけた。計画に同意した男たちも音吉の手足を押さえた。音吉がのどの手を振り払ったので今度は手ぬぐいで締めかかったが、番所から人が来たので中止した。そ知らぬ顔で寝たふりをしていたが、囹圄番に取り押さえられ、事は不首尾に終わった。吟味の際には、今回は破牢の計画は毛頭なく、音吉が不快なので殺そうとしただけであると申し立てた。

明治五年四月一四日、大阪府は、再び司法省に左の伺いを立てた。

麻之助の処置についてさきに伺を立てましたところ、「斬罪」との指示を受けました。ところが、なおまた問題を生じたのでお伺いします。

一入牢中に麻之助は破牢を企て、さらに同牢の者を殺害しようとしました。これら「反獄（脱獄）・謀殺（計画殺人）」の両箇条を勘案すると、さらに刑を重くすべきものと思われます。

一新律綱領の人命律には「死刑宣告を受けていない家の構成員を三人以上、謀殺・故殺（出来心による殺人）によって殺害し、もしくは両手・両足を切り離す者は、みな梟示」とあります。

麻之助は神戸沖で、同じ船の船頭および加子の計三人を謀殺しています。右の人命律に三人というのは同「戸」の者に限ると言う意味でしょうか。

この反獄、謀殺の二大悪事は未遂であっても、重々不届至極の犯罪ですから、のちのち諸人への見せしめとして、麻之助は「梟首」とするのが適当かと思います。


この伺に対する司法省の回答は、次のようなものであった。

律（新律綱領）に、「一家の死罪に非《あら》ざる三人以上を殺す」とあるのは、雇人・従僕であっても同居しているものはそれに該当する。また、もし同居していなくても親子兄弟の関係にあるものは「一家」である。

今回の一件については、船主が船頭と加子を雇い同居していても、みな「雇人」である。三人以上が殺されても家長に抱えられたものでなければ、この箇条は適用しない。

その他、「反獄・謀殺」の罪は、たとい実現していても、条文によれば「梟」に至るものではない。


大阪府がどうしても梟示にしたかった麻之助は、明治五年六月、あらためて「斬罪」の判決を申し渡された。

［解説12］　新律綱領 ― はじめての全国統一刑法典

明治三年（一八七〇）一二月、「仮刑律《かりけいりつ》」にかわる律系刑法典として「新律綱領《しんりつこうりょう》」が頒布された。その編纂は前年三月ごろから刑法官で始められたと考えられ、刑部省が設置された後はここに引き継がれた。編纂の中心となったのは漢学者たちであった。明治四年（一八七一）七月の廃藩置県後に、全国で初めて統一的に実施された刑法典として知られる。

「新律綱領」は全一九二か条からなり、その刑罰体系は、

笞刑（一〇～五〇の一〇回刻みで五段階）
杖刑（六〇～一〇〇の一〇回刻みで五段階）
徒刑（一年～三年、半年刻みで五段階）
流刑（一等～三等、一年・一年半・二年の三段階）
死刑（絞・斬・梟示の三種類）

の五刑から構成されていた。「仮刑律」にあった磔（はりつけ）や焚（火あぶり）は、「新律綱領」頒布以前にすでに廃止されていた。

また、右の五つの刑罰のうち「流刑」については、北海道に流すこととされていたが、受入れ準備が間に合わないという理由で、「新律綱領」頒布の前月にあらかじめ「准流法《じゅんるほう》」が布告されていた。流一等を徒刑五年、流二等を徒刑七年、流三等を徒刑一〇年に換え、徒刑場に入れ通常の徒刑受刑者とは区別のうえ厳重に駆役すべきものとされた。先に紹介した「末代噺」

のなかにも、「准流部家」とともに、准流囚たちが「紙すき」作業を行う様子が描かれている。外役には出さなかったのであろう。北海道への移送が実際に始まったのは、ずっと後の明治一四年（一八八一）のことであった。

「新律綱領」の各箇条のなかでは、「罪」と「刑」とが厳密に対応していた。たとえば暴行傷害については「闘殴」条に、「手足で殴り負傷しなかった場合は笞二〇。負傷した場合、あるいは瓦石槌棒などで殴り負傷しなかった場合は笞三〇。瓦石槌棒などで殴り負傷した場合は笞四〇。耳目から出血、あるいは臓器損傷で吐血した場合は杖八〇……（後略）」などと、非常に詳細に定められている。

判決は右にあげた二一等級の刑罰のいずれかにあてはめて下された。それは現行の刑法が、傷害罪を「十五年以下の懲役又は五十万円以下の罰金に処する」と定め、裁判官に広い裁量の権限を与えるのとは根本的に異なっていた。

このような「罪」と「刑」の厳密な対応は、古代の中国律や日本律からの伝統であった。その底流にあるのは「人権の保護」などではなく、「役人の恣意的判断の排除」であった。裁量をはたらかせることができるのは、現世に理想郷を築く責任を負う皇帝や天皇のみであり、律令制下の官僚には、その手足となって忠実に職務を果たすことが求められた。そうした思想が法のかたちをも特徴づけていた。

五刑のほかには換刑としての罰金刑があった。「贖罪《しょくざい》」と「収贖《しゅうしょく》」の二種が定められ、贖罪は過失など悪性が強くなく、酌むべき事情があって本刑を科すのが適当でない場合に適用された。収贖のほうは犯人が子どもや老人あるいは病人など、本刑を科すだけの受刑能力がない場合に適用された。たとえば笞二〇は、贖罪なら金一両二分、収贖であれば金二分に換算され、収贖のほうが低額に設定されていた。

また、士族や華族、僧侶などには庶民とは異なる刑罰体系が用意されていた。たとえば士族には自裁（切腹）、禁錮、閉門、謹慎などが科された。「閏刑《じゅんけい》」と総称されるこれらの刑罰は、「すでに高い徳を持ち、一般人と同じ刑罰を科すことにより改めて教育する必要などない」人々に科されるものであった。したがって、盗みや賭博あるいは姦通など、いわば「破廉恥《はれんち》」と意識されるような犯罪をおかした場合は、身分剝奪のうえ一般人と同じ刑罰が科された。

さらに律系刑法典の特徴のひとつとして、「新律綱領」も「断罪無正条《だんざいむせいじょう》」条（名例律）や「不応為《ふおうい》」条（雑犯律）を備えていた。このうち「断罪無正条」条とは、律令の各条に厳密に該当しない行為や、断罪にあたって適用すべき条文が存在しない場合に、他の条文を類推適用することを認めるもので、原則的には死刑まで科すことが可能であった。ただし、実際の裁判にあたっては、この箇条の適用は謙抑的であったと考えられ、大阪府の裁判でも「断罪無正条」条が使われた事件は、ほとんど見られない。

他方、「不応為」条は「律令に適用すべき条文がなくとも、事情の筋道を考慮して、してはならない事をした者は笞三〇。事理が重大な場合には杖七〇」とするもので、本書に収めた事件のなかでもしばしば適用されている。比較的軽微な犯罪に対して適用されるものであった。

両条ともに、こんにちの刑法学にいう「罪刑法定主義」（法律なくして刑罰なし）とは相容れないものではあるが、先に述べたような「罪」と「刑」との厳密な対応関係という特徴ゆえに、そこからもれ落ちるような犯罪を処罰する　という性格も有していた。

## 職務違反

### 大阪府権大属の収賄　明治四年

泉州堺の商人油屋利兵衛（五七歳）は、近ごろ金まわりがよくないことから、大きな取引でひと山当てたいと考えていた。長年自分のところへ出入りしている正太郎（五〇歳）に相談してみたところ、讃岐屋喜左衛門（三八歳）という男を紹介してくれた。

その喜左衛門は、大阪府外国掛権大属の成沢勇造（四八歳）のところに出入りしていたので、「成沢様にお願いして中国米を大量に買い取り売却すれば、大きなもうけが出るだろう」と持ちかけた。利兵衛が仲介を頼むと、喜左衛門はさっそく成沢様のところへ出向いて談判のうえ、会談の約束を取りつけてきた。

明治三年（一八七〇）六月初旬、利兵衛と正太郎それに喜左衛門の三人で、江之子島にある料亭へ行き、成沢様にお越しを願った。成沢様はさっそくにやって来たので、酒肴でもてなし、中国米取引の周旋を頼みこんだ。成沢様は承知し、オランダ商人のアテリアンを紹介してくれた。

同月中旬、利兵衛はこのアテリアンとの間に、中国米五三万九一七八斤を代金一万六一七五両一分一朱で買い取る契約を交わした。うち半分は即金で、残りの半分は月二分の利息を加え、九月中に支払うという約束であった。

その後、喜左衛門が正太郎を通じて「周旋にお骨折りくださった成沢様に、ごあいさつとして金子をお贈りするのがよいだろう」と言ってきたので、利兵衛は金一〇〇両を正太郎へ託した。ところがこの金を受け取った喜左衛門は成沢様へは渡さず、自分の懐に入れてしまった。

また、さらに喜左衛門が「成沢様を通じ、オランダ商会の部屋付（番頭）へも周旋料として金一〇〇両を渡すとよかろう」と言ってきた。利兵衛には手持ちの現金がなかったので、一〇〇両相当の米手形を、正太郎を通じて喜左衛門に渡した。喜左衛門はこの手形も成沢様に渡すふりをし、ちゃっかり自分の懐に入れてしまった。

その後、喜左衛門が成沢様から頼まれたようなふりをして、この手形の換金を正太郎へ催促してきた。正太郎は自分で一〇〇両を工面し、七月初旬に喜左衛門と二人で成沢様宅を訪れた。喜左衛門は正太郎から一〇〇両を受け取ったうえで、彼を台所に待たせておき、二〇両をこっそり抜き取って残りの八〇両を成沢様に渡した。一〇〇両と引替えた体にして手形を正太郎へ返した喜左衛門は、こうして計一二〇両をせしめた。

このうち六〇両を飲食など家事賄いに使い、残りの六〇両は大阪府外国事務局へ上納した。さらに喜左衛門は正太郎と示談のうえ、利兵衛が買い取った中国米のうちから二〇〇俵分を借りたが、その弁済も滞納した。

さて、利兵衛が大量に買い付けた中国米は、その後、米価が下落したことから、多分の損失を出すことになった。期限が到来し、アテリアンからしきりに催促を受けたが支払いのできない利兵衛は、ついに外国事務局に呼び出された。訴訟の被告となった利兵衛は、同局の担当役人である植村様・飯塚様から、弁済を厳しく命じられ、手鎖のうえ宿預けとなった。

その利兵衛は、長年にわたり紀州徳川家の用達を勤めていたので、和歌山藩（版籍奉還後はこれが正式名称であった）に対して多額の調達金（立替金）があった。金策に困った利兵衛は、堺にある和歌山藩邸詰の役人に嘆願し、これまでの調達金とひき替えに、和歌山藩に中国米の残金九三〇一両二分を引き受けてもらった。

ところが、訴訟中の利息六〇八両あまりも、利兵衛が支払うよう府の外務掛りから命じられた。「利息まで差し出すのはじつに難渋なので、なんとか勘弁願いたいものだ」と利兵衛から相談を持ちかけられた正太郎は、また喜左衛門に話をしてみた。

喜左衛門は「それはもっともだ。三〇〇両ほど出せば、掛りのお役人に贈物をして、オランダ人に『利息は断念せよ』と説得してもらえるよう、自分がせいぜい談判してみよう」と答えた。そこで利兵衛が手持ちの五〇両を出し、正太郎も五〇両を工面した。残りの二〇〇両は、利兵衛から喜左衛門あての一〇〇両手形を二枚振り出した。これを金札五〇両と一〇〇両手形一枚ずつの計一五〇両で一包みにし、それを二つこしらえて喜左衛門に渡した。

喜左衛門と正太郎の二人で再び成沢様宅を訪れたところ、本人は留守であった。そこで女房のおつるどのと面会し、頼みの筋をくわしく語り、百五〇両入りの包み一つを差し出した。彼女はいったんは差し戻したが、再び差し出すと「まずは預かり置くことにしましょう」と言って受け取った。「もう一つの金一封は、植村様にお贈りしたいのでございますが」とおつるどのに相談すると、「しょせん受け取ってはもらえますまい」と仰るので、しかたなく持ち帰った。

喜左衛門は持ち帰った金包みを正太郎に戻そうとしたが、「まずはそのまま預かっておいてくれ」というので、その意に従うことにした。明治三年一二月下旬、喜左衛門は一〇〇両手形の換金をしきりに利兵衛に督促し、五〇両を手にした。包みのなかの金札五〇両とこうして手にした五〇両の計一〇〇両も、家事賄いに使いこんだ。

しかも成沢様に賄賂《わいろ》を送ったものの、彼はもとより利兵衛の訴訟を担当する掛りではなかったから、何ら手は打たれないままであり、相変わらずオランダ商人アテリアンから厳しく利息の支払いの催促を受けた。

利兵衛はしかたなく、利息六〇〇両あまりのうち三〇〇両を支払い、残金はふたたび和歌山県（廃藩置県により和歌山藩は和歌山県となっていた）に引き受けてもらうことにしたが、その後、この一件が明るみに出ることとなった。明治四年（一八七一）九月、成沢と喜左衛門の両名は召し捕らえられ牢へ入れられた。

同月下旬、一同に判決があった。成沢勇造と喜左衛門の二人には、ともに「准流十年」が申し渡された。このうち、成沢には「新律綱領」受贓律《じゅぞうりつ》の「官吏受財」条が適用された。いわゆる収賄罪である。彼は結果的には「不枉法（賄賂を受けて法を枉げてはいない）」ではあったが、一二〇両以上の収賄は「流三等」と定められていたことから、計一三〇両を受け取った成沢は「流三等＝准流十年」となった。

他方、喜左衛門は成沢と同条の「説事過銭（賄賂授受の取次ぎ）」と賊盗律「詐欺取財（詐欺による財物の不正取得）」の二罪に問われ、より重いほうの「詐欺取財」により「准流十年」とされた。「新律綱領」名例律には「二罪倶発以重論」という箇条があり、二つの罪が同時に発覚した場合には、重い罪についてのみ科刑し、両罪等しければ一方の罪についてのみ科刑する、と定められていたからである。

利兵衛には、同じく受贓律のうち「坐贓致罪」条（いわゆる贈賄罪）が適用されたが、彼が出した計五〇〇両は本来「徒一年半」に相当した。しかし、喜左衛門に欺かれた事情は「憫諒《びんりょう》」（あわれ）であるとして贖罪金が認められ、徒一年半にあたる二二両二分の支払いが命じられた。また正太郎には、「不応為ノ重」（［解説12］参照）が適用され「杖七十」とされたが、利兵衛と同じ理由で贖罪金五両一分の支払いが命じられた。

彼らに科された刑を説明するのに、ずいぶんと難解な漢字を羅列してしまったが、「新律綱領」には、「第〇〇条」のように連番が振られておらず、その内容を数文字の漢字で要約した条文名で識別していた。これも律の伝統のひとつであった。

ちなみに、利兵衛の借金を肩代わりすることになった和歌山藩は明治四年五月、外務省に対し、当藩卒が利兵衛の頼みを受け、一己の詐謀を以て、証書をアテリアンに差し入れたのであって、当藩には全く関係のない旨を去る三月に回答した。しかし、現に藩の名で証書を相手方に渡しており、しかも先方は外国人であることから、藩から返済するようにと仰せ渡された。しかたがないので、利兵衛が金を調達するまでの間、この六月末日に当藩から皆済する約束を取り決めた。

この藩卒は堺へ藩邸取り片づけのために派遣した者であって、官員ではない。全く個人の私情による取り計らいであり、この者は現在拘束中である。

との報告を行っている（外務省往復文書）。その後、和歌山藩とアテリアンの間で、あるいは同藩と利兵衛との間で、円満な解決をみたかどうかについては定かでない。

## 府の再伺いで命拾い　明治四年

千之助（明治二年当時一八歳）は、徳島藩士の家に次男として生まれたが、元治元年（一八六四）に養子に出された。慶応四年（一八六八）三月からは讃岐国（現在の香川県）坂出《さかいで》の商家へ奉公に出たが、長続きせず、七月に暇を出され養家に戻った。

翌八月、千之助は「讃州金毘羅に参詣する」と言い置いて養家を出奔した。金毘羅で路用を使いきったので、帯びていた刀脇差を売り払ったところ、金三両二分になった。その金で伊勢にも参宮し、同月下旬に大阪にやってきた。

国元を出奔してからずいぶん日も経ち、いまさら帰国も難しいと考えた千之助は、大阪で奉公稼ぎでもしようと考えた。北堀江で紙を商う井筒屋藍助は養父と懇意で、千之助とも知人であったことから、「大阪で奉公したいので、奉公先を世話してもらえないだろうか。働き口が見つかるまで置いてはくれまいか」と頼みこんでみた。藍助が承知してくれたので、千之助は同人方の「厄介」となり、店が多忙なおりには使いに出ることなどもあった。

九月下旬、藍助の申し付けで、北浜《きたはま》の取引先へ紙の代金を受け取りに行った。代金六〇〇両を受けとって店に帰る途中、「この金で身を立てよう」とよからぬ事を考えた千之助は、そのままゆくえをくらました。

兵庫津まで逃げてきた千之助は、侍の風体になって徘徊すれば人々の扱いもよかろうと考え、刀脇差を三二両で買って腰に差した。さらに呉服屋や袋もの屋、洋物屋などで、六連発の短銃、懐中時計、胴乱（腰提げの小物入れ）などを買い調えた。もちろんこれらの代金はすべて、持ち逃げした金で支払った。

翌日、兵庫南中町《みなみなかまち》の茶屋に上がり、阿州藩士の平井なにがしと偽名を名のって遊興し、三両三分三朱を支払った。その翌日は東柳原町《ひがしやなぎわらちょう》の茶屋へ上がり、同様の偽名で遊興し、一〇月三日まで居続けをして、代金一七両二分二朱を払った。この間に西宮内町《にしみやうちちょう》の茶屋にも行って遊興した。さらにさいぜん脇差を買った店にも行って、投げ槍一本をとぎ賃込みの二両で買い求めた。

三日からは再び西宮内町の茶屋へ上がって翌日まで遊興し、代金一三両一分二朱と銭五五〇文を払った。そして、残りの所持金が四〇〇両余りとなったところで召し捕らえられた。

翌明治二年（一八六九）一二月、大阪府は弁官に対し、千之助を斬罪に処すべき旨の伺いを立てた。一年後の明治三年一二月、弁官からは「新律により絞罪」という沙汰が届いた。

ところが大阪府は、千之助をすぐには処刑しなかった。この明治三年（一八七〇）一二月というのは、ちょうど「新律綱領」が頒布された月であった。府では届いた「新律綱領」をかなり子細に検討したのであろう。翌明治四年二月、府は弁官に対して再度、次のような伺いを立てた。

先般頒布された「新律綱領」の賊盗律には、「奴婢や雇人が家長の財物を盗んだ場合は、通常の盗罪に準じて論ずるが、罪は流三等を上限とする」とあります。千之助は井筒屋藍助方に厄介中の身であり、雇人同様の者ですから、右の律に従えば、流刑が上限ではないかと顧慮いたします。もっとも、名目は「厄介」ということですから、真の奴婢や雇人とは異なるとの判断で、通常の盗罪を適用された御沙汰かとも存じます。しかし、生死の境は容易ではありませんし、今後の目《め》処《ど》にもなりますから、念のためいま一度お伺い申し上げます。

つまり、中央政府が適用したのは「新律綱領」の「窃盗」条であり、これには三〇〇両以上を盗めば「絞」と定められていた。しかし大阪府は、藍助と千之助は主人と奉公人の関係にあるとみて、これとは別の「奴婢盗家長財物」（奴婢・雇人による家長の財物の盗み）条を適用すべき事例ではないかと疑義を呈したのであった。

翌三月、弁官からは「『絞罪』との沙汰は全くの行き違いであった。改めて別紙のように沙汰をする」との回答があった。別紙には「准流十年」と記されていた。結果的に中央の法適用の誤りを大阪府が正した形になった。

右の事件も、前章「主人の金一五〇〇両を持ち逃げ」一件で紹介した、いわゆる「取逃」にあたるものであった。千之助の一件は、捕縛から伺いまでに一年以上かかっている。府の役人は「弁償」と「主人の宥免願」をそろえようとしたのではなかろうか。これらがそろわず、やむなく「斬罪」の伺いを立てたものとも考えられる。

その後の弁官への再伺いを「なんとか助けてやりたい」という温情と見るのは、身びいきが過ぎようが、刑罰決定に慎重を期すのは江戸時代からの伝統であったし、「生死」がかかる場合にはなおさらであったことは間違いない。

## 郵便役所飛脚人足の不始末　明治五年

東天満で借家住まいの政助（三六歳）は、飛脚人足請負人に世話をしてもらい、郵便役所の御用を勤めていた。明治四年（一八七一）暮れ一二月二日の昼二時過ぎ、大阪以東に送る郵便御用の行李《こうり》を担ぎ、京都の八幡科手堤《やわたしなで》にさしかかったところ、突然急病が起こり苦しくなったうえ、あいにく雨風が激しくなり、どうしようもなくなった。政助は意識を失い、書状嚢《ふくろ》ひとつを、中に入った書状計一一通ともども取り落としてしまった。

落したことにも気づかず、そのまま堤防の上に倒れていたが、やがて意識がもどった政助は、たまたま通りかかった男に頼んで、行李を淀駅まで持参させた。一夜明けて体調もやや快方に向かったので淀駅と伏見駅へ行き、男に頼んで届けさせた行李中の信書が到着しているかどうか確かめた。間違いなく届いていたので受取書をもらい、同夜、伏見三十石船に乗り、翌四日朝、大阪に着いた。

事の次第は郵便役所に出てくわしく申し上げるつもりでいたが、嚢ごと紛失した書状は三日に、久世《くせ》郡佐山村の野番人が堤に落ちていたのを拾っており、淀駅郵便取扱役所よりその旨の届出があったため、一件が明るみに出た。

政助は病気のため歩けなくなったのならば、通りかかった男に頼んでもよりの郵便取扱所に詰めている者を呼び寄せて行李を渡し、その経過をさっそく届け出るべきであったのに、浅知恵からよけいな事をして時を費やしたことを咎められた。

明治五年正月二四日、政助に判決が申し渡された。政助は御用の途中、急病にみまわれ雨風が激しかったとはいえ、書状嚢を取り落としたことは「不埒」であるから、笞三十に申し付けるべきところ、その事情を考慮し故意ではないことから、「贖罪金二両一歩」の官納を命じられた。

ちなみに、太政官が郵便創業を布告したのは明治四年一月のことで、郵便役所は大阪・京都・東京の三都に置かれた。翌月の末には大阪市中に対し、三月一日から信書郵便を開始すること、書状集箱を市中七か所に設置すること、切手売りさばきはもよりの町々年寄に申し渡したことなどのほか、書状上包みの書き方や切手の貼り方なども布告された。四月には、書状集箱をさらに二五か所増設する旨が触れられている。

## 「遊所仲間年行事」が駆黴院《くばいいん》患者の遊女と密通　明治五年

大阪の遊所仲間年行事を勤める桑田佐兵衛（四四歳）は、松島遊廓に設置された駆黴院《くばいいん》の取締の役も勤めていた。

松島遊廓は、現在の西区、木津川と尻無川《しりなしがわ》にはさまれた土地にあった。明治元年（一八六八）一二月に大阪府は、新たに開設された外国人居留地に隣接して新しく遊廓を開いた。開発した新地の繁栄策として遊女屋や芝居などを許可するのは常套手段であった。当所賑わいのため開発の松島新廓に近々地所を割付けるので、遊女屋・茶屋その他諸商人で廓内に住み出店したいものは川口運上所に申し出るよう府令を出した。市内の散娼たちはここに集められた（「解説5」も参照）。明治六年（一八七三）には工事はほぼ終わり、大小の遊女屋が軒を連ね、娼妓の数に置いては東京の吉原をしのぐ日本一の遊女町となった。

性病の害悪は、大阪府では、オランダの軍医ボードウィン（彼の名は、本書でも何度か出てくる）によって指摘され、明治四年（一八七一）一〇月に、松島・新町・難波新地・曾根崎の四か所に仮施薬院が設置されて梅毒患者の治療に当った。翌五年三月には、この四か所の施薬院を廃止し、松島遊廓に駆黴院を設置して、「規則」を定めた。

「規則」には、遊女・芸子等には、健全保護のため「鑑札」を渡す。鑑札がなければ遊女・芸子になることはできない。来客が鑑札を見たいと言うときは、速やかに示して梅毒でないことの証拠としなければならない。鑑札所持の者は、検査日にはひとり残らず駆黴院で検査を受けなければならない。検査の結果、梅毒と判明した者は、鑑札を引き上げ駆黴院へ寄宿のうえ治療する。検査を受けるときは、めいめい医師に鑑札を差出し、罹病していなければ直ちに鑑札を返す、などと定められた（大阪府布令）。

桑田佐兵衛は、明治五年（一八七二）二月からその松島廓駆黴院に入院治療中の遊女取締として、病院に詰めていた。

二月一三日、入院中の曾根崎新地桃屋丹兵衛抱えの遊女八重垣（二一歳）が便所にたつ姿を見て佐兵衛は「色情が萌え」、相手となるようにと声をかけた。彼女は断ったが、佐兵衛はしつこく迫った。「宜《よろ》しからざる儀」とは思ったが、相手は病院詰めの年行事のことである、断われば先行き身のためにならないと思い、佐兵衛の誘いに応じた。一度ならず四月二三日にも求めに応じた。

佐兵衛は、同様の手口で、四月一二日には新町南通一丁目芳山の抱え遊女ろく（二八歳）と、四月二八日には安治川上一丁目門田の抱え遊女とく（二四歳）と密通をかさねた。どうしてことが露見したかはつまびらかではない。


五月、一同に対する判決申し渡しがあった。

桑田佐兵衛は、「場所柄かつ取締の身分を顧みず、不埒に付、九十敲の杖刑」を申渡された。普通の和姦が杖七十であるのに対し、官吏が所管の妻女を姦したものは二等を加重して杖九十となる。加えて「年行事」の職も解任された。

八重垣・ろく・とくの三名の遊女は、和姦として「七十日の禁獄」を申渡された。和姦は本来杖七十であるが、婦女の笞杖に当たる犯罪は、同数の禁獄に換えられた。

ちなみに、駆黴院は遊女たちには極めて評判が悪かったらしく、当時の新聞記事には、「極楽の閻《えん》魔《ま》堂」と称されたとか、検査をいやがり廃業を申し出る遊女が多いために、楼主たちから検査猶予の出願があったなどと報じるものが散見される。

## 他事記載で徒刑場送りにする　明治五年

脱籍（いわゆる無宿）の竹蔵は窃盗のかどで大阪府に召し捕らえられ、明治三年（一八七〇）閏一〇月一五日、五十敲のうえ二百日徒罪に処せられた。翌年六月一二日にぶじ満期を迎えた竹蔵は、いとこに身柄を引き渡された。

ところがその後、竹蔵はふたたび窃盗を働いて、大阪府に召し捕らえられた。今回盗んだのは銭九貫文相当であった。この金額でもし初犯であれば笞五十であったが、再犯なので一等を加え「杖六十に処したうえで、いとこへ引き渡し」が、ほんらい科されるべき正しい刑罰であった。

ところが取調べにあたった鞫獄《きくごく》課の都筑春輝が、竹蔵の罪状書に「徒罪の身分を慎まず」「働場より逃げ去る」など、口書（自白書）にはない文言を書き加えて、刑罰伺いをした。これによって彼の罪状は、「徒刑場より脱走のうえ窃盗を働いた」というものになってしまった。その結果、明治五年（一八七二）二月に大阪府は、竹蔵に「杖七十と、脱走前の原刑二百日にさらに半年を加えた徒罪」を申し渡した。

一件落着後、竹蔵は徒刑場に入れられ、労役に従事していた。四か月あまりが経過した七月中旬のある日、都筑はほかの調べ物があって帳簿を確認している際、竹蔵への科刑に誤りがあることに気づいた。さっそく府に自分の間違いを報告し、進退伺を提出した。

同年一〇月、大阪府は都筑に対し、「贖罪金二両」の官納を申し渡した。詳細は省くが、「新律綱領」の規定に基づき、誤って竹蔵に科してしまった刑罰を三等減（杖七〇なので杖四〇）し、今回彼がすでに服役した日数のうち一月未満は切り捨てたうえで、一か月の徒罪＝杖一〇に換算し（杖一〇×四か月＝杖四〇）、これらを合計したものから、本来科すべきであった刑罰（杖六〇）を差し引くと、残りは杖二〇となる。それを贖罪金に換えたものが都筑に科されたのであった。

また、都筑の作成した罪案に連署した元上司の中村元嘉にも、連座として笞一〇に相当する贖罪金

（おそらく一両）が申し渡された。もっとも余分に打たれ徒刑場に入れられた竹蔵に対して、謝罪や補償が行われた形跡は見えない。

都筑春輝は淡路の出身で、旧幕時には勤皇に奔走、学識豊かな人物であった。明治三年二月に奈良県に出仕、その後大阪府大属となり、六年一月には大阪裁判所で勤務した後、同年八月に四八歳で辞職した。

その後、同志らとともに代書代言結社の設立に尽力し、七年六月、それは北浜に設立されたわが国最初の法律事務所「北洲舎《ほくしゅうしゃ》」として結実した（「北洲」とは北浜を意味した）。都筑は創立時の中心メンバーであったが、やがて退舎し、その後、判事補となった。

また、彼に連座した中村については、前章［解説3］を参照されたい。

## 不埒の取調べ　明治五年

田島信親は、大阪府十三等出仕南取締権小区長である。

当時の大阪市中は東西南北の四つの大組に分かれており、その治安は四つの取締所（本局）と、各組ごとに四つずつ置かれた出張所（分局）によって担われていた。五年七月には川口居留地を警備するために、西大組に五つ目の出張所が設けられた。本局には大区長以下四〇名、分局には小区長以下二〇名（居留地担当分局は三四名）の定員が定められていた。

明治五年（一八七二）九月二五日、田島は、鼻緒渡世のとくという女が、手ぬぐい地を多数預かっているとの情報を得た。同夜、右のとくとその娘いそ、それにとくの知り合いで近くに住む小なつという女三人を、長堀橋筋にある南大組取締本局に呼び出し、手ぬぐい地の預け主について尋問した。彼女たちが預かったという確証はなかった。またその日、上司の大区長は休暇で在局していなかった。

とくが言うには、昨夜二時ごろ、二五、六歳で、よく棕櫚《しゅろ》縄を売りに来て顔なじみになっている女が訪ねて来た。女は手ぬぐい地七反とほかに手ぬぐい一五筋を持参して、預かってほしいと言った。強く断ったが、ほんのしばらくだと言うので、しかたなく預かった。ところが取りに来ないので、どうしたのか心配している、とのことであった。また、小なつには、とくから品物を買い取り、または預かっていないかという疑いが掛けられた。

田島は、手ぬぐい地を預けた者について取調べたが、名前も住所も知らぬと言うばかりであった。しかし、とくと小なつには、盗品売買の常習者といううわさもあった。田島はいろいろと問い詰めたがいっさいわからないので、明日は女たちを帰宅させようかと考えていた。

翌二六日、たまたま別用で同僚の十三等出仕南取締権小区長の川瀬正春が本局に居合わせた。田島が事情を話したところ、川瀬が「それでは俺がやって見よう」と言うのでまかせることにした。

川瀬・田島の両名は、邏卒《らそつ》二名に申し付け、まず小なつの糾問にかかった。小なつは何も買っていないし、預かってもいないと答えると、何か不審なことを見聞きしていないかと問われた。小なつは、とくの家まで一丁（一〇〇メートル余）ばかり離れているので、とくの家であったことは何もわからないと答えた。声を小さくしたり荒げたり、おだてたりすかしたりして訊問したけれども白状しない。

そこで川瀬は、小なつの帯を解き着物を脱がせ、肌帯一重にして水を四、五杯浴びせた。さらに裸体にされ、湯文字までも取り除かれた。彼女は老体でもあり、泣いて許しを乞うたが、頭上から水をかけられ尋問が続いた。のちに川瀬は、自筆の手続書の中で「この者たちはもと賤民なので、いつもうそ八百を並べ立てる」と思ったと記している。申し上げることはないと小なつがくりかえし言うと、その後は尋問はなく、翌日、町内の伍長（かつての五人組の頭にあたる者）に引き渡された。

ついで、川瀬は指図してとくの娘いそを呼び出した。母親が盗人らしいものから手ぬぐいなど預かったことを明瞭に白状するよう、まずは穏かに尋ねた。しかし、いそは「その時には留守にしていたから何も知らない。ただ母親が、どこの者とも知らない人から預かったとだけ聞いている」と述べた。

川瀬は、道理をもって尋ねても、小なつ同様に言わないであろうと判断し、「親の気として、子の啼泣《ていきゅう》（声を上げて泣くこと）するを聞かば、親子の情により愛に溺れ子が啼泣するのを聞くに忍びず、子の苦痛をたすけんがため」事実を話すであろうと考えた。つまり、娘のいそを痛めつければ、その悲鳴を聞いて母親のとくが白状するだろうというもくろみである。川瀬は、娘いそを奥の板の間に連れて行き、母子の間柄だから知らないわけはないだろうと厳しい取調べを始めた。

いそがなおも「いっさい知らない」と答えるので、帯を解き着物を脱がせ裸体にした。そして、苧綱《おなわ》（麻縄）で後ろ手に縛り、余りの縄で足を縛り、一度打擲したうえで横に転がし、後ろから杓《しゃく》で冷水を一〇杯も浴びせた。さらに、手燭に灯をとぼし尻をのぞきこみ、棒先で脚をこぜったりした。娘は大声で泣き叫んだ。

この間、田島は母とくの尋問にかかっていたので、川瀬がしていたことを知らなかった。痛めつけても母子とも言うことに変わりはなく、共にただ泣くのみであった。川瀬は、母親を訊問しても同じことだと思い、後は田島にまかせて、夜八時ごろ、心斎橋《しんさいばし》の第二出張所に引き返した。田島は、川瀬がいなくなった後、哀れと思い邏卒に命じて手足の縄を解かせた。

後日、大区長が出勤したときに、川瀬も田島もこの件について報告をしなかったが、取調べに立ち会った配下の者からの申し出により明るみにでた。

後に明らかになったことであるが、預かった手ぬぐい地は盗品であり、逮捕された犯人は日本橋に住む男二人であった。とくに預けた時、彼らはそれが盗品であったことを告げなかったし、預かったとくも盗品とは知らなかった。とくがなぜ、取調べの際に「女から預かった」と言ったのかは定かでない。

同年一〇月、取調べに当った川瀬・田島の両名に対する処置があった。

川瀬正春に対しては、罪囚の糾弾は取締課では行わぬよう、かねて命じてあるのにこれを守らなかった、母とく外二名の者どもを糾弾するのに、裸体にし、あるいは手足を束縛し、背上より冷水をそそぐなど、御趣意に反する官員にあるまじき挙動は「不埒」として、杖七十のところ、閏刑をもって「七十日間の閉門《へいもん》」が申し渡された。

田島信親は、罪囚の糾弾は取締課では行わぬよう、かねて命じてあるのにこれを守らず、さらに川瀬が糾弾する際に陵虐を差止めなかったことは、官員にあるまじき心得方であり、「不埒」として笞三十に処すべきところ、閏刑をもって「三十日間の謹慎《きんしん》」とされた。川瀬に適用されたのは「不応為ノ重」、田島は「不応為ノ軽」であった。

なお、「新律綱領」にいう「閉門」とは、「門扉を鎖《とざ》し、生活必需品の差し入れ以外は、たとえ奴婢でも出入りを禁ずる」ものであり、「謹慎」は「家族以外の接見通信を禁ずるが、家族の接見や奴婢の出入りは許す」刑罰であった。

冤罪《えんざい》でひどい取調べを受けた三名の女性に対し、どのような対応がなされたかは記録に残されていない。「穢多・非人の称を廃し、身分職業ともに平民同様」との太政官布告（いわゆる「賤称廃止令」）が出されたのは、明治四年（一八七一）八月二八日のことであった。それから一年あまりを経過している。しかし、当時の官員たちには、なお強い差別意識と偏見があった。この官員たちの行動を知り、女性たちの受けた屈辱を思うと、ショックに身のわななくのを覚える。

この取調べに当った川瀬正春について、たまたまその後のことを知ることができた。彼は明治七年に大阪府を辞し、前記の代書代言人結社「北洲舎」に参加した。明治一三年に結社が解散した後も代言人活動を続けた。

### ［解説13］　明治二～五年ごろの大阪府の断獄関係者

さきの［解説11］では、鳥羽伏見の戦いの直後から大阪府成立までの状況を、元大坂町奉行所の与力・同心たちの再雇用を中心に紹介した。維新政府は、早々に旧幕臣を朝臣として再雇用することで、大阪の市中や周辺部の支配に大きな断絶や停滞を招くことなく、その統治を開始することが可能となった。ここではそれ以降の大阪府における元与力・同心の動向を、とりわけ断獄（刑事訴訟手続）担当者を中心に概観しておくことにしよう。

　現在知るかぎり一番古い大阪府の職員録は、明治二年（一八六九）五月のものであるが、これを分析すると、断獄担当部署――裁判のみならず警察や行刑を含む――は、依然として、元大坂町奉行所の与力・同心がほぼ独占して担当していた。とりわけ「糺獄方《きゅうごくかた》兼《けん》捕亡使《ほぼうし》」は当時の断獄の中心を担う部署であったが、若干名をのぞき、ほぼ全員が旧幕時の「盗賊方」経験者であった。

　また、職員録全体でも約九〇名の元大坂町奉行所与力・同心の勤務が確認でき、その比率は府兵隊や外国事務局を除けば、府職員全体の約三分の一強を占めた。つまり、発足当初の大阪府は、その府政全般にわたって、いまだ元町奉行所与力・同心らに対する依存度が非常に高く、彼らなしでは運営が不可能な状況にあった。

　しかし、旧幕臣に依存しない府政も徐々に築かれつつあった。明治二年九月から一〇月にかけ、大阪府内部では大きく部局編成の改革が進められた。そして、一〇月末、中央政府から人員削減の指導がなされたことを理由に、約七〇名弱の府職員の削減・異動が実施された。この人員削減は元町奉行所与力・同心のみを対象としたものではなかったが、結果的に彼らのうち二〇名あまりがこの時、府政から姿を消した。

また、すでに同年七月には太政官官制により、官吏には勅任・奏任・判任の別が設けられていたが、「維新の敗者」である旧幕臣の大坂町奉行所の元与力・同心らは、終始一番低い判任官に留め置かれた。大阪府の場合、判任官の任免権者は府知事であったから、彼らはこれ以降も人員削減の影響を直接被ることになった。

その後の大阪府職員録を分析するかぎり、明治四年（一八七一）七月の廃藩置県までの間、府全体に占める元与力・同心の数は、おおよそ六〇名程度と安定していた。ただ、拡大を続ける府の組織内にあって彼らの占める割合は徐々に低下し、これまでほぼ独占状態にあった司法・警察・行刑を担当する部署も、徐々に他の者たちに浸食されはじめた。また各部署での、上司は倒幕（あるいは非佐幕）諸藩出身者、下役が旧幕臣という傾向はいっそう進行していった。［解説3］で懐旧談を紹介した中村元嘉などは、その典型といえよう。

そして、旧体制との断絶を目指して断行された廃藩置県は、その後の大阪府の人事にも大きな影響をおよぼした。中央政府は同年一一月、各地方官に対し、事務引き継ぎ終了後に旧府県職員を全員いったん免職し、その後に新長官が新吏員を精選して登用すべき旨を通達していた。大阪府でも同月、この方針に沿って新たな辞令が交付され、その結果、元大坂町奉行所与力・同心を含む多数の旧幕臣が、府政から姿を消すことになった。

ほぼ約一〇か月後の明治五年（一八七二）一〇月の職員録には、府全体でも元町奉行所与力・同心の名はすでに計二〇人あまりしか見えない。これまで比較的彼らに対する依存度が高かった司法・警察・行刑担当部署においても、著しい比率の低下がみられた。またそれ以外の一般行政を直接担当する部署――たとえば庶務課・市務課など――からも、元町奉行所与力・同心はほぼその姿を消した。官員の選択的な登用と人員削減というこの新政府の施策は、かつて雄藩や大藩であった県では必ずしも貫徹しえなかったようであるが、大阪府は旧幕府直轄地であったがゆえに、かなり実施が容易であった。

もはや旧幕臣に大きく依存しなくとも府政を運営できる状況がすでに生まれていた。

# 流言

## 高野山末寺住職が函訴《はこそ》　明治四年

西成郡国分寺の住職観海（四四歳）は、罪に問われた。子細はこうである。

摂州西成郡国分寺《こくぶんじ》村の国分寺は、高野山圓通寺の末寺になる。その本寺圓通寺の僧龍厳ほか三人が、かつて行った祈禱《きとう》の内容について嫌疑をかけられ、五条県（大和国南部・河内国南部の旧幕領や旗本領、高野山領、十津川郷などを管轄した県）に召し捕られ、厳しい取調べを受け拷問に及んでいた。高野山惣代や僧侶と弟子たちが幾度も嘆願したが、聞き届けられなかった。

龍厳の附弟《ふてい》（法統を受け継ぐ弟子）三開が国分寺に来て言うには、龍厳ほか三人が「天下泰平、五穀成就、且は仏法興隆、外夷退散」の御祈禱をしていたところ、どのように聞き込んだのか捕縛され「高貴の御官員方を呪詛《じゅそ》」したであろうと責められている。しかしこれは全く事実無根の冤罪で、もし獄中で死に果てるようなことになれば嘆息の至りである。五条県にはたびたび嘆願してみたが、吟味中であると一向に取り上げられない。国分寺は末寺という由緒ある法統なので嘆願してほしい。三開は龍厳に付き添い、五条県での糾問の様子を承知していたので、観海にそうくわしく話をした。

話を聞いた国分寺住職の観海は、本寺の危機を救おうと、明治三年（一八七〇）一一月下旬、大阪から乗船し、翌月、東京に到着した。法縁のある渋谷の室泉寺を訪ねたが、住職は病気だと言って取り合ってくれない。同じく法縁のある湯島霊雲寺を訪ね、事の次第を報告して、しかるべき筋に嘆願をしてほしいと依頼したが、差支えがあると言って、やはり承諾してくれない。

頼りにして上京した先々で断られ、観海は、「盲者の杖を失う如く当惑」した。そこで、先に三開から聞き及んだてんまつを紙面にしたため、翌四年正月九日、民部省聴訟司に函訴《はこそ》（目安箱への訴えの投函）した。さらに同月一七日にも追加の函訴をした。しかし何の音沙汰もないので、同二二日に直接役所に出向き嘆願したところ、持参した書類を預かりになった。翌二三日に観海は呼び出され、子細に訊問されたが、役所は願書を受け取った。二九日に再び呼び出された観海は、身柄を大阪府の東京出張所に引き渡され、そこからさらに大阪府へと移送されることになった。

その途中、淀のあたりで観海は高野山の僧侶一行に遭遇し、彼らから龍厳ほか三人は処置が済み、高野山に戻ったと聞かされた。

七月一九日、函訴をした観海に対し、大阪府は次のように判決を下した。

高野山圓通寺とは本寺末寺という不可分の重要な続き柄にあるとはいえ、御糾弾筋があって、龍厳らが五条県から捕縛されて取調べられていることを気の毒と思い、管轄する役所をとばして、いきなり東京民部省聴訴司に訴え出たばかりでなく、訴状にいくつかの不実の内容を記載したことは不埒であり、「閉門七十日」を申し付ける。

「函訴」については、「新律綱領」の「訴訟律越訴条」（正規の役所を飛び越した上級役所への訴訟）のうちに、

若シ理甌《りき》（メヤスバコ）ニ文書ヲ投シ、事ヲ申訴《しんそ》シテ、実ナラサル者ハ、杖七十、事重キ者ハ、誣告《ぶこく》律ニ依テ論ス（誣告は事実と異なる内容での官への訴え）

と規定されており、観海は僧侶であることから、閏刑として杖刑の代わりに閉門を科されたのであった。

明治政府は旧幕府が各所に設置した目安箱の制に倣い、慶応四年（一八六八）二月下旬に、京都市中に目安箱を置いた。これを皮切りに全国各地に目安箱を展開していき、大阪には同年四月に、また東京にも七月に設置された。「五箇条の御誓文」にいう「広ク会議ヲ興シ万機公論ニ決ス」ための施策の一環でもあった。

民部省に訴状箱が設置されたのは、明治二年（一八六九）五月のことであり、箱の前には、

しかるべき筋を通して訴えることができず、やむを得ず直接訴える場合は、願いの筋を書面にし、署名押印のうえ、この箱へ入れよ。私利私欲をはかり、また作り事を申し出るならば、当然厳しく処罰する。

という旨の高札が立てられた。

ただし、目安箱じたいは明治三年（一八七〇）の中ごろから廃止の方向へむかい、明治六年（一八七三）六月には、太政官布告により各府県に設置されていた目安箱も廃止されることとなった。その背景には、のちに紹介するような裁判制度の整備があった。裁判所への提訴という道を開いたことにより、少なくとも政府にとっては、目安箱の存在意義が薄れたのであった。

## 軍事病院が小児を誘拐のデマ　明治五年

明治四年（一八七一）、大阪に軍事病院が開設された。同年一二月二五日には「城中、玉造門内に軍事病院を開設したので、来月三日の朝五つ時から夕七つ時まで諸人の拝見を許す」との府令が出されている。

上本町に住む大和屋伊兵衛（四二歳）は、明治四年三月、大工棟梁の下働きとして、兵部省《ひょうぶ》管轄の軍事病院で土蔵造営の仕事をしていた。

同月二五日、北浜の煮売屋に行き、酒を呑んだ後、この店は伊兵衛の得意先であったので、台所に

回り、家の者たちと雑談をしていた。

伊兵衛は酔うほどに口が軽くなった。このごろ、軍事病院が子供をさらっているとの市中のうわさであるが、先日も野畑坂の者から、七歳になる女の子がさらわれたので取り戻してほしいと頼まれた。さっそく病院に出向いて、その子を連れて帰ったとほらを吹いた。

そのあと、あちらこちらで用を済ませ帰宅すると、留守中に北浜から来たという女のほか数名が伊兵衛を訪ねて来ていた。安治川あたりの漁師が一二歳になるせがれを久宝寺町《きゅうほうじ》に丁稚奉公に出していたところ、二四日に家を出たままゆくえ不明になり、心を痛めている。ご当家のご主人は先日も軍事病院にとらわれた女の子をもらって来たとうかがった。この度も軍事病院にとらわれているのではないか調べて欲しい、というのである。伊兵衛は、表向きには恩徳を飾り、内心は後日、渡世向が繁昌する一助にもなるかと欲心を起こした。その日の夕刻、使いの者を出し、「さっそく病院に出向きいろいろ調べたが、それらしきものは居なかった」と、まったく出まかせを告げた。

伊兵衛のこの言動が兵部省に知れ、召し捕られて取調べを受けた。伊兵衛は、酒興に乗じて口を滑らせたと、ありのままを申しあげた。兵部省では、当節、軍事病院が小児を誘拐しているとのうわさがあるのに、このようないつわりを言い触らして人を惑わせるのは「重々不届」との吟味を受けた。兵部省はいちおう伊兵衛を取調べたうえで、身柄を大阪府に引き渡した。府では改めて伊兵衛を吟味のうえ、その処分に困り、六月に政府に対し次のような伺いを立てた。

最近、市中では小児誘拐の虚説が取り沙汰されており、伊兵衛の所業は人心を惑わせ容易ならざることであります。ところが「新律綱領」には、「不応為罪」のほかに適用すべき条文が見えません。他方、「明律」を見ると「妖書・妖言を造る者、皆斬」とあり、このような妖言をするものは斬刑としています。両者の刑の差があまりに大きいので、どのように刑を申し渡すべきか、お伺い申し上げる次第です。

翌明治五年三月初旬、ようやく司法省から、「杖七十」に処すべき旨の指図があった。すなわち「不応為の重」を適用せよとの意である。これを受け、同月八日、大阪府は伊兵衛に対し、諸人を惑わせたのは「不埒」として、「七十敲の杖刑」を申し渡した。

軍事病院は前章「太政官札の偽造」一件で紹介した仮病院の系譜をひくものであった。仮病院は明治二年（一八六九）七月に鈴木町の元大坂代官所跡に移転し、大阪府病院として診療と医学伝習を開始した。その中心を担ったのはオランダ軍医であったボードウィン（同年はじめにハラタマより引き継ぎ）と、緒方洪庵の次男惟準《これもり》であった。ところが、政府が同時期に大阪に医学校病院を開設したため、大阪府病院の地位は低下した。

同年九月、当時兵部省の大輔であった大村益次郎《おおむらますじろう》（長州）が京都で襲撃され、大阪府病院でボードウィンの執刀により右大腿部の切断手術を受けた。大村は適塾門下生として緒方らの冷遇に同情し、病床から軍事病院の開設を求める書簡を三条実美に送った。大村は一一月に死去したが、その遺志は継承され、兵部省による軍事病院の設立計画が進められた。

## 狐つきと称し世人を惑わす　明治五年

上野《こうずけ》国（現在の群馬県）の百姓の娘まさ（五五歳）は、一七歳のとき、同国の百姓に縁付いた。その後、むすこを出産したが、四一歳のとき夫が死去した。

四年前に、遠縁にあたる良次郎が、東国筋霊場参拝に出てきて安否を尋ねてくれた。良次郎は、まさ母子が貧窮のためその日をしのぎかねる状態であることを知った。上方では養蚕が始まったし、まさの生国は養蚕の盛んな地で手慣れた仕事であるから、上方に来れば暮らしていけるだろうと言ってくれた。そこでむすこを伴い、良次郎と同道して出立した。宗旨は法華宗なので、途中で身延山《みのぶさん》に参詣し、同所の光源寺に頼みこんで、先祖の菩提を弔うためむすこを弟子として置いてもらった。

大阪に着いたまさは、良次郎の家に住まわせてもらい、養蚕をする農家に日雇いをしてあちらこちらで働いた。しかし稼ぎは薄く、自分ひとりがしのぎかねる状態であった。心細いし、むすこの安否も心配になり、帰国したくなったけれども路用がない。いろいろ考えたあげく、自分に狐が乗り移ったと言って、人々の吉凶を予言すれば、きっとお礼をもらえるだろうし、これを貯めれば安気に帰国もできるであろう。名案だと思った。

明治五年（一八七二）二月二三日の夜五つ時（八時）ごろ、良次郎とその母親と雑談中に、まさはにわかに身を震わせ、

我はまさ産地に祀《まつ》りこれある於三《おさん》と申す狐にて、於三明神と唱え候間、まさに乗り移り、この辺

に近々火災あるを知らせ遣わし候間、長屋中にて確かなる者を呼び来たれ（われはまさの故郷に祀られているおさんという狐で、おさん明神と呼ばれておる。まさに乗り移り、このあたりで近く火災があると知らせてやるので、長屋の責任者を呼んでまいれぇ）

と唱えたので、良次郎はあわてて長屋の住人灰屋惣助を呼んで来た。そこで、先ほどと同様、まさは於三明神を名乗り、近々火災があるから気を付けるようにと言った。灰屋惣助もビックリ、なにぶん火災から守ってくれるように頼んでほしいと言うので承知し、狐は退散したと告げたので、惣助も帰宅した。

そのまま何日か過ぎたが、なにか火災の気配を見せなければ信用されないと思ったまさは、二五日の夜八つ時（午前二時）ごろ、良次郎に気づかれないよう手元にある火口《ほくち》に火をつけ、一〇枚ほどの紙で包み、便所に立つように見せかけて表に出た。そしてこれを長屋の住人宅の塀の隙間に挟み、何食わぬ顔で戻った。間もなく町内見廻りの者が見つけ、だれか火付けを仕掛けたものがあると騒ぎがおこった。

はたして惣助がやってきて来て、明神のお告げ通りになったので、心配だから、も一度後難の有無を訪ねて欲しいと言った。そこで小声で宗旨の題目を唱えているうち狐が乗り移った様子をして、火災が消滅しないので、厚く守ってやっているが、なお気になると述べた。惣助が真に受け、ひたすら頼むので承知したと答え、正気に戻ったふりをした。

その後、も一度証拠を見せておこうと思い、三月一日の夜、前と同様に付木五、六枚と火口を紙に包み、長屋内の別の住人宅の窓に挟んで置いた。ところが、翌朝これが発見されたにもかかわらず、だれも何も言ってこない。そこでなにか工夫をして謝礼を受けたいものと計画していたところ、事が露見し、まさは召し捕られた。

六月一二日、判決が言い渡された。

この事件の量刑には、さきに紹介した軍事病院の人夫の事件が参照された。去秋、軍事病院が市中の小児を拘引（誘拐）しているとのデマを流し、人を惑わせたものがあり、その処置について東京に伺いをしたところ、杖七十との指示があった。これは「全く不応為の重」とされたものと思われる。まさの犯罪はこれに類するから、「杖七十」相当として、収贖金一両三分の官納を申し付けるべきところであるが、無資産であることから「三十五日間の禁獄」を申し付けられた。

「新律綱領」では、重罪である放火は、女性であっても収贖を許さないこととされていたが、まさの場合は放火の外見を示そうとしただけで、「真」の放火ではないと見なされたことが幸いした。なお、まさは出所後に良次郎へ引き渡し、生国へ送り返すよう取り計らうこととされた。結果的にまさの望みはかなえられたともいえよう。

ちなみに同年四月、大阪府は「神子巫神《みこかんなぎかみ》おろしや稲荷おろしなどと称し、妖怪の所行を以て人々を惑わし、それを渡世とすることを以後堅く禁ずる」旨の布令を出している。

## まじないのお札売り　明治五年

難波村の西村幹之助（五八歳）は、これまで「まじない」をして金銭をもらい生業として過ごしてきた。赤い紙に文字を書き、諸難除けとか病気平癒ができると言って庶民に売りつけてきた。ところが昨四年（一八七一）四月に、このような渡世を禁止する府令が出た。府令の主旨は左の通りである。

巫祝《ふしゅく》（神事をつかさどる者）などが官の許可を受け、祈禱や呪禁《じゅごん》（まじないで物の怪をはらうこと）を神祭行事において正式に行うのは構わないが、平人の身でこれらを渡世としている者がいると聞く。もってのほかである。もっともこれまでの事は深く追及はしないので、以後は改めよ。もし心を入れかえない場合には、厳しく処罰を申し付ける。

しかし、にわかに止めろと言われても、長年これ一筋で過ごしてきた身には、もとより他の仕事ができるわけはない。たちまち生活ができなくなったので、昨年五月末ころから、赤紙一枚を五つに分けて切り、茨叢《いばらくさ》の古歌を書いたものをもって往来に立って売った。口の中で呪文をとなえ、居宅に貼りつけ、または土に埋め、あるいは寝所に敷いておけば、厄除けはもちろん、どのような病気にも利験があると言って、一枚につき銅貨一銭六厘で売り、生活のてだてとして一三か月の間しのいできた。売上代金は全部使い果たした。

吟味の結果、素人が加持祈禱にかかわることは禁止されており、いったん止めたけれども生活に困り、呪い同様の所業に及んだのは不埒であるから三十敲の笞刑にあたるが、まったく一時の心得違いであることをみとめ、「贖罪金二両一分」を申し付けられた。

幹之助に適用されたのは、「新律綱領」雑犯律のうち「違令」（布告などへの違反）条の軽いほうであった。

# 痴情の果て(2)

## 浮気な女房を斬ったはずが　明治四年

摂州東成郡猪飼野《いかいの》村の生まれの福松（三二歳）は、幼いころに大坂に出て、いとこの世話になりながら成長し、左官を営んでいた。

明治二年（一八六九）正月、福松は知人の泊茶屋へ遊興に訪れた。その際、かつという女を酌取りに呼び寄せ、情交におよんだ。その後は居宅へ連れ帰って寝泊まりさせることもあり、行く末は女房にもらい受けたいと思うほど深い仲となった。

そこで、かつの母親の後家とめと熟談のうえ、五月末からかつと同居することになった。ところが、かつには以前から不身持ちとの風聞があった。福松は身を慎むよう教訓を加えたが、かえって自分のことを疎んじているようにも思われた。「さてはうわさ通り、密夫がいるらしい」と疑念を抱いた福松は、かつにたびたび折檻《せっかん》を加えた。しかし、改心したふうにも見えないので、不快に思っていた。

翌明治三年（一八七〇）一〇月二八日の夜、かつは無断で家を出たまま帰らなかった。福松は何度もとめ宅を訪ねてみたが彼女はいなかった。「密夫といっしょにいるのだろう」と思ったが、ゆくえがわからないので、やむなく放っておいた。

一一月一一日夜、かつがふと戻ってきて、「折檻が怖くて、いったんは親元に身を隠してました。でも、心得違いと悟りました。以後は身を慎みます」と福松にわびた。密通の確かな証拠もないため、これまでの通り、かつを家に置くことにした。

同月一四日、福松は祝い事があり、親族たちを招いて酒宴をもよおした。だんだん酔いが廻りだしたころ、かつがまた断りなく家を出ていってしまった。「やっぱり思った通り、密夫のところへ行ったのだ」と疑念が募った福松は、「これまでいろいろと世話をしてやった恩も忘れ、不人情なやつめ」と憤った。酔いの勢いもあって「かつを威してうっぷんを晴らそう」と考え、脇差を帯びて外に出た。行く先を探ろうと、母親のとめ宅へ駆けつけた。家にはだれもいないようであったが、奥の間でかつが寝ているように見えた。これを見た福松は怒りのあまり、前後の見さかいなく脇差を抜き放ち、臥している女の首といわず身体といわず、めったやたらに四、五度も斬り付けた。悲鳴を聞きつけた隣に住む女が、駆けつけてきて止めようとしたが、福松はなおも脇差を振り回し、彼女がひるんだ隙に自宅に逃げ帰った。

ほどなく福松は召し捕らえられた。吟味のなかで福松は、自分が斬り付けたのは女房のかつではなく、とめの孫でくにという女であったことをはじめて聞かされた。手に掛けたのは女房ではなく、義理の姪であった。くには頭部を一か所、左肩を一か所、左足を二か所、右足を一か所斬られ即死であった。また、止めに入った隣家の女も右手の指三本に、うち一本は切断するほどの傷を負った。

かつの供述によると、福松の折檻が怖くて無断で家出するたび、母とめ方に身を隠してはいたが、姦通は全くしていないとのことであった。その後の府の調べによっても、密通の事実は出てこなかった。

大阪府は一二月末に弁官に伺いを立て、四年（一八七一）正月に福松に対し、「斬罪」の指令が下された。

## 徒刑場の恋　明治四年

大和無宿のかね（三四歳）は、去年（明治三＝一八七〇）の三月末、盗みの咎により八百日の徒刑を科せられ、徒刑場に引き渡された。女ばかり四人組で買物するふりをして、呉服店や往来の商人から反物などを盗んだかどであった。入所に際しては厳しい掟《おきて》を申し渡された。

徒刑場の女部屋には、焚場人足の清吉が毎日、食べ物や湯茶を運んでいた。清吉は二四歳、明治二年二月に盗みの咎で千五百日の徒刑を言い渡されていた。かつての奉公先へ時候の見舞いに訪れた際、だれもいないのを幸い店の商品を盗み、その後、露見を恐れて様子をうかがいにいった時に、なおも衣類などを盗んだかどであった。その後、徒刑場では焚場の働き方を命じられていた。

清吉は毎日湯茶などを運んでいるうち、かねと懇意になった。清吉が親切な言葉をかけてくれるので、かねは彼を恋しくなってきた。かねがね仰せ渡されていた徒刑場の掟も忘れ、明治四年（一八七一）四月の下旬、清吉が食物を運んでくれたとき、かねは見張り番の目を盗んで、自分の思いを打ち明けた。そして、刑期が済んだら夫婦になりたいと告げた。清吉は承知した。その場はそれだけで別れた。

その後、清吉は自分の布団を洗濯してほしいと、見張り番人に依頼して、ひそかにかねに届けた。かねが受け取った布団を改めると、中に切り取った清吉の髪の毛が入れてあった。これは満期になった時、言葉だけでは心変わりがないようにと、平常お渡しの剃刀でひそかに髪の毛を切って布団に包み込んだのである。かねは彼の思いを察し、清吉への恋慕の情はいよいよ募った。

かねは、相部屋の徒刑人たちには無断で、お仕着せとして部屋内に渡された紺絣《こんがすり》の単物《ひとえもの》を解き、清吉のために袖なし襦袢を縫い上げた。かねは、そのえりの中に自分の髪の毛を切って清吉への思いとともに縫い込んだ。そして、さいぜん頼まれた布団の洗濯ものといっしょに、この襦袢を清吉に届けた。

清吉は受け取って、部屋内で改めたところ、えりの中に切髪が縫い込んであるのを見つけた。さては、かねも違約しない心づもりと知り、嬉しく、大事にしまっておいたところ、事が露見した。

吟味の中で清吉は、かねは被差別部落の者だと聞かされた。また、仲立ちをした徒刑場の番人はゆくえをくらましていた。

七月一八日、二人は徒刑場から牢に移された。

九月二〇日、判決が言い渡された。

清吉とかねは、刑中の身分を慎まず、かねは官給の衣類を勝手に清吉に差し遣わし、清吉はもらい受けた。密通はしなかったけれども、満刑になれば互いに夫婦となろうと契約したことは、「不届」なので、清吉は「不応為重」として「杖七十」、かねも同様であるが、女性であるから

「禁獄三十五日」とする。なお、両人ともこの処置が済んだのち、徒刑場に差し戻す。

## いったん離縁、再縁の後に姦夫を殺害　明治四年

生玉屋松次郎（四四歳）は、村々を回って稲こき道具の行商を渡世としていた。いまから二九年前に知人が仲人になり、伊勢の百姓の娘かよと結婚した。六歳年上の姉さん女房であった。松次郎は商売で出歩くために留守がちで、かよは手内職をして過ごすことが多かった。この知人方には、以前から伯耆国《ほうきのくに》（現在の鳥取県西部）の生まれの寅蔵という男が日雇いで雇われていた。辰年（慶応四＝一八六八）の正月、その寅蔵が松次郎の留守中にやってきて、かよを口説いた。かよは何度も断ったが、綿々と口説くものだから悪い気はせず、とうとう求めに応じ情を通じた。二人は何度か通じているうちに世間のうわさになり、松次郎の耳にもこれが入ってきた。

翌巳年の正月ころ、松次郎の留守中に寅蔵がやってきて、かよが入っているこたつに向かい合わせに這入り世間話をしていた。間の悪いことに、そこへ松次郎が帰ってきた。姦通の証拠とは言えないが、松次郎の疑いはますます強くなり、二月になってかよを離縁した。

その後、松次郎は後妻をもらったが、家事もうまくできないので離縁し、独り身になった。そのうち、間に立つ人があって、その年の一二月ころ、松次郎は離婚したかよと再縁した。その後は二人でむつまじく暮らしていた。ところが、そのうち以前の通りまた、かよと寅蔵が姦通しているとのうわさが松次郎の耳に入るようになった。寅蔵が家に来ることはなかったけれども、松次郎は不快を覚えていた。

明治四年（一八七一）四月二四日の夕方、松次郎が知人方から帰ろうとしたとき、同じ町内のある家に入ろうとする寅蔵の姿を見受けた。そのふるまいが松次郎には、自分を馬鹿にしているように見えた。怒りに堪えかねた松次郎はいったん帰宅し、かねて所持の短刀を懐に入れ、その家に押しかけた。家のあるじは不在で、その女房と寅蔵が居合わせた。かよと姦通したのは不人情だとなじると、寅蔵は「そんな事はしていない」と言って、わびるどころか、かえってつかみかかってきた。松次郎は憤怒にたえず、短刀で四か所ほど突き刺した。寅蔵は倒れ即死した。松次郎は一時の怒りにまかせて殺害に及んだことを後悔し、その場を去らずにいたところを召し捕らえられた。

六月下旬、大阪府は二人の処置の判断に困って、東京に次のような伺いを立てた。

最初、松次郎が女房を疑って離縁したが、その後に再縁したということは、彼女の姦通行為を許したからであり、そのうえで寅蔵を刺殺したのは「故殺」と判断するべきか、そうだとすれば、女房かよは無罪となるか。

はたまた、松次郎が寅蔵を刺殺した時点では姦通の確証がなかったが、その後の調べにより、離縁前に姦通があったことは明らかである。姦通の現場において殺害したものではないが、夫が姦夫を殺害した場合の罪に処してもよいであろうか、そうなると女も夫のある身だから、姦通の罪は免れず、犯姦律を適用すべきであろうか。律例に正条がないので、よろしく御指図をお願いする。

この伺に対して、司法省は何らの理由を付さず、松次郎と同人女房かよの両名を「徒三年」と指示した。おそらく府の示した二案のうち、後者を採ったものと考えられる。

一二月四日、大阪府はこれを受け、松次郎とかよの夫婦にそれぞれ「徒三年」を言い渡した。

## 旧幕府の能役者、娘二人と密通　明治五年

幕府お抱え能役者の小松原萬之助（四七歳）は、元治元年（一八六四）に眼病を患い、ご利益《りやく》を得るために諸国の寺社を巡拝しようと思い立ち、妻とともに江戸を出立した。諸国の社寺をめぐり歩いて、同年五月には京都に滞在していた。そこで渡辺なにがし方の下女と密通のうえ家出をさせ、いろいろな品を持ち出させたのが露見し、「入墨の上門前払」となった。「門前払」とは軽い追放刑で、申し渡しを受けた役所の門前から追い払われるものであった。その際、身分も失い庶民となった。

その後、能勢《のせ》妙見に参詣するつもりで池田《いけだ》村までやってきた。そこで発病し困っていたところ、その地の升屋勝兵衛の世話になって養生しているうち、だんだん勝兵衛と親しくなった。同家の納屋を借り受け、謡曲や茶の湯の指導をし、多くの人々の恵みを受けて過ごしていた。勝兵衛にはなつという娘がいたが、慶応元年（一八六五）五月ころ、萬之助はこの娘と密通した。妻は離縁して尾張の国の親元に帰した。

その後は、なつを女房同様にして暮らしていたが、借金が増えてどうにもならなくなり、明治二年（一八六九）正月に、なつとともに駆け落ちして東京の実家へ立ち戻った。ところが、幕府崩壊の騒ぎで実家はいうまでもなく、親族や懇意の者たちも離散していて、頼るべきところもなくなっていた。

しかたなく、同年八月、また池田村に戻り、翌明治三年七月になつを離縁した。翌月、こんどは同村の左官の娘はなと密通したが、借金は増えるばかりで生計の手段もないので、またぞろこの女と駆け落ちした。京都、江州、備前、駿河と知る辺を頼ってしばらくずつ厄介になり、明治四年二月に東京にまいもどった。しかし、思わしいこともなく、はながぜひとも親元に帰りたいというので、やむを得ず連れ立って池田村に戻った。その後、はなの親にわびを入れ、同人別宅の隠居にいたところ召し捕られた。

明治五年（一八七二）四月、萬之助・なつ・はなの三人に申し渡しがあった。

萬之助は、先年姦通の科により入墨となったのに身分を慎まず、なおもなつ・はなの二人と姦通に及んだことは「不埒」につき、「新律綱領」和姦条により「七十敲の杖刑」。なつ（二二歳）は、同じく和姦の罪により杖七十のところ、女性であるため禁獄にかえ「七十日間の禁獄」。はな（二五歳）は、萬之助と駆け落ち（脱籍）した罪は八十の杖刑、和姦は七十の杖刑にあたり、「二罪倶発」でより重い罪により八十の杖刑に処すべきところ、脱籍は収贖を許し、和姦はこれを許さない犯罪であるため、この場合和姦のほうが重い。したがって杖七十のところ、女性であるために「七十日間の禁獄」、とされた。

なお、脱籍について、はなだけが罪に問われたのは、明治二年（一八六九）四月の行政官布告により、脱籍浮浪人の本籍地への引き戻しが促された際、前年（明治元年）の大赦に準じて「すべて前罪差免《さしゆる》し」とされたからである。なつの駆け落ちは明治二年正月であったため、この恩典に浴したのであった。

## 同居人が妻と密通、第三者による私和《しわ》　明治五年

長堀橋筋《ながほりばしすじ》二丁目の本条治兵衛は、身体が弱く、家業も十分にできなかった。そこで、去る卯年（慶応三＝一八六七）一二月から吉田辰蔵（三三歳）に頼んで、住み込みで商売の世話をしてもらっていた。辰蔵は手代同様に仕事に精を出した。治兵衛のほうでは、ゆくゆくは辰蔵を養子にしようかという含みもあった。

住み込んでから三年目の明治三年（一八七〇）一〇月はじめ、辰蔵は酒の酔いにまかせて、治兵衛の妻いと（四四歳）に密通を申しかけた。いとはいちおう断ったが、辰蔵は聞き入れないので、やむを得ず身をまかせた。

もともと六、七月ころから治兵衛は、「同居していてもそれだけの商売がある訳でもない。わりに合わないから別宅した方が良いのではないか」と言い出していたが、妻の密通に勘づいたのか、その後も治兵衛は、辰蔵へしきりに別宅を催促するようになった。辰蔵としては、長いあいだ手代同様に精勤してきたのに、治兵衛が仕分け方（のれん分け）については触れず、近ごろは自分に対する態度も以前とは異なることが気に入らなかった。そこで翌四年の正月五日、辰蔵は治兵衛には無断で得意先を回り、七両ばかり集金して勝手に使い果たした。そして、それきり治兵衛宅には戻らなかった。

その後辰蔵は、これでは自分の利益にはならないと思い、瓦屋町《かわらやまち》五番町の高山新兵衛（五七歳）に頼みこんで、治兵衛にわびを入れてもらった。治兵衛は、勝手に得意先から集金し使ってしまったことはしかたがないし返済には及ばないが、別宅するまではこれまで通りに同居するようにと応じた。

間に入った新兵衛は、辰蔵に対し、使い込んだ金子は、治兵衛からもらったことにして請取書を出すのが良かろうと言った。これを聞いた辰蔵はその時酔っており、治兵衛の態度も気に入らなかったので、「わずか七両ばかりの金をもらって別宅もできないのなら、直に談判する」と言って、威しのために有り合せの出刃包丁を携帯し、治兵衛宅に赴いた。そして、「相当の金子を渡すか、女房いとを渡すか、返答はいかに」と持参した包丁を治兵衛宅の畳に突き立てて迫った。そこに新兵衛が来あわせて、あれこれとなだめたが、折悪しく近所で火事騒ぎがあったので、辰蔵は新兵衛ともども駆け出して帰宅してしまった。

その後、治兵衛からも取扱人（仲裁人）を出し、新兵衛も中に立ち、治兵衛からは商売の元手金として、前借り分を合せ二五両を辰蔵に渡し、辰蔵からは治兵衛の妻との密通詫《わ》び証文を差し入れて和解が成立した。

その後、辰蔵は治兵衛の家を出て、瓦屋町四番町の借家に住居していたが、明治五年（一八七二）七月、大阪府に召し出され、取調べのうえ入牢となった。

翌八月、大阪府は司法省に対し、

辰蔵の所業は、いととの「犯姦」と、治兵衛への「恐喝取財」の二つに該当する。この場合「二罪已上俱発」によって、より重い罪（この場合は「犯姦」）で処断すべきと考えるが、辰蔵は凶器を携えての強談であるので、どう判断すればよいか

と伺いを立てた。

司法省からは、辰蔵・いとの両名には「和姦夫アル者」を適用し、それぞれ「徒三年」を、また、

私和（事を表ざたにせず解決）した新兵衛には「不応為ノ軽」を適用し、「笞三十贖ヲ聴《ゆる》ス」、との指令が下った。

これを受け、辰蔵に対する判決は、慶応三年（一八六七）一二月以来、本条治兵衛方で稼業の世話をしているうちに同人妻と密通し、その件が露見し治兵衛から別居するように言われ、仕分け金を寄こさないからといって、治兵衛の得意先からの請取金を自儘《じまま》（自分の思うまま）に使った。仲人を立てて和解したが、出刃包丁を畳に突き立てての強談におよび、金を貪りとったのは不届きとして「三年間の徒罪」、なお、貪り取った金子二五両は治兵衛に償うこと、との内容であった。

また、治兵衛の妻いとは、夫ある身を慎まず、辰蔵と密通したことは不届きとして、「三年間の徒罪」を申し渡された。

頼まれて和解の仲人となった高山新兵衛は、密通事件に仲人となり、和解させた行為は不埒につき、三十蔵の笞刑に該当するが、一時の心得違いによるものであるとして、「贖罪金二両一分」を申渡された。

## 離縁した妻を殺す　明治五年

幸助（二八歳）は、紀州有田《ありだ》郡に住んでいたころ、同じ村の娘しかに密かに通じて夫婦となったが、二人で国元を脱走し、明治四年（一八七一）六月からは大阪の西成郡天王寺村で野番をして過ごしていた。

一一月ころ、幸助は天王寺村にいた女と密通した。しかは嫉妬したが、かねてから身持ちが悪くもあったので幸助から離縁された。その後、幸助は人力車曳《ひ》きの雇われ人足として働いていた。

しばらくして、別れたしかから、「よりを戻していっしょに暮らしてくれ」と何度も言ってきた。明治五年五月中旬のある日、幸助は道でしかとばったり出会った。しかが今から今宮《いまみや》村の野小屋に来てくれと言うので同道した。そこで、しかは「前に天王寺村の男から私がぶたれたのは、あんたの差し金だろう」と言い、さんざん悪口を並べ立てた。腹が立った幸助は脅してやろうと思い、雇い主方に戻りひそかに出刃包丁をもって、しか方へ出向いた。

「もし改心するならまた同居することも考えるが、改心しないならば突き殺す」と言って出刃包丁を見せたが、しかは一向に驚くふうも見せなかった。しかたがないので帰りかけたところ、しかが後ろから追いかけてきて「殺してくれ」と言い、幸助に取りすがって離れない。そこで数か所切りつけ殺害した。

同年一〇月、幸助に対する処置について、大阪府権知事渡辺昇《わたなべのぼる》（肥前大村藩）は、司法卿江藤新平あてに伺いを立てた。幸助はすでにしかを離縁しているから、「殴傷妻妾」律（夫の妻妾への暴行・傷害・殺害）は適用しがたく、一般人として故殺律を適用し、斬罪に処すべきかというものであった。

司法省からは「伺いの通り」との回答があって、幸助は「斬罪」となった。

## 子どもと貧困

### 小児を非人に売る　明治四年

西高津新地に住む日雇い渡世の弥助（四九歳）は、水汲みをして細々と暮らしていた。妻のぶ（三三歳）が懐妊した。子供ができても二人の収入ではとても養育はおぼつかない。そこで夫婦は話し合って、出産したときには何ほどかの養育料を添えて、よそにやろうと決めた。

六月一一日の夜、のぶは女子を出産した。弥助は養育料として金札三両を用意し、その子を抱いて長町あたりに行き、非人に渡そうと家を出た。日本橋近辺にさしかかったところ、住所名前はわからないが、二四、五歳に見える女非人に出会った。弥助は、女を呼び止めて、養育料を添えるから、この子をもらってくれないかと話しかけたところ、女は「ちょうど乳も出ますから、もらいましょう」と言うので、女の子と金を渡して別れた。

ことが露見した。取調べにさいして、女房のぶは、あの子を非人にやったとは知らなかった、身元の確かな先に渡したとばかり思っていた、お取調べで弥助が話したので初めて知った、と述べた。弥助が、赤ん坊を渡した非人の女はゆくえ不明であった。

弥助の罪は、「不応為軽」に当り、「不埒」であるから「笞三十」。

のぶは、女性であり、生まれたら他人に遣ることにすると話し合っただけで、名前住所もわからない非人に遣ったのは弥助ひとりの了見であるから、罪は弥助が負うべきものである。しかし、もらってくれた先のことを弥助に尋ねもせず、吟味のときまでほっといたのは「不念」であるから「急度叱り」と言い渡された。

ちなみに、近世の大坂では飲用水に不自由し、舟で淀川から水を汲んできて市中を売り歩いた。明治十年代のコレラの流行により、上水道の必要性は痛感されていたが、実際に工事に着手できたのは、はるか後の明治二五年（一八九二）のことであった。

## もらい子殺し三件　明治四年

（その一）

摂州東成郡今福《いまふく》村に住むきよ（三四歳）は、九年前に野江《のえ》村の百姓に嫁いだが、夫とは口論が絶えず、離縁されて実家に戻った。実家は父の死後、兄が相続しており、きよは産婆をして家計を助けた。しかし、兄が病気がちのうえに老いた母や幼い者たちもおり、その日の暮らしにも差し迫るほどであった。

そこできよは、母乳がいくらか出るのを幸い、養育料付きの子どもをもらい受け、当座をしのごうと考えた。あちらこちらに頼みこんでおいたところ、明治二年（一八六九）五月、摂州吉右衛門肝煎《きちえもんきもいり》地《ち》に住む女の口次（仲介）で、親元知れずの三歳ばかりの男の子を、養育料三両二分付きでもらい受けることができた。

ところがこの子が病にかかり、昼も夜も泣きたてるようになった。貧しい自分にはとても育てられないと考えたきよは、「この子は病死させた方が互いの幸せ」と思うようになった。そこで六月五日と六日の両日、この病気の子を抱いて近くの湯屋へ行き、風呂に入れた。子どもは容体が悪化し、ほどなく亡くなった。隣家のものたちには急死といつわり、彼らにも手伝ってもらって村の墓地へ送り、亡骸《なきがら》を火葬した。

その後、九月二一日に再び同じ女の口次で、河州深江《ふかえ》村から、産まれて一年もたたない男の子を、養育料四両付きでもらい受けた。ところが、きよの乳が出なくなってしまった。しかたなく、柄をぬいた杓に木綿布を結びつけ乳房のかたちに似せたものをこしらえ、これに米粉を煎じて砂糖をまぜ白湯《さゆ》で溶いたものを入れて飲ませていた。

一〇月ごろ、この乳呑み子の舌に腫れ物ができ、昼夜を分かたず泣きたてるようになった。これでまた子育てがうっとうしくなったきよは、同月一八日、この子の米粉汁を熱湯で作ってむりやり飲ませた。子どもはたちまちのうちに死んだ。きよは前同様、隣家には急死といつわり、村の墓所へ送って火葬にした。

さらに明治三年（一八七〇）九月五日、きよは同じ村に住む男から、「福嶋《ふくしま》村に捨てられていた二歳ほどの男の子に養育料を添え、乳が出る女がいれば預けたいという者がいる」と知らされた。きよの乳はもう止まっていたので、乳の出る知人の女に頼んで福嶋村までついてきてもらった。そして、この女がもらい受けるといつわり、一〇月一五日に養育料五両一分とともに子どもを連れ帰った。もとよりきよに子育てをする気はなく、暮らしの一時しのぎのための金欲しさからであった。「また病気になって難儀する前に捨ててしまおう」と考えたきよは、翌一六日、子どもを連れて大阪に出た。子どもは湊町の人家の軒下にこっそり捨て、自宅に逃げ帰った。

こうして手にした金のなかから、口次料を支払った残金一一両たらずを手にしたきよは、その金をすべて当座の暮らしにあてていたが、やがて露見し、明治三年一一月に大阪府に召し捕らえられた。大阪府は翌四年三月、「絞罪」相当として伺いを立てたが、弁官からはそれよりも一等重い「斬罪」の指令が下された。

（その二）

いち（三四歳）は身持ちが悪く、一〇年ほどまえに無宿となり、長町の木賃宿に泊まりながら市中を袖乞い（物乞い）に廻って、その日暮らしをしていた。四年前の慶応三年（一八六七）五月ごろ、毛くず買集めを渡世とする無宿の男と密通し、夫婦同然に暮らしていた。

明治二年（一八六九）二月ごろ、いちは妊娠したが、七月に流産してしまった。乳も出るし、心さびしくもあったので、もらい子をしたいと知人たちに頼みこんでおいた。翌八月上旬、同じく長町の木賃宿に住む無宿の女が、産まれて一年も経たない女の子に養育料として金二両と銭八〇〇文を添え連れてきた。

いちはこの子を育てていたが、体調がすぐれず、乳もほとんど出なくなった。赤ん坊は昼夜を分かたず泣くので、気障りとなったいちは、「この子を毒殺しよう」と考えるに至った。

そこで下寺町《したでらまち》あたりの名もしらぬ店で鼠取薬を買い求め、これを白湯にまぜて子どもに呑ませた。

女の子は同夜、毒にあたったらしく、強く泣き立てたのちに亡くなった。夫には病死といつわり、死骸は天王寺村の野小屋に住む男に頼んで埋葬してもらった。この男には世話料として銭五〇〇文を渡した。

その後、ますます暮らしに困るようになったいちは、養育料をせしめようと悪心増長し、「さいぜんの子は死んでしまったので、代わりの子をもらいたい」と知人に頼んでおいた。九月上旬、長町に住む男が、生後一年も経たない女の子に養育料として金三両を添えて連れてきたので、もらい受けた。

この男には金三分を世話料として渡し、子どもを育てていたが、やがて赤ん坊は疳病《かんびょう》（いわゆるかんの虫）になり、しきりに食べるようになった。乳は出ないので食べ物を与えていたが、そのたびごとに大便をもらすので、いちは育児が疎ましくなった。

一二月下旬、いちはこの女の子ののどを手ぬぐいで絞めて殺した。夫にはやはり病死といつわり、死骸はまた天王寺村の男に頼んで埋葬してもらい、世話料として五〇〇文を渡した。

明治三年（一八七〇）八月初旬、天王寺村堀越《ほりこし》町の野小屋に住む無宿の女が、やはり生後一年も経たない男の子に銭一二貫文を添えて連れてきたので、もらい受けて育てはじめた。

しかしやはり乳も出ないし、育児が疎ましくなったいちは、またまた下寺町あたりの名も知らぬ店で鼠取薬を買い求め、これを白湯にまぜて男の子に呑ませた。夕刻、この子は毒がまわったのか亡くなった。夫にはやはり病死といつわり、死骸は古襦袢で包んで、西寺町《にしてらまち》の辻に捨て置いて帰った。夫には墓所へ葬ったといつわっておいた。

やがてこれが露見し、一一月にいちは召し捕らえられた。明治四年（一八七二）正月、弁官はいちに対し、「斬罪」の沙汰を下した。

（その三）

摂州西成郡稗嶋《ひえじま》村に住む市松（四七歳）は乾物を商っていたが、不幸が続き、その日の暮らしにも困るほどに貧しかった。そこで妻のきん（四二歳）と相談のうえ、乳がたくさん出るわけではないが、養育金付きの小児をもらい受けて当座をしのぐことにした。

知人に頼んでおいたところ、明治二年（一八六九）三月ごろ、同じ村のある男が、「曾根崎新地の町会所で書役を勤める男が、養育料七両を添えて、生まれて間もない男の子のもらい手を探している」と知らせてきた。これ幸いと夫婦はこの子をもらい受けた。ところがひと月ほど過ぎたころに病気にかかり、昼夜を分かたず泣き立てるようになった。

きんの乳の出も悪く、貧しさから子育てが続けがたくなった夫婦は、どちらともなく「このまま病死させたほうが互いの幸せ」と考えるようになった。そこで薬も乳もほとんど与えずにおいたところ、とうとうこの乳呑み子は死んでしまった。仲立ちをした男はじめ近隣の者には、病死といつわって埋葬をすませた。

その後、明治四年（一八七一）三月ごろ、同じ村に住む別の男が「うちの村の娘が産んだ女の子を、養育料五両を付けてもらい手を探している」と知らせてきた。その男の世話で夫婦は、この女の子をもらい受けて育てていたが、やはり病気になってしまった。

「このまま子どもを抱えていては仕事に差し支える」と考えた夫婦は、五月七日、この子を家に置き去りにしたまま、戸締りをして稼ぎに出た。夜になって帰宅してみると、終日乳も与えられなかったこの子は餓え死にしていた。世話人の男や近隣の者には、やはり病死といつわって埋葬したが、今回は不審がかけられ、夫婦ともに召し捕らえられた。

同年九月、大阪府は司法省に対し、夫婦ともに「絞罪」相当として伺いを立てたが、同省からは市松に「斬罪」、きんには「絞罪」を科すべき旨の指令が下された。

### ［解説14］ 司法職務定制《しほうしょくむていせい》 ― 司法と行政の分離をめざして

明治四年（一八七一）七月、政府はこれまでの刑部省と弾正台を廃止し、両組織の事務いっさいを引き継ぐかたちで司法省を設置した。同年九月には、大蔵省が有していた民事裁判事務も司法省に移され、司法省が民事・刑事の両裁判権をその手に収めることとなった。

翌五年四月に江藤新平が初代司法卿に就任して以降、司法制度改革は急速に進んだ。同年八月、司法省は「司法職務定制」と称する、こんにちの刑事・民事両訴訟法と裁判所法をあわせたような性格を有する規程を定めた。二二章立て全一〇八条からなる大部なもので、フランス人のお雇い外国人ジョルジュ・ブスケが起草に寄与し、フランスやオランダの制度をも参酌したものであった。

裁判組織に関しては、通常の断獄（刑事事件）であれば区裁判所、府県裁判所、司法省裁判所（遠隔地の場合には出張裁判所）が扱うこととされた。ただし、区裁判所は「笞杖」が上限であり、吟味の結果、「徒刑」以上と判断された場合には府県裁判所に送致しなければならなかった。府県裁判所は全事件を扱えるが、「死罪」については司法省に伺い出ることとされた。区裁判所の判決に不服がある場合には府県裁判所に、府県裁判所の裁判に不服がある場合には司法省裁判所に「上告」することができるとされた。こうしたいわゆる「審級制」が採用されたことは、これまでとは大きな変化であった。

また、「検事局」が設置され、訴追する組織と審判する組織が分離するきっかけとなった。検事は裁判に陪席し、判事らによって非違が行われないかを監視する役目も負っていた。加えて「証書人《しょうしょにん》」「代書人《だいしょにん》」「代言人《だいげんにん》」といった、こんにちの公証人・司法書士・弁護士の前身にあたるものも、このとき定められた。ただし、代言人の断獄への関与は許されず、専ら聴訟（民事事件）にのみ活動を許された。

その断獄手続きは、大きく四つの段階に分けられていた。

（一）最初が「初席」と呼ばれ、一件を担当する判事・解部《ときべ》を決定し、判事が罪人をいちおう訊問する手続きであった。

（二）次は「未決中」で、拘留した罪人を解部が何度か糺問し自白を取った。その結果は判事に報告することとされた。この段階で自白が得られなければ、判事が訊問し、それでもだめなら拷問にかけた。

（三）ついで「口書読聞せ」となり、録取した口書の案を解部が読み聞かせ、確認後に判事・検事がこれに連判し、最後に罪人に爪印（指先に墨をつけて捺す）をさせた。

（四）最後は「落着」で、判事が口書に則して刑を決定のうえ、罪人に申し渡すという手続きであった。

こうしてみると、裁判組織にはたしかに西洋法の影響がうかがえるが、各裁判所で行われる「断獄」手続きは、依然として旧幕府時代の吟味筋と大きく異なるものではなかった。自白強要のための拷問も依然として認められた。しかも、「新律綱領」に規定されていた拷問は「訊《じん》杖《じょう》（竹片をわらで包み麻縄で巻いた三尺（約九〇センチ）の棒で叩く。江戸時代には笞打と呼ばれた）」のみであったが、明治六年（一八七三）二月の「断獄則例《だんごくそくれい》」により、「算板《そろばん》（三角の角材を敷き詰めた上に正座させ、膝の上に重石を重ねていく。江戸時代には石抱と呼ばれた）」が追加された。そして、訴訟手続のなかで実質的な部分を担っているのが判事よりはむしろ、解部や史生《ししょう》を中心とする実務法曹とでも呼ぶべき人々であったのも、また同様であった（「解説3」「解説9」も参照）。

また、審級制の根幹となる府県裁判所や区裁判所の設置もなかなか進まなかった。府県裁判所を設置できないところでは、従来どおり府や県の断獄を担当する課が、取調べや裁判を行った。大阪府でさえ、大阪裁判所の開庁は翌明治六年（一八七三）一月であり、それまでは府の鞫獄課・聴訟課による裁判が続けられた（「解説15」も参照）。

「司法職務定制」では、こうした府県の裁判に不服がある場合は、司法省裁判所へ上告することとされていた。

# 贋　金(3)

## 贋金一味を誤判で釈放　明治四年

明治二年（一八六九）四月の中旬、油掛町《あぶらかけちょう》で古道具屋を営む卯兵衛（四〇歳）のもとを、平内と甚五郎という二人の男が訪れた。男たちが言うには、「今度、さる西国筋のお屋敷から注文を受け、二分金をこしらえる事になったが、元手を出してくれる者がいない。見手本（サンプル）だけにでも取りかかろうと思うが、これとて一八両ばかりの金が入り用だ。だれか元手を出してくれる者はいないだろうか。もし出来がよく、おいおい鋳造ということになれば、藩から扶持や給料が下されるそうだ」とのことであった。

卯兵衛は「さし当たり思い浮かぶ者はいないが、いちおう聞き合わせてみる」と答えておき、この話を知人で乾物屋の徳兵衛（二四歳）に持ちかけてみた。かなりあぶない話とは思ったが、二人とも暮らしに困っていたため、金を出す者を紹介すれば身分を取り立ててもらえるのでは、と話に乗ることに決めた。

徳兵衛はさらに、知り合いで奉公稼ぎ渡世の源太郎（二五歳）にも相談してみた。源太郎は「『さるお屋敷』だけではどこの藩かも分からない。怪しい」と渋った。一同が迷っているところに甚五郎がやってきて、「さいぜんの話の『屋敷』というのは備前藩のことだ。近ごろ諸藩では『国違』などと称して、こういう金を通用させている。心配しないで取りかかってくれ」と改めて頼みこんできた。

これを聞いた源太郎は、もしうまくこしらえて備前藩の屋敷へ差し出したならば、男たちが言う通り扶持や給料をもらえるのでは、と欲が出てついに承知した。そして、「見手本に入り用な金は俺が工面する」と平内に伝えた。しかし、金策のあては全くなかった。

そこで源太郎は、知人の彦太郎（三七歳）がわけあって隠し持っていた西洋銃三挺をこっそりと盗みとり、卯兵衛と徳兵衛に打ち明けて換金を頼んだ。二人は鉄砲を知り合いに、払い下げ品といつわって預け、一八両を受け取った。源太郎はほかに一〇両をなんとか工面し、あわせて二八両を平内に渡した。

ようやく元手を手にした平内は、腕のたつ飾り職人の久六（二四歳）に、「二分金の型を彫ってくれないか」とこっそり持ちかけた。久六も悪事とは分かっていたが、貧しさのあまり工賃欲しさに引き受けた。平内からは諸入用として一四両を受け取った。

久六はまず、ほんものの二分金の文字などを写し取って型紙を作った。それから摂州路のひと気のない山中にむしろがけの小屋を建て、六月九日ごろからひとりで偽造に取りかかった。鉄に型紙をあてて彫刻した。贋金の地金には銅を使うことにした。銅に銀を混ぜて延べ板に仕立て、二分金の寸法に切り離して彫り型を打刻した。これに、金箔と水銀を調合のうえ白焔硝《えんしょう》・ロウハ・クンロク・タンバンを加えたものを、焼塩を触媒にして焼き付け、本物そっくりの金色に仕立てるつもりであった。ちなみに、ロウハは緑礬《りょくばん》、クンロクは樹脂化石、タンバンとは緑色の銅釉のことだそうである。飾り職人にはこうした知識があったのであろう。

こうして久六は、贋二分金の見手本を六〇両分ばかり作ってみた。しかし、金色の出来ばえがいま一つであった。それで平内らに今後のことを相談しようと、着色前の未完成品を源太郎に渡しておいた。しばらくして源太郎方へ平内がやってきた。平内は「二分金はあまり流通していないし人気もないから、一分銀を造ることにしよう。さいぜん注文主は備前藩と言ったが、あれはまったくのうそだ。暮らしに困っての思いつきだが、これはかなりあぶないもくろみだ」と打ち明けた。

備前藩からの注文と信じこんでいた源太郎は、「それはもってのほかだ。もうこれまでにして断ろう」といったんは思った。しかし、「こんなに大枚はたいたのに、まだ利益はぜんぜん出ていない。もう二分金を偽造してしまったのだから、贋一分銀づくりに手を染めてもどうせ同じことだ」と考え直し、平内のたくらみにつきあうことにした。そこでうその次第は押し隠し、これまで通り備前藩からの注文といつわって徳兵衛に話をし、今度は一分銀を造るよう久六に頼みこませた。

久六も承知し、再び山中の小屋へおもむいて、前と同じやり方で一分銀の型の彫刻や地金の製作に取りかかった。地金は一分銀の寸法に切り離し、梅酢を使って銀色に仕上げ、型を打ち込んだ。こうして贋一分銀を三〇両分ほどもこしらえた。久六はこれを持って大阪に戻り、平内や源太郎へ渡そうと思っているところを召し捕らえられた。他の六人もおいおい捕まった。その中には鉄砲を盗られた彦太郎も含まれていた。

さて、捕まった七人のうち、はじめに計画を持ちかけた平内と甚五郎の二人は吟味中、口書を取るまえに牢死してしまった。残る五人を吟味した府の役人の案は、源太郎・久六の二人に「梟首」、徳兵衛に「三百日徒罪」、卯兵衛に「二百日徒罪」というものであった。また、鉄砲を隠し持っていた彦太郎には、「過料十貫文」を科すことにした。明治二年（一八六九）一二月、大阪府はこの原案でもって刑部省へ伺いを立てた。

ところが、刑部省からの回答が大阪に届くまえに、先に紹介した「箱館平定恩赦」が出された（［解説4］参照）。恩赦の分岐点は五稜郭の戦いが終結した明治二年「五月」であり、それはほぼ生死の分かれ目をも意味した。この一件の場合、偽造を思い立ったのが明治二年の「四月」、製造に取りかかったのが「六月」、しかもまだ贋金の行使はしていない、というささかややこしい事例だった。

恩赦の布告を受けた大阪府では、評議の結果、「疑わしきは被疑者の利益に」と、恩赦を適用することに決し、一味全員を放免した。ところがその後、府で再び評議したところ、「刑部省へ伺い中の事件を、大阪府限りで処置してしまうのは非常にまずかろう」と結論が引っくり返ってしまった。府はあわてて釈放した者たちを再び捕縛しようとしたが、当然のことながら彼らはゆくえをくらましてしまっていた。そういう状況のなか、明治三年（一八七〇）六月下旬、刑部省から「源太郎・久六・徳兵衛・卯兵衛はいずれも流七年」という指令が届いたのであった。

府では必死に捜索し、その後、なんとか彼らを再び召し捕らえた。したがって、結果的には刑部省の指令通りの刑罰を科すことはできた。しかし、そこに至るまでの不始末が問題とされた。

明治三年一一月、西四辻府知事および部下の吉田権少参事・西園寺権大参事・安藤少参事・木場権大丞の計五名が、それぞれ自らの進退伺を提出した。その文面によると、安藤少参事が断獄専任の立場で恩赦による釈放を提案し、他の者たちが過ちに気づかず案に同意したということであった。興味深いことに、部下連中はみな口をそろえて「府知事殿は決定当時、高熱で夢うつつの状態にあった。責任は自分にある」と主張した。府知事殿の発熱の真偽のほどは定かでない。

翌明治四年（一八七一）三月、ようやく刑部省から府の上層部五人に対し、処分が申し渡された。全員が「無罪」であった。西四辻府知事の無罪の理由は「病中で実情を知らなかったから」、部下たちの必死の弁明が実を結んだ。

安藤少参事の無罪の理由は「過失で罪人を釈放したとはいえ、その後に自ら検挙し刑を付け直した場合は、その誤判の罪を免ずる」というものであった。しかし、この一件で恩赦にいちばん翻弄《ほんろう》されたのは、偽造犯一味であったことは間違いない。

誤判した大阪府の役人たちに適用される可能性があったのは「出入人罪」といって、もとは中国律に由来する箇条であった。「故意または過失で、人を罪におとし入れ、あるいは罪から放免した」役人に科されるもので、しかも長官以下が連帯責任を負うのが原則であった。もちろんこの箇条は、「恣意的な裁判から人民を守る」ために制定されたものではなく、皇帝や天皇に対して誤判の責任を負うものであった。

この「出入人罪」条は、明治六年（一八七三）二月の布告により、「過失による誤判で、本来科すべき刑より軽い判決を言い渡した場合は、後で刑を付け直すことはしない」と改正された。

## 小浜藩贋金づくりの余波　明治四年

明治四年（一八七一）一二月、天王寺村の北国屋佐七（四六歳）が「斬罪」に、南瓦屋町《みなみかわらやまち》の油屋太助（三五歳）が「笞三十」に処せられた。いずれも贋金に関与した者たちであったが、この一件の発端は、次のようなものであった。

東成郡北平野町に住む菓子渡世の土佐屋喜一郎（四九歳）は、明治二年の春から暮らしに困って難渋していた。同年四月下旬、知人の元養子で丹波上林《たんばかんばやし》（現在の京都府綾部市）に住む与兵衛という男が、「若狭小浜藩《わかさおばま》の陣八郎左衛門という男に雇われて、若狭へ砥石《といし》の切出しに行くのだが、おまえもいっしょに来ないか」と誘ってくれた。これ幸いと思った喜一郎は、「同行したいので世話をしてくれ」と頼んでおいた。

五月一日、喜一郎と与兵衛、それに与兵衛の知り合いの男二人の計四人で大阪を立ち、五日に小浜（現在の福井県小浜市）に着いた。小浜では、町名も屋号も分からぬ宿屋の裏座敷を陣八郎左衛門が借り上げており、そこに右の四人と、若狭の鍛冶職だという名も知らぬ男ら五人の計九人で逗留した。

喜一郎は飯炊きや家事を担当したが、賄いは八郎左衛門から送ってくるので、外出はしなかった。ほかの八名がどんな仕事をしているのか分からなかったが、毎日彼らは小浜城内へ働きに行っていた。

同月二〇日ごろ、鍛冶職の男たちのうちの一人と座敷にいたところ、その男が「与兵衛は御城内へ贋金の製造に行っている。お前には妻子もいるだろう。こんなあぶないことをしている者に付き合っておらずに、早々に帰れ」と教えてくれた。喜一郎はびっくりしたが、男が銀の地金を持っていたので「それで贋金をつくっているのだろうが、どうやってこしらえているのか」と尋ねてみた。「銀で二分金を作っている」と言うので、「銀でこしらえているのに、どうやって二分金の色になるのか」と再び聞いてみると、「タンパン・ロウハ・水銀・白煙硝を焚いて、その汁で色付けすると金色になるのだ」と教えてくれた。

　こんな者たちといっしょにいては、どんな目にあうかと恐ろしくなった喜一郎は、与兵衛に「用事があって大阪に帰りたいので、路用金をくれ」と申し出たが、「四、五日待ってくれ」と言われた。金がなくては大阪に戻れないので、しかたなくそのまま日を過ごした。

　ところが同月二五日になって、子細は分からないが、座敷住まいの一同は小浜藩の町奉行役から追い払われることになった。喜一郎が「いままでの賃金をくれ」と文句をいうと、与兵衛は「なにしろ追い払われてバタバタしているので、とりあえず俺の自宅へ来い」と言った。そこで、喜一郎は与兵衛の知人二人とともに、小浜を出立し、丹波上林の与兵衛宅へ赴いた。

　再び「帰阪したいので賃金をくれ」と言うと、与兵衛は「いまは金が手元にはない」と答えた。知人のひとりが「それならお前が持っている贋の二分金を渡せ」と迫ると、与兵衛は着色前の贋二分金一〇〇両分を差し出し、「正金を調達したら交換に行くから、それまでこれを預かっておいてくれ」と言った。与兵衛がちゃんと賃金を払ってくれるかは怪しかったし、欲も出てきたので喜一郎は贋金を受け取ることにした。なおも「大阪へ帰る路用もない」と言うと、与兵衛が金札一分二朱をくれたので、それで同月二九日に大阪へ戻った。

　贋金は手元に隠したまま、与兵衛が訪れるのを待っていたが、彼はいっこうに現れなかった。やがて喜一郎の暮らしはまた苦しくなってきたので、贋金を売り払ってしのごうと考えた。六月二五日ごろ、知人で天王寺村に住む北国屋佐七を訪れ、贋金を見せた。そして、手に入れたあらましを話し、「これを売りさばいてほしい」と頼みこんだ。佐七が「悪銀買いがこれを買うかどうか見せてみよう」

と言うので、全部渡しておいた。
二、三日後、佐七が「悪銀買いに見せてみたが買ってくれなかった」と言って、贋金を返してきた。困った喜一郎は、前に小浜で金色に色付けする方法を男から聞いたことを思い出し、「この贋判に色付けして使ってみてはどうだろうか」と佐七に持ちかけてみた。佐七も同意した。
そこで六月末、喜一郎は佐七宅でタンパン・ロウハ・水銀・白煙硝を焚き、その汁で贋判のうち二七両分を色付けしてみた。本物と見紛うような出来ではなかったが、このうち一〇両を、かつて佐七から借りた金八両分の弁済として渡した。

また、七月初旬ごろ喜一郎は、南瓦屋町の油屋太助から、前に借りた三両の催促を受けた。太助に「手元に金はあるのだが、悪金なので通用はしない」と言うと、「持ってくれば使えるかどうか試してみる」とのことであったので、贋二分金一〇両分を渡した。やがて太助が「やっぱり通用しなかったが、四両分は借金の元利として受け取っておく」と言って、六両を返してよこした。太助はこの四両分の贋金を、名も知らぬ悪銀買いに二両で売った。

その後、喜一郎は菓子を売りにきた名も知らぬ者に「ほかから受け取ったのだが、怪しい金だ」と言って見せたところ、「試しに使ってみる」と言うので、一両につき銭八貫四〇〇文の割で八両分を菓子代に支払った。さらに残りの五両分は佐七を通じ、名も知らぬ者に金札一両二分で売り払ってもらった。

喜一郎が「色付けしていない分も残らず売り払いたいのだが」となおも佐七に頼むと、「吹き潰して売ればよかろう」と言うので、自分で吹き潰して銀の地金に戻した。佐七がこれを北平野町に住む女へ七両二分で売り払ってくれたので、世話料として一両を渡した。こうして喜一郎と佐七が得た金は、いずれも家事賄いなどに使い果たした。その後、与兵衛と会うこともなく、一年以上経った明治三年（一八七〇）一一月、喜一郎・佐七・太助の三人は召し捕らえられた。

三人のうち小浜まで行った喜一郎は、吟味中に病死した。この当時、贋金づくりは前章で紹介した「偽造宝貨律」により、地方官による即決処置が命じられていた。大阪府では贋金の偽造行使をした佐七に「斬罪」を科すことに躊躇《ちゅうちょ》はなかったが、太助の処置に迷い、一年後の明治四年一一月、司法省へ伺を立てた。その際、大阪府が参考に掲げたのは、同年四月に行った次のような趣旨の伺であった。

もし誤って他人から贋金をつかまされ、貧しくて他に財産がない者が、止むを得ず贋金であることを隠して、これを使うような場合には、あわれむべき事情があるように思われます。どのように処置すればよいでしょうか。

これに対するその時の指令は「『不応為ノ軽』（＝笞三十）により処断すべし」というものであった。大阪府ではこの前例を参考にして司法省へ伺を立てた結果、冒頭に記したように、太七には「笞三十」の沙汰が下されたのであった。

また、小浜藩に対しては、喜一郎の自白により贋金偽造が巳年（明治二）五月以前であることは明らかであり、さらに喜一郎は死亡、遠隔地のことでもあるという理由で、何の吟味も行われなかった。いわゆる「箱館平定恩赦」以前のこととして、追及を控えたのであった。

この小浜藩は酒井家一〇万三〇〇〇石の譜代大藩で、歴代藩主は幕閣の要職に就いた。鳥羽伏見の戦いの際には幕府側につき、降伏後は北陸道鎮撫使の先鋒をつとめさせられた。財政が逼迫《ひっぱく》していたのであろうが、喜一郎の供述が真実だとすれば、城内で贋金づくりを行っていたことになり、なかなか大胆な所業と言わざるをえない。

## 交錯する四件の贋札づくり　明治四年

明治四年（一八七一）九月、大阪府から中央に対し、太政官札偽造の一味を即決処置した旨の進達がなされた。記録が断片的で詳細な記述がないため、読み解くのにたいへん苦労したが、それはおおむね、次のような四つの贋札づくりが複雑にからみ合った事件であった。

（その一）

周防国徳山《とくやま》（現在の山口県周南市）出身で山口藩脱走人の伊藤伝九郎（三二歳）は金に困っていた。知人で立慶町《りゅうけいまち》に住む帯屋平四郎（三三歳）に借金を申し込んでみたところ、金札の偽造を持ちかけられた。伝九郎が同意したので、平四郎は又兵衛という男に命じて銅版を彫らせた。でき上がった一両札の贋版はいったん伝九郎の手に渡ったが、偽造にかかった経費を支払うことができなかったため、数日後に平四郎に取り上げられてしまった。

後日これが発覚したが、行使はしていないため、伝九郎は死刑を免れ「准流十年」を申し渡された。

（その二）

赤沼慶之助（三二歳）は造幣寮御用掛であった。

慶之助は、京・摂津の間で当時横行していた紙幣の偽造を探索し、国家のために少しでも役に立ちたいと考えていた。しかし武士の風体では確証をつかみ難いと思い、久三郎という男に相談してみたところ、かえって紙幣の偽造を持ちかけられた。魔が差した慶之助は、偽造に手を染めることに同意した。経緯は分からないが、このころ曾根崎村の喜助（四四歳）や安芸国（現在の広島県）出身の佐吉（二二歳）も仲間に加わった。

さらに久三郎は、美濃国（現在の岐阜県南部）今尾藩の藩士田川精三（四二歳）にも紙幣偽造の話を持ちかけた。今尾藩は三万石の小藩で、当時の小藩の例に洩れず財政の窮乏に苦しんでいた。藩を救いたいと思っていた田川精三は、久三郎の引き合わせで赤沼慶之助に面会した。慶之助は、「もし偽造が発覚しそうになったら、探索の確証を得るため偽造一味に潜入していたと言えば、かえって災い転じて福となるであろう」と精三に説いて安心をさせた。こうして精三も一味に加わった。

慶之助は、偽造資金として六〇〇両を、久三郎の下人で養助という男から借用し、帯屋平四郎に渡して偽造を依頼した。平四郎は誓約の証として、贋札七〇両を差し出した。この贋札はかつて平四郎が、伊藤伝九郎から依頼を受け、又兵衛に彫らせた版で印刷したものであった。慶之助がこの贋札を久三郎に見せたところ、「こんな粗悪なものはつかえない」と言って受け取らなかったので、破り捨てた。

その後、慶之助は新たな版を造るべく、偽版彫りの又兵衛らをある旅館に呼び集め、五両札の偽版を彫らせていた。ところが、又兵衛の母親と妻が、「国法を犯すようなものの食物を口にするくらいなら飢え死にする」といった言葉に、慶之助は感じ入って改心した。そして、招き入れた者たちに帰るように申し渡した。

こうして赤沼慶之助は偽造を断念したが、田川精三のほうは偽造をあきらめてはいなかった。当初は慶之助に加担していた喜助や佐吉も、精三のほうに鞍替えして引き続き贋版の製造に取り組んでいた。しかし、近いうちに発覚すると悟った精三もやがて偽造を断念した。そして、自分の罪を免れようと、最初の慶之助との打ち合わせ通り、「帯屋平四郎らが法を犯し、紙幣を偽造している。自分は赤沼慶之助や久三郎とともに、探索のため潜入していた」と、役所にいつわりの出訴をした。

しかし、慶之助のほうはそのころ、偽造資金を借りた養助から、六〇〇両を返済するか、紙幣贋造を続行するかの選択をせまられていた。慶之助はしかたなく、養助からもう一度又兵衛を説得させ、自分は関知しないふりをして、再び旅館で十両紙幣の偽版の彫刻をさせていた。ところが、精三の出訴が契機となったからであろうか、かつて一味であった佐吉がお上に召し捕らえられた。佐吉捕縛の報を聞くや、又兵衛その他の者は逃亡してしまった。作成していた偽版が完成したかどうか、それを養助が持去ったかはわからないまま、やがて慶之助も召し捕らえられた。

捕縛された一味のうち、久三郎・又兵衛らは吟味中に病死した。養助はゆくえ知れずのままであった。赤沼慶之助と田川精三の二人は、庶人の身分に落とされたうえ「准流十年」、喜助も「准流十年」、佐吉は「徒三年」を申し渡された。

（その三）

他方、帯屋平四郎は、赤沼慶之助や田川精三が又兵衛に贋版を彫らせていることは知らなかったが、自身も再び贋札づくりに取りかかっていた。京の亀次郎（三三歳）という男と相談のうえ、贋札を印刷し、神戸へ持っていって外国人商会で使おうとしたが、うまくいかなかった。そこで、神戸の幸七・浅助（二五歳）の二人に贋金を渡し、使ってくれるよう頼みこんで、自分は大阪に戻ってきた。その幸七と浅助は、アメリカ人商店で取引を仕組み、贋札で払おうとした際に発覚し、召し捕らえられた。

この一味のうち幸七は吟味中に病死した。浅助には「准流十年」が申し渡された。また、帯屋平四郎は「梟首」とされ、刑場の露と消えた。

（その四）

その平四郎とともに贋札を作っていた京の亀次郎は、じつは赤沼慶之助一味の紙幣偽造の企てを承知していた。赤沼一味がおいおい捕縛されているのを知った亀次郎は、又兵衛らが逃亡する際、印刷器械や贋札を預かっていた。そのなかから出来のよい贋札を選び出し、同じく京に住む清兵衛（三五歳）という男に、事実は明かさず引替を依頼した。

その清兵衛は、手広く商売をしており、対馬の厳原《いずはら》藩商会へも金を融通していたが、同藩の困窮により返済が滞っており、困惑していた。清兵衛は同藩の商会詰役人の筑紫総助（四五歳）・佐山但馬

（三七歳）の二人に亀次郎を紹介し、金策の相談をしていた。亀次郎は「自分は贋金を作れる器械を所持している。このうえは偽造に取りかかるしかない」と清兵衛に持ちかけた。厳原藩の役人二人もこれに同意した。

清兵衛は京の川端二条《かわばたにじょう》に住む加藤与助（二八歳）という男に、偽造に使う紙の買入れを依頼した。与助は怪しいとは思ったが、事情も糺さず買入れに協力した。また清兵衛は、曾根崎村の善之助（三九歳）という男が、借金を申し入れてきた際、贋札を渡した。受け取った善之助は、怪しい札とは思ったが、後日やはり借金を申し入れてきた知人の友蔵（三七歳）にいくらかを又貸しした。

いっぽう亀次郎のほうは、試作として一両札九四枚を偽造し、これを行使した。ただし、使ったことは厳原藩の役人二人には黙っていた。

やがてこちらも発覚し、亀次郎には「梟首」、清兵衛には「斬首」が申し渡された。厳原藩の役人の筑紫総助・佐山但馬の二人には、いずれも庶人の身分に落としたうえで「准流十年」が科された。また、与助に「杖七十」、善之助には「笞四十」、友蔵にも「屹度叱り」が申し渡された。

## 贋金づくりの島から脱出　明治五年

明治二年（一八六九）四月の上旬、堺から安芸国（現在の広島県）へ向けて一艘の船が出航した。船には大阪で集められたさまざまな職人らが大勢乗せられていた。職人たちを中心になって集めたのは西成郡東九条村《ひがしくじょう》の喜三郎と、帯屋平四郎という男の二人であった。職人たちは「芸州広島で大砲鋳造の仕事があって、金もうけができる」という、うまい話に乗せられていた。以下はその職人たち二二人の供述である。

高津十番町《こうづじゅうばん》と道頓堀櫓《やぐら》町の錫《すず》職人ふたり（四五歳と三五歳）は、いずれも帯屋平四郎の誘いで、手付金二〇両ずつをもらって乗船した。船は五日に出帆した。松浜（現在の広島県三原市糸崎港か）に停泊中、じつは贋金を製造するという風聞が耳に入り、怖くなって五月一六日ごろに漁船に頼みこんで尾道《おのみち》へ送ってもらい、そこから陸行で帰阪した。

新瓦屋町《しんかわらや》の仏具職人ふたり（五二歳と三五歳）は、同じ町に住む鍛冶職人の誘いで、また田島町《たしまちょう》の火鉢職人（三四歳）も同じ男の紹介で、手付金二〇両ずつを受け取り、船に乗った。仏具職人のうち一人と火鉢職人は、五月一八日、松浜で風呂に入りに行くといつわって上陸し、二人で大阪へ逃げ戻った。彼らを誘った鍛冶職人は、目的地の島まで連れていかれた。もうひとりの仏具職人は、松浜に停泊中に病気になったので、宮島へ渡り、知人の茶屋で養生していた。そのうち女房が逢いにやってきたので、夫婦で宮島から船に乗り、九月中ごろに帰阪した。

西成郡東九条村に住む髪結（五一歳）は、同じ村の喜三郎という男に誘われ、手付金五両をもらい、四月二日に堺から船に乗った。松浜に碇泊中、五月二七日に脱走し帰阪した。

同じ村に住む簪《かんざし》職人（三四歳）も喜三郎に誘われ手付金一五両で、北堀江の飾職人（三一歳）は、栄助という男の紹介で手付金二〇両をもらい乗船したが、六月一八日、松浜で脱走し大阪へ戻った。

新瓦屋町の鍛冶職人（三四歳）は、帯屋平四郎の誘いで手付金二〇両をもらい船に乗った。やはり松浜に停泊中に右の仏具職人、火鉢職人といっしょにいったんは脱出したが、船に忘れ物をしたので引き返し、その後、六月二二日ごろに再脱走、大阪へ戻った。

以上の九人は、幸いにも途中で脱出に成功したが、残りの一三名は「贋金づくりの島」まで連れて行かれることになった。

西成郡東九条村の船大工（二五歳）は、広島での大砲鋳造の話を同じ村の喜三郎に持ちかけられ、手付金として一〇両を受け取った。明治二年（一八六九）四月二日に総勢二二人で堺から船に乗り、五日に出帆した。途中、鞆《とも》や尾道、松浜などで一〇日間から二〇日間くらいずつ碇泊した。その間に、喜三郎や帯屋平四郎という男が、自分たちのことを「贋金製造人」と称して、他へ売り渡そうと周旋中であるとの風聞が耳に入ってきた。彼はびっくりしたが、いったん密計にはまり、ここまで来てしまったからにはいまさら帰阪も難しく、苦慮していた。その間に同道していた者たちがおいおい逃げ帰りはじめたので、脱出できないように船は港外まで漕ぎだして碇泊するようになった。

七月上旬、船はついに伊予（愛媛県）の「イキナ島（生名島）」へ着いた。一行は村の家に下宿し、寺に製造場が設けられた。平四郎と喜三郎、そのほか名も知らぬ男二人の指図で、この製造場で四、五日の間、彼は木札箱を作らされた。引きつづき、ふいご吹きや地金磨きをさせられた。とても怖かったが、しかたなく作業に従事していた。

同月二〇日ごろ、地金の調達がいまだ不充分のようで、他の雑用をさせられていた。昼食の際、下宿へ戻らずにこっそりと海岸へ出てみたところ、折よく漁船が来合わせた。頼みこんで因島《いんのしま》へ渡してもらい、そこから船を乗り継いで、八月中旬ごろ、ようやく大阪へ帰り着いた。

新瓦屋町の鍛冶職人（二九歳）は、帯屋平四郎に誘われ、手付金二〇両を受け取って、同様に贋金製造所へ連れてこられた。この鍛冶職人が「いっしょに行こう」と誘った職人たちのうち三人は、島に着く前にすでに脱出していた。島では平四郎や喜三郎らから、ヤスリやタガネを作るように命じられ、やはり自分が誘った阿波座下通と阿波堀《あわぼり》に住む日雇い稼ぎの男二人（二九歳と三五歳）とともに作業に取りかかった。鉄槌をいくつも鍛造したが、七月一一日、島に商売に来ていた鋳掛《いか》け屋にこっそりと頼みこみ、ひとり因島へ渡してもらった。八月上旬に大阪へ帰り着いた。

その日雇いの男たち二人も、手付金二〇両で島に連れてこられたが、いっしょに来た鍛冶職人が脱走してしまったので、道具造りをしていた。七月中旬の晩、このうち一人は宮島《みやじま》へ帰るという漁船に頼みこみ、イキナ島を脱出、そこから船を乗り継ぎ帰阪した。

新瓦屋町の仏具職人（二二歳）も、右の鍛冶職人の紹介で手付金二〇両を受け取り、島に連れてこられた。製造場では地金を沸かし、型に鋳込む作業を二日ほどさせられた。七月一二日ごろ、広島から船で島に来ていた太物《ふともの》（綿や麻の織物）商いの者に頼みこみ、帰路の途中だという「ヱバ（江波・現在の広島県中区）」まで乗せてもらった。そこから船を乗り継ぎ、八月中旬に大阪へ戻った。

宗右衛門町の昆布渡世の男（三八歳）は、道頓堀櫓町の錫職人に誘われ、いったんは断ったものの、稼げるからと言われ、手付金一七両をもらって島に連れてこられた。その錫職人は、島に着く前に脱走していた。着いて二、三日は、フノリで砂を練り、縦長さ八寸から二尺五寸、横四分から一寸、厚さ二、三分ほどの鋳型をこしらえさせられた。七月一二日ごろ、下宿先から漁船に頼みこんでもらい、即日それに乗り込み「ヱバ」へ渡り、船宿から乗船して同月下旬に大阪へ帰り着いた。

阿波座下通の簪職人（二二歳）は、高津十番町の錫職人の紹介で、手付金一八両を受け取って島に連れてこられた。錫職人のほうは島に到着する前に脱走していた。また、安堂寺町《あんどうじまち》の鏡職人（四一歳）は、帯屋平四郎から手付金二〇両を受け取って、島に連れてこられた。製造所での二人の仕事は、二分金ほどの寸法に切られた地金にヤスリをかけたり、その他の雑用であった。七月中ごろ二人は別れ、めいめい漁船を頼んで「ヱバ」へ渡り、そこから船を乗り継ぎ七月下旬に大阪へ戻った。

大宝寺町《だいほうじまち》の簪職人（二三歳）は、栄助の紹介で手付金二〇両、高津町の扇職人（二九歳）は、道頓堀櫓町の錫職人の紹介で手付金一四両をそれぞれ受け取り、島に連れてこられた。簪職人は鉄床《かなとこ》にくぼみを付けて磨き立てる作業、扇職人のほうは型に鋳込んだ地金を剪刀《はさみ》で二分金ほどの大きさに切断する作業をやらされた。やがて簪職人は病気となり休息、扇職人も手を痛めた後は雑用に従事していた。扇職人が監視の目を盗んで漁船を頼んであったので、八月二日にこの船に、簪職人ほか計五人で乗り組み、島から脱走した。「ヱバ」へ渡してもらった後、簪職人と扇職人の二人は尾道へ渡り、そこからは陸行で八月下旬に帰坂した。

新町北通に住む飾職人（三二歳）は喜三郎に誘われ、手付金一五両をもらって堺から乗船し、島の贋金製造所へ送られた。ガヴハと言う色上げ薬で、二分金ほどの大きさの無地の贋金に着色する仕事を四、五日のあいだやらされた。その後は雑用をしていたが、八月二日に漁船に便乗して五人で脱出後は、本川（現在の広島市中区本川町《ほんかわちょう》か）から船に乗り、同月下旬に帰阪した。

平野町《ひらのまち》の飾職人（四二歳）は道頓堀櫓町の錫職人に誘われ、手付金一八両で贋金製造所へ送られた。

切断した地金の歪みを鉄槌で打ち整える仕事をさせられたが、病気になり休息していた。八月二日ごろ、漁船に便乗して宮島へ渡った。そこに住む義弟の家で一〇日ほど養生したのち、船を乗り継ぎ、同月下旬に大阪へ戻った。

また、日雇い稼ぎ二人のうち逃げ後れたほうの男は、ひとりになって鍛冶職が続けられなくなったため、他の雑用をさせられていた。八月二日に彼を含めた五人で漁船に乗り、「広島ヱハ」へ逃げ渡り、そこで一同は別れた。彼は船を乗り継ぎ、八月下旬に大阪へ帰り着いた。

東九条村の煮売渡世の男(四二歳)も喜三郎に誘われ、手付金一五両を受け取り、イキナ島に連れてこられた。最初、彼は職人たちの炊事を担当させられていた。ところが脱走者が相次いだので、八月五日ごろからは贋金製造所で地金磨きをさせられることになった。同日昼、昼食に下宿へ帰る途中で、近くのやぶに潜み、翌朝、漁船に頼んで尾道へ渡してもらった。そこから船を乗り継ぎ、同月一五日に大阪へ戻った。

こうして職人らがみな脱走し、大規模な二分金の偽造計画は失敗に終わった。職人らがもらった手付金は、全員が全額を使い果たしてしまっていた。

職人を集めた者たちのうち喜三郎は、ゆくえ知れずのままであった。また栄助という男はすでに死亡していた。そして、もう一人の「帯屋平四郎」は、先に紹介した太政官札の偽造一件で「梟首」を申し渡された、あの男であった。犯行はこちらの事件のほうが先であったが、平四郎はこの一件は白状せぬまま、刑場の露と消えた。いくつもの贋金づくりに関わっており、非常に興味をそそられる男である。

　したがって、どうしてこの一件が歳月を経た後に露見したのかは明らかではないが、大阪府は明治五年（一八七二）四月に、右の二二人に対する断刑伺を立てている。松浜から脱走した九人に対しては、本来は「笞十」のところ一時の心得違いなので「贖罪金三分」、島から脱走した一三人に対しては、「笞二十」のところ、だまされてのことなのでこれに相当する「贖罪金一両二分」ではいかがか、というものであった。

　これに対し、九人に「違式」の中等にあたるとして「笞十」が、また一三人には「違式」の重として「笞二十」に相当する「贖罪金一両二分」が申し渡された。

　ちなみに、この前年三月に刑部省は弁官に対し、「従来の『違令（中央が出した布告類への違反）』では、府藩県が出した規則に違反した軽罪者に適用できない。かといって放免するのも取締り上よろしくない。別に『違式』の一条を設け、重は笞二十、軽は笞十、笞に及ばないような微罪は呵責《かせき》（叱り）としたい」という旨の伺いを立て、許可されている。

## 遊女と遊所

### 抱えの食焼《めしたき》奉公人にリンチ　明治四年

天満東寺町の大和屋久三郎（二九歳）は、大黒屋忠五郎の娘でとみという女を、明治三年（一八七〇）

五月に食焼奉公として年季五年、給金二五両で抱えた。ところが、とみは勤め方が悪く、客先からいつも苦情が出た。久三郎はとみに、いろいろと言って聞かせたが、相変わらず客あしらいが良くない。そこで一二月六日から、神戸福原《ふくわら》町の泊茶屋に店働きに遣わしたけれども、そこでも勤め方が悪く、連れ戻されてきた。付き添ってきた者と久三郎が話しているうち、とみが逃げ出した。そこで親元を訪ね、事の次第を話しているとき、とみが現れたので店に連れ帰った。

懲らしめのため、とみの髪を解いてわらでくくり、荒縄で両手両足を縛り、竹の棒で敲き、そのまま寝かせておいた。翌一〇日の早朝、荒縄で帯をさせ、店の表口の軒下に引き据え、荒縄の帯の端に重石を置いてさらし者にした。近所の者たちが見かねて何とかしてやれと言うので、家の中に入れたところ、久三郎は吟味を受けた。

明治四年(一八七一)正月、久三郎の行為は、不慈悲の仕方で不届きだとして「三日閉戸(自宅軟禁)」の判決があった。

## 僧侶が遊女を身請け　明治五年

西成郡上福島村のある寺の僧本善院(三八歳)は、馬場先(難波三番町の通称)の泊茶屋でしばしば遊興していた。酒肴をむさぼり、同家の遊女花松になじみ、身受けした。

その行為は、僧侶としての戒律を破り、とりわけ「不埒」である、そこで法衣を取り上げ庶民の身分に下げ「還俗《げんぞく》」(罰として元の俗人にかえらせること)と言い渡された。これは「新律綱領」名例律の

「無官の僧侶が姦通・盗み・賭博など、戒律を甚だしく破り、その罪が笞杖に該当するときは還俗させるにとどめる」、との箇条を適用されたものであった。

## 泊茶屋渡世の差止違反　明治五年

前章［解説5］で紹介したように、明治二年（一八六九）八月以降、新町・松島の両遊廓、天保期以来の泊茶屋三か所を加えた計二〇か所以上の遊所が公然と営業を許されることになった。

ところが明治四年（一八七一）一〇月二五日、大阪府は各地に散在する泊茶屋を禁止し、移転を命ずる府令を発した。禁止の対象となった地域は、西高津新地六丁目、西高津《にしこうづ》村、馬場先町、北平野町一・六・七丁目、天王寺村中小路町、吉右衛門肝煎地、内本町橋詰町《うちほんまちはしづめちょう》、徳井町《とくいちょう》、玉木町《たまきちょう》、新瓦屋町、曾根崎村、上福島村、北野村、天満天神社地、生玉社地、湊町、幸町《さいわいちょう》二・五丁目、崎吉町《さきよしちょう》で、これらの地での泊茶屋渡世を禁止し、来る一一月までに他の商業に転業するか、従来の営業を続けたいものは松島廓に移住を許可する、なお、古川《ふるかわ》二丁目は今年一〇月末までに移住すること、と言うものであった。

翌明治五年二月、右の布令に背き、この春になっても生玉社地など右の場所でひそかに売女を抱え、泊茶屋渡世を営むものが三八名もあった。大阪府ではこれらの者を一斉摘発し、違令のかどにより笞三十敲に処すべきところ、一時に転宅渡世替えも困難な事情もあるとして、売上代金は取り上げ、「贖罪金二両一分ずつの官納」を命じた。

# 市井の触法(2)

## 男女混浴　　明治四年

薩摩《さつま》堀納屋町《ぼりなやまち》で風呂屋渡世をしていた檜木屋和兵衛（二四歳）は、所用があって早朝から他出したので、六五歳になる母親が床番をしていた。そこへ女が三人やってきた。女湯はまだ沸いていないからと断ったが、女たちは、「これから天王寺に参詣するから早く入浴したい。幸い男湯にはだれもいないから」と押して言うものだから、聞き入れたところ、男が三人ばかりやってきたので混浴となってしまった。

和兵衛は帰宅してその始末を聞き驚いた。これは自分がかねてから厳しく言っていないためにこの始末になった。どのような仕置を申し付けられても違背はしません、というのが和兵衛の申し分であった。

また、風呂番をしていた母親は、せがれ和兵衛から入交りにならないよう厳しく言われていたのに、年寄のおんなのことですから、うかつに入湯させました。どのような御仕置をうけても違背はしません、と申し立てた。

明治四年（一八七一）二月、大阪府は和兵衛に「屹度叱《きっと》り」を、また母親には、前年末に制定された「新律綱領」を適用し、笞二十を申し付けるべきところ、老婦であるからという理由で「贖金三歩上納」を言い渡した。

適用されたのは、雑犯律の違令条「凡令ニ違フニ重キ者ハ笞四十、軽キ者ハ一等ヲ減ス」である。前章の混浴一件で紹介した布令に背いたというものであった。また、「贖金」とはこの場合、受刑能力を欠く老幼者や病人などに適用される「収贖」を意味し、実刑に換えて所定の金額を上納する恩典であった。

## 貧院を脱走二件　明治五年

（一）　藤兵衛（四四歳）は讃岐国（現在の香川県）寒川郡《さんがわ》の百姓のせがれであったが、子供のとき両親に死に別れ、無宿となった。あちらこちらと立ち回り盗みをした咎により、一昨年（明治三＝一八七〇）閏一〇月二五日に五十敲一か年の徒刑を命じられた。

昨年一〇月二四日に満期となり、翌二五日、貧院所に引き渡された。藤兵衛は病身で労働が苦手であった。当年八歳になる娘があり、長町あたりで袖乞いをして過ごしていた。娘にも長く会っておらず懐かしくなったので、二六日、つい心得違いをして貧院所裏手の板塀の破れより脱走し、娘に面会した。そのあと所々を立ち回り、最近当地に立ち戻ったところを召し捕られた。

以上の次第を申し上げたところ、右始末は不埒との御吟味を受け、明治五年（一八七二）正月、「笞三十」を申し付けられた。

（二）　無籍の伊勢蔵（一七歳）は幼年のころから諸所で乞食をしていたが、明治四年（一八七一）一一月二八日、盗みを働いた咎により杖六十の刑を受けた。仕置が済んで貧院入りを仰せつけられ、働いてきたが川浚《さら》いの仕事が嫌なので心得違いをし、翌五年正月の七日に貧院を抜け出し、帰院せずに市中を徘徊しているところを召し捕られた。

正月二四日、不埒として「笞三十」を申し付けられた。


藤兵衛、伊勢蔵ともに処罰の根拠となったのは「不応為の軽（杖三十）」であった。


ちなみに、貧院というのは、従来の救恤場を廃止して清水谷の旧地に設置された施設であった。救恤場は早くも明治元年（一八六八）一一月に大阪府により設置されていたが、小規模であり、行き倒れの治療など、その機能は限定的であったようである。明治四（一八七一）年四月に新設された貧院は、翌五月八日の大阪府布令によると、身寄りのない者、障碍者、貧窮のため今日を暮しかねるものを、願いにより調査の上で入院させ、産業を授ける、費用は税金等により賄うが、莫大な経費がかかるので寄付を募った。同年七月三日付の布令によると、入院の貧民に仕事をさせたいものは、通常の日雇い賃銭の半額で雇うことができるとした。放蕩遊惰《ほうとうゆうだ》（品行がおさまらず、仕事もしない）の子どもや厄介者で懲らしめのための入院も認めた。また、一〇月には聚楽町に分局が設置され、行き倒れの収容も開始した。

ただし、授産というが、右の判決に見られるように、徒刑の満期出所者であっても脱走には刑を科したし、川浚いのような労働を強制していた。

この二件の申し渡しがあったのとちょうど同じころの明治五年（一八七二）一月一八日、貧院は授産所と改称した。四月には聚楽町分局も救助場と改称された。翌六年八月、授産所は廃止され、収容者のうち引取り先がある者には帰籍が、ない者には救助場への移送が命じられた。授産所の跡地には「産業引立のため」として、勧業場（いわゆる職業訓練所）が設けられることになった。

### 新田の支配人、小作人に自儘《じまま》に融通　明治五年

摂州西成郡平尾《ひらお》新田《しんでん》の支配人仁兵衛（四五歳）の自供。

この新田は、自分の先祖が開発築造したものであったが、安政三年（一八五六）に道修町《どしょうまち》の内山惣太郎に譲渡した。しかし自分には開発の由緒があるので、相応の給料をもらって支配役を続けてきた。四年前（＝明治二年）の冬、村方は凶作で小作人たちは難渋していると言ってきた。地主の惣太郎に取り次いでも聞いてはくれないと思い、地主に納める年貢石代金のうち一〇〇両三分二朱を小作人たちに貸し与えた。地主惣太郎には、小作人たちが年貢未納とごまかしておいた。

ところが翌三年も続いて凶作で、小作人たちは難渋していると嘆願してきた。その旨を地主惣太郎に嘆願したところ、容赦金として三〇両を渡してくれた。すぐに小作人たちに配分すべきであったが、余儀なき次第で私用に融通していた。その事情が発覚して、地主から支配役解任の出願があり吟味にいたった。そこでさっそく一〇〇両は小作人たちから取りたて地主に納め、三〇両は小作人に配分した。

明治五年（一八七二）二月二七日、仁兵衛に対する判決言い渡しがあった。

仁兵衛は、小作年貢米取立の支配をしながら、小作人が難渋しているからといって、地主に断りなく、取り立てた年貢米から一〇〇両を容赦し、さらに地主から受け取った三〇両を自儘（自分の思うまま）に融通した事は「不埒」であるとして、「不応為」罪の重「七十敲ノ杖刑」に処せられた。

**珍商売、豚相撲？　明治五年**

難波村新祇園《しんぎおん》町の中嶋屋丑松は、許可を得て、豚相撲ならびに女の手踊りの興行をしていたが見物人が集まらなかった。そこで人集めのため女相撲の興行をして捕えられた。

無免許で女相撲の興行をするものは「不応為」罪の軽に当たるとして、明治五年（一八七二）二月、丑松は「笞三十」の判決を受けた。

ちなみに、翌三月、大阪府は「市中制法」「郡中制法」と称する市中および周辺農村部の民政一般に関する詳細な規制を定めたが、そのなかには、「角力《すもう》・芝居・狂言などを私に興行してはならず、願い出のうえ免許を受けるべきこと」という旨の箇条があった。

豚相撲とはいったい何をするのか調べたがわからなかった。

**幼年者が戯射した弾丸で傷害　明治五年**

明治四年（一八七一）一二月下旬のある日、石津町《いしづまち》の医師飯吉周の家人は他出し留守であった、周のむすこ倫太郎（一三歳）は、たんすに入れてあった父親の小銃ピストルと弾丸をこっそり取り出した。これらは父が外国事務局へ出仕中に買い調えていたものであった。

倫太郎はピストルを持って、両国町《りょうごくちょう》にある神社の絵馬堂に行った。なにげなく戯れに水中へ発砲したところ、弾丸は川向うに飛び、たまたまそこに居た京町堀に住む開拓使出仕植山秋房の姑たゑの顔に命中した。弾丸は同女の右目こめかみから上向きに貫通した。驚いた倫太郎は、その始末をさっそく第三区取締出張所に自訴した。

翌明治五年二月一八日、判決が申し渡された。

加害者倫太郎は、小銃でたゑに傷を負わせたことは「不埒」であり、二年間の徒刑に処すべきであるが、幼年のことであるからと「収贖金十五両」の官納を申し付けられた。

一方、被害者のたゑには、過失とはいえ、倫太郎の発射した小銃弾が面部を貫通し、眇《すがめ》となったことは不幸憫然《びんぜん》（あわれむべき）であるからと、倫太郎から取り上げた収贖金一五両を「医業ノ資（治療費）」として付与された。

## 相撲取りが無銭飲食　明治五年

玉緑こと平太郎（二一歳）は、宇和島（現愛媛県南部）の百姓のせがれであったが、国元の相撲取り玉の岩の添書をもらって大阪に出てきた。長堀の相撲取り親方の朝日山志朗右衛門に弟子入りし、玉緑平太郎と名乗り世話になってきた。

明治五年（一八七二）三月三日、大江橋あたりの煮売屋で飲食したところ、代金一貫四〇〇文になった。「いまは手持ちの金がないから貸しておいてくれ」といったが承知しないので、靭《うつぼ》町に住む同郷の知人に払ってもらった。無銭で飲食したことが親方朝日山の耳に届き、親方に今後は世話をしてやらないと断わられた。しかたなく帰国しようと宇和島行きの便船を尋ねていたところ、この六日に阿波堀の煮売屋で前同様に無銭飲食をしてしまった。代金一貫一〇〇文を払えず、かれこれしているうちに召し捕られた。

吟味の結果、無銭飲食は窃盗に準ずるものとし、被害額に応じ平太郎は「笞四十」の判決を受けた。

## 提灯に菊の紋章　明治五年

摂州西成郡上福島村の都倉屋六兵衛は、仏事を営むときに、菊の御紋のついた提灯を用いた。大阪府は明治五年（一八七二）二月、これを「違令軽キ」に該当するとして、三十敲の笞刑に処すべきところ、全くの心得違いなので、提灯は取上げ、「贖罪金二両一分」の官納を命じた。菊御紋付の提灯を用いたのは、巳年（明治二）二月二七日の布告に違背すると言うのである。

ちなみに、菊の紋章は鎌倉期の後鳥羽上皇が好んだといわれ、先例として歴代天皇に引き継がれ、上皇・天皇の専用の紋章として定着してきた。それが由緒によって使用を許可することが行われ、使用は乱れていた。

明治二年二月二七日付の菊の御紋に関する布告は見当たらず、翌二八日付の行政官布告として、

従来、宮・堂上より諸国寺院へ祈願所と唱え、みだりに菊の御紋の付いた品々が寄付された、いわれのないことであるから堅く禁止する、云々

とある。おそらくこれに違反したということであろうが、布告の主旨とはいくぶん異なる一件といわざるを得ない。

### 民間の「新律綱領」は没収　明治五年

鹿島清六は、安土町で書籍商を営んでいた。

明治五年（一八七二）八月下旬ころ、奈良県の客から、所持の「新律綱領」に表紙をつけるよう依頼された。そこで内本町橋詰町の職人に仕立をさせたところ、綴《つづ》り損なった。乱丁のままで渡すわけにはいかないので、同書を写し取ってみたが見苦しく、改めて清書をさせていた。ところが、依頼を受けた客から、綴り違いがあってもそのままで構わないと言ってきたので、再び綴《と》じて返却した。

こうして手元には写本二冊が残った。これは珍しい書物と思ったので瓦町二丁目に住む知り合いの男に筆写させようと手渡した。清六は、この本が「御秘書」であるとは知らなかった。

清六は、この本を売ったり貸したりはしていないと申し上げた。同年一一月に大阪府は、これは「坊間《ぼうかん》に伝写致すまじき書」つまり市中で写本にして広まるべきものではない、として没収した。しかし、刑を科せられたわけではない。

# Ⅲ

# 大阪裁判所時代（明治六〜九年）

## 明治6〜9年（1873〜76）

| 6年 | 一般 | 大阪 |
|---|---|---|
| 1月 | 徴兵令公布 | 大阪裁判所開庁 |
| 2月 | 仇討禁止令 | |
| 6月 | 改定律例の布告 | |
| 7月 | 地租改正条令・同布告を布達 | |
| | 火葬禁止令 | |
| 10月 | 明治六年政変 | |
| 11月 | | 府会（民会）設置（議員は戸長） |
| **7年** | | |
| 1月 | 民選議院設立建白書の提出 | |
| 2月 | 佐賀の乱 | |
| 5月 | 台湾出兵 | 大阪一神戸間鉄道開通 |
| 7月 | | 府庁舎、江之子島に落成 |
| **8年** | | |
| 2月 | 大阪会議 | 愛国社、大阪で結成 |
| | 平民に姓を強制 | |
| 4月 | 漸次立憲政体樹立の詔勅 | 四大組を廃し、大区小区制に |
| 5月 | 大審院の設置 | 大阪上等裁判所の設置 |
| 6月 | 新聞紙条例・讒謗律の布告 | |
| 7月 | 元老院の開院 | |
| 9月 | 江華島事件 | |
| **9年** | | |
| 3月 | 土曜半休・日曜休日を役所で実施 | |
| | 廃刀令発布 | |
| 4月 | | 奈良県を廃止し、堺県へ合併 |
| 9月 | 東海道線京都一大阪間開通 | 大阪でコレラ流行（死者 1200 人余） |
| 10月 | 神風連・秋月・萩の乱 | |

## ［解説15］　大阪裁判所の設置

明治五年（一八七二）一〇月、太政官から大阪府に対し、大阪裁判所の設置が宣せられた。前年七月に発足した司法省は、不平等条約改正の必須条件でもある「司法と行政の分離」を推し進めるため、府知事や県令などの地方官がもつ裁判権を吸収することに力を注いだ。

地方官からの裁判権の吸収は、府県裁判所の設置という形で進められた。手始めは明治四年（一八七一）一二月の東京裁判所の設置であった。翌五年八月には、先に紹介した「司法職務定制」（［解説14］参照）が布達され、同月中に関東周辺の一一県に府県裁判所が設置された。

一〇月初旬に司法省は引き続き、大阪以東の三一府県への裁判所設置を上申したが、京都裁判所を除いてすべて却下された。裁判所へ配置する司法省官員の不足が表向きの理由であった。

しかし実際には、財政難と地方官の抵抗も少なからず影響していた。地方官にとって裁判は、統治の有力な手段であると意識されていた。彼らにとって府県裁判所の設置は、その手段を奪われることを意味した。そして、その地方官を監督する中央機関は、国の財政を握る大蔵省であったから、財政難は府県裁判所の設置を抑制する有力な理由ともなった。

司法省は一〇月下旬に、あらためて大阪裁判所のみの設置を要求し、ようやくこれが了承されたのであった。

大阪裁判所の建物は、もと弾正台の大阪出張所をあてることとされた。弾正台とは古代の律令制に由来する組織で、明治二年（一八六九）の二日前には大阪府から府民に対し、「これまに京都に設置された。役人を監督しその不正を糾弾することを主たる任務としたが、明治四年の司法省設置に伴い、刑部省とともにここに統合された。ちなみに現代の検察をずっと遡っていくと、この弾正台にたどりつく。その大阪出張所は中之島一丁目、現在の大阪市役所あたりにあった。

開庁は明治六年（一八七三）一月一八日、その二日前には大阪府から府民に対し、「これまで府庁で取り扱ってきた聴訟・断獄の事務は、すべて裁判所が引き受け裁判する」旨が伝えられた。

したがって、本書で紹介している各種の事件のうち、前章までは大阪府が裁判したもの、本章からは大阪裁判所で裁かれたものということになる。こうして司法と行政のいちおうの分離は達成された。

## 最後の仇討《あだう》ち　明治六年

明治四年（一八七一）の二月末、和歌山藩領内の伊都《いと》郡西郷《にしごう》村で、七対七の大がかりな仇討ちがあった。死闘は高野山中の作水《さみず》峠で行われたことから、のちに「高野の仇討ち」と称された。討ったのも討たれたのも、もと赤穂藩士らであった。赤穂藩といっても、あの忠臣蔵の浅野家ではない。宝永三年（一七〇六）以降、明治四年（一八七一）の廃藩置県まで、長きにわたって森家が藩主であった。

この仇討ちがわが国「最後の仇討ち」といわれるのは、事件の判決が言い渡された同日、復讐禁止の太政官布告（明治六年第三七号）が発令されたからである。しかし、じつは最後の仇討ちと呼ばれる事件は二つある。他は、九州秋月藩で守旧派と開明派の対立があり、慶応四年（一八六八）に開明派の臼井《うすい》亘理《わたり》が一瀬直久に斬殺され、亘理の一子六郎が明治一三年（一八八〇）に敵を討ち自首した事件である。これは事実上「最後の仇討ち」であった。

一方、「高野の仇討ち」を行った者たちの裁判は、明治五年から大阪で行われた。その判決の申渡書が、残された「明治六年　断刑録」に保存されていた。

発端は幕末の文久年間までさかのぼる。その数年前から赤穂藩二万石の実権は、国家老の森主税《もりちから》と用人の村上真輔《むらかみしんすけ》が握り、財政改革を進めていた。この改革時に足軽から登用され、安政四年（一八五七）に勘定奉行に抜擢されたのが、さきに「多田隊事件余滴」一件で紹介した「鞍掛寅次郎」であった。寅次郎は翌年、反対派の策謀により罷免され藩を追われたが、藩政改革はなお続けられていた。

ところが文久二年（一八六二）一二月、森と村上の二人は、改革に不満を抱く足軽の西川升吉《ますきち》ら十数名によって斬殺された。その背景には、江戸年寄の森続之丞《もりつぐのじょう》一派と国家老森主税一派の間での、継嗣や藩政改革をめぐる対立があった。西川ら下級武士は勤皇を唱えるいわゆる過激派であったが、これを続之丞側が取り込んだのであった。二人を殺害したのち、西川らは土佐藩を頼って脱藩した。

殺された村上真輔には男子が六人あったが、それぞれ永の暇や閉門などを命じられた。次男の河原駱之助《らくのすけ》は立ち退く途中で襲撃の企てを知り、寺で自刃した。逃亡した西川らについては、土佐藩と赤穂藩のあいだで折衝が続けられ、翌三年三月に帰藩が実現した。また、これに先立つ正月には、藩から殺害側・被害者側の双方に対し、復讐などの暴挙におよばぬようにとの説諭が出されていた。

同年六月には西川らの赦免が行われると同時に、村上真輔の五男行蔵《ぎょうぞう》を赦して家名を再興させた。藩としては、双方を赦免することで事を収めようとしたのであった。

元治元年（一八六四）、事件を起した西川升吉らを含む十数名が再び脱藩した。彼らは長州を目指し、なかには第二次長州征討で幕府軍と戦闘をまじえた者もいた。ただし、赤穂に戻っていた西川升吉は仲間割れから殺害された。

慶応三年（一八六七）四月、文久事件の関係者のうち脱藩せずに赤穂に残っていた野上鹿之助《のがみしかのすけ》が、西川らの脱藩の責めを負い領外追放となった。これを知った行蔵とその弟六郎《ろくろう》は後を追い、尼崎藩領において鹿之助を討った。ただし、この一件は大坂町奉行所において「仇討ち」と認定された。

翌慶応四年（一八六八）二月、維新政府による大赦が全国的に実施された。その際、村上真輔の長男直内は再勤を申し付けられ、次男駱之助の遺児にも出仕がゆるされた。同時にかつての加害者側にも、家名の再興や帰郷が認められた。

同年閏四月、長州に脱藩していた者たちが赤穂藩に引き渡された。この間に殺害側の関係者は、自刃・病没・出奔などで八人にまで減っていた。彼らの処置にこまった赤穂藩は、岡山藩に彼らを預かってもらうことにした。さらに一人が病没し、残りは七人となっていた。

明治三年（一八七〇）九月、岡山藩預けとなっていた七人が再び赤穂に帰藩した。藩ではかつての一件の再吟味が行われ、翌四年（一八七一）正月に裁定が下された。村上真輔は雪冤《せつえんむ》無罪《ざい》とされ、旧録に復したうえで長男直内の嫡子に相続が許された。同時に加害者側にも寛典により復籍が申し渡された。この時までにさらに一人が自害したため、加害者側の関係者は、西川邦治《くにじ》、八木源左衛門、吉田惣平、山本隆也《りゅうや》、山下鋭三郎、田川運六《うんろく》の六人になっていた。

この裁定を下した際にも、藩は互いに遺恨を抱かぬよう申し付けてはいた。しかし、不測の事態を恐れた藩はこの六人に、高野山釈迦文院にある森家廟所の守衛を命じた。六人は高野山へ向けて出立した。

これを知った村上兄弟らは先回りをして、高野山中で彼らを討つ計画を立てた。藩の危惧したとおり、彼らは遺恨を抱き続けていた。むしろ父の雪冤により、仇討ちの決意はより強まっていた。

襲撃に参加したのは、村上兄弟のうち三男で養子に出た池田農夫也《のぶや》、四男の四郎《しろう》、五男の行蔵、六男の六郎の四人、これに助太刀として真輔の孫の富田嘉三郎《かさぶろう》、真輔の甥の津田勉《つとむ》、六郎の友人の赤木俊蔵《しゅんぞう》の三人が加わった計七名であった。

村上兄弟らは、高野山に登る西川たち一行を作水峠で待ち伏せて挟み打ちにし、激しい戦闘となった。西川方には田川運六の弟で岩吉という一六歳の少年が同行していたので、七対七の闘いとなった。三〇分ほどで決着はついた。西川ら七名は全員が討たれた。村上側は四郎と六郎の兄弟、津田勉の三人が負傷しただけで、死んだ者はなかった。兄弟らは討ち果たした六人の首を、亡父と兄の名を認《したた》めた紙の前に供えて霊魂を慰め、本懐を遂げたことを報告した。その後、彼らは五条県に自訴した。

五条県では彼らを丁重に遇したうえで、政府に処置を具申したが、沙汰はなかなか下らなかった。

明治四年（一八七一）一一月に五条県は廃止になり、仇討ちが行われた伊都郡は和歌山県の管轄となったので、翌五年三月に七人は和歌山へ移送された。

明治五年（一八七二）五月、大阪に司法省臨時裁判所が設置され、七人はここで裁判を受けることになった。七人は松屋町の牢に入れられた。彼らを取調べた者のなかには、のちに「大津事件」で「護法の神」と讃えられた、あの児島惟謙《こじまこれかた》（こじまいけん）もいた。

同年八月、司法卿江藤新平から正院に対し、罪案の伺いがなされた。「朝廷寛典の趣意に基づいて双方無罪となり、以後互いに仇としない旨の誓書まで出したにもかかわらず、なお行った殺害行為は、『復讐ノ律』で処断できず、謀殺を適用すべきでは」というのが、臨時裁判所の考えであった。ここにいう「復讐ノ律」とは「新律綱領」闘殴律中の「父祖被殴（祖父母・父母の暴行・傷害・殺害時における子孫による救護や敵討）」条のうち「若シ祖父母・父母、人ニ殺サレ、子孫、擅《ほしいまま》ニ行兇人《こうきょうにん》（加害者）ヲ殺ス者ハ、笞五十」を指す。これに対して「謀殺」条は、主犯に斬罪、従犯には絞罪を科すと定めていた。

したがって、司法省の原案は、村上行蔵・四郎・池田農夫也の三兄弟に自裁（切腹）、六郎に斬罪、助太刀の津田勉に自裁、富田嘉三郎と赤木俊蔵に絞罪、というものであった。村上三兄弟と津田は士族であったので、その閏刑として自裁とされた。富田と赤木は平民なので正刑の絞罪が科された。また、六郎はかつて野上鹿之助の斬殺後に逃亡し、無籍となっていたことから、自裁が認められず斬罪とされた。

翌明治六年（一八七三）二月、右の七名に対し、前月に開庁したばかりの大阪裁判所において判決が言い渡された。村上三兄弟と津田に「禁錮十年」、六郎と富田・赤木には「准流十年」というものであった。「禁錮」も士族に科せられる閏刑であった。各人の申し渡しの最後には「本来ならば謀殺律を適用すべきところ、特命を以て死一等を減ずる」と添えられていた。

判決と同日、太政官からいわゆる「仇討禁止令」が出された。その大意は、

殺人は国家の大禁であって、その処罰は政府の公権である。古来より父兄のための復讐を、子弟の義務と見なす風習がある。心情的に止むを得ないものとはいえ、私憤をもって大禁を破り、私義をもって公権を犯すものであって、恣意的な殺人としての罪は免れない。時には原因となった行為の故意・過失や理非を顧みず、復讐に名を借りてみだりに計画実行する弊害も少なくない。したがって、復讐は厳禁とする。今後、不幸にして親などを害せられた者は、事実を明らかにしてその筋へ訴え出よ。もし、そうすることなく、旧習にこだわり恣意的に殺害した場合は、相当の罪科に処す。

というものであった。

これを受け同年四月二日、先に記した「父祖被殴」条の「笞五十」が、「謀殺ヲ以テ論ジ、斬」と改められた。幕府や藩により長年のあいだ受け継がれ称賛された「仇討ち」が、国家による裁判権と刑罰権の独占の名のもとに、「謀殺（計画殺人）」へと転換した瞬間であった。

なお、死一等を減じられた七名のうち、「禁錮十年」に処せられた四人は、実際には自宅や親類宅での謹慎であった。また、岡山県と飾磨《しかま》県（現在の兵庫県南西部）の監獄に入れられた「准流十年」の三人も、数年後に贖罪金を払って出獄した。

# 士族の果て

## 長崎の士族、女と駆け落ち・窃盗　明治六年

明治六年の『罪案録』に、左の文書がある。

長崎県貫属士族
市橋勝茂弟
市橋　勝定

右之者、別紙罪案之通ニ付、捕亡律罪人拒捕条ニ比シ、除族斬罪
可申付哉、此段奉伺候也

大阪裁判所

明治六年三月廿日

司法少判事　児島惟謙　印

司法卿　江藤新平殿
司法大輔　福岡孝弟殿

大阪裁判所から司法省に対し、被告人市橋勝定に「新律綱領」捕亡律の「罪人拒捕」条（逃走した罪人による追跡者の暴行・殺傷）を適用し、士族たる身分を剝奪のうえ「斬罪」に処すべきことの是非を問う旨の伺いであるが、この裁判にかかわった三人は、そうそうたる顔ぶれである。伺いを発した児島惟謙《こじまこれかた》（宇和島）は、後にロシア皇太子が津田三蔵巡査に切りつけられた大津事件に関与し「司法の神様」と称せられた当人である。このとき大阪裁判所の判事の一人であった。司法卿の江藤新平は司法制度の整備に功績があったが、この約七か月後のいわゆる「明治六年政変」で辞職し、翌年、「佐賀の乱」に反乱者として処刑された。また大輔の福岡孝弟《ふくおかたかちか》は土佐藩士、五箇条の御誓文の起草者でもあった。

長崎県貫属士族の市橋勝定（二〇歳）は、明治五年（一八七二）三月ころから、島原の商人の養女あきとなじみになったが、借金が増えて身動きが取れなくなり、父の所持金六二両をひそかに盗み出し、あきと申しあわせ、七月一〇日に連れ出って逃亡した。

所々に身を隠し大阪に着いた。道頓堀櫓町の安田屋九兵衛宅に宿をとった。収入の道はなく貧窮にせまられた勝定は、相宿となった女の所持金二七〇両を盗み取り、あきを連れて逃げ出した。

一一月の末、流浪して中国笠岡《かさおか》（岡山県）まで来たところ、宿屋のあるじ安田屋九兵衛にばったり出会った。九兵衛は「賊だ」とわめいて、いきなり勝定のえり首をつかみ締め上げた。息絶え絶えになった勝定は、九兵衛の胸脇を力いっぱい突き放した。九兵衛はそのまま倒れて息が絶えた。思いがけない事態に勝定は途方にくれ、呆然と立ちすくんでいるところを邏卒に召し捕られた。後で聞くところによると、九兵衛の舌に傷があり、突き放されたときに舌を嚙み、そのために即時に絶命したと判明した。

大阪裁判所は冒頭に記したように、司法省に市川勝定を「斬罪」に処すべきかと伺いをたてた。この時期においても死刑判決を出す場合には、司法省の許可を得ることが必要であったからである（「解説14」参照）。司法省は、「伺の通り」と指示し、市橋勝定は首を刎ねられた。

## 酩酊《めいてい》の士族、人力車夫に陰嚢《いんのう》をつかまれる　明治七年

明治七年（一八七四）三月中旬のある日、阪野健作（二一歳）が故郷の土佐に帰郷することとなったので、友人の士族たち四人が集まって送別会をもよおした。曾根崎新地裏の酒楼で遊興、いずれもおおいに酔った。しかし、まだ別れが惜しまれて、席を変えてもう一杯飲みなおそうということになり、一同は同じ新地にある料亭に向かって歩きはじめた。

そこに後ろから客を乗せた人力車が来た。曳いていたのは三《み》津寺町《つてらちょう》の本宮吉造（三一歳）であった。吉造は、後ろから声をかけた。五人連れは道の端に寄って空けてくれた。急いで通り抜けようとしたが、なにぶん混んでいたので速やかに通り抜けることができなかった。するとその中のひとり阪野健作が人力車の幌《ほろ》をおさえ、突き飛ばして文句を言った。腹が立った吉造が「御検印を受けた大切な車にみだりに手をかけるのは、どういうこっちゃい」と咎めたところ、健作はいきなりげんこつで吉造の頭を殴りつけた。

同行のひとり大田忠教（二七歳）が中に立って、吉造にいろいろと言って鎮めようとしたが、聞き

入れない。業を煮やした忠教は、持っていた軸物で吉造の肩を打ち据えた。吉造はあまりに不当な仕方だといよいよ腹が立って言い争った。忠教は、我々が行くところについて来いと言って、彼らが行くつもりであった料亭に向かった。

料亭に着いたが、吉造はいまにもつかみかかろうとする顔色であったので、忠教のほうからさきにつかみかかった。とっ組み合っているうち、吉造は忠教の陰囊をつかんで力いっぱい握った。忠教は苦痛のあまり大声を上げたところ、同行の者たちが集まり、そのうち健作がその場に有り合せの閂《かんぬき》で吉造の背中を殴りつけた。吉造は飛んで逃げ去った。健作はもっと打ちのめそうとしてあたりを探し回ったが見失った。じつは吉造は料亭に隠れていたのであったが、大阪府の番人（当時の警察官の呼称）に見咎められ、事の次第が明るみに出た。

五月四日、土佐国士族阪野健作と長門国士族大田忠教に対する判決が言い渡された。吉造を書軸で打擲した大田忠教は、手足以外の他物で人を打つものは笞三十に当たるが、士族なので例により「禁固三十日」、阪野健作は閂で人を打ち傷を負わしたものは笞四十、士族なので例により「禁固四十日」とされた。「最後の仇討ち」一件で述べたように、この時期の士族に対する閏刑としての「禁錮（固）」は、私宅の一室内への監禁を意味した。

なお、人力車曳きの吉造は「陰囊ヲ摑《つか》ミ傷ヲ成サザル者笞二十」のところ、正当な理由で後から手を出したと認定され、「無科《とがなし》」とされた。

## 剣術師範の末路　明治七年

伊勢国の武士岩崎龍吉（四三歳）は、幼少のころ父に死別し兄の厄介になっていたが、弘化四年（一八四七）、郷里を脱走し、伊予国西條（現在の愛媛県西条市）に流れ着いた。

龍吉はいささか撃劍《げっけん》のたしなみがあったので、西条藩の撃劔師範から扶助を受け附籍《ふせき》に召し抱えられた。「附籍」というのは、明治四年（一八七一）の「戸籍法」にもとづき、翌年編成された「壬申戸籍」に設けられた新たな制度で、いわゆる家族以外の傍系親族や使用人などをも同じ戸籍内に組み込むことで、居住実態を把握しようとするものであった。

龍吉は、旧藩と両主に仕える身分を恥じ、旧主に失礼になると思い姓名を変え、藩士たちの指導に当たってきた。やがて地位も安定したので、ある藩士の妹を妻にもらい受けた。

ところが、時勢は移り、「剣術ハ自《おのづか》ラ廃物」となってしまった。師範からの扶助も止められ、剣術に優れていても、この時勢では生活もできない。こうなれば生国へ復籍しなければ思うところも実現しないと考え、同地を後にした。

しかし伊勢には帰らず、諸国を流浪し、明治七年（一八七四）一月になって妻と共に大阪の地に着いた。長堀の宿に止宿したが、ここで、たまたまかつて懇意にしていた愛媛県士族の二人と遭遇した。彼らは鉄道建設の請負をしているという。龍吉は仕事をもらい働いた。四月一〇日、彼らから吹田《すいた》村の帳場に届けるように頼まれ七〇円を預かった。

ところが悪心おこり、預かった金を元手に商売をしようと思いついた。妻には事情を告げず、宿賃三四円一二銭二厘を踏み倒し、妻とともに伊勢に戻ったところで役人に召し捕られた。

明治七年（一八七四）一一月二日に判決の言い渡しがあった。

龍吉の犯罪は、踏み倒した宿賃と持ち逃げした預り金を合計すると、一〇〇円を超えるため、「懲役五年」の判決を受けた。

## 収監中の佐賀の乱賊徒幹部に収贖金　明治九年

明治六年（一八七三）の征韓論に敗れ下野した江藤新平や憂国党の島義勇《しまよしたけ》のもとに糾合された不平士族らが、翌七年に起こした「佐賀の乱」は、大久保利通《おおくぼとしみち》（薩摩）のひきいる鎮台軍に鎮圧された。元司法卿の江藤そして島も七年四月、急設された佐賀裁判所において除族のうえ梟首に処された。反乱軍にくみした幹部たちは、各地の監獄に収監された。川瀬又七郎と蒲原孝良の二人は大阪府の獄舎につながれていたが、明治九年（一八七六）二月一〇日、次のように申し渡された。

川瀬又七郎は、先の佐賀乱で逆徒に与《くみ》し、大隊の監軍を勤め、軍議に参与し、大隊長と謀って隊兵を監督し、官軍に敵対した科により、除族の上、懲役七年に処せられ、大阪府の監獄に収監されていた。しかし、健康を損ない廃疾となったので「懲役限内老疾収贖例図」により、懲役七年から、すでに服役した日数一年二四七日を除去して残り五年三か月二八日分を換算し、「収贖金十五円九十一銭六厘」を言い渡された。

蒲原孝良も、先の佐賀乱で逆徒に与し、遊兵隊長になり、又は小城隊長に軍務を謀り、官軍に敵対した科により、除族の上、懲役五年に処せられ大阪府の監獄にあった。廃疾となったので「懲役限内老疾収贖例図」により、懲役五年から、すでに服役した日数一年二四七日を除去して残り三年三か月二八日分を換算し、「収贖金九円九十一銭六厘」を言い渡された。

ちなみに、「新律綱領」や「改定律例《かいていりつれい》」では、七〇歳以上の老人、一五歳以下の少年および廃疾者が流罪以下の犯罪をおかした場合、実刑を科さずに収贖金の支払いをもって換えることが許されており、徒刑や懲役の執行中に右の条件を満たした場合にも、収贖金の支払いによる釈放を認めていた。右の二人の判決中に見える「懲役限内老疾収贖例図」とは、残りの刑期を収贖金をもって換える際に用いられる換算表であった。

［解説16］　改定律例《かいていりつれい》——刑罰の近代化とその限界

明治六年（一八七三）六月、「改定律例」が布告され、翌月から施行された。明治三年一二月に「新律綱領」（［解説12］参照）が頒布されて以後、単行法令によってその補充や修正が多く行われた。「改定律例」はこれらの作業を整理してまとめたもので、その数は全部で三一八か条にものぼった。明治一五年（一八八二）一月にいわゆる「旧刑法」が施行されるまで、「新律綱領」「改定律例」が併行して実施された。当時の法律書をみると、上下二段組みにして上段に「新律綱領」、下段に「改定律例」を配した形態のものが多くみられる。双方を参照しないと、現行法が何かが分からないからであった。

この「改定律例」により、刑罰体系は大きく変わった。「新律綱領」にあった五種の刑罰のうち「笞」「杖」「徒」「流」の四つはなくなり、これに代わる刑として「懲役」が導入された。懲役は一〇日から百日まで一〇日刻みで十段階、そのうえに一年から三年まで半年刻みで五段階、さらに五年・七年・十年の三段階と、最も重い懲役として終身懲役が定められた。計一九段階の懲役が用意されたことになる。大阪府でも「改定律例」布告前の明治六年三月、従来の徒刑場を懲役場と改称している。ただし、閏刑はいまだ残っており、自裁・閉門・謹慎などは廃止されたが、士族には懲役にかえて「禁錮」を科すものとされた。

また、「新律綱領」がいまだ効力をもつ箇条を適用する場合、判決は「笞」や「杖」で言い渡されることがあった。その際には「笞」一〇～五〇を「懲役」一〇～五〇日に、「杖」六〇～一〇〇を「懲役」六〇～一〇〇日にそれぞれ読み替えた。さらにきわめて軽微で懲役一〇日にも満たないと判断された犯罪に対しては、「呵責《かせき》（叱りおくこと）」して放免することとされた。

死刑は「新律綱領」と同じく、「絞」「斬」「梟首」の三種とされた。近世の「獄門」の系譜を引く「梟首」は、その後、明治一二年（一八七九）一月にいたって、ようやく廃止となった。

「改定律例」では第一条から順番に数字を付す「逐条主義」が採用された。こういうところには西洋法の影響を見ることができる。

このように「死刑」と「懲役」の二種の刑から構成された「改定律例」の刑罰体系は、一見すると今日の刑罰体系と非常によく似たものであった。しかし、実際には刑罰が一気に近代化したわけではなかった。「笞刑」や「杖刑」は棒で殴打した後に釈放できたが、これがなくなったことにより、軽微な犯罪者もすべて獄に入れなければならなくなった。にもかかわらず、監獄の整備は全国的に見てそれほど大きく進んでおらず、実態が原則に追い付いていなかった。したがって、「改定律例」の頒布を宣した際の布告には、「百日以下の懲役犯の場合、服役させるのが困難な地方は、『笞杖実決』してもよい」と記されていた。比較的軽微な犯罪には、依然として「笞」「杖」刑を科すことが認められたのであった。

## 政治批判

### 関新吾、讒謗律《ざんぼうりつ》・新聞紙条例違反事件　明治九年

関新吾《せきしんご》（二二歳）は、岡山県士族、安政元年（一八五四）生まれ。慶應義塾に学んでいるから、以下

の口供書に「師」とあるのは、福沢諭吉《ふくざわゆきち》を指すのであろう。この事件当時、新吾は元東京弓町《ゆみまち》集思社「評論新聞」の編集長で、中之島《なかのしま》四丁目に寄留していた。

この「寄留」というのは、明治四年（一八七一）四月の「戸籍法」により設けられた制度で、九〇日以上にわたり本籍地以外で居所や住所を持つ者を「寄留」と位置づけ、届け出によりその出入りを把握しようとするものであった。

明治九年（一八七六）三月一〇日付の関新吾「口供書」（自白書）の内容は、次のようであった。

自分が、箕作麟祥《みつくりりんしょう》が邦訳した「国政転変論」を摘録し論評を加えて「評論新聞」第四〇号に掲載したのは、以前に師のもとで西洋の文献を勉強していたとき、文明諸国の人民は強剛不屈だと承知していたが、いま箕作氏の訳文を読んで、師の説がいよいよ本当であることを確信するようになったからである。そこでこの所論を世間に広め、我が国の人民で卑屈に甘んじ、民権とはいかなるものかを知らない者たちに、不羈《ふき》自由の権利とはこういうものだと教え、民権を隆盛させたいとひとえに願う気持ちから、箕作麟祥の訳文を高く評価したのである。

しかしながら箕作氏がこの文章を邦訳するに当り、姓名を書かないで公刊した理由は、思うに平生学ぶところと合致したので、全身全霊を込めて邦訳し公布したものと思う。あるいは、このように激烈な論文は今日の世情からして時期尚早かと思ったが、意外にも、国内に雷鳴とどろくような先生がこのような論説を刊行する真意はわからないが、学者に似合わない激烈さであると思う。そこでこの文を評論するにあたり、主張をやわらげ、その文中に「思いがけなく」などの語を加えて、暗に反論したつもりである。

しかしながら、自分の言葉が簡単すぎて意を尽していないので、かえって人民を煽動《せんどう》し政府を転覆しようとするように理解されたのであろうか。自分としては、けっしてそのような気持ちで、この文章を掲載したのではない。

満木清繁・横瀬文彦・田中直哉らも、民権の重要さを論じたにすぎず、「もし政府が私利を追求するのに汲々として天下の安定を顧みないようなときは、人民が武力で自らの自由を回復するのは当然のことで、元気のあるものにますます力を与える」とかいうのは、箕作氏の訳文にある言葉であって、彼の訳文に賛成評論したまでの事である。国政転変とは国家の不祥事であって、人民がこれを希望するということがある訳はない。ことに今日のわが国の賢明なる政府のもとではあり得ない事ではあるが、仮にもし百年の後に賢明誠忠の官吏がいなくなって、人民が塗炭の苦しみをなめ、屍《しかばね》が野に晒《さら》さるようになり、上は天皇を悩ませ、下に人民の求めに応じない時は、国家の亡滅を傍観するのは人民の義務として許されるものではない。やむを得ず、竹槍蓆旗《むしろばた》をかざして、暴政府を転覆し新政府を立てるのは当然のことと考える。

三月一九日に大阪裁判所において、判決の言い渡しがあった。

関新吾は、箕作麟祥の「国政転変論」を「評論新聞」に収録し、これに自分と満木清繁・横瀬文彦・田中直哉らの評論を記載した。そこでは民権の重要さを称賛し、天下は人民のもので政府が私すべきものでないなどと言い、政府が天下の安危を顧みない時は、竹槍蓆旗をもって人民自由の権利を取り戻すことは当然のことと言い、もし百年の後に人民兵を起こして暴吏を駆逐するなどのことを言うなど、わが国家政府に関渉して、「民心を鼓動」した。これらは新聞紙条例第一三条に触れるものであり、「禁獄一年半」に処する。

維新政府の命を受けフランス諸法典の翻訳に尽力し、明治初期の法典編纂に多大な貢献をした箕作麒祥（津山、一八四六〜九七）は、法律関係以外にも様々な分野の翻訳を行っていた。問題となった「国政転変論」もその一つであるが、その原典はこんにちでも詳らかとなっていない。

この翻訳は自由民権論者たちに大きな影響を与えた。右に名前の挙がっている横瀬文彦は、箕作を「東洋のルソー」「日本のモンテスキュー」と激賞している。人民の「革命権」を容認するこの「国政転変論」は政府でも問題となり、箕作の責任を追及する声があがったが、当時の司法卿大木喬任の弁護により事なきを得た。

また、「評論新聞」は明治九年七月に発行停止に追い込まれた。

さて、禁獄中の五月一一日、関新吾は、再び法廷に立たなければならなかった。「大阪日報」の編集長に在任中の明治九年三月六日、同誌第一二号に執筆した社説の内容を咎められたのである。彼はその中でこう書いた。

現在、わが国の軍人たちの挙動を見るに、文を軽視し、休暇の節には、酔っぱらってよろよろ歩き、大声で歌うのを勇威剛毅としているようだ云々。

これは軍人たちに、豪勇のみならず、文武の文を兼ね備えなければ世人の笑いものになる恐れがあると忠告しただけのことで、軍人を誹謗《ひぼう》する気持ちは全くない、と関は陳弁した。

しかし同月二二日の判決はこう断じた。

わが国の官人も文武を兼備しなければならぬ、しかるに今日の武官を見聞するに十中七・八は、文を軽んじ云々、と記しているのは、軍隊の品行風紀に言及し誹謗したものである。この行為は讒謗律《ざんぼうりつ》に触れ、禁獄三か月に当る。しかしすでに禁獄一年半の論決を受けているから、さらにその罪は問わない。

もっとも、関が宣告を受けた当時の「禁獄」は、身分によりその執行に差異があり、平民は実際に獄に入れられたが、士族は自宅での蟄居《ちっきょ》で済んだ。その前身刑である「禁錮（私宅の一室内での監禁）」は、明治七年（一八七四）六月に「禁獄」と名称変更され、士族であっても獄舎の一室内へ監禁することと改められた。しかし、早くも翌月には、「獄舎建築法や獄則が制定され、それらに基づく獄舎が新築されるまで、私宅内において禁獄を執行する」旨の司法省布達が出されたのであった。関は士族であったから、自宅「禁獄」であった。

ところが、明治一〇年（一八七七）八月、松屋町囚獄場に仮獄が落成し、ここに新聞紙条例や讒謗律違反者が入れられることになった。同月六日、この仮獄に収監された新聞記者たちのなかに、関新吾の名が見えている（「興民新誌」第六号の記事）。関は刑期の最後の一か月余を、実際に獄中で過ごすこととなったのであった。

関新吾（一八五四―一九一五）は、後に官界に入って、元老院書記官、太政官に移り官報の編集に当たり、内務省に入り、最後は福井県知事に就任した。官界を去ってからは朝日新聞に入り、岡山新報社長などを経歴した。

ちなみに、関に適用された新聞紙条例・讒謗律ともに、前年の明治八年（一八七五）六月に制定されたもので、いうまでもなく台頭する自由民権運動を抑圧することがその目的であった。「讒謗」とは、「讒毀《ざんき》（人の栄誉を害すること）」および「誹謗《ひぼう》（人の悪名を流すこと）」を意味する語である。

## 川上音二郎の選挙批判（番外）　明治一九年

この事案は、時期的に本書で取り上げる範囲の外ではあるが、心情として省きがたいので、ここに収録する。

オッペケペー節や新派劇の創始者として知られる川上音二郎《かわかみおとじろう》は、文久四年（一八六四）に博多で生まれた。長じて継母との折り合いが悪く一四歳で家出し、大阪や東京を放浪した。政治に関心を持つようになり、いったん帰郷し自由党の壮士となり自由童子と称した。

ここに取り上げるのは明治一九年（一八八六）一一月一九日の事件である．音二郎（当時二三歳）は会主となり、大阪市西区新町の高島座において学術講演会を開催した。午後七時に開会し、数名の演説の後、音二郎は演壇に立ち「上ミタル者ノ心得」と題する講演を行い、続いて「冨勝貧敗」と題する講演に移った。

音二郎の自供書によれば、その内容は、
昨日、私は傍聴の為《た》め府会議事堂に昇りました。この府会なるものは、即ち諸君、大坂において府民の代理人が会合し云々と…、なぜ諸君は学識あり才知あり、且諸君の為めには利益あるところの愛国志士をこの議員に選ばざるやといふに、如何《いかん》せん、府会議員たるものは十円以上の年貢を出すものにあらざれば成ることは出来ませぬ。

明治二十三年に至り、国会開設の日に至れば、果たして如何《いかが》でありましょー。府会議員ですら、なお且つ十円以上の年貢を出す者か、或いは又《ま》た壱萬円以上の財産を有するものに非ざれば当選すること能《あた》はざるべし。

又た一度禁固の刑を受け、又た入獄したるものは其議員に為ることは出来ないと云ふに至らん、さするときは此国会議員も矢張、無智無学にして、唯《た》だ銭をひね繰り回す人物の中に落るに違ありますまい云々。

然るに此二十三年に至り国会を開くに当り、前に述べたる如く百円以上の年貢を出す者等に限るときは、元是等国会開設の基を開きたる愛国の志士は多くは皆国家の為め財産を擲《なげう》ち、殆《ほと》んど貧窮に陥りたるものなれば到底議員となることは出来ません。聞く処に依れば、国会開設の日には右に云ふ如き制限を作らるるとの説があります云々。

又た自由党なり改進党なり、世の愛国志士は多くは、必ず一度は演説とか、新聞とかに依て入獄し居る者のみである故に到底《とうてい》是もなれない、然るときは、国会を開かるるも益なく、却て害になりまする云々……。

と述べたという。

この講演会に立ち会っていた大阪府巡査の告発により、音二郎は一一月二七日に起訴され、大阪軽罪裁判所の法廷に立った。

一一月二九日、判決が言い渡された。

判決によれば、音二郎の演説は「徹頭徹尾国会議員選挙に関する事項を講談論議」したものであって、これは明治一三年第一二号布告の「集会条例」、同一五年第二七号布告改正第一六条第二項に違反するものと判定された。

音二郎の刑は、講演会の会主であることに対しては「軽禁固二十日」、講談論議したる罪に対しては「罰金五円」を言い渡された。


この事件がきっかけになったのか、翌明治二〇年には「改良演劇」と称して一座を結成し、落語家桂文之助の弟子となり、浮世《うきよ》亭○○《ていまるまる》と名乗って、オッペケペー節を高座で歌い始める。その一節、

　権利幸福嫌いな人に　自由湯《じゆうとう》をば飲ませたい
　　オッペケペッポー　ペーポッポ

音次郎は、演劇で大成功をおさめ、天下に嬌名《きょうめい》の高かった葭町《よしちょう》の芸者貞奴《さだやっこ》と結婚し、その後、波乱万丈の生涯を送った。

## ［解説17］　開設当初の大阪裁判所

開庁の許可が出て、場所を確保したからといって、それで大阪裁判所が発足できるわけではなかった。判事や検事などいわば裁判所の上層部は、中央の司法省から派遣されてきた。しかし、解部や属や検部あるいは史生など、判事や検事の下で実務に携わる多数の官吏が不可欠であった。現代でも裁判所事務官や検察事務官あるいは廷吏など、多くの人々のサポートがなければ、裁判所が機能しないのと同様である。明治政府はその人的資源を、かつて大阪府を設置した時とよく似た方法（［解説11］参照）で確保した。

裁判所の開庁を目前に控えた明治六年（一八七三）一月中旬、聴訟課・断獄課を中心とするかなりの数の大阪府職員が、「御用有之《ごようこれあり》、大阪裁判所出頭申付候事《しゅっとうもうしつけそうろうこと》」との辞令を受け、裁判所へ出頭した。そして、そこで彼らは以後、司法省の官員として勤務することを命じられたのであった。

明治政府がとったこういう方法は「転官措置《てんかんそち》」と呼ばれ、大阪に先立つ東京裁判所の開設時にも同様の手法が実施されていた。

現在知られている最も古い大阪裁判所の職員録は、開庁から半年余りを経た明治六年九月時点のものであるが、これと前年一〇月の大阪府職員録とを比較してみると、少なくとも約七〇名の大阪府職員が、転官措置により大阪裁判所勤務となったことが確認できる。それは裁判所の職員録に記された人数の約半分にあたる。しかも、裁判所のなかで実務にあたる解部や属あるいは検部などに限定すれば、ほとんど全員が元大阪府職員から構成されていた。そして、そのなかにはいまや一〇名足らずではあったが、元大坂町奉行所の与力・同心も含まれていた。

また、［解説14］で紹介したように「司法職務定制」に基づいて行われる裁判、とりわけ本書の対象である「断獄」は、それ以前の手続と劇的に変化したものではなかった。むしろ、大阪府がこれまで行ってきたそれとほとんど同様であったといっても過言ではない。これに加えて大阪府の裁判実務担当者たちが、ほとんど大阪裁判所へ「横すべり」したわけだから、変化に乏しいのはなおさらのことであった。

ちなみに、西洋法の素養を持つ司法省法学校速成科第一期生の卒業は、明治一一年（一八七七）であったから、本書が射程とする時期よりも後のこととなる。形だけの「司法と行政の分離」はできても、欧米列強が納得するような西洋的裁判の確立は、まだ先のことであった。

# 人災

## 払下げ弾薬の処理中暴発し三〇人あまり死亡　明治七年

坪上平蔵（三二歳）は、阿波座で銃砲弾薬売買の免許を得て商売していた。

明治六年（一八七三）七月中旬、大阪出張武庫司《ぶこし》から、小銃の潰し弾丸五〇万発、目方にして四二五〇貫を払い下げ入札するとの連絡があった。一千発の目方八貫五〇〇目につき代金二円八三銭の割合で計算し、入札に応募したところ、平蔵の落札するところとなった。

落札した弾薬をそのまま売りさばくことができなかったので、木津川口の沖に船を停泊させ、弾丸を積み込んで仕分けをする手筈にして、その旨を大阪府に願い出て許可をもらった。

平蔵は、木津川口の仕事場に関して、取り締りなど万事を黒木善左衛門（五三歳）に手伝ってもらうことにした。八十石船を川口沖に回送し、人夫五〇人あまりを雇い入れた。八十石船とは米俵二〇〇俵を積載する大船である。この人夫には老人子供もかまわずに雇い入れた。

七月二三日から船中で弾薬の仕分けを始めたところ、雇人から黒木善左衛門に、船中だけではかどらないから、陸路にも分かれて仕分けをしたいと申し出てきた。善左衛門から平蔵にその旨を伝えたところ、よかろうと言うので、木津川口の字千本松という堤防の上でも仕分けをさせていた。

七月二五日の昼ごろ、平蔵と善左衛門が、そこから三丁（約三〇〇メートル余）ばかり離れた茶屋で雇人たちの昼食の世話をしていたところ、原因は不明、水陸どちらから爆発したのかわからないが、双方の弾薬が破裂した。平蔵と善左衛門が驚いてその場に駆けつけてみると、近くで農作業をしていた者および運送人夫のうち計二四人が即死、一一人は重傷を負っていた。借り受けていた八十石船二艘と、火薬を持ち運ぶために雇い入れた茶船四艘、もよりにつないであった四石積小舟一艘、加賀谷《かがや》新田《しんでん》にあった家屋なども破損するという大事故となった。

負傷者は病院に運ばれて治療を受けたが、うち八人が死亡した。残る三人は快癒した。

明治六年一〇月一五日、大阪裁判所は司法省に伺いを立てた。

坪上平蔵は故意があってこの大事故に至ったのではないが、全く不注意が原因で「疎失」の罪は免れない。平蔵は「不応為重」とし、黒木善左衛門は罪一等を減じ、おのおの贖罪金を徴する。平蔵から雇われたものを除き、付近でこの事故で死傷したものに対する医療費、埋葬費を負担させ、このため破損した船や家屋については賠償させる、としてはいかがであろうか。

翌七年一月一三日付で、司法省は次のように示した。

弾薬が暴発して人を殺傷したのは過失によるものではない。したがって被害者に対する医療費・埋葬費、また、破損した船や家屋の賠償を命じる必要はない。

というのであった。

この指示を受け、大阪裁判所は一月末、平蔵に対し「懲役七十日」を、また善左衛門に対しては「懲役六十日」をそれぞれ判決した。平蔵と善左衛門の両名とも、事故の原因は火薬の取扱いを粗略にしたせいである、と自供しているのに、補償を否定した司法省の指示には不審の思いを去りえない。

## 失火による「座摩の大火」　明治八年

座摩神社（いかすりじんじゃ、通称ざまじんじゃ）はもと淀川の河口にあり、神功皇后の伝説に関わる古社で、その地は渡辺津《わたなべのつ》と呼ばれた。秀吉の大坂築城に際し、現在地（中央区本町）に移された。摂津国の一宮は住吉大社であるが、中世には座摩神社はその末社となり、一の宮とよばれたという。

明治八年(一八七五)二月七日、ここが火元になって、大火災となった。

笠井清吉は、大阪座摩神社境内で興行中のニワカ小屋に雇われて働いていた。役者部屋に置いてある火鉢の世話をしていたが、その不始末により火を発した。

明治八年の「断刑録」には、座摩神社は焼却し、上難波郷社および市中の一一五〇戸に延焼したと記されているが、『大阪市史』は延焼戸数八二〇余戸としている。

午前一一時ころ出火し、南御堂を避けて長堀橋筋東へ入り、北は南久宝寺町《みなみきゅうほうじまち》・心斎橋まで一掃し、東は塩町《しおまち》堺筋に及び、同夜一〇時ころ鎮火した。

笠井清吉は、失火条例により、懲役七十日にあたる「贖罪金五円二十五銭」を科せられた。

## 歌舞伎役者失火で死傷者多数　明治九年

中村翫丸は、明治九年(一八七六)四月九日から、道頓堀の東櫓町竹田の芝居に毎日出演していた。同芝居小屋三階の楽屋に、他の役者ふたりと相部屋となり、ひとりは西側、もうひとりは中央、翫丸は東側に場所をとっていた。

四月一八日の午後八時過ぎ、相部屋のひとりは出番が済んで帰宅し、もうひとりは出演中、翫丸一人が部屋に残り、後で出演するので顔を作って本を読んでいた。するとしきりに「ホチチリ」という音が聞こえる。音のする方を見ると、鏡台後ろの板壁と畳との間から火が燃え上がっている。驚いて東の大部屋に居合わせた役者たちに、来てくれと大声で呼ばわった。二人がやってきて消火につとめたが、火勢が強くなってとても消せないと思ったので、大急ぎで裏口から逃げ去った。

この失火により見物人のうち男女五六人が焼け死に、火傷した人の数はわからず、一四軒の家屋が類焼した。

火事の原因は、翫丸が自分の部屋の燭台《しょくだい》に灯していたろうそくの火くずが畳の上に落ちたのを気づかなかったせいで、他に疑わしいふしはなかった。

翫丸は六月二二日に拘留され、失火により延焼し、人を焼死させたものは、「改定律例」第二七五条により、笞五十、贖をゆるし「贖罪金三円七十五銭」との判決を受けた。

# 脱　籍

## 新門辰五郎《しんもんたつごろう》の世話で兵隊となり官軍に転じ帰郷　明治七年

被差別部落に生まれた兼松は、かねがね立身の望みを抱いていたが、自分の身分ではどこにも奉公できないことをなげいていた。ところが慶応三年（一八六七）一二月に、大阪城内の旧幕府陸軍局で兵卒多人数の募集があり、流民でも抱え入れていることを知った。これ幸いと町役人には無断で出奔し、谷町五丁目出生の平民大和屋なにがしの息子と称して、取扱人新門辰五郎の世話で、幕府軍の一聯隊《れんたい》に加入することができた。

翌慶応四年正月、幕軍が東京に移転したのに随従したが、在京中に多くの兵卒とともに奥州に脱走した。一二月になって、官軍に帰順を願い、許されて鎮台第三大隊に入隊を命じられた。兵卒も苗字を名乗るようお達しがあったので、兼松は阪口正教と称して勤務した。明治六年（一八七三）一一月一〇日に満期除隊となった。その際、鎮台から御賞詞金などを頂戴した。同二七日、無断で家出した不始末を後悔し、戸長に自首した。

明治七年二月二〇日、兼松（三〇歳）に対する判決言い渡しがあった。

逃亡二年後、復帰自首スル者　贖罪金六円

新門辰五郎（一八〇〇年生）は、江戸時代末期の町火消・侠客《きょうかく》である。浅草寺《せんそうじ》僧房新門の門番であったことから新門を称した。娘の芳《よし》は将軍慶喜《よしのぶ》の妾となったので、将軍に近い間柄であった。慶喜の上洛の際、子分をひきいて随従した。慶応三年一〇月一四日、慶喜は大政奉還を申し出たが、この日、討幕派は討幕の密勅を受けた。新門辰五郎が大坂城にあって、幕府軍の兵卒募集に当ったのはこの時期である。

## 清水次郎長《しみずのじろちょう》の世話になる　明治八年

萩屋巳之助（四六歳）は、北野村の生まれであったが、五歳の時、患いがもとで足が不自由になった。七歳で父親が死去し、祖父に養われていた。一三歳になって、無断で家出をした。歩けないので手に下駄を履き、いざりながら京都伏見につき、ここで往来の人に物乞いをして五年を過ごした。

その後、中山道をたどり長野の善光寺へ参詣ののち、さらに甲斐の国（現在の山梨県）から駿河（静岡県）に出て、清水湊《しみずみなと》の小屋で数年間、乞食をしていた。

明治六年（一八七三）一月、新政府の下で人籍の調査があり、四〇数名の乞食はそれぞれの国元に送還された。しかし巳之助は足が不自由であったので願い出て、静岡県の改心所に入所した。改心所とは伝馬町《てんまちょう》に設けられ、軽犯罪者や無頼の徒、あるいは町村のやっかい者などを収容し、労働に使役するとともに教導説諭を加えて更正させるための施設であった。この改心所も翌年三月に廃止され、巳之助をふくめ身体障碍者たちはあの清水湊の山本長五郎《やまもとちょうごろう》に預けられた。

山本長五郎とは、海道一の大親分と謳《うた》われた侠客清水次郎長《しみずのじろちょう》である。長五郎は文政三年（一八二〇）に船持船頭の雲不見《くもみず》三右衛門の三男として生まれたが、母の弟であった山本次郎八の養子となり、次郎長と通称された。悪童であったが才覚があり商売にも励んだ。凶暴性があり、また縄張り争いに明け暮れた。喧嘩《けんか》で人を斬り、出奔した。維新時には東征総督府から道中探索方を命じられている。

明治元年（一八六八）九月、敗走して清水湊に漂着した幕軍咸臨丸《かんりんまる》の乗員は維新政府軍に惨殺され、死体は海中に投棄されたままであった。次郎長は「死ねば仏だ。仏に官軍も賊軍もあるものか」と言って死者を埋葬した。山岡鉄舟《やまおかてっしゅう》は彼の挙動に感動し、墓碑に「壮士の墓」と揮毫《きごう》した。二人の親交がはじまった。明治七年、山岡鉄舟や静岡県令大迫定清《おおさこさだきよ》（薩摩）は次郎長に正業につくよう勧め、富士山麓などの開墾に従事する。

巳之助が、次郎長の世話になったのはこのときである。彼は「富士山最寄開墾所ニ於テ、縄鞋ヲ製シ消光マカリアリ（富士山もよりの開墾所で、わらじを作って暮らしていた）」と口述している。そうこうしているうち、勝手に家出したことを悔い、自首して出たいと思うと次郎長に語ったところ、次郎長は巳之助のために車を作り与え、知る辺の人たちも金銭を持たせてくれた。

明治八年（一八七五）六月一日、別れを告げ、次郎長のこしらえてくれた車に乗り、東海道を下った。七月二七日、やっと大阪に戻ってきたところを見廻りの者に見咎められ、拘引されたというのが、巳之助の陳述である。

明治八年（一八七五）一〇月一四日の判決は、いったん断りなく家出したが、その過ちを後悔して自首した。その道中は困難で、その心情はじつに憐れむべきものがある。そこで本罪に四等を減刑し懲役四十日のところ、収贖するにも財産がないから、例第三一条により半分とする。ということで、懲役二十日を命じられた。

# 親と子異聞

## 父の教令に違反し遊蕩《ゆうとう》止めず　明治七年

内淡路町《うちあわじまち》に寄留する八木沼高次郎（二二歳）は、備中国（現在の岡山県西部）の農家の生まれであったが、いろいろと難儀に遭い、生活が苦しかった。実兄は六年前から大阪に来て、大阪鎮台に勤務していた。高次郎は兄を頼って、一昨年（明治五＝一八七二）の四月に大阪に出てきた。兄に、どこに奉公すればよいか相談したところ、洋服の仕立てを習うのがよかろうと勧められた。そこで、高次郎はあちらこちらで仕立ての技術を習い、昨年八月八日から内淡路町二丁目に座敷を借り、洋服仕立ての仕事を始めた。

高次郎は以前から料理屋で遊ぶのを止められなかった。兄はたびたび意見したが聞き入れなかった。一一月に父親が国元からやってきた。遊蕩をするなと父と兄から厳しい折檻《せっかん》を受けた。しかし高次郎は相変わらず身を慎まないので、親類が集まり、これは訴えてお上を煩わすしかないと話しているのを立ち聞きした。もし訴えられるようなことになれば、お咎めを受けるだろうと恐ろしくなった。

それからは父兄の言葉に格別背いたとは思わないが、一二月二四日、府の番人たちがたまたま自宅にやって来た。高次郎は、てっきり自分を召し捕りに来たものと思い込んだ。前非を悔い、自殺するつもりで、二階に上がったところ、その場に短刀があるのを見つけ、すぐさま腹に突き立てた。そこに番人が二階に上がってきて、短刀を取り上げられた。

番人からは、過日父兄から折檻を受けた時に、刃物で手向かったのではないかと厳しく糾問されたが、そのような所業はないと否認した。

明治七年（一八七四）三月四日、高次郎に対し、父の教令に違反したかどで、「懲役一百日」と判決の言い渡しがあった。「新律綱領」の訴訟律「子孫違教」条には「凡子孫、祖父母・父母ノ教令ニ違反シ、及ビ奉養欠クルコト有ル者ハ、杖一百云々」と定められている。

## 義母に情交を申しかけ拒まれて傷害　明治七年

源三（二五歳）は、明治二年（一八六九）一〇月、新町で商売を営む下羽源兵衛の養子となった。養父源兵衛の娘は当時一一歳、ゆくゆく成長の暁には夫婦となる約束であった。源三は養父母や娘とともに暮らしていたが、明治六年（一八七三）五月に、店は近所の火事で類焼した。それから家運が傾きはじめ、一〇月下旬に養父は死んでしまった。養父の死後も入費はかさみ勝手向は窮迫し、金策も思うにまかせず、家財を売却しなければ立ち行かない状態におちいった。しかし源三は養子の身、養父が死んだら間もなく落ちぶれたでは世間から指さして笑われるのは目に見えている。さりとて何の思案もない。

義母は着物をたくさん持っている。あれを質に入れてくれたら一時しのぎになると思うのだが、義母にはなんとなく気づまりがある。どうかして歓心を得て相談すればよいと思うのだけれども、さし当り方法を思いつかない。口説いてむつまじくなることができればよいが、言い出しかねていた。

明治七年（一八七四）二月一〇日ころ、これまで自分は中座敷、義母は奥座敷に就寝していたが、寒いからこたつに寝ようかと持ちかけたところ承知したので、自分は南枕、義母は北枕に布団を敷いた。夜中になって、義母の枕元にすり寄り、ひそかに股間に手を入れたところ、義母は目を覚まし出て行くように言うので、元のように自分の床に戻ってその夜は過ぎた。

翌朝、義母の顔色を見ると、いつもと変わりなかった。そこで時期を見て義母のかたわらにより、「昨夜は申し訳ないことをしましたがお許しください」とわびたところ、「このようなことをすれば家の中がおさまりませんから」、と言っただけであった。その夜、昨夜のこともあるから、とても同室で寝ることは無かろうと思ったのに何もないから、これは義母にもその気がないでもないかと、再び義母の股間に足をさし入れたところ、何も言葉を出さない。これはうまくいくに違いないと明晩を待つことにした。

翌晩、前の通りに寝床の支度を始めると、義母が、今夜は前のように別の部屋でやすむと言った。やむを得ず、思いも断ち切れないうちに二月の節季が迫ってきた。三〇〇円余の金がなければどうにもならないが、今の調子では半金を調達するのも難しい。何とかして義母に欲情を起こさせれば、あの着物を質に入れて金の調達もできる。これまでしかけた行為も無になるから、今度は目的を遂げる覚悟で、思いを遂げられなければ自殺すると脅そうと、短刀を買い求めた。

二一日の夜、短刀を懐にして寝室に忍び入り、突然股間に手を入れ、触れようとしたとき、義母は大声で叱った。まあ静かにしてほしいとなだめているうち、娘がびっくりして「兄さん、なんじゃ」と声をかけた。

義母には、済みませんとわびたが、返事もしない。しばらくそばにいたけれども、義母は使用人に言いつけると起き上がり店に向かったので、他言されては一大事と逆上し、短刀を取り出し追いかけ、暗闇の中で短刀を突き立てた。生死を見届けたうえで自殺しようと灯りを点けたところ、その隙に義母は逃げ去った。確かに傷を負わせたうえは自殺するつもりで仏間に至り、短刀をのどに突き立てようとしたところ、かけつけた雇人らに取り押さえられた。取調べの際、義母の傷は全快したと告げられた。

大阪府は、大木司法卿に左の伺いを立てた。

養子源三は、しばしば義母と姦通しようとしたが、義母は許さず、雇人に知らせると言われて驚いて傷つけた。短刀をあらかじめ持っていたのは、脅かそうとしただけで、殺すつもりは毛頭なかった。これは「改定律例」第二二八条「殴祖父母父母条例」により、懲役終身としてもよいか。

司法省の指示を得て、源三は同条「子孫、祖父母・父母ヲ殴チ、傷スル者」を適用され、「懲役終身」となった。その後、明治一一年（一八七八）一一月二〇日に特典により、罪一等を免じられた。

## 老母の扶養のため、懲役囚を出所させる　明治八年

豊島郡桜塚《さくらづか》村に住む鈴木治兵衛は、明治八年（一八七五）一月二三日、博奕の咎により、懲役八〇日を申し渡された。服役していたが、同月末日、大阪裁判所へ呼び出されて叱責を受けた。

その理由は、治兵衛には老いた母があって、彼以外にはこの老母の面倒を見る者がいないにもかかわらず、取調べの時にそれを申告しなかった、というものであった。

同日、大阪裁判所は治兵衛に対し、刑期八〇日からすでに服役した日数を引き去り、残り七〇日分にあたる収贖金一円七五銭を官納した後に、老母を養えとの判決を改めて下した。

「新律綱領」には「犯罪存留養親」という箇条があった。これは、徒罪囚や流罪囚の祖父母・父母が七〇歳以上あるいは廃篤疾であって、現在受刑中の囚人以外にこれを扶養する子孫がいない場合、杖一〇〇を科したうえで残日数の収贖を許し、親の面倒を見させる、というものであった。この規定は「改定律例」により、懲役一〇〇日以下の囚には全罪の収贖を許すと改正された。

じつは、現行の刑事訴訟法第四八二条にも、検察官の指揮により自由刑（懲役・禁錮）を執行停止

しうる条件の一つとして「祖父母又は父母が年齢七十年以上又は重病若しくは不具で、他にこれを保護する親族がないとき」と記されている。もっとも現在、これが適用されることはほぼ皆無と言ってよい。

## 酔って実母を槌で殴打し懲役終身　明治八年

大沢利兵衛（三三歳）は、実母と妻それに三人のむすこととともに暮らしていたが、大酒呑みで、ややもすれば母に向かい粗暴の振る舞いがあった。そのつど戸長や親類の者から説諭されていたが、心を改める気配はなかった。とうとう困窮に迫られ、三年前に親族相談の上、妻は離婚した。母もそのころから分家で同じ村に住む大沢源之助のところへ引取られて養育を受け、末子一人は他の親戚に預けた。利兵衛と男子二人も源之助から仕送りを受けていた。

明治七年（一八七四）一〇月に、利兵衛は末子を取り戻したいと、母親と源之助に相談したところ、「自分ひとりの生活さえ人の助けを受けているのに、子供を引き取ればたちまち困却するのだから、思いとどまり、まず行状を改めよ。仕事に励めばきっと望み通りになるから」と説諭された。

これを不愉快に思った利兵衛は、一一月七日、泥酔して源之助を訪ね、末子の取戻しの談判を始めた。もし拒まれたときは手荒な事をしようと、同日午後六時ごろ、仕事に使う横槌を持参した。表戸が閉まっていたのでよけい腹を立て、戸を打ち破って押込み、建具などを破壊した。その勢いに恐れ、源之助と母が裏口から逃げ出そうとしたとき、利兵衛は横槌で母親の顔を打擲し、源之助や駆けつけた村人らに取り押さえられた。母親の額には傷ができた。

利兵衛は、司法省への伺いを経たのち、「改定律例」第二二八条「殴祖父母父母条例」の適用を受け、翌八年一月、「懲役終身」の判決を受けた。旧規定の「新律綱領」では「斬罪」であったから、これでもまだ刑罰は軽減されたといえる。

## 強盗・窃盗など

### 強盗犯、斬罪の指令到着の日に同囚の脱獄計画を首報《しゅほう》　明治七年

森栄太郎（二五歳）は、明治四年（一八七一）一〇月から、西成郡今宮村のある寺で伴僧《ばんそう》（法会や葬儀で導師を補佐する僧）をしていたが、思わしくないので辞めた。

しかし、さしあたり生活の道もないので、日本橋四丁目で昔噺《むかしばなし》を渡世とする文楽という者の弟子となった。あちこちらの戸口に立ち、一口噺をして食いつないでいたが、その年、正確な日を覚えていないが、そのような業態が禁止となり、当面の方向を失った。あちらこちらで人力車夫渡世をしてみたが思わしくない。湯屋に雇われ風呂焚《た》きをしたが、しばらくしてくびになった。

友人のひとりが、天満六丁目の湯屋に雇われていたので、訪ねて行った。ちょうどその時、湯番の男が帰郷していたので、彼が戻るまで代わりに働いた。明治七年（一八七四）七月五日にその男が戻って来た。働き賃として五〇銭もらい、その仕事も失った。湯屋を立ち出たが、さし当り雇われ先もない。当惑していたが、そうだ、盗みを働いて一〇円もあれば、人力車を買い求めればよいと思いつい

た。

盗みは初めてであった。もし見つけられたら何をされるかわからないから、用心に刀を一本買って危急の場合は逃げることにしようと思い、八幡筋《はちまんすじ》で刀を買い求めた。風呂焚きをしていた時から洋服を着ていたが、洋服で刀を携え市中を徘徊すれば番人に見咎められると気づき、難波新地五番町から人力車に乗り天満橋まで行くよう命じた。

さて行く先の当てもないので、引き返したが、まだ日暮れにならない。車夫に「自分は堺県の者で、天王寺辺に捜索に出向いてきたけれども、洋服では都合がよくない、普通の衣服を貸してくれないか」と頼んだところ、車夫は真に受けて自宅に案内した。そこで着ていた洋服を脱ぎ、単物一枚を借り受け、五〇銭の約束で天王寺村に着いた。夜一一時ころになっていた。約束の五〇銭の持ち合わせはない。車を降りて車夫に、この村の米屋に行き、堀江辺の者が来ていないか探ってくるよう命じ、車夫を行かせてその隙に逃げた。

車夫を撒《ま》いて、どの家に盗みに入ろうかと村の家々を物色したが、簡単に侵入することもできず、そのうち飼い犬が何匹も現れ吠《ほ》え付いたので怖気《おじけ》づいた。これではとても盗みに入ることは難しく、郷里にもどり、実直に働くほかはないと思い歩き始めた。

夜一二時ごろ、深江村の堤防を歩いていると、二人連れの女性に遭った。先方の女性はあいさつをした。知人とも思わなかったので、そのまま行き違ったが、七、八丁ばかり過ぎて、あの女たちに金を貸してほしいと頼んだら、女のことだから簡単に貸してくれるかもしれないと思いついた。すぐ引っ返して声をかけたところ、一人はとっさに逃げ去った。もう一人の女は立ち止まり、知った人なら家まで来たら用立てようと、手に持った提灯を栄太郎の顔に近づけた。顔を見られてはいかんと直ちに抜刀して切りつけた。女が倒れたのでさらに数か所切りつけ、持っていた風呂敷包みを奪い取った。なおも逃げた女を追いかけたら、財布を渡したので、これを受け取るや否や女は北を向いて走り去った。お城のあたりまで来たので、大手あたりで刀を捨てた。

奪い取った風呂敷包みを開けてみると、辻占昆布《つじうらこんぶ》（占い紙の入った昆布菓子）が三〇ばかりはいっていただけ、財布の中身は四銭しかない、がっかりした。島上《しまかみ》郡高槻《たかつき》村の知人宅を訪ね、一夜の宿を頼んだが断られて大阪に戻った。千年《せんねん》町の知人に頼み人力車曳きに雇われるつもりであったが、即日逮捕された。

栄太郎の行為は、「改定律例」第一二七条「持凶器強盜、人ヲ傷スル者」にあたり、「斬罪」と決まった。

さて、獄中の栄太郎は、七年一〇月一二日に、監禁されている部屋を東牢一番に移された。この部屋では浅尾兼吉という男とその同囚二人が、脱獄の計画を立て取りかかっていた。その夜、栄太郎は兼吉から計画を打ち明けられ、釘で柵を削っているので加担しないかと誘われた。牢から逃げることができるならと同意して寝についた。

翌朝、柵の切り口を確かめると、ようやく五分（約一・五センチ）ほど切りつけたばかりである。これでは逃げ去ることはできないし、役人に見つかれば大変なことになるので、発覚する前に訴え出た方が良い、と兼吉に勧めたが承知しない。そこで兼吉の所持する釘を奪い取って獄外に投げ、大声で

「脱獄の企てをしているものがあるから、申上げたい」と叫んだ。

栄太郎が同囚の脱獄計画を知らせたのは、司法省から彼の斬罪を可とする指令が到着した当日であった。

大阪裁判所は処置に当惑し、大木司法卿にあらためて伺いを立てた。「改定律例」第二九五条に「脱獄計画を首報（官に通報）した斬・絞以下の囚徒については、罪一等を減ずる」とあるけれども、栄太郎は、初めは脱獄に同意しており、その後に実現不可能と確信したから首報したものである。したがって、同第六一条にいう「脱獄逃走後に自首する者」に該当するとも考えられる。その場合は「逃亡したことによる加刑はしないが、本罪の減刑はしない」と定められている。しかし疑義を決しかねるので、至急に指揮を得たいというのである。

司法卿の指示はこうであった。

同室の囚人の脱獄計画を訴え出たと言っても、栄太郎の場合は初め計画に同意し、その計画が成功しないのを見越して訴え出たものである。彼の行動はずるくて、罪を後悔し悪を憎んで出た行動ではないから減刑に値しない。

栄太郎は首を落とされた。

## 出納寮に新金貨輸送中窃盗　明治七年

大山秋次（一九歳）は、出稼ぎのため明治六年（一八七三）三月、讃岐（現在の香川県）新名村《しんみょう》を出て、あちらこちらを遍歴して大阪に来た。

古川町の岩瀬菊三郎方に雇われているうち、出納寮人足請負のほうで人手が足りなくなったため、そちらの人足となり、出納寮で毎日金貨の運輸に携わっていた。

九月四日、造幣寮で鋳造した新金貨を受け取るため、出納寮のお役人三名に付き添っていった。多額の金貨が入った箱三つを荷車に積み込み、役人のうちひとりが護送して、秋次を含め四名の人足で車を曳き、出納寮に運送の上、金庫に運び入れることになった。秋次は金箱の一つの封が破れているのを見つけ、たちまち悪心を起こした。護送の役人や人足たちの目を盗み、金二五〇円包みを一つ抜き取って近くの草原に隠した。一つ足らないことはすぐに判明したが、役人らが穿鑿《せんさく》している間に、秋次は知らぬ顔で引き取った。翌日も何食わぬ顔で出納寮に出向き、隠し置いた金貨をひそかに持ち出した。

九月九日、秋次に容疑がかかり、裁判所の吟味を受けたが、知らないと言い張った。吟味中は雇い主の菊三郎方にお預けとなった。しかし、いずれ発覚するものと思い、隙を見て、九月一八日に盗んだ金貨を懐中に脱走し、渡海船に乗って讃岐の親元に帰った。親には何も言わなかったが、一〇月四日に召し捕られ、大阪裁判所に引き渡された。

盗み取った金高の内、一一〇円七五銭は船中で博奕に負け、また酒食遊興や旅費などに消費した。残金は、一三九円二五銭であった。

翌明治七年（一八七四）七月二日、大阪裁判所は大木司法卿宛てに、秋次の罪は、一般人が官の財物を盗むもので、「改定律例」第一二六条により「懲役終身」とすべきかと伺いをたて、八月二七日、その通り言い渡された。

## 偽金を用い、通行人から詐取　明治七年

大阪高津の福原常七（二六歳）は、明治七年（一八七四）二月に詐欺および窃盗の科で杖六十に処せられたばかりであるのに、心を改めなかった。

同年九月の中ごろ、天王寺村に住んでいるという正吉を仲間に入れた。西洋紙を五〇銭札と同じ寸法に切りそろえて重ね、その上に本物の五〇銭札を一枚載せ、紙で封をして「金五十円」と上書きした。これを風呂敷に包み、正吉に持たせ、連れ立って住吉街道に向かった。二人は互いに見知らぬふりをして、常七が先に立ち、来合わせた通行人と道連れになった。そして、用意しておいた風呂敷包みを正吉が目前で拾った風をして、包みを開き、封を切って上端の正札をちらっと見せ、人気のないところに連れて行き、次のような相談をした。

金包みは三人の目に触れたのだから、その筋に届け出て、落し主が出てこない時は五〇円を三等分することになる。落し主が現れた時は、半分は下げ渡しになるだろうから、それを相当配分することになる。

ここまで話が及んだところ、正吉がわざと反対した。そこで常七は七円五〇銭を出し、通行人から二円五〇銭出させて合計一〇円として正吉に渡し、届け出るのは我々がするからと言って、その場は別れた。金包みの風呂敷は通行人に預けて、隙を見てその男から逃げ去り、だまし取った二円五〇銭を正吉と山分けした。

同年一〇月二六日、常七は、今度は日本橋四丁目の赤井正太郎（四六歳）を相棒にして、前回同様の詐欺を働いた。正太郎は生活に困窮していたので、知人の弟である常七の話に乗ったのである。立売堀西仁橋《いたちぼりさいに》付近で通行人に同様にもちかけた。

正太郎が届け出て配分することにわざと不承知と言ったので、この通行人が一三円を出して正太郎に渡した。常七がにせの金包みをこの男に渡して逃げようとしたところで発覚して召し捕られた、

一二月一五日、常七・正太郎の二人に対する判決が申し渡された。正吉はゆくえが分らなかった。福原常七は、処刑を受けたのに身を慎まず、詐欺取材あわせて一五円五〇銭となり、「懲役七十日」。赤井正太郎は一三円を詐取したが従なので、一等を減じ「懲役六十日」。

## 仕切金に偽金封、逃亡・出家・自首　明治八年

小林泰蔵（四一歳）は、原籍は讃岐国（現在の香川県）小豆島で、その地で諸問屋業を営んでいた。明治三年（一八七〇）七月中、取引先で淡路国（現在の兵庫県淡路島）の商人の持ち船である蓬莱丸の船頭近藤猪之助が、商売の仕切り金（立替金）二〇四九円二五銭を受け取りのためやって来た。ところが泰蔵は、その金高のうち六〇〇円を工面できなかった。これまでにも何度か大金の取引をしてきたが、支払いが延滞したことは一度もなかった。それが今度に限り、わずか六〇〇円の調達ができないで弁解するのは、いかにも残念でならなかった。八月二九日になって、このあわただしいなか一

時しのぎをしようと、厚紙を切りそろえて封金のかたちに包み、金高のうちに取り混ぜて渡した。

あとで思えば、猪之助が帰国して封を開けば、たちまち露見し家名を汚し、今後の商売取引にも差し支えると心は痛むけれども、良い知恵も浮かばない。そこで、かねて懇意にしている同村の桶屋職の藤八を呼び寄せ、事情を話して、夜になったら猪之助の寝室に忍び入ってその金を秘かに盗み取り、盗賊に遭ったようにしてほしいと頼んだ。藤八は承知してくれたけれども、この企みはうまくいかなかった。

翌九月一日には猪之助が出帆することになり、事態は差し迫った。このうえは猪之助の乗船する蓬莱丸が停泊中の仏崎で強奪するよりほかないと考えた。先の藤八に加え、同村の吉郎兵衛・貞助の三人に懇々と頼みこんだ。三人とも初めは当惑の態であったが、日ごろの恩義もあるのでついには承知をした。

当日の黄昏《たそがれ》に、召使いに提灯を持たせて猪之助に付き添って、船の停泊地に送らせるから、藤八・貞助は先回りし、吉郎兵衛はひそかに後をつけ、頃合いを見計らって不意に強奪すると手筈を決めた。猪之助が自宅を出た後、泰蔵は間道を通って藤八らが隠れている場所に先回りし、「もうすぐ見える提灯が猪之助だから、し損なうなよ」と言い置いて帰宅した。やがて猪之助が戻ってきて、仏崎で金子を強奪されたと告げた。それを聞いて驚いた風をして見せ、強盗捜索の格好をつけ、深夜に及んで仏崎に行き、浜辺の草むらに隠してあった金包みを吉郎兵衛から受け取った。

盗賊に金子を奪われたことは、とりあえず猪之助から訴え出た。調べが厳しくなるにつれ、強盗の計画も自然に発覚するであろうと考えた泰蔵は、偽の金封は焼き捨て、五〇〇円だけもって残金は自宅に置いて、九日夕刻に居村を出奔した。あちらこちらを放浪したあげく、東京まで来たけれども、自分のしてきたことへの後悔に耐えきれなくなった。

この上は逃亡しかないと思い、かねて心安くしていた小豆島の観音寺住職はときどき高野山に詰めると聞いていたので、和尚に依頼しようと考えた。同年一一月下旬に高野山に上り、住職がいつも宿泊する支院に、登山する予定があるかと尋ねたところ、近日登山なさると聞いた。二〇日ばかり高野山にとどまって待っていたが、会うことはできなかった。

やむを得ず、但馬国（現在の兵庫県北部）城崎《きのさき》郡の西光寺に参り、実情を打ち明けて出家したいと懇望したところ、願いを聞いてもらえた、その後、同国の大日庵の庵守をつとめ、翌四年（一八七一）一〇月下旬からは、播磨国（現在の兵庫県南部）赤穂遠林寺の食客となり、五年六月には宇根《うね》宿（現広島県府中市）の光明寺に招かれ、同寺に滞在していた。しかしながら、仏教は次第に衰退し、生活も立ちかねる状態なので還俗《げんぞく》し、京都の蛸薬師《たこやくし》麩《ふ》屋町で蠟燭《ろうそく》屋に雇われて生活をしていた。

強盗の一件からおよそ四年が過ぎた明治七年（一八七四）六月、泰蔵のもとを藤八が訪ねて来た。強盗を依頼した三人ともに逃亡したが、旧津山藩に召し捕らえられ、貞助は牢死、ほかの二人は北条県（岡山県東北部、県庁は津山、明治四〜九年まで存在した県）で懲役二年の判決を受け、満期の上赦免になったと聞かされた。

同年一〇月、備前国（現在の岡山県東部）に行き姉婿に面会した。泰蔵が村を出奔したあと、強盗事件への彼の関与が発覚し、叔父やほかの親族達が、淡路の商人と示談の上、贓金《ぞうきん》（不正に取得した金）の全額を代償したということを聞かされた。翌一一月、大阪に出てきた泰蔵は、小豆島から戸籍を取り寄せ、立売堀《いたちぼり》北通で醤油の小売商を始めた。

八年（一八七五）九月、およそ五年ぶりに故郷の小豆島を訪ねた時、ある男から、犯した罪は自首すれば寛大な処分になると聞いた。かねがね後悔していたことでもあるので、すぐ自首するのが良いかと聞いたところ、その男は、お前は大阪府に戸籍を移したのだから、籍のある土地の官庁に自首するのが良いだろうと言った。

一〇月六日に大阪に戻り、明七日に府庁に自首するつもりでいたところ、帰阪した当日に召し捕られ、自首する間がなかった。


同年一二月二日、大阪裁判所六等判事の安藤博高は、大阪上等裁判所長あてに左の伺いを立てた。

小林泰蔵の罪は懲役終身に該当するが、彼が盗みをしたのは金を貪り取るのが目的ではなく、家名を汚すことを免れようとの愚かな気持ちからのことであった。その後はひたすら後悔し、剃髪して僧となったりしたが、自首するという方法があるのを知らず、いたずらに年数を経過した。自首するという方法があることを教えられて、自分の戸籍のある大阪の役所に自首しようとしたところを逮捕された。その情状にはまことに憐れむべきものがある。そこで情状を酌量して、本罪に二等を減じ懲役七年、さらに犯行は「改定律例」の頒布前なので、「三流一減の法」により、懲役三年を申し付けようと考えるが、いかがであろうか。

大阪上等裁判所は、伺の主旨を認めなかった。

同年一二月二七日、判決申し渡しがあった。曰く。小林泰蔵は犯行後、悔恨の念に駆られ、本籍地を離れて坊主となり、歳月を重ねた。その後、犯行にかかわった者たちは処刑され、自己の罪も発覚し、盗み取った金は親族が代償したことを知り、本籍地の役所に自首するつもりであったところを逮捕された。泰蔵の所業は、凶器を持たずに強盗して奪った金額が三〇円以上の計画者にあたる。みずからは手を下さないが奪った金の全部を受け取ったばあい、計画者は実行犯と同罪で、「改定律例」第一二七条の末項により、懲役終身であるが、同第五九条により、官が捕獲しようとしていることを知って自首するものに該当するので、本罪から一等を減じて「懲役十年」、とされた。

ちなみに、明治八年（一八七五）一月から行われたいわゆる「大阪会議」での合意事項の一つとして、裁判機構の改革が実施され、同年五月に東京に大審院（「だいしんいん」あるいは「たいしんいん」）が、また東京・大阪・長崎・福島に上等裁判所が置かれた。上等裁判所は府県裁判所の上級審として機能するとともに、死罪相当犯罪については第一審としての裁判権を有するものとされた。

また、大阪裁判所判事の安藤が適用しようとした「三流一減の法」とは、「新律綱領」に定められた罪の軽減規定で、流罪が三等に分かれているのを一つにまとめ、流を一等減する際には、すべて徒三年まで引き下げるというものであった。この規定は明治五年一一月に改正され、流は三等に分けたままでそれぞれ軽減することとされた。

### 海賊・破牢、また強盗　明治九年

高津七番町に住む藤細工職人の箕島栄吉（二一歳）は、明治七年（一八七四）四月に窃盗により笞五十、翌五月に闘殴により笞四十に処された前科があった。

以下は、その栄吉のその後の犯歴である。

（一）明治七年一〇月一日、阿波出身の男と申し合わせ、堺県三箇《さんが》村の人家に偽名で泊めてもらい、その夜、布団表一枚と蚊帳一張を盗んで逃げた。これらは売り払い、金は二人で使い果たした。

（二）同月二四日の夜、同じ男と申し合わせ、大阪府西櫓町の商家へ赴き、栄吉は抜刀を手に持ち、二人とも手ぬぐいで覆面をしたうえで表戸を押し開け家内に押し入った。だれも居合わせなかったので、押入れの中にあった金三二円一六銭五厘を盗み取って山分けした。

（三）翌明治八年（一八七五）四月下旬ごろ、吉川松吉・宮崎出身の木村真袈裟・豊岡出身の松下長右衛門らと出逢い酒宴をしているうちに、「海賊をやろうぜ」と真袈裟が言い出し、みな同意した。二八日の夜、四人で申し合わせ、木津川筋字千本松につないであった小舟に乗り込み、川口十番杭のあたりに碇泊していた船に乗り付けた。真袈裟は抜刀、栄吉と松吉は割木を携え、長右衛門は灯を持ち、めいめい手ぬぐいで覆面をして乗り移った。「金を出せ。声を立てれば打ち殺す」と脅したところ、水夫たちはみな水中に飛び込んで逃げ去ったので、金二円一六銭二厘五毛・脇差一腰・衣類など八二品を奪い取った。

（四）五月三日の夜、真袈裟の発意に右の松吉・長右衛門に加え、日本橋筋五丁目の中田丑松・森山庄六も同意し、計六人で木津川下千本松につないであった小舟に乗り込んだ。やはり川口十番杭のあたりに碇泊していた国所も名も知らぬ船に漕《こ》ぎ寄せ、栄吉を含む三人が抜刀を携え、覆面をして一同で乗り移った。同様に脅したところ、「所持金はない」と舟中の者たちが口をそろえていうので、探してみたが金は見つからなかった。そこで琉球絣《かすり》三〇反ほど・和銃一丁・衣類など一一品を奪って立ち去った。

引きつづき、同所に碇泊していた別の船に漕ぎ寄せ、一同で乗り移った。庄六は和銃を持ち、水夫六人を縛り上げて同様に脅した。押入れの錠をねじ切り、金一二四円八銭七厘五毛・衣類など六品を奪い取り分配した。

（五）同月九日、真袈裟の発意で、右の一味から松吉が抜け、新たに神奈川県横浜生まれの泉本為吉が加わった計六人で兵庫へ行った。同夜、沖に碇泊する船々にゼンザイを売る舟をだまして全員乗せてもらい、沖に出たところで海賊の素性を明かしてゼンザイ売りを縛り上げた。

乗っ取った舟で和田岬に碇泊していた船に漕ぎ寄せ、新入りの為吉は縛ったゼンザイ売りを見張り、残る五人で覆面のうえ抜刀を携え乗り移った。同様に脅したところ、水夫のうち四人ほどが棒のようなもので打ちかかってきた。そのうち一人が真袈裟に組みついたが、顔に真袈裟が斬りつけたところ、全員恐怖して大人しくなった。水夫六、七人を縛り上げ、金一〇五円八〇銭五厘・脇差一腰・衣類など一三品を奪い、配分した。

（六）同月一八日、栄吉・真袈裟・松吉・為吉・丑松の五人に生国知れずの信三郎を加えた計六人で兵庫へ行き、同夜、南浜につないであった小舟に乗り込んだ。和田岬あたりに碇泊していた船に漕ぎ寄せ、新入りの信三郎は見張り、真袈裟は六連発銃、栄吉ほか三人は抜刀を携え、覆面のうえ船に乗り移った。水夫一二人を縛り上げ、同様に脅し、金八八円三七銭・脇差一腰・衣類など七品を奪い取った。その後、水夫四人の縛を解き「われわれを漕ぎ送れ。断れば殺す」と脅し、無理やり承知させた。乗ってきた小舟は突き流した。

船に備えつけられた伝馬《てんま》船に乗り移り、漕ぎ送らせている途中で小舟に出会ったので漕ぎ寄せさせ、金を出せと脅したところ、「生魚船でまだ売却していないので」といって一円五〇銭を差し出した。その金と生烏賊《なまいか》を五つばかり奪って、直ちに神戸沖に漕ぎ出させた。

引きつづき碇泊していた別の船に漕ぎ付けさせ、信三郎は漕ぎ手の水夫を見張り、栄吉ほか四人で乗り移った。同様に脅して水夫九人を縛り上げ、錠前を壊して金三二円七一銭二厘五毛・衣類など七品を奪い取った。この日奪い取った金のうち六五円を六人で配分し、残りは栄吉一人が隠して独り占めしたうえで、神戸へ漕ぎ付けさせ逃亡した。

(七) 同月二五日の夜、右の一味から真袈裟が抜け、新たに日本橋筋の津川十吉を加えた六人で、木津川下の茶屋へ行き、新入りの十吉には見張りをさせ、残る五人はそこにつないであった小舟に乗り込んだ。川口三番杭あたりに碇泊していた船に漕ぎ寄せ、全員抜刀のうえ覆面をして乗り移り、水夫五人を下帯や縄で縛り上げて脅した。金一五〇円・衣類など一三品を奪い取り、おおいに使い果たしたが、身辺に探索の手が迫っているとの風聞が聞こえてきた。そこで栄吉は、松吉・十吉と三人で神戸へいって盗みをしようと申し合わせ、潜伏していたところ、三〇日に神戸で召し捕らえられ、屯所(警察署)に留置された。

六月三日、監守の目を盗んで脱走し大阪へ戻ったが、また召し捕らえられた。吟味の際、栄吉はすでに捕まっていたかつての仲間の丑松から、「娑婆《しゃば》で市松という男と口論になって、そいつには恨みがある。われわれの共犯だとうその申立てをしてくれ」と頼まれた。栄吉もやはりかつての仲間の森山庄六が、両親もいて自分と同じ刑に処せられるのはあわれなので、一命を助けてやりたいと思っていたことから、その頼みを受けた。そして、丑松たちに「市松を庄六の身代わりに仕立てよう」と頼みこみ、一同で口裏を合わせることにした。庄六は「真袈裟から、盗んだ金だと言われて金一円を受け取った」といつわりの白状をしたために懲役五十日で済み、市松という男は召し捕らえられた。一同は頑強にこの筋で口裏を合わせていたが、やがて真実が露見した。

（八）この吟味による入獄中、栄吉はしばしば破牢を企てたが、そのつど密告者があり、実行できなかった。そのたびごとに間替え（房の移動）を申し付けられたが、東四番牢には島川雄吉ほか数名の男たちが、いっしょに入れられていた。一〇月一一日ごろ、破牢をしようと着衣の染料の藍を絞り、その汁でちり紙に脱獄の意をしたため、隣の五番牢にいるかつての海賊仲間の木村真袈裟へ手を伸ばして渡した。ところが真袈裟が役人に密告したため、その夜の計画もだめになった。

しかし、なお破牢をあきらめない栄吉は、同月二三日、同様にしてちり紙にしたため、隣の三番牢にいる大林糸次郎という男を頼み、さらに隣の二番牢に入れられているかつての仲間松吉に渡してもらった。糸次郎も松吉も破牢に同意したため、めいめいが同房の者をできるだけ多く仲間に引き入れ、近日中に機をみて同時に実行しようと申し合わせた。

二五日は雨になり、好機到来と考えた栄吉は、同房の島川雄吉ほか二名に協力を求め、二番牢の松吉は井戸惣吉ほか一人を、また三番牢の糸次郎は栄吉のかつての海賊仲間の松下長右衛門を仲間に引き入れた。同夜一〇時の見回り終了を合図に、「さや（牢の格子の前の部分）」内の溝板を格子の中に引き入れ、一同で力いっぱい戸前口を突き破って、さやの間まで出た。申し合わせていた者たちはみな出てきたので、そこから格子を伝って天井によじ登り、屋根を壊して屋上に出た。瓦を投げて捕吏に抵抗し、屋根づたいに北牢の裏手へ飛び下り、そこの塀を乗り越えて娑婆へ出た。廻りを見ると、ここまで来れたのは栄吉のほかに松吉・糸次郎・惣吉・雄吉の計五人であった。

脱獄囚五人は京橋口から河内のほうへ逃げた。野崎堤から南のほうにある名も知らぬ村の一軒家にたどりつき、自分たちは大阪府の役人だと詐称したうえで、「先刻、反獄逃走した者があり、追跡中である。空腹なので飯を炊いてくれぬか」と頼みこんだ。一同は飯を喰らった後、糸次郎が着用していた木綿単物一枚を差し出して、この家を出た。

その後一同は、河内郡客坊《きゃくぼう》村の名も知らぬ家へ行き、「灯火をいただけませんか」とだまして戸を明けさせ、めいめい木切れを持って押し入り、金一円三〇銭などと食料となるような菓子類を奪い取り、高安《たかやす》郡十三峠《じゅうさんとうげ》近くの山中に潜んだ。

（九）翌二六日、日暮れてから十三峠街道へ出た五人は、通りかかった男を押さえつけ、所持金四円一二銭と着用の衣類など八品を剝ぎ取った。この男は路傍の立木にふんどしで縛りつけ、立ち去った。同夜一〇時ごろ、五人で高安郡教興寺《きょうこうじ》村の人家を訪れ、「信貴山《しぎさん》参詣からの帰り道や」といつわって酒食のうえ、馬二匹と人力車を雇って、代金は先刻盗んだ金で支払い、住吉神社まで戻った。

（一〇）二七日の朝、五人は西成郡木津川字千本松にある茶店に立ち寄り、遊漁に来たといつわって釣り舟一艘を借りた。これに全員で乗り込み、船を大和橋《やまとばし》下に付け、糸次郎と惣吉の二人で上陸して、堺錦《にしき》ノ町《のちょう》の刀屋で脇差二本を買い込んだ。再び全員で船に乗り、終日木津川の沖合に碇泊した。日が暮れかかるころ茶店に戻り、同夜、ふたたびこの釣り舟に一同で乗り込み、木津川筋五番杭あたりに碇泊していた船に、栄吉と松吉は抜刀、ほか三人は棒などを携えて押し入った。船中にいた八人を縛り上げ、金九円八〇銭・衣類など二二品を奪い取った。

続いて七番杭に碇泊していた別の船に同様に押し入り、水夫たち一二人を脅したところ、そのうちの一人が逃げ出そうとしたので、栄吉が斬りつけて傷を負わせた。全員縛り上げて金四四円三五銭・品物五品を奪い取り、品物は分配した。

一味は人力車を雇い、泉州岸和田へ向かっていたところ、大和橋北詰で追捕の衆に声を掛けられた。五人は刀を振り回して抵抗したが、ついに刀を打ち落とされ逃げ散った。三人の者はどうなったか分からないが、栄吉と惣吉は川筋を東へ逃げ、丹北郡川辺《かわなべ》村の板橋北詰まで来たところでまた人力車を雇った。大和国葛下《かつげ》郡高田東口にある宿屋へ車を着け、二人は偽名で一泊した。ここで奪った金のうち六円を惣吉に与え、二人は別行動を取った。栄吉は式上《しきじょう》郡慈恩《じおん》寺村で脇差一本を買い求め、伊勢路へと向かった。

（一一）一一月一日、栄吉は伊勢国小俣《おばた》村手前の松林で通りかかった男を捕らえ、抜刀で脅して所持金二六銭二厘五毛・木綿袷《あわせ》一つなどを奪い取り、男が着ていた木綿襦袢《じゅばん》を引き裂いて路傍の松木に縛りつけ立ち去った。翌二日、伊勢神宮に参詣し、帰り道の古市《ふるいち》仲ノ町まで来たところ、大阪府から追跡してきた追捕の衆に出くわしてしまい、召し捕らえられた。

明治九年（一八七六）六月、大阪上等裁判所は大審院に「改定律例」第一二七条「持凶器強盗人ヲ傷スル者」を適用し「斬罪」に処すべき旨の伺いを立て、その後、伺いの通り、栄吉は「斬罪」に処された。

余談ながら、この時大審院に伺いを立てた判事のなかに、伊庭貞剛《いばていごう》の名が見えている。伊庭は弘化四年（一八四七）、近江生まれ。明治二年（一八六九）に刑法少監察となり、以後、司法官としての道を歩んだ。明治一一年（一八七八）に判事を辞職し、翌一二年に叔父の広瀬宰平《ひろせさいへい》を頼って住友に入社した。明治二七年（一八九四）の広瀬の引退後には別子支配人となり、製錬所移転や植林などで煙害問題に対処した。明治三三年（一九〇〇）には住友の総理事に就任している。

# 贋　金（4）

## 贋札と知らずに行使　明治七年

南野和助（二四歳）は、能登国（現在の石川県北部）羽咋《はくい》郡の出身、一四歳で郷里を飛び出し、大阪に出て京町堀上通で奉公していた。

三年前、雇い主の父親から、どこから受け取ったのか不明であるが、油が付いて汚れた太政官十両金札が一枚あるので使うようにと渡された。また今年（明治七＝一八七四）の七月に、博労町三丁目の塩澤彦兵衛（三二歳）から五両金札を借りた。この五両札は彦兵衛が二、三度使おうとしたが、通用しなかったものであった。和助はこれらを支払いに使ってみたが、どちらも見難いからと断られ差し戻された。

和助は、一五両をそのまま所持していたが、今年八月、主人に命じられて肥前国佐賀に出張したとき、これを使えばよいと思い持参した。佐賀の呉服町《ごふくまち》で煙草屋に止宿中、京都伏見から来たという同宿の男と知り合いとなった。この男に、持参した金札一五両を使ってみてくれないかと渡しておいた。その後、この男から、五両札は使ったけれども、十両札は通用が難しく、三円くらいになら受け取ってくれるかもしれないといってきた。和助はそれでも良いからと、先ず一円五〇銭を受け取り、うまく使ってくれるよう依頼して、大阪に戻ってきた。

明治七年（一八七四）一二月六日、和助は捕縛された。吟味の際、十両札は贋札であったことを知った。

和助は、一〇年前の本籍逃亡と贋金行使の二罪に問われ、重い方の本籍逃亡により「懲役八十日」を科せられた。また、塩澤彦兵衛も贋金の行使で懲役七十日にあたる「贖罪金五円二五銭」を科せられた。

## 上知令《あげちれい》をめぐるごまかしと古貨幣偽造　明治八年

隠岐信寛は、もと明石県（旧明石藩）の士族で明石藩の大阪蔵屋敷に詰めていたが、飾磨県と合併されたので、飾磨県の士族となった。旧明石藩の残事務を取扱い中に、旧諸藩邸の上知（政府への没収）が命じられた。

旧明石藩の副邸は、上司に「見込みがあるから」と言われ、その指図により、大阪府にはいつわって、すでに他人に売り渡したと届け出た。本邸を上知するため図面を大阪府に提出する際にも、これまた同じ上司の指図で、土蔵および浜長屋などは藩邸名代が自費で建造したものといつわって除外し、事実とは異なる届書を提出した。江戸時代の蔵屋敷の大半は、実際には藩の所有であっても、有力商人を名義人（名代）として届け出をし、藩はこの名代から借り受けているという体裁を採っていた。

その後、この邸宅を租税寮に引き渡す際、松方《まつかた》（正義《まさよし》）租税権頭から邸中の建屋破却跡について質問されると、実際には藩費で建てた茶室であり、上知以前に破却し材木は他人に預けていたにもかかわらず、これも上司の指図に従い、旧藩知事所有の便所を破却した跡であるといつわった。

信寛は、士族としての本務のかたわら、あやしい蓄財もしていた。ふたりの男から金銀に偽造した器物を買い取り、仲介人を通じて真狩佐治平という男に質入れし、一〇〇〇円余りを借りた。

また、別の男たちふたりに依頼し、慶長および享保期の一分金を偽造して、前同様に佐治平方へ質入れし、金二一〇〇円を借り受けた。その後、質取り主の佐治平が、古金の類は偽物ではないかと疑い、しきりに弁償するよう催促して来た。当惑した信寛は、また右の男たちに依頼して、慶長度の一両判をさらに二〇〇枚偽造し、これで前の偽金の弁償をしようと仲介人に渡した。仲介人がそれが偽物であることを察知して返してきたので、偽造犯に鋳つぶさせ、別の偽造金を差し入れたが、これも返却された。その後、この男を通じ偽造の甲州金を買い求め、あちらこちらで欺こうとしたが不首尾に終わった。

どのような経過で信寛が捕縛され、吟味を受けることになったかは詳らかではない。一件にかかわった者たちのうち、仲介人と通貨偽造犯のひとりは、判決前に死亡した。吟味の結果、信寛が犯した罪科のなかで、罪としては重い方の贋金を質入れした件のみが取り上げられた。贋金を質入れしたが売ってはいないので、「改定律例」第二四九条の偽造未行使を適用され、明治八年（一八七五）九月、「除族（士族の身分剝奪）のうえ懲役終身」を申し渡された。

また、生き残ったほうの通貨偽造犯も、宝貨を偽造して行使には至らなかった匠人《しょうじん》（職人）に相当するとして、「懲役十年」を言い渡された。

ちなみに、この偽造犯の男は、獄中で同囚の破獄計画を知って通報し逃走を阻止したことが二度あった。これで二等減の懲役五年となり、さらに自白後に獄にあること三〇日以上におよんだので、その日数三八五日を差し引き、残る懲役三年と三四〇日を申し渡された。

## 贋金と知って行使――慈善家の偽造犯　明治九年

松島仲之町《まつしまなかのちょう》に住む矢部源吉（三一歳）は、かつては兄とともに材木渡世をいとなんでいた。ところが、だんだんと家業が傾きはじめて困窮し、兄は明治七年ごろから松島仲之町で町小用人（町小使）になって稼いでいた。源吉も兄と同様に町小用人をしていたが、その後、九条村で煮売渡世をしてみた。しかし、もうけも薄いため、ふたたび仲之町で町小用人をつとめていた。

明治八年（一八七五）四月に母が病死し、いろいろと経費もかかったので、小用人として昼夜を分かたずつとめたが思わしくなかった。そこで、七月からは会議所の小使に雇われたが、やはり薄給であった。九月には小使もやめてあれこれと働いてはみたが、日ごとに貧困におちいっていった。

追い詰められた源吉は、亡父の出身地であり父の知り合いもいる堺へ行って働こうと考えた。そこで、旅費や小遣い銭を借りようと、一〇月初旬に難波新地に住む知人方へ立ち寄り、借金を申し入れた。知人は「堺へ行っても良い事はないだろう。当分はうちに泊まって働いたら」と親切に勧めてくれたので、その日からこの知人宅に厄介になった。家の前に「町小用人」の看板を出させてもらい、日々五銭から一〇銭くらいの稼ぎを得た。しかし糊口もしのぎ難くなり、寒気が募るのに冬着もない源吉は心労が絶えなかった。

一一月下旬、かねて懇意の日本橋三丁目に住む徳蔵が訪ねてきて、暮らしぶりを問うたので、源吉は困窮難儀の次第をくわしく相談した。徳蔵は「それはいけない。だんだん寒くなるのにはなはだ不都合だろう。自分の知り合いで江戸堀下通二丁目に住む門田二郎というひとは、非常に仁愛深く、困っている人をずいぶん助けている。ここに頼みこんでやるから、当分は門田方へ厄介になっては」と勧めてくれた。いつまでも知人方に厄介になっているわけにもいかない源吉は、「なにぶんよろしく頼む」と答えた。

一二月の六、七日ごろ、徳蔵と門田二郎が源吉を訪ねてきた。初対面の門田は源吉に向かって「私もこれまでいろいろと苦労をしてきた。人間の一生はなかなか思い通りにはいかないものだ。当分の間は面倒を見てあげるから、いつでも来なさい」と懇々と説いた。さらに門田が「衣類はあるのかい」と問うたので、「袷衣《あわせ》（冬着）を一枚持っていますが、今は質入れしています」と答えると、金二分三朱を差し出し「これで請け出しておいで」とやさしく言った。「なんと慈愛に満ちた人だろう。初対面の自分にこれほどまで目をかけてくれるなんて」と感激した源吉は、ありがたく金を受け取った。門田は帰っていった。

源吉は、門田からもらった金で質入れした衣類を請け出そうと、知り合いの男に頼んで金を渡した。ところが、この男はその金を使い込んでしまい、請け出す事ができなくなってしまった。門田のせっかくの親切をこんな形で無にしてしまったのが申し訳なく、また、袷衣を着ずに門田宅へ行くのも面目ないと思った源吉は、徳蔵に打ち明け相談してみた。

徳蔵は「そういうことなら、ありのままを門田に話せばよい」と言ったので、安心した源吉は一二月の中旬、門田二郎方に移り世話になることになった。門田はとても親切に接してくれ、源吉はますます感動の意を強くした。

さて、二、三日後、門田は「私も以前は相応の暮らしぶりであったが、近年はとかく手元不如意で困窮しているのだ」などと言って、太政官札一分札の新しいのを八、九枚取り出し、「これは贋札で出来ばえは良くないが、通用するようなら使ってみてくれ。ただし他言は無用だ」と言って源吉に手渡した。驚いた源吉はどうしようと思ったが、見知らぬ自分をこれまで懇切に面倒見てくれた恩義もあり、受け取ってしまった。

その後、一、二軒の店で買物にこれを使おうと試みたが、通用しなかった。その旨を門田に相談すると、同月二〇日ごろ、また同様の札を一四、五枚源吉に手渡し、「先日のは出来が悪かったが、今度のは良くできているので、一枚でも二枚でも使ってくれ」と言った。今回も良くないこととは思ったが、これまで世話になった義理から、断る事ができなかった。その日の午後、門田方を出て、順慶《じゅんけい》町《まち》の店で金山寺味噌を四銭で買い、それから新町通りで餅菓子を一〇銭で買うなど所々で買物をし、また飲食をして、いずれも贋札で支払った。帰り道、新町南通越後《えちご》町《まち》にある玉突き場へ行ったところで源吉は捕らえられた。なお、門田については記録が残されていない。

翌明治九年（一八七六）三月二八日、大阪裁判所は源吉に対し、次のように判決を下した。

> 本来、偽造宝貨律のうち「情ヲ知テ行使スル者」を適用し、懲役終身に処すべきところではある。しかし、貧困で自立できず、門田二郎の恩義を受けて生命をつなぐことができた際に、門田から贋札を渡され偽造だと明かされたものである。良くないこととは知りつつも、恩義を受けた義理から拒否できず、門田の言に従い行使したものであるから、他の知情行使する者とはおおいに事情が異なる。したがって情状を酌量して本罪から五等を減じ、「懲役二年半」に処する。

その後、源吉は服役中の明治一一年（一八七八）三月、前年一〇月に同囚が計画した反獄の企ての妨害に尽力した事により、特典をもってさらに刑一等を減じられた。

ちなみに、慶応四年（一八六八）五月から発行された太政官札は、早くも翌明治二年五月にはその発行を停止したが、明治一二（一八七九）一一月まで通用していた。

# 芸娼妓の解放

## ［解説18］　遊女解放令

遊女解放令と呼ばれるが、こういう題名の法律があったわけではない。明治五年（一八七二）一〇月二日に、四か条からなる太政官布告第二九五号が発令された。その第四条に「娼妓・芸妓等年季奉公人、一切解放致スベシ云々」という語句があったから、芸娼妓解放令と呼ぶのが正確に近いが、ここでは慣用の遊女解放令の語を用いる。

きっかけはこうであった。

明治五年六月四日（太陽暦では七月九日、この年の暮から日本は太陽暦になった）の夜、横浜港に一艘の帆船が滑り込んだ。マリア・ルス号といい、国籍はペルーで旅客は清国人移民二三一人だという。嵐に遭い修理のために寄航を余儀なくされたのである。数日後、ひとりの清国人が海に飛び込み、近くに停泊していた英国軍艦に救助された。男は日本の邏卒に引き渡され、船長がひきとり船に連れ戻した。

マリア・ルス号の船内では虐待がおこなわれ、泣きさけぶ声は英艦に達した。この報告を受けた英国代理公使ワトソンは事情を見聞し、外務卿副島種臣《そえじまたねおみ》（佐賀）に、貴国の管轄県内で、船客と称する他国人を罪人のように罰することは貴国に対する侮辱であって善処されて然るべきであり、同船は出港準備中であるから早急の処置が必要との書簡を送った。ペルーの利益保護国である米国も「右船、人道無法ナル『担夫ノ売買（原文ではcoolie trade）』」であるから、日本がこれを阻止しても苦情を述べるものではないとの書簡を届けた。

外務省は、神奈川県令大江《おおえ》卓《たく》（土佐）に、マリア・ルス号内の事件の取調べを命じた。裁判の経過を述べることはできないが、神奈川県庁は、船長の罪は笞百にあたり、船長を士族の扱いにして閉門百日に相当するが、諸事情を勘案して罪を免じ出港を許すとした。また、清国人は帰船を拒んでおり、彼らの自由を妨げ帰船を命ずる権利はないとした。

船長は、清国人船客に対して移民契約の履行を請求する訴訟を提起した。船長側の弁護士ディキンズは、日本ではより拘束的なひどい契約が行われているとして、娼妓契約を引合いに出した。当時、日本は不平等条約を改正する努力をしていた。そのためには日本国内で文明国並みの法が行われていなければならない。この裁判に当っていた大江卓は、日本国内で行われている人身売買を禁止すべきであるとの意見を具申した。司法卿江藤新平も同意見であった。

こうした経過で、一〇月二日の太政官布告第二九五号が発令された。抱え主と奉公人間の金銭貸借について、同月七日、司法省は省令を発した。その第一条に、

（年季奉公による）同上ノ娼妓・芸妓ハ、人身ノ権利ヲ失フ者ニテ牛馬ニ異ラズ、人ヨリ牛馬ニ物ノ返済ヲ求ムルノ理ナシ、故ニ従来同上ノ芸娼妓ヘ貸ス所ノ金銀並ニ売掛滞金等ハ一切債ルベカラザル事

（娼妓や芸妓は、人身の権利を喪失しており牛馬と

異なるところはない。人が牛馬に弁済を求めることはできないから、牛馬に等しい芸娼妓への貸付金や売掛延滞金は債権とは認められない）の語句があった。このとっぴな論法は関心を集め、芸娼妓解放令は「牛馬切ほどき」と呼ばれた。

ちなみに、実際にはその後も、娼妓の自由意思による稼働契約と金銭消費貸借という二つの契約の形式を借りて、これまでと大きく異ならない人身の拘束は続いていた。司法の場では、前借金による娼妓稼働への拘束は無効としても、金銭消費貸借自身は消滅しないとの法解釈が長く続いた。

昭和三〇年（一九五五）一〇月七日、ようやく最高裁判所は、前借金と酌婦の稼働契約が事実上不可分の契約であることを認めた。そして、契約の一部である稼働契約の無効ひいては契約全部の無効を来すものとして、前借金無効の判決を言い渡した。

## 切ほどきの妻を再度和売《わばい》　明治六年

玉山玉次郎（三一歳）は神戸に住居中、貧窮のあまり、明治五年（一八七二）一〇月に、妻を神戸福原の遊廓へ、四年で一一五円の約束で年季奉公に差し入れ送籍した。妻も納得のうえであった。その後、玉次郎は大阪の老松町《おいまつちょう》に転居した。

ところが、芸娼妓解放の太政官布告があって、同年一一月一日、妻の籍はそのままで身柄は送り戻されてきた。翌明治六年一月、先だって妻を身売りした福原遊郭のあるじが、松島遊郭に転宅してきた。そのあるじから、「御布告なので送り返しはしたが、年季も始めたばかり一か月しか経っていない。内実は迷惑しているので、あんたの女房を店に戻してくれないか」と何度も言ってきた。玉次郎は、自分は病身であり、妻の伯母からも「娼妓などに出してくれるな」と厳しく念を押されているので断ってきた。

その後、明治六年二月の初旬に、妻が働きのために神戸に行きたいと言うので承知した。数日後、遊郭のあるじの女房がやってきて、「あんたの妻は神戸で娼妓稼ぎをしているが、それなら自分のところに来て働いてほしい」と言った。驚いた玉次郎は、翌日、神戸に出向き妻を連れ帰った。その後、遊郭のあるじを訪ね、いろいろと話し合い、妻にも得心させ、松島遊郭の店で娼妓稼ぎをさせていた。ところが、あるじの女房が再び玉次郎のところへやってきたうえ、妻を離別してくれるよう言ってきたので、三月になって離縁した。

玉次郎は、妻を和売（本人承諾のうえでの身売り）して娼妓とした罪を問われ、略売人条により、杖七十。

### 娘を和売　明治七年

天王寺村の箕輪しま（六〇歳）は、かねがね貧窮の生活を送っていた。明治六年（一八七三）一一月に、にわかに金が必要になったが金策のめどがなかった。娘も承知したので、同年一二月、讃岐丸亀《まるがめ》の遊郭へ、丸三年間、六一円五〇銭の約束で身売りをさせた。この事情が発覚し、娘は名東県《みょうどうけん》（現在の徳島と淡路島を合せた県）高松支所の取調べを受けた後、解放され帰宅した。

娘を酌婦に売ったしまは「改定律例」第一四七条「子孫ヲ略売（本人の承諾なしの身売り）シテ娼妓ト為ス者、懲役五十日」にあたるが、和売なので一等を減じ懲役四十日のところ、事情により「収贖金一円」とされた。

## 和売した娘の解放を受けず　明治七年

江戸堀南通の黒田豊助（三九歳）は貧しさに追い詰められて、明治二年（一八六九）九月に娘を、讃岐金毘羅の遊郭に五年間九〇円で芸妓奉公に出した。娘は、ここで三年八月まで勤めたのち、備後尾道に転売され、四年七月にはさらに伊予松山端浜（波止浜《はしはま》）新地へと転売され、ここで「人身売買御解放」が仰せ出された。

しかし、娘はそのまま働きを続け、明治七年（一八七四）一月中に讃岐国丸亀に転売され、なお働き続けていた。解放令が出されたなら親は「すぐさま引き戻し方手続き」をとるべきところをしなかった。これが違令罪に当たるかどうかを問われた。

豊助は七月五日に呼び出され、次のように言い渡された。

令ニ違《たが》フテ解放ヲ行ハサルハ、買フ者ノ罪ニシテ、売者元ヨリ解放スルノ権ナシ、況《いわん》ヤ転輾《てんてん》貨売スル者ヲヤ、因《よっ》テ該犯罪ノ論スヘキ無シ、無罪すなわち、解放令に違反したのは人を買った抱え主の責任であって、解放の権利は買い主にある。ましてや転売を重ねているのだから、もとの売り主（親の豊助）が違令罪に問われる筋ではないというのである。当然というべきである。

## 娼妓と駆け落ち　明治七年

上本町の池上種一（二六歳）は、難波新地の妓楼《ぎろう》の娼妓で千枝という女となじみになり、回を重ねたあげく彼女を妾にしたいと思った。千枝の意向を問うと、父の申し付けによって娼妓となったのだから、私の一存で承知もできない、父が承諾すれば自分は得心すると答えた。

明治六年（一八七三）五月、種一は、千枝が娼妓になるときに請人に立った曾根崎村に住む女に、父親へのとりなしを頼んだ。父親も承知してくれた。ところが、五月一八日になって千枝の父親は、なぜ腹を立てたのか訳の分からないことを言い、破約すると言い出した。種一も腹がたって、この話は止めたと応え、物別れとなった。

しかし、よく考えれば、いずれは妻にすると思いつめたのに、いまさらあきらめがつかない。そこで千枝に、二人がこの地で暮らすことができないなら奈良にいっしょに逃げよう、余分の持ち合わせもないし、餓死するようになれば、その時は心中しようと決心を話した。千枝は内心では逃亡の気持ちはなかったが、男子たるものがここまで思い詰めるなら、いやと言っても承知してくれないであろうと思い、何の目的がなくても中国筋に行けば、餓死することもないだろうと話し合った。

翌一九日夜、安治川に碇泊していた金毘羅行の船に便乗し、六月一七日に牛窓《うしまど》港（現岡山県瀬戸内市）に着いた。上陸すると、千枝の知り合いの女に出会った。女はここ牛窓の旅籠屋に宿泊しているというので、同家に止宿した。しかし所持金は減って差し迫ったので、千枝にこの旅籠屋で娼妓稼ぎをさせて日を送っていた。千枝はしばしば離縁してほしいと言ったが、種一は放置していた。

二〇日ころ、肥前から錦川金五郎という相撲取りが来泊し、千枝を数日揚げきりにした。二三日の夜、千枝は種一に、ぜひとも暇を欲しいと言い出した。種一は、金五郎は上阪の途中なので同行するに違いないと察し、嫉妬のあまり怒り狂った。そして、千枝の両手を手ぬぐいで縛ったうえ、腹のあたりを三、四度殴りつけた。彼女が発した大声を聞きつけて金五郎がやって来た。相撲取りに腕力ではかなわない、何をされるかと種一は恐怖心でその場を逃げ出した。千枝は大阪に帰りたかったけれども、種一から暇をもらわなければならないと思い、ゆくえを探したが見つからなかった。金五郎が出立すると聞き、女の身でひとり帰ることはできないので道連れにしてほしかった。結局、千枝は種一に暇を請わずに金五郎と同行した。

翌朝、種一が戻って見ると、千枝は相撲取りと大阪行きの船に乗り出帆した後であった。自分もしかたなく、二九日に同地を去り、実家へは立ち寄らず身隠れのため奈良に行き、そこで髪結い職の手伝いをしているうち不審を受けて召し捕られた。

翌明治七年（一八七四）三月一二日、判決が言い渡された。種一は、娼妓と駆け落ちし、他所で娼妓をさせて糊口をつないだのは「不応為重」にあたり「杖七十」。千枝は、客に誘引されて他に出たが、五〇日以内に帰ってきたので、罪の咎にすべきものはない、他の地で娼妓となったのは客の教誘によるものであるから無罪、とされた。

## 娼妓はまの運命　明治七年

和田はま（二二歳）は、一六歳の時から神戸福原で娼妓として働いていた。ところが明治五年の娼妓解放令により自由の身となり、赤穂県のある士族の妻となった。しかし翌年九月に不縁となった。

親元に帰りたかったけれども、これまで身持ちが悪かったので帰り難く、やむを得ず知り合いの夫婦を頼り、どこかに稼ぎに出たいがと願い出た。女房のほうの世話で、明治六年（一八七二）一〇月二七日、奈良県葛下郡高田《たかだ》村の旅籠兼煮売屋に下女として雇われた。

しかし、煮売屋の女房は、はまが気に入らず、はまも娼妓稼ぎを希望した。この女房は知人の郡山洞泉寺町《とうせんじちょう》の席貸渡世方におもむき、「格好の女があるので娼妓に置いてくれないか」と頼みこんだ。

遊郭のあるじが承知したので、右の女房ふたりが、自分たちの亭主をそれぞれ親分・請人に仕立てた証文をこしらえ、内緒で判をついた。そして洞泉寺遊郭のあるじから支度金として一二円を前借し、娼妓の支度を調えた。こうしてはまは、一年半の年季、給金二五円の約束で、一一月四日から娼妓となった。

しかし、明治七年二月一四日、はまは遊郭から逃走した。娼妓稼ぎをするためには、願い出て鑑札を受けなければならないが、その手続きはしていなかった。

はまに対しては、私娼として稼いだのは、「改定律例」第二六七条により、笞三十のところ、贖をゆるし「収贖金七十五銭」を科せられた。

女房たちふたりは、私娼稼ぎの斡旋《あっせん》で、同じく「改定律例」第二六七条により、笞三十のところ、贖をゆるし「収贖金七十五銭」を科せられた。

洞泉寺遊廓の席貸渡世のあるじは、私娼の宿を提供した罪により笞四十、贖をゆるして「贖罪金三円」を科せられた。


遊女解放令によって、従来のような「抱え」の形態（前借金と年季奉公）での人身拘束が許されなくなったことから、各府県では遊郭営業の存続をはかるための規則をそれぞれ制定した。たとえば大阪府では、解放令直後の一〇月二八日に「遊女営業規則」と「娼妓芸妓席貸規則」が出されている。これは、遊女を独立の営業主体とみなして各人に鑑札を発行するとともに、これまでの遊女屋を彼女たちに営業場所を貸す貸座敷業・席貸業として位置づけ、その双方を府が管轄しようとするものであった。

奈良県も同様の手法を採用していたから、鑑札を受けていないはまは、「私娼（もぐりの娼妓）」と見なされたのであった。

## 娼妓と遊んだが金がなくて逃げる　明治七年

西成郡薬師堂《やくしどう》村の佐々岡音蔵（二六歳）は、人力車曳きを渡世としていた。

二月二三日、客から受け取ったこの日の稼ぎが、一円一二銭五厘になった。うさ払いをしたくなり、新町橋あたりの居酒屋で酒食をとり、酔うて店を出た。松島高砂《たかさご》町まできたころ、酔いが強く回ってきた。その辺の席貸渡世の店で娼妓を買いあげ、しばらく遊興した。

さて代金二五銭を払う段になって懐中を探ったところ、どこに落したのか所持金が見つからない。松島橋の近くに知人があるから、立ち寄って金を借りて払うと言い、店の下女に付き添われて松島橋《まつしまばし》まで来たけれども、知人などあるわけがない。しかたがないので、逃げ出したが取り押さえられた。

三月二三日、判決の言い渡しがあった。娼妓買上代金を支払わないものは、窃盗に準ずる。賍金一円以下は「笞五十」。

# 囚人あれこれ

## 流刑地を脱走　明治六年

京都府綴喜《つづき》郡大住《おおすみ》村の百姓のせがれ卯之吉（二九歳）は、脱籍のうえ明治二年（一八六九）八月に窃盗の科により五十蔵の刑を受けた。同三年閏一〇月に窃盗再犯により三年流刑を言い渡され、翌年八月下旬に配流地である壱岐国（現在の長崎県壱岐島）に着船し、その地で一年二か月を過ごした。卯之吉が配流を待つ間には、三年一一月の「准流法」の布告、翌月の「新律綱領」の頒布などがあった（「解説12」参照）が、判決がそれ以前に下された彼には「准流」は適用されず、実際に島へと流されたのであった。

しかし、しきりに故郷が恋しくなった卯之吉は、五年の一〇月一九日の夜、意を決して、ひそかに流刑小屋を抜け出した。所々で便船を頼んで、一一月九日に大阪にたどりついたが、市中を徘徊していたところを召し捕られた。

取締所で、何か悪いことをしたであろうと厳しい吟味を受け、卯之吉は苦痛のあまり、所々で窃盗をしたと、してもいないことを陳述した。

裁判所でも拷問を受けている。審理に当ったのは司法少判事児島惟謙であった。

六年（一八七三）二月、卯之吉は「徒一年半および杖七十」と申し渡された。このうち杖七十は流刑地脱走に対する処罰、また、かつて科せられた三年の流刑は、「新律綱領」では「窃盗再犯五十両以上」は徒一年半と改正されたため、改めて一年半の徒刑となったものと思われる。

## 脱獄成功後に娑婆《しゃば》で捕まる　明治六年

但馬国（現在の兵庫県北部）七味《しつみ》郡の百姓のせがれ馬淵一太郎（二六歳）は、明治五年（一八七二）五月、親方から盗みを働いたかどで「准流十年」に処せられた。

大阪高津一番町の伊勢屋庄蔵（二九歳）は、同年八月、持凶器強盗の罪で「准流十年」を科された。

大阪出生無籍の佐市（二一歳）は、明治三年（一八七〇）閏一〇月に窃盗の科により二百日徒罪、四年六月に窃盗再犯により杖七十、五年八月に窃盗三犯により「准流十年」に処せられた。

紀伊国（現在の和歌山県）新宮《しんぐう》の漁師のせがれ鶴松（二一歳）は、明治三年五月、窃盗により七百日徒罪、五年五月、兵庫県で窃盗再犯により杖七十、同年一〇月に窃盗三犯により「准流十年」を科せられた。

この四人の若者たちは、いずれも苦役に従事していたが、労働がきつく難渋していた。彼らは他の同囚三人と申し合わせ、脱走を計画していた。

明治六年（一八七三）一月二一日と二二日の両日をかけ、かねて獄中に隠し持っていた出刃包丁を使い、南手の牢の柵を切り破っておいた。二二日の夜一二時ごろ、ここから七人はこっそり抜け出したが、柵の門を通り抜けることができなかった。

そこで、獄前に釣ってあるランプの灯を消し、自然と消えたような体にして、番人に「灯りが消えたので付けてほしい」と頼んだところ、それを信じた番人が門を開けた。その機に一同は門から飛び出し、かたわらにあった槌や木切れ、竹杖などを手に取り、これで徒刑場北手の高塀の壁を打ちこわして脱獄に成功した。

数日後、右の四人は相次いで捕縛されたが、残る三人のゆくえは知れぬままであった。

同年三月、司法少判事児島惟謙は右の四人に対し、「新律綱領」捕亡律の「反獄逃走」条を適用し、いずれも「斬罪」を申し渡した。

### 懲役人脱走に失敗　明治七年

日本橋四丁目の永堀新次郎（一九歳）は、明治五年（一八七二）三月に窃盗罪で杖六十、翌年一〇月また窃盗罪で杖六十を科せられ、七年二月、窃盗三犯で懲役十年を宣告され服役中であった。新次郎は来ていた衣類が着古して破れたため、同刑人生野健太郎（二四歳）の取次ぎで別の囚人の衣類をもらい受けた。

七年（一八七四）二月四日、苦役に出ていたところ、同刑人の藤岡元太郎（二三歳）が新次郎と健太郎に、「あす五日は精米運送の仕事があるから、その時は裏門が開けられるに違いない、見張所にある棒を奪い取り、役人を打ち倒して逃げよう」と持ちかけた。新次郎はかねて逃走したいと思っていたので賛成し、健太郎から同刑人たちへ連絡しておいたところ、その夜に計画が発覚した。新次郎は、衣類をもらい受けた事情など取調べを受けたが、取調べの間は苦役に出されることもなかった。

同月九日になって苦役場に出たところ、あの脱走計画が漏れたのは、同刑人の枡上貞次郎という男が密告したからだと、だれ言うとなく知れた。逃走できなくなったからには、あの貞次郎を思い切り打擲して鬱憤《うっぷん》をはらそうと、元太郎・健太郎と新次郎の三人で相談し、貞次郎をつかまえて殴っているところを守卒衆に取り押さえられた。

翌一〇日、苦役に出たところ、再び元太郎が「精米運送の時に逃げるのはできそうにないので、きょう賄場から弁当運搬のとき、道筋の門が開けられるから、そのとき番所にある棒を奪い取り、守卒衆を打ち倒して逃走しよう」と持ちかけた。手筈を打ち合わせ、健太郎から仲間に連絡した。

ところが同日の八時ごろになって、健太郎がにわかに病気になり、監房へ戻ってしまった。計画はどうなるかと案じていたところ、一一時ころになって同刑人たちが騒ぎ始め、申し合せた通り走り出たものもあった。新次郎は出遅れたのでどうしたものかと思案していたところ、いったんは外に出た元太郎が守卒衆に打擲されて引き返してきたので、逃走を断念した。

吟味の結果、新次郎は懲役場の脱走を計画し、計画が漏れたのは桝上貞次郎の密告によると疑い同人を打擲し、再び脱走計画を立てたことを咎められ、「加役《かえき》二十日」を言い渡された。健太郎も同じく「加役二十日」とされた。

元太郎は「加役二十日」のうえ、脱走は未遂に終わったものの凶暴であったことを咎められ、「棒《ぼう》鎖《さ》三日」が加えられた。

「棒鎖」とは明治五年（一八七二）制定の「監獄則」（［解説19］参照）に記された懲罰（全六種）のうちのひとつで、「鉄棒ヲ両足ニ緊鎖《きんさ》シテ佇立《ちょりつ》セシム、其時間ニ半日・終日ノ別アリ。凡ソ獄則ヲ犯シ軽キ者ハ此罰ヲ用ユ」と規定されていた。両足に沿って固定された鉄棒により、膝を曲げることができず、半日または一日のあいだ「立ちっぱなし」にさせられる懲罰であった。

ただし、元太郎に科されたのは監獄内の「懲罰」としてではなく、「改定律例」に基づき、脱監逃亡犯に対し裁判所で申し渡された、「刑罰」としての棒鎖であった。立たされる日数が「三日」と長いのはそのためであった。

### 懲役場は寒い　明治七年

守口の下級神職の同居人佐々島才二郎（二三歳）は、明治七年（一八七四）一一月に窃盗の罪で懲役八〇日の判決を受けて服役していた。おいおい寒くなってきて、これまで着用していた着物では我慢できなくなった。機会があれば、いったん逃走して家に帰り、暖かい衣類を調えようと考えていた。

一一月三〇日、川浚いに出るよう命じられた。彼は幼年のころから一九歳まで、北大組第七区此花《このはな》町の親類かたにやられていたので、天満あたりには知人も多い。きっとその辺を通るに違いないし、この姿で知人に会っては面目ないと考えた。獄外で作業するときは、私服は獄内で脱いで獄衣を着用する規則になっていたが、守卒の目を盗んで私服のまま出ようとしたところ、見つかって獄衣に着かえさせられた。ほかの受刑人が改めを受けている間に、私服を懐に隠した。川浚え場への途中、紅梅《こうばい》町《ちょう》で逃走した。後ろから守卒と受刑人たちが追っかけてきた。道を曲がって溝蓋の下に隠れたが、見つかって取り押さえられた。

一二月二二日に判決があった。使役に行く途中逃走した罪は、「改定律例」第二九九条により、棒鎖一日のうえ、新たに「拘役八〇日（逃亡前の執行日数を算入せず、改めて原犯罪の刑を科すこと）」とされた。

## 監房内でばくち　明治八年

児谷吉松（二〇歳）と柳本竹松（二五歳）の二人は、いずれも明治六年（一八七三）に窃盗の科により懲役一〇年を言い渡され服役中であった。監房内には山口県出身の手先の器用な男がおり、七年一二月下旬から、食事に供せられた飯粒を固めて骰子《さいころ》をこしらえ、教諭所に落ちていた紙くずで骨牌《こっぱい》（カルタ）四〇枚を作り、博奕道具一式をととのえた。この三人は、梅干しの種を点棒がわりにし、金がないので苦役の後の按摩《あんま》を賭けて、博奕を始めようとしたところで守卒に見つかった。

守卒三人が監房内に立ち入り、これらの道具も没収された、せっかく作った遊び道具を取り上げられて腹を立てた吉松は、看守に向かって「やい、俺らは今日の分の懲役は十分やったわ。どうせ俺らは十年も喰ろうとるんやから、これぐらいええやろうが」と罵《ののし》った。守卒らはこれを咎めたが、吉松はなおも悪口雑言を止めず、「……天朝の役人へ対して『ワレラ』などと言うわけないやろぉ」と怒鳴った。竹松も檻から出ようとする守卒に向かって、梅干しの種一〇粒ばかりをつかんで投げつけた。これが守卒の一人に当ったため、裁判に付されることになった。

翌八年（一八七五）一月二三日、吉松と竹松の二人に判決が言い渡された。懲役の身にありながら、博具を作り、按摩を賭けて戯れるのは「不応為軽」に当り、懲役三〇日であるが「棒鎖一日」に換える。梅干しの種を守卒に投げつけた行為は軽いから罪を問わない。

## 昼飯を二人分取って露見　明治八年

東京浅草出身の鈴鹿米作（二六歳）は、逃亡と窃盗の罪により懲役八〇日を科せられ、明治七年（一八七四）一二月一八日から服役し、徒刑場で毎日わら細工に従事させられていた。同月二九日、仕事場で昼飯の配分があった時、空腹のあまり、もらった一人分を懐に隠し、一人分足りないと言って余分にとったのが露見して詮議を受けた。

八年一月二二日、これは違式軽に相当するとして、「十日間の加役」を科せられた。

## 檻倉《かんそう》内の臭い飯　明治八年

明治八年（一八七五）の夏、暑いさかりである。この日に出された昼食はひどい腐臭がして、囚人たちは、こんなもの食えるかと騒ぎたてた。調べてみると、臭気のひどくなった飯の上に新しい飯を乗せたものであった。

檻倉（牢屋）の賄方《まかないかた》は、心斎橋筋一丁目の平民渕上儀六が請け負っていた。儀六は、雇人ふたりにまかせっきりで、彼らが何をしているか全く知らなかった。

八月二日に判決が申し渡された。

賄方の渕上儀六は、実情を全く知らなかったので、咎の沙汰に及ばず、つまり無罪。雇人のふたりは、それぞれ懲役二十日のところ、「贖罪金一円五十銭ずつの官納」を命じられた。

## 死刑囚が同囚の減刑を図りいつわりの破牢　明治九年

明治八年（一八七五）一一月、備後国鞆津《とものつ》（現在の広島県福山市）の若杉力三郎（二〇歳）は、窃盗罪で大阪裁判所から懲役八〇日の判決を受けたが、刑期をつとめて原籍地に帰国した。

翌明治九年四月、出稼ぎのため父の許可を得て再び大阪に戻った。懲役中に顔見知りになった男を頼るため、この男の住む松島花園《はなぞの》町の家を訪ねた。そこにやはり監獄で知り合った安土町の男も転がり込んできた。

同年四月三〇日の夜、力三郎はこの安土町の男といっしょに、木田《きだ》町にある舶来品商の家に押し込んだ。力三郎がかねて所持していた鑿《のみ》を渡すと、相棒はガラス窓を打ち破って侵入し、八角時計ほか数点を盗み取った。立ち去ろうとしたとき家のあるじから声をかけられたので、盗品を背負い逃走し、花園町の止宿先まで持ち帰った。盗品を改めたところ、洋服背広六枚・靴九足・アルミ指輪一ダース・アルミ鎖二筋・リンネルズボン五枚・チョッキ三枚・手鋏一ダース・小刀七・小手ぬぐい一九ダース・大手ぬぐい三筋などがあった。

これら盗品の売り払い先を思案していたところ、やはり監獄内で知り合った堺の男が、力三郎の潜む花園町の家に宿を頼みにやって来た。この男に靴六足ほか六品を、代金七円七五銭で売りさばいてもらい、手数料として一円渡した。後日、手鋏一二挺ほか二品を同じ男に頼んで五〇銭に売り、手数料に八銭支払った。また、チョッキ三枚・小刀二挺・靴二足・鎖二筋・大小手ぬぐい四筋を、いっしょに盗みに入った安土町の男に売り払わせた。代金はこれまでの滞在費として止宿先の男に渡し、四、五日後にこの家を立去った。その後、力三郎は神戸や大阪を徘徊していたが、再び花園町の男の家に立ち帰った時、召し捕られた。

さて、力三郎が取調べのあいだ収監された監獄南一番室では、瀬戸口万太郎ほか二人の男たちといっしょになった。

明治九年（一八七六）七月の初め、桜木清太郎という男が同室に移されてきた。同室者たちは娑婆では何をしてきたかなど話し合った。力三郎は鞆津に残してきた両親が恋しいと話した。べつの男は妻や子がどうしているか心配だと語った。

新入りの清太郎は話を聞いて憐れみ、ひと芝居やろうと言い出した。

俺は釘を持っているので牢破りのまねをする。お前らは俺を訴えたら、かならず罪一等を減らしてもらえる。うまくいって、俺が死刑になったと聞いたら「香華」を供えてくれないか。

南二番牢にいる男は懲役一〇年を不服として上告中であったので仲間に加え、この男に口火を切らせることにした。清太郎は水場の石で釘をこすって刃をつけ、敷板や水場の格子にきずをつけた。さらに清太郎は持っていた消し炭を万太郎に渡した。万太郎は消し炭でちり紙に「清太郎が破牢を企ている」と書き、その紙を櫛《くし》に挟んで、二番牢の男に頼むと言って渡した。そして、清太郎と万太郎はけんかしているように大声で騒いだ。一同、引き出され取調べを受け、はじめは手筈通り申し立てたものの、その後ありのままに自供してしまった。せっかくの計画は失敗に終わった。

力三郎の盗品は、盗みの被害者の届け出より少なかった。これは逃走途中で取り落としたものらしい。これらを合計すると、代金は三〇円六銭五厘となる。窃盗三〇円以上は杖九〇であるが、再犯なので一等を加え「杖一百」とされた。同囚の計画に乗り、破獄の芝居を打ったことは、例第二四七条（お上への詐りの上申）を参照すれば懲役八〇日にあたるが、本罪よりも軽いので取り上げない。

## 同囚の集団脱獄を阻止　明治九年

懲役場で集団逃走の計画が進められ、これを阻止しようとして官員側についた八名の男たちの記録がある。

三谷慶次郎（三五歳）は西成郡北野村才田新地で席貸業、明治五年（一八七二）に滋賀県で窃盗の科により、二年半の徒罪に処せられたが翌月に脱走した。同年一〇月、大阪府で強盗の科により准流十年に処せられたが翌年一月また脱走、七年六月、大阪裁判所で窃盗三犯の科により棒鎖二日の上懲役終身に処せられ、服役中である。

岩村彦太（二二歳）は岐阜県出身、明治八年（一八七五）に監守盗（財物管理を任とする役人が、管理下にある財物を盗むこと）の科により絞首刑の判決を受けたが、罪囚の越獄（脱獄）を首報して、懲役終身に減刑され服役中である。

土屋政造（二四歳）は大阪もと日向町《ひゅうがまち》、奉公中に主人の財を盗み、准流十年を科せられ服役の身である。十七番檻の間頭をしていた。

無籍の米市（二〇歳）は大阪長町出生、明治三年（一八七〇）、窃盗により百日の徒刑、同年、また窃盗で五十敲の上二百日の徒刑、翌四年に窃盗で吟味を受けたが前科を隠し、初犯と申し立てて杖七十、同年九月にまた窃盗で准流十年を科せられ服役中である。

岩崎龍吉（四七歳）は三重県士族、明治七年（一八七四）に准窃盗および逃亡の科により、懲役五年の判決を受け、服役中である（「剣術師範の末路」三三六頁参照）。

無籍の音作（三一歳）は奈良県出身、明治三年七月に大阪府で掏摸《すり》をして捕まり五十敲、同年一〇月、また掏摸で五十敲、翌明治四年二月に同じく掏摸で准流十年に処せられた。服役中の翌五年一一月に獄中での賭博と闘殴で杖八十を科せられ、八年（一八七五）一月には裁判所において、闘殴の科により加役三十日に処せられた。音作は、十番檻の間頭になっていた。

辻野増蔵（二二歳）は造幣寮の役人の従者、家長の財物を盗み、准流十年を科せられ服役中である。

脱籍の松兵衛（三〇歳）は、大阪府出身、明治五年に詐欺取材で服役中逃亡の科により、准流十年を科せられた。十番檻の間頭をしていた。

以上八名の口供書を総合すると、経過の全容は以下のようなものであった。

明治八年（一八七五）一〇月の初め、岩崎龍吉はかねて懇意にしている浦上政次郎から「襦袢を貸してほしい」と頼まれた。不審に思って訳を聞くと、「一〇月二一日から一一月一日までの間の休暇日に逃走するから同意するように」と言う。「やめた方が良い」と説諭したけれども、政次郎は「命を捨てても逃走する」といって忠告をきかなかった。

一〇月九日になって、また襦袢を貸してくれと言うので断りたかったが、前回に説諭を聞かなかったので、承知したふりをして確証を得れば、その筋に内訴しようと考えた。「だれかから借りて渡そう」と言ったところ、「今月二一日に逃走する」と明かしたので、間頭の松兵衛に告げ、その旨を守卒に報告してもらった。ところが、何らのお尋ねもない。

伝言が通じたかわからないので、一二日に三番見張所の守卒に申し出て、「もし事が起こったならば加勢します」と申し上げた。同日、御役所でお尋ねがあり、右の次第をくり返したところ、「確証がなくてもなにか事があれば役に立つし、神妙の至り、なお気をつけるように」と申渡された。

一〇月二二日、岩村彦太は同刑人のひとりから、「来る二六日は官員方の出勤が少ないので脱走しないか」と持ちかけられた。共謀者は、浦上政次郎・永堀新次郎（前述「懲役人脱走に失敗」一件参照）

ほか数名で、藁《わら》工使役に出たとき槌《つち》を一つ隠し、探すのに時間をかければ浴場に行くのが遅れて夕方になるから、その辺にある川浚い用の担い棒で、一番看守所詰めの守卒に打ちかかる、官員らは全員その方に気を取られるから、その隙に炊事場に行き、木割斧で建物を破壊して逃走するつもりだと、計画を打ち明けた。

賛成しなければどんな目にあわされるか知れないので、同意すると言っておいた。この計画のあらましを間頭の松兵衛に話し、その筋に伝えてくれるよう依頼し、自分からも官員方に申し出た。「いよいよ計画実行の際には、とても訴え出ることはできないから、合図に自分の手ぬぐいを十番檻の後ろに掛けます」と申し立てておいた。その後、確たる兆候もなかったので手ぬぐいはかけなかった。二六日になって藁工使役場で槌を紛失したと申し出があったが、取締りがことのほか厳しかったので、その日の計画は沙汰やみとなった。

一〇月二六日、三谷慶次郎は、同檻の男たち数名が脱走の計画を練っているのを漏れ聞いた。

一〇月二七日、三谷慶次郎に囚人のひとりが、「今夜やるのか」と聞いてきた。何の話かと問うと、檻内で殴り合いをして怪我人を引き出す際に脱走の共謀者がとびだし、守卒らが逃げたところで各檻の鎖戸を開き、一同が逃走する手筈になっていると言う。慶次郎はこの男に、「そのようなことできる訳はない」と言っておいた。

この日、十七番檻間頭の土屋政造は、大和の音作から、「囚人たちの中で逃走の計画があり、三谷慶次郎もその計画に同意している」と聞いた。そこで慶次郎に説諭すると、彼は「同意はしていない」と言ったが、数名の囚人たちが脱走の計画をしている様子を話したので、「確かになったら伝えてほしい」と言っておいた。

大和の音作は、同檻の二人から、今夜逃走の者があるらしいと告げられたので注意していた。夜になると牢内の気配が異常で、檻の四隅に集まって密談をしている様子が怪しかった。檻内で刃物を持っているものはないから破牢はできない。けんかなどをして怪我人を出し、怪我人を引き出す機会に逃走する計画かもしれないと思っていると、ある男が同囚を枕で殴り騒ぎが始まった。何をしでかすかわからないので、駆けつけてきた官員たちに、「逃走の計画をしているから檻の錠を開けてはならない」と申し上げた。「囚人たちの中でこのようなことを告げたからには、計画者たちは自分に立ち向かってくるだろうが覚悟しております」とも申し立てた。その夜は何事も起らなかったが、その後もなにかと心がけていた。

翌二八日、三谷慶次郎が藁工使役に出ていると、浦上政次郎ら数名が談合していた。きのう音作が守卒にあんなことを言ったから、檻から脱走はとてもできそうになくなった、それで使役場にある縄束台か藁打台を使って、女檻の境界柵の戸を打ち破り逃げようとの相談であった。仲間が一四、五人はいるとも漏れ聞いた。いつやるつもりかと考えていると、土屋政造が、「脱走計画があるようだが、これには加わらぬように」と助言してくれた。ふたりで相談していると、いよいよ女檻からの脱走を決定した旨が洩れ聞こえてきた。一一月一日の午後四時に実行する様子なので、役所に届けてくれるようにと慶次郎から政造に頼んだ。政造はすぐに守卒に報告したが、当日は手配されていたので動きはなかった。

一一月一日の朝、実行する様子なので、岩村彦太は前夜に手ぬぐいをかけておいたが、計画の仲間が使役に出ないことになったので何事も起らなかった。この次第を大和の音作らに話しておいたので、そのせいかもしれなかった。

一一月三日、この日は天長節（明治天皇の誕生日）なので、囚人たちの使役は休業となり、一〇時ころ運動として檻外に出ることを許された。三谷慶次郎は、「浦上政次郎が四日の朝にいよいよ実行すると各檻に通知していた」と漏れ聞いたので、同日夕方、土屋政造に役所へ届けてくれるように頼んでおいた。念のため慶次郎も、檻内に落ちている薬紙に、わらの芯を筆代わりにして、椀の墨で、

「明日　女部屋ノ黒門　マキダイニテ打チ破リ　逃走致シ候」

と認めて政造に渡しておいた。

大和の音作は、浦上政次郎らが明四日に逃走しようと密談している様子であったが、確証がないので報告しないでいた。音作は、逃走計画を聞きつけ、実行に移されたならば官員衆に加勢しようと覚悟をしていた。

この日、時刻は不明であるが、長町の米市が便捨ての仕事で檻を出たところ、同刑人の浦上政次郎が檻の外に出ており、各檻に近づいて檻内の男たち数名に「明日いよいよ脱檻する」と伝えているの

を漏れ聞いた。米市は間頭の土屋政造に、役所に届けてくれるようにと告げた。

夕方になって、政造は慶次郎から、明朝でなければ午後四時決行と聞いた。その旨を守卒に届けた。その後、長町の米市からも同様の事を届けてくれるようにと頼まれたので、重ねて守卒に報告した。

四日の朝、政造はきのう慶次郎から預かった紙片を役人に渡し、長町の米市からもいよいよ本日決行の旨を伝えてくれと依頼されたので、同じく役人に伝えた。

岩村彦太は、藁工使役に出ていた。囚人のひとりから「浦上政次郎から委細を聞いていないか」と尋ねられたが、近くに当の政次郎が居合せたので、「今日行動すると聞いたけれども同意はしない」と応えた。なおもべつの囚人が政次郎に説諭したところ、「かねて聞いていたところと違うので同意しないのだ」と彼が言ったとき、事が始まった。

岩崎龍吉は、藁工に出ていたところ、なんとなく不穏な様子なので、かねてから首謀者と見込んでいた浦上政次郎らに近寄り作業をしていた。彼らが話し合う様子を怪しく思っていると、ひとりの囚人が首謀者と思しきひとりに、「今日脱走することを、なぜ知らせてくれなかったのか」と苦情を述べていた。そこに三谷慶次郎が来て、「もはや一役半済んだから檻に帰る」と同囚に話した。内々連絡があったのか、この時がらりと雰囲気が変わったので、間頭の土屋政造に話し、事の次第を見張所に報知してくれるよう言った。政造も承知していた様子で見張所に向かったとき、暴動が始まった。

音作は紙漉《かみすき》使役に出ていたが、午後一時ころになって藁工使役場の方から「脱走」との叫び声が聞こえた。その日に使役に出ていた浦上政次郎はじめ数名の囚人たちが、棒や藁打ち槌を持ち、紙漉場東の入口から中に押し入り、見張り番守卒の二人に手向かいしていた。二人の守卒は棒で防いでいたので、音作もその場に有り合せの杵《きね》を手にして、ひとりの暴徒の肩先を殴り、同刑人辻野増蔵、松兵衛とともに防いでいた。そのうち浦上政次郎らは藁使役場のほうに退き、境界のワ印柵戸から、藁使役の土蔵へ立ち入って戸を閉じた。やがて土蔵内で破壊している物音が聞こえてきた。守卒の指揮で囲いの外に出たところ、土蔵の屋根を壊している様子なので、官員のひとりが土蔵屋根に上った。音作も続いて上って見ると、やはり土蔵の中から屋根を壊そうとしているので、この官員は棒で、音作は杵を振るって、上ってきたものを突き落とし、殴り、瓦を投げつけているうち、守卒らや同刑人たちが次々と屋根に上ってきて瓦を投げつけたので、暴徒らは退いた。やがて駆けつけてきた守卒衆が土蔵内にはいった。音作も後に続いて土蔵内に入って見ると、暴徒たちは捕縛された後であった。

この日、辻野増蔵は、隠岐信寛（「上知令をめぐるごまかしと古貨幣偽造」三八〇頁参照）から「逃走を計画している者たちが、いよいよ事を起こしそうだ」と聞いた。増蔵はそのとき病気にかかっていたが、官員の加勢をするため、病をおして藁工使役に出ることにした。当日午後になると不穏な気配になっていた。午後一時ころ、仕事を終えた者が檻に帰るため柵門が開かれた。そのときひとりの囚人が「行うべし」と声をあげると、浦上政次郎ら数名の囚人が馳せ集まったので、見廻り守卒に知らせた。その際、彼らは守卒と増蔵に藁打槌を投げつけ、紙漉使役場の境界内に押し寄せた。守卒と増蔵が駆けつけようとすると、ひとりの囚人が境界のワ印柵戸を閉じようとしたので、守卒が棒でこの男を突き退け戸を開き立ち入ると、暴徒たちは紙漉場の土蔵西入口の戸を閉じようとしていた。これをこじ開けて立ち入ると、数名の暴徒が棒や板を持ち、守卒に手向かうのを同囚の大和の音作・脱籍の松兵衛らが防いでいた。増蔵は暴徒のひとりが竹樋を持っているのを引ったくり、そこにあった棒を持って土蔵外に出た。浦上政次郎の頭を殴ったところ、手向かってきたので守卒が棒で防いでいると、暴徒たちは土蔵に入って戸を閉じた。やがて蔵の中から破壊している音がした。精米使役所にいた者たちも騒ぎ始めたのでそちらに向かった。守卒が精米使役場の柵戸を閉めたので、増蔵は藁工使役所へ戻ると、入口が開いて多数の官員が立ち入っていた。増蔵もいっしょに入り、そこにあった縄で暴徒三人を縛り上げた。

松兵衛は藁工使役に出ていたが、何となく不穏な気配を感じていた。午後一時ごろ、帰檻するために十数名の同囚といっしょにいたが、紙漉場境界のワ印柵門が開きかけた時、藁使役場にいた者たちが藁打槌を投げつけ、柵門に押し寄せてきた。松兵衛はだれかに顔面を殴られ、暴徒は境界内に突入してきた。これを防ごうと紙漉場土蔵へ西の入口から入り、そこにあった紙打木を手にとった。浦上政次郎らが棒や板あるいは槌などを持って東の入口から侵入し、守卒や音作、辻野増蔵らとやりあっていたので、松兵衛も加わって防いだ。浦上ら暴徒は土蔵から出て、藁使役場の土蔵に立て籠《こ》もった。その際、ひとりの官員が紙漉場のほうへやって来たので、松兵衛もこれに付添い土蔵内外を警衛した。やがて土蔵の戸が開き、官員が多数なだれ込んだので、松兵衛も続いて入り、暴徒らのひとりを縛り上げた。

翌明治九年（一八七六）三月二九日、大阪裁判所は集団脱獄を阻止した八人の囚人たちに、次のように申し渡した。

三谷慶次郎は懲役終身のところ、懲役人が糾合して脱獄する計画を知って首報したので、「懲役十年」に減刑、

岩村彦太は同様、懲役終身のところ、「懲役十年」に減刑、

土屋政造は同様、准流十年のところ、「懲役七年」に減刑、

無籍米市は同様、准流十年のところ、「懲役七年」に減刑、

岩崎龍吉は同様、懲役五年のところ、「懲役三年」に減刑、

無籍音作は懲役人が脱獄の際、暴徒を防禦し官員に加勢したので、准流十年のところ本罪に一等を減じ「懲役七年」に減刑、加役はそのまま、

辻野増蔵は同様、准流十年のところ、「懲役七年」に減刑、

脱籍松兵衛は同様、准流十年のところ、「懲役七年」に減刑された。

この記録を見ると、脱走計画は懲役囚から逐一報告され　役所側に掌《たなごころ》を指すように知悉《ちしつ》されていた。

右の八名のうち三人は「間頭」と記されている。間頭については、前章「三人を謀殺強盗」一件でも紹介したが、明治三年（一八七〇）に「牢名主」に代えて導入された制度であった。監獄側が任命したいわば公的な役付囚であったから、官員への協力もあるいは大きな抵抗を感じなかったのかもしれない。ただし、右の「間頭」三人はいずれも長期囚であることから、その実態は「牢名主」と大差なかったとも考えられる。

明治四年に刊行された「末代噺」を見ると、一八畳の本牢には、牢名主と副、役付、客分とおぼしき席次が描かれている（口絵参照）。懲役場は牢屋敷とは違うけれども、両者に通じるところはあったと思われる。

**［解説19］監獄則《かんごくそく》——行刑の理想と現実**

旧幕府が欧米諸国と締結した不平等条約の改正のためには、法や裁判制度のみならず、行刑の近代化も不可欠であった。政府は明治四年（一八七一）六月、刑部省囚獄司権正の小原重哉《おはらしげや》（一八三四—一九〇二）を監獄調査のために海外に派遣している。小原は岡山出身、旧幕時代には尊皇攘夷に身を投じ、牢に入れられた経験を有していたことから、獄制改革に積極的であった。「間頭」の導入も彼の施策といわれている。

小原はイギリス領香港・シンガポールで西洋式監獄を視察し、帰国後は新規則起草の責任者となった。その成果が、明治五年（一八七二）一一月に頒布された「監獄則」である。

「監獄則」はその緒言に「獄は人を仁愛する所以《ゆえん》にして、人を残虐する者に非ず。人を懲戒する所以にして、人を痛苦する者に非ず」と記すように改善主義を宣言するとともに、従来の牢を「未決者ノ監」、徒刑場を「已決者ノ監」「懲役場」と称し、両者を峻別することにも意を用いた。また、近代的設備や原則独居、分類処遇や作業階級制、あるいは早期放免制度などを定めた、当時としては非常に先進的な内容を持つものであった。

　ところが、「監獄則」はその先進性ゆえに、実現には多額の費用を必要とするものであった。とりわけ、各府県への新たな監獄建設に難色を示した大蔵省の抵抗は強く、結局、翌六年四月に施行停止に追い込まれた。これに対し、司法省はその直後に、予算に影響をおよぼさない囚人の処遇や懲役法のみを、「監獄則」の精神に則って任意に実施するよう、全国に指示を出している。監獄の近代化も困難に満ちていた。

　「監獄則」の頒布をうけ、大阪府でも明治六年（一八七三）三月末に、従来の徒刑場を「懲役場」と改称し、翌七年七月に瓦土取場の懲役場（旧高原溜）から、北区若松《わかまつ》町・真砂《まさご》町にまたがる旧佐賀藩邸（現在の大阪高等・地方・区裁判所の所在地）へと移転した。

## 痴情の果て(3)

### 女に振られ周囲の人に傷害　明治七年

西勝兵衛（三五歳）は、明治二年（一八六九）に南綿屋《みなみわたや》町の家を飛び出し、処々に流浪したが、明治五年（一八七二）一一月からは、南堀江《みなみほりえ》の権藤治助方に米搗きの日雇いで働いていた。

治助方には、紀伊国熊野から来ていたみつという娘が働いていたが、勝兵衛はみつに会って「恍惚《こうこつ》致《いた》シ」た。つまり惚《ほ》れてポーとしたのである。ある日、雇い主の目を盗んで「色情申シ懸ケ」つまり口説いたところ、みつも得心して、後日の密会を約束した。

同月二〇日ころ、道でみつに出会った。これは好機と、「ボンヤ」に行こうと誘ったら承知した。連れ立って歩いていると、途中でみつの下駄の鼻緒が切れた。伯母の家で借りてくるからと言うので待っていたが、いっこうに出てこない。ひそかに様子をうかがうと、みつは伯母と話し込んでいる。いずれ別の日にと勝兵衛は空しく立ち帰った。

ちなみに、「ボンヤ」とは盆屋、『守貞謾稿』には「江戸にては出会茶屋」といい密通の会所とある。「連れ込み宿」というかラブホテルである。ここまで話ができたのに、すっぽかされて勝兵衛の無念さは思いやられる。

その後、みつに連絡を取ろうと機会をうかがったがチャンスがなかった。そのうち二人のことが主人治助の耳に入ったのか、勝兵衛は二五日に解雇された。みつとは自然に疎遠となってきたが、いま一度みつに会って、積る恨み言などを言いたいと、治助方の門前にたたずみ、彼女が出てくるのを待った。幾夜も待ったが機会がない。こうなれば忍び込んで会おうと思い、翌明治六年（一八七三）一月一八日の夜、板塀を乗り越えたけれども、室内に入ることはできない。便所の入口でみつが来るのを待っていたところ、手燭《てしょく》をもった女性が出てきた。きっとみつであろうと見たところ別人であった。捕えられては大変なので、抵抗すれば殺す、と脅かして逃げ去った。

勝兵衛はその後もみつに連絡する方法を考えていたが、みつは伯母夫婦の家にかくまわれているというわさを聞いた。勝兵衛は道頓堀で縄切包丁を買い求めた。この包丁を持ってみつに会い、あの約束はどうしたと迫って、話に乗らないようであれば顔に傷をつけようと心を決めた。

二一日、包丁を携えてみつの伯母方に出かけたところ、伯母は、みつは他出していると告げた。呼んでくれと言うと、行く先は不明なので夕方にでも来てくれという。彼らの言動は、うわさのように自分の「春情の妨凝《さまたげ》」をしていると思うと猛然と腹が立ってきた。殺すつもりはないが、何とか傷を負わせて逃げようと伯母の姿を探していると、近所の家にいるのを見つけた。やにわに駆け込み、包丁をもって切りつけたら、顔を伏せたのでその場を逃げた。路地口で三、四名の男が働いていたので、取り押さえられては一大事と、そのうちの一人に切りつけ、高津神社の境内まで逃げてきた。

切りつけた者たちが死んでおれば自首するつもりで、境内にそのまま三日間隠れていた。うわさによれば、路地口で切りつけたのは元主人の権藤治助で、命には別条ないと聞いた。それならひとまず身を隠そうと、伊勢路に走り雲助《くもすけ》（荷物運搬や駕籠かきを仕事とする無宿者）を働いて日を過ごした。その後、京都や奈良で日雇い働きをしていたが、こんなことをして過ごしてはならないと前非を悔い、明治七年（一八七四）一月二九日の夜、帰宅した。父は自首するよう言い、自分もそのつもりであったので、翌日、大阪府の取締所に出頭し自白した。

裁判所の審問の過程で、勝兵衛が疵付けたみつの伯母は、のどその他三か所に傷を受け、気を失い、腰部の傷により、いまだに脚の屈伸ができないが、医者が言うには治療はできないと知らされた。治助の傷は全治したとのことであった。

裁判の結果、同年六月一九日の判決は、人を刃傷して廃疾者としたが、殺意は無かったから「新律綱領」の闘殴律、「人ノ肢体ヲ折跌《せってつ》（骨折させたり、関節をくじいたり、筋を違わすこと）シ、廃疾ニ致ス者ハ徒三年」を適用し、「懲役三年」の判決があった。逃亡および人を脅した罪は、主罪に比すれば軽いから罪は問わないとされた。

## 密通逃亡したら元夫は離縁していたので無罪　明治七年

大阪新町の田丸仙吉（三三歳）は、安政五年（一八五八）から江戸に出稼ぎに出ていたが、慶応三年（一八六七）二月ころから、神田明神下《かんだみょうじんした》の小暮平助方で米搗き日雇いに雇われていた。

雇主平助の妻トメ（三六歳）は越前（現在の福井県北部）の出で、一四年前に平助に嫁いだ。一〇年前、夫平助とともに江戸に出て神田明神下に家を借り、搗き米屋を始めた。

初めは繁盛していたが、思いがけず多くの損失を出して破産した。平助はそれから商売を怠り、留守がちとなった。仙吉は実体《じってい》に働いてきたが、トメを気の毒に思い、あれこれと世話をして働いた。

そのうち、仙吉はトメを愛《いと》おしく思うようになった。翌慶応四年（一八六八）の四月上旬ころ、トメに思いを打ち明けた。トメも承知し、それからしばしば密会を重ねた。そのうち平助がその様子を察した模様なので、発覚すれば大変なことになると思い、翌月下旬ころ、仙吉はトメと申し合わせて東京から出奔した。

二人は、仙吉の原籍地である大阪に戻ったのであるが、トメには戸籍がない。明治四年（一八七一）九月、トメは親元に行き送籍の手続きを願ったところ、旧夫平助はトメが脱走したとき離縁をしていたことがわかった。そこで改めて送籍状をもらってきた。仙吉は報告を聞いて安心していたところ、二人とも捕縛され吟味を受けることになった。

明治七年（一八七四）七月七日、判決言い渡しがあった。

仙吉は、人の妻を連れ出したが、夫が姦通した妻を離婚し、籍も外しているので、有夫ではないから、罪を科さない。

トメは、姦夫とともに脱走し、その男の妻となったが、本夫はすでに離婚し籍も抜いているので無罪。

## 婚約者に縁組を迫られて殴打　明治七年

瓦屋町の大西小三郎（四〇歳）は藤細工の職人である。独身で家事が不得手な小三郎は、明治七年（一八七四）六月上旬ころ、岸和田の大工の妹でイシという女を雇い入れた。小三郎はイシに色情を覚え、好きだよと言った。イシも承知し、密通を重ねる仲となり、やがて妊娠した。

二人は表向きにも夫婦となり、人別（籍）も入れる相談をしていた。イシは一日も早く籍を入れてくれとせがみ、小三郎は都合もあるからしばらく待ってくれと言ったが、早く早くと急き立ててくる。怒った小三郎はイシの頭を殴り、なおも言い争っていたところ、一二月四日に召し捕られた。

一二月一四日、判決の言い渡しがあった。

女はすでに懐妊しており、入籍する約束もあったから、妻を殴ったものとして扱う。闘殴律によれば、夫が妻に暴力を振るったとしても、骨折するとか負傷したものでない限り罪を問わないとしており、小三郎は「無科」、つまり無罪とされた。

### 相手を確認できないが姦通の妻を殺害　明治七年

犬山源八（三八歳）は、これまでに三度妻を娶《めと》ったが不縁で、いずれも離縁して独身でいた。明治四年（一八七一）の秋の暮、茨田《まった》郡諸口《もろくち》村出身の女を雇ったところ、親類にあたるという里がこの女を訪ねてきた。源八は独り身でもあり、この女の勧めで、里と夫婦の約束をした。それ以来四年の月日を送りながら、縁組届も出さないままで過ぎた。この間、明治六年一一月に源八は里とともに出稼ぎに出て大阪府下に居住し、翌七年五月には上本町三丁目に引っ越して暮らしていた。

先日来、里が源八の知らない男と私通していることを知ったので気にかかっていた。七年（一八七四）八月七日の夜、里の妹は隣家の男に誘われ、源八も用事があって外出した。夜一二時ころ帰宅して夕飯をとっていたところ、里の妹が隣家の男といっしょに帰ってきた。源八も間もなく二階に上がり床に就いた。里もあとから上がってきて灯火を消そうとしたところ、蚊帳の外の暗闇から裸体の男が這い出して階段を降りようとした。これは間男に違いないと飛び起き、取り押さえようと駆け降りたが男は逃げ去ってしまった。源八は、無念のあまり里の髪の毛をつかみ、厳しく詰問したが、里はひたすら謝るばかり、隣家の男もいろいろなだめたので勘弁することにした。その後も疑心が抜けなかった。

同月一八日の午前三時ころ、源八が稼ぎ先から突然に帰宅し、戸外から中の様子をうかがっていると、里の声で「あの質に入れた衣類は、夫が帰宅する前に請け出す方が良いよ」などと姦夫と話の最中であった。源八の腹は煮えくりかえり、いつも所持している鉄扇で戸をこじ開け座敷に入って見ると、姦夫は裏口から逃走し、後姿を見たのみであった。

夜が明けて一九日の朝となり、衣類を確かめると源八の羽織袴が見当たらない。町内の質屋にそれらが質入れされていた。源八は厳しく詰問した。里は口をつぐんで言わない。源八は無念骨髄に徹し、憤りのあまり自殺しようと脇差に手をかけたところ、里は押しとどめた。里も、身を投げて死ぬなどとわめき騒いだ。源八は、この夫婦のいさかいの声などきっと近隣に知れ渡っているであろう、ぜひとも男の名を白状させて、相当の処置をし、もしどうしても明かさない時は、里を殺害して自殺しようと覚悟を決めた。

脇差を筵《むしろ》に包み、夜更けて里を連れ出し、人気のない大阪城大手先の濠《ほり》のあたりに行き、だんだんと問い詰めた。「男は松市という博徒だ」と言い始めたとき、向こうから人力車が提灯を下げて走ってきた。話の途中で里はとつぜん源八を濠に突き落そうとし、「人殺しぃ」と叫びながら人力車に向かって駆け出した。源八は濠に落ちそうになったがなんとか起き上がり、無我夢中で脇差を抜いて追いかけ、後ろから数か所に斬り付けた。里はその場で息が絶えた。

かねて里を殺したらその場で自殺する覚悟であったが、このまま自分も死んだら事情も不明のままで無駄な死にざまになろう、それより大阪裁判所に自首した方が良いと考えた。夜の明けるのを待っていたところ、城内の鎮台兵が出てきたので、事情を詳細に告げて縛についた。

裁判所で吟味の際に、里の言う松市なるものはいないと聞かされた。里の言ったことはすべてうそであったかと思ったが、姦通していたことは相違なく、二階から男が逃げ出したのは隣家の男も確認していたことであった。

明治七年（一八七四）一二月一〇日に判決言い渡しがあった。

源八が姦婦の里を殺害したのは、姦通の現場ではないし、即時というのでもない。しかし、妻が姦通していたことは紛れもないので、「改定律例」に姦婦を殺傷したときは、折傷以上であれば闘殴殺から五等を減ずとあるのを適用し、「懲役二年半」とされた。妻を娶り届けなかった罪は軽いから科に及ばない。

## 男六人と和姦　明治八年

浜口梅（一八歳）は、紀伊国周参見《すさみ》村から大阪に出稼ぎに来て、日雇い稼ぎをしていた。明治六年（一八七三）一一月二〇日から西成区難波島《なんばじま》の堀内久五郎方の厄介になっていた。小遣い銭に乏しいので、ひそかに客を取って稼いでいた。

一二月一日の夜、外出していた久五郎から、呼び出しの使いが来た。梅がついて行くと久五郎が居合わせ、いっしょに木津川筋につないである上荷船に着いた。船には五人ばかり男がいた。

久五郎ら六人は、いずれも二〇歳と二一歳、血気盛んな川筋の舟乗りで、酒盛りをしていた。久五郎の「和歌山の娘で売春しているのを知っているが、舟に呼んでみようか」との提案に、全員が賛成した。

梅が船に着くと、男のひとりが、「金を払うから我らと寝ないか」と誘った。梅は承知して、船の中で舟乗りの五人、それに久五郎と合わせて六人と輪姦交合した。そのあと五円と衣類一枚を久五郎から受け取った。

その後、一同は吟味を受けた。

明治八年（一八七五）一月一三日、梅にたいする判決の言い渡しがあった。

梅は、「改定律例」第二六七条私娼売淫の罪により、懲役三十日にあたる「収贖金七十五銭」。

同一月一七日、六人の男たちに対しては、応諾があったとしても、六人が一女を姦するのは「不応為軽」にあたるとして、おのおの「懲役三十日」と言い渡された。

## 密通妻と姦夫と祖母を傷害　明治九年

金井安太郎（二四歳）は、天王寺村に住み、人力車曳きを渡世としていた。

明治六年（一八七三）一〇月ころから、同じ村のゆいという女となじみ、彼女を妻にもらい受けたいと、同居する自分の父親に相談のうえ承諾をえた。同年一二月中旬ころ、西高津村の知人に媒酌を依頼し、入籍はしていないがゆいを妻に迎え、三人で暮らしていた。

その後、ゆいの親元が窮乏し、彼女の父親から何度も金を貸してほしいと言ってきた。安太郎には貯金もないので、他から借りて融通したり、借金の保証人になったりして、親しくして暮らしていた。

明治九年（一八七六）一月ころ、ゆいの父親はいよいよ窮乏し、娘に娼妓稼ぎさせることを思いつき、こちらに戻してくれと言いだした。安太郎は、もってのほかと思い、いろいろ話し合った。村の戸長が間に入り、父親のために一時しのぎに娘を親元に帰すようにと言った。

しかたなく安太郎はゆいを離別しないで親元に戻した．ゆいは娼妓稼ぎをすることになったが、妊娠していることがわかり、その話は立ち消えとなって安太郎のもとに帰ってきた。その後、同村内の借家を借りていたが、九月一一日になって、ゆいは男子を出産したので、養生のために実家に預け、安太郎は養育料として一日三銭二厘ずつ渡してきた。

ゆいの実家は、狭いうえに家族も多いため、西高津村の借家を養生所に借り受け、彼女の祖母いくが付き添い養生させてきた。一〇月五日、安太郎のもとへ子どもが危ないと知らせがあったので駆けつけたが、死んでしまった。しかたがないので家に戻っていたところ、ゆいの父親から子供の葬式はどうするかと言ってきた。困ったので返事をしかね、親しい友人に、相談に行ってもらった。ゆいの父親は、娘への離別状を書いてくれたら、死んだ子は当方の子として埋葬するというのである。安太郎は友人を通じ、かつて保証人となった借金証文から自分を除いてくれれば、即座に離縁状を渡すと応じた。ゆいの父親からはすぐには無理だと言ってきたので、それまでは離縁状をこの友人に預けておくことにし、子どもの埋葬費などはすべて安太郎から出してやった。妻ゆいと離別する気はまったくなかった。

その後、安太郎は、自分の友人で寺尾荘助という男が、妻ゆいと密通しているような気配を覚えて、気を付けていた。一一月一六日ころ、高津新地の吉田橋《よしだばし》近辺で、その荘助とゆい、ほかに知らない女と三人連れで歩いているのに出会った。その夜、ゆいが借りている家の窓下に立って様子をうかがうと、中から男の声が聞こえる。やはり荘助か、と聞くに堪えかねて表戸をたたき、「安太郎だ、戸を開けろ」と怒鳴ったが、なかなか開けない。しばらく経って祖母いくが戸を開けたので、はいってみると仏壇の下に男が隠れている。引っ張り出してみると、やはり荘助である。

「なぜこの家に来て、隠れたりしているのか」と問い詰めたところ、返答に窮して「隠れたのは悪かった、勘弁してくれ」とひたすら謝るばかり、その場はそれだけで荘助が出て行った。

それから十日ほど後、再びゆいの家に行き、様子をうかがったところ、ゆいと荘助はあれこれと話をしている。夜も更けて寝るころになってゆいが、布団がないと言うと、荘助は持って来ようと外に出てきた。後をつけたところ荘助の宅に入ったので、安太郎は、「お前はゆいと密通しているのか。もちろんそのようなことはないと思うが、もしそんなことがあれば、お互いに大変なことになるぞ。せっかくの親友の間も水の泡となるだけでなく、命にかかわるようなことになるから、過ちがないようにしろよ」と荘助に念を押して帰宅した。

その後も荘助とゆいの関係が気にかかっていたところ、一二月七日の夜一〇時ころ、安太郎は生玉神社の鳥居の内で、家に帰る途中だというゆい・いく・荘助の三人連れに出くわした。安太郎もいちおう帰宅はしたが、どうも怪しいと思い、今夜はぜひとも事実を突き止め、荘助とゆいの寝床に押し込もうと、自宅にあった短刀を懐に、ゆいの借宅に忍び込み、家内の様子をうかがっていた。

夜一二時ころ、灯りを消しゆいと荘助が同衾し話し合っているのを確《しか》とたしかめたので、竹垣を押し破り、引き戸の少し開いているところから忍び入って見ると、果たして二人が東枕で抱き合っている。持参した短刀で荘助の顔のあたりを突きかかったところ、二人とも起き上がり、荘助が短刀を奪い取ろうとつかみかかってきた。もみ合ううち、安太郎は荘助に傷を負わせ、荘助は土間に逃げ出した。訴え出に行くのかと思い、ゆいの居所を探したが見当たらず、さては本宅に戻ったかと急ぎ、表から様子を見ても何の変わったこともない。再び駆け戻って見ると、門先で祖母いくに出会った。門内に引き入れた際、彼女にすこし疵を負わせたかと思ったが、確とわからなかった。後の取調べのとき、いくに疵《きず》つけたことを聞かされた。

そこにゆいがいたので、祖母は突き放し、ゆいの胸ぐらをつかみ、短刀で顔に切りつけたところ、命だけは助けてくれと頼み、隙を見て表の小門から逃げ出した。後を追いかけ、村の霊魂社前で追い詰め、そこの北向八幡社の中へ連れこみ切り殺そうとしたところ、命だけは助けてくれという。それなら、お前と心中をしようと言うと、なにぶん襦袢一枚着ているだけで体裁がわるいから心中はできないとかぐずぐず言うので、別れて自宅に帰った。

安太郎は警察出張所に自首した。

荘助は逃げ出した際、井戸に落ちて死んだと後に聞かされた。

明治九年（一八七六）五月三日、判決の言い渡しがあった。

安太郎が、妻ゆいと寺尾荘助が姦通しているのを確認し、姦所において刃傷に及んだ行為は、人命律「殺死姦夫」条（本夫による姦夫・姦婦の殺傷）により、その罪は問わない。しかし、その場でゆいの祖母いくに傷を負わせたのは、闘殴律「闘殴傷」に準じて論じ、懲役二年とすべきところ、傷は浅く、犯情も軽いから、律例第二一四条により「杖七十」とされた。

## 娼妓と無理心中未遂　明治九年

無籍の忠吉（二〇歳）は玉造のあたりで生まれたが、幼くして両親に死に別れ、その後は処々を転々としながら鍛冶職を営んでいた。明治七年（一八七四）四月、松島遊郭仲ノ町一丁目の席貸業方へ遊興におもむき、娼妓の通称小花こと草野タカを呼び寄せた。その後、タカとはなじみになりたびたび訪れたが、時には持ち合わせがないこともあり、そんな際にはタカに立て替えてもらっていた。やがてそれは積もって、一円八七銭五厘になった。

同年五月、忠吉は播州路へ出稼ぎに行ったがはかばかしくなく、九月に帰阪してタカを訪ねた。当時タカは新町に鞍替えして娼妓稼ぎをしていると聞き及んでいたので、周辺で居所を尋ねていたところ、偶然に路上でタカと出会った。その折には、後日会いに行くからといって別れ、彼女に逢いに行く金を稼ごうとまじめに働いた。

しかし、鍛冶の仕事はほとんどなく、もうけることはできなかった。今後の恋のゆくえはもとより借金返済もままならず、こんなにくたびれた状態ではお先真っ暗とあれこれ思案しているうち、忠吉は自殺するしかないと思い詰めた。

ついてはタカも道連れにしようと、九月二六日、新町橋あたりの名も知らぬ金物屋で出刃包丁を買い求めた。これを携え同夜八時ごろ、新町南通一丁目の席貸業方を訪れ、タカを呼び寄せてもらった。二階で同衾し、タカが眠り込んだら刺し殺そうと、出刃包丁は布団の下に隠して機会をうかがっていた。

一〇時ごろ、タカは熟睡している様子であったので、包丁を取り出し、いきなり彼女ののどに突き入れた。タカは悲鳴をあげながらうつ伏せになったので、さらに背中を切りつけた。タカが二階を駆け下りていったので追いかけると、彼女はこの席貸業のあるじのかたわらにいて助けを求めていた。しかたなく忠吉は台所へ行って水をのみ、そのまま二階へ上がった。自殺しようと自分の腹やのどに包丁を突き込み、包丁は往来へ投げ捨てた。ところが死にきれず苦悶しているところを召し捕えられた。吟味のなかで、タカの疵は九か所に及んだが、やがて平癒したことを知らされた。

翌明治九年（一八七六）三月四日、判決が言い渡された。人命律謀殺条「傷シテ死セザル者」を適用して「絞罪」に処すべきところ、殺意は自殺の決心後に痴情に迫って生じたものであり、情状に憐れむべきものがあるとして、「断罪無正条例」により罪一等を減じ「懲役終身」が科された。

元来、「断罪無正条」条とは［解説12］で紹介したように、「適用すべき条文がない場合に、他律の類推適用を認める」という条文であったが、明治七年一二月の「断罪無正条例」により「適用条文があったとしても、情状が軽い者は酌量して刑を軽減することを許す。ただし五等減を限度とする」と、裁判官の裁量をより拡げる方向で改定されていた。

## 遊芸になじむ若い男女の心中未遂　明治九年

北山菊松（一八歳）は、八歳の時に実母が死去し、今年八四歳になる祖母の手で育てられた。明治四年（一八七一）六月に、父親の姉で千年町《せんねんちょう》に住む北山シゲの養子になったが、職業見習いのため実家に引っ越し、金網の製造に従事していた。

菊松は幼いころから遊芸を好み、職業のかたわら浄瑠璃《じょうるり》三味線の稽古をし、同町の河西市兵衛宅にたびたび遊びに出かけていた。

明治八年（一八七五）一一月上旬、その市兵衛宅に、京都からタマという一七歳になる娘が来て同居するようになった。名目は雇い入れだが、実際はいずれ市兵衛の妻になるといううわさであった。

同年一二月五日、菊松が何心なく同家に遊びに行ったところ、主人の市兵衛は不在でタマと小女二人が居合せ、よもやま話をしていた。そのときのタマのもてなしぶりがいかにもなれなれしく、菊松はむずむずしたけれども人目もあるので、夕刻にまた来ると言い置いていったんは帰宅した。その夜八時ごろ、ふたたび市兵衛宅を訪ねると、家の中で女たちが菊松のうわさをしていた。自分の悪口を話しているかとしばらく様子をうかがっていたが、そうでもなさそうなので家に入ると、先ほどの二人の小女も遊んでいて他に人もいなかった。

タマがふと行燈《あんどん》の灯を消して暗闇にまぎれ、菊松に寄り添い戯れかけた。菊松もタマを抱きしめてあれこれしていると、タマの叔母が手洗いに行くのに暗いと小言を言った。間違って灯が消えたと言い訳をし、点灯して話を続けているうち、菊松は、今夜博労町の稲荷社で浄瑠璃があるので、いっしょに行かないかと誘った。留守番は叔母に頼んで、小女二人も連れ浄瑠璃の席に出かけた。席をとって女の子二人はその席に残し、菊松とタマは社の脇にタマが着ていた半纏《はんてん》を敷いて交わった。

それ以後、二人は互いに恋しくてたまらず、あるいは入湯、あるいは浄瑠璃の稽古にかこつけて菊松はタマのもとに通っていたが、ある日、痴態を演じているところを叔母に見つかった。懇々と説教されたうえ、菊松はタマに対する離縁状を書くようにと強いられた。菊松は縁を切る気持ちなど毛頭

なかったが、その場の成り行きでやむを得ず筆をとり、

そのもと殿と内縁むすび候へども、この縁は今日かぎりと心得くださるべく候

と書いてタマに渡した。

このような一札を書いたからには、今日かぎりの事だから、二人で話し合いたいこともあるので、外出させてくれるように頼みこんだ。そして、新町の貸座敷に行き仮寝した後、タマの家に帰り、叔母に今夜かぎりだから泊めて欲しいと頼んだ。その夜はタマと同衾し、翌朝家を出た。

しかし実際には、その後も若い二人は、人目を忍んでたびたび密会をくり返した。さすがに主人の在宅の日はそれもできず、不在のときには、門口の柱に一寸（約三センチ）ほどの白紙を貼りつけておく約束をしていた。この印のある時は忍び込んで密会をくり返していた。

ところが、主人市兵衛は都合で阿波国（現在の徳島県）に引きこむことになり、タマも同伴するという話を聞いた。タマの心痛の様子を見て、菊松はいったん身を隠し苦楽を共にしたいと思ったが、タマがどう思うのか、その心情も計りかねた。たとい彼女を連れ出しても頼るべき当てもない、かえって世人のうわさになり誹《そし》りをうけるより、むしろ心中をして、あの世で夫婦になろうと話して別れた。

その後、密会の折、剃刀を持ってきたところ、タマも剃刀を持参していたので、すぐにその場を立ち、立売堀中橋《いたちぼりなか》の川岸まで来て、ここで心中しようと話しかけた。タマも決心した様子を確かめて、持参した剃刀を取り上げ、「じつはお前の心情を計りかねてこうして来たのだけれども、もうお前の気持ちは疑う余地は少しもない。この上はふたりで家出することにしよう」ときりだし、二人はその

約束をした。

明治九年（一八七六）一月一六日の夜、タマの家を訪ねたところ、いよいよ近いうちに市兵衛は阿波に発つことになったと聞かされた。家出を急がなければならないと話していると、市兵衛別家の養母が、雨戸をドンドンとたたいたので、菊松はしかたなくタマのもとを離れた。頃合いを見計らって戻って見ると、タマはすでに衣類などを風呂敷に包み、家出の準備をしていた。その晩は新町妙見裏の貸座敷に一泊した。どこに立ち退くという当てはない。

翌日、菊松はタマと二人で養母シゲの家へ行き、「前から話していた女を連れてきたから、かくまってほしい」と頼んでみたが、聞き入れるどころか、お前のしていることは不埒の所業だと厳しく叱られた。

養母の家を追い出され、しかたなく、かねて懇意にしている天満老松町に住む松と言う者をたより、淀屋橋南詰の宿屋に三日間逗留した。小遣い銭に窮したので、タマの衣類を三円二五銭で売り払い、その金で神戸に行き、方々を見物した後、またこの宿屋に戻ってきた。

金もなくてどうしようもないので、もう一度松を頼ることにした。二人が松の家にいることを親たちに知らせてくれと依頼した。すると、養母シゲの知人で同じ町内に住む男がさっそく駆けつけ、二人に懇々と意見をして、いっしょに養母の家に連れて行かれた。

菊松は、これからどうなるかと心配していたが、自分の不所存の始末を、タマが義母シゲから折檻されているのを見て、心が痛んだ。タマは、「こんなことならもう一度どこへなりとも行って、思うさま快楽を尽し、心中しよう」と言う。それで、タマの衣類を売って旅費の工面をしようとしていたら、二人を連れ戻した男がやってきて、「いっしょにしておくから良くない、引き離さなければいかん」と養母と相談しているのを聞いた。もし引き離されたら会うこともできないと切なさは高じ、この上は梅田墓地で心中して、いっしょに葬ってもらおうと決心した。

タマから二五銭を受け取り、日本橋筋へ行って出刃包丁を買い求めて帰り、彼女に渡した。タマは奥の間に行き、包丁を捧げ、両親の住む京都の方に向いて手を合わせ、涙ながらに不孝の罪をわび、別れの言葉を述べているので、養母に見つけられては一大事と思い、止めさせた。女髪結いを呼んで身支度をさせた。梅田までの人力車賃をかき集め、抜け出す機会をさぐったが、養母は何か感じたのか二人のそばを離れない。家を出る機会を失った。

夜になって、寝間着に着かえ寝床についたふりをしたが、タマが裏口の小便所に立てば、養母は付き添って便所の入口にたたずみ待つという始末で、外出は不可能に見えた。隣家の男に、用事があるからと養母を呼び出してもらったが、家を出るとき、外から施錠したのでどうすることもできなかった。

かくなる上は、養母が家を出ている間に自宅で心中するほかないと決心した。タマも死に急いだ。包丁を取り出したが、気味が悪い。菊松は、自分は兄弟もなく、実父母には孝養を欠き、また数年の間養育してくれた養母のなげきを思うと涙があふれた。気後れはしたが、養母が帰ってきたら一大事と思い、タマとこの世の名残と来世の契約をして、タマの上に乗りかかり、包丁をのどに当て突き通した。

鮮血がほとばしり出て、「きっ」というタマの声に、覚悟はしていたものの仰天し、うろたえた。

菊松は、自分もすぐさま死ぬつもりであったが、近隣の人びとが怪しい物音がしたといって養母ともども駆けつけ、取り押さえられ、包丁を取り上げられた。菊松は外に駆け出し、橋の上から身を投げようと思ったが、その辺は川が浅いのでとても死ねそうにない。むしろ警察に自首すれば、人を殺した科により直ちに死刑になるかと自首した。

明治九年（一八七六）一月二一日のことである。

同年三月一三日に判決が言い渡された。人命律「謀同死条」に、姦夫姦婦が同死（心中）の約束をして、姦婦がすでに死亡し、姦夫が存命のときは懲役十年。また、名例律「犯罪自首条」に、自首したとしても、相手が損傷しておれば、自首による刑の軽減はない、とあるのを適用され、菊松は「懲役十年」。

さながら浄瑠璃を地で行ったような事件であった。

その後、菊松は、明治一〇年（一八七七）五月一四日、同囚の者が首をつって死のうとしたのを止めて、本罪に一等を軽減された。

# 商　売

## 堂島米会所空取引事件　明治六年

享保一五年（一七三〇）、幕府は堂島米会所に米の先物取引（帳合米取引）を公認した。空米《くうまい》の取引である。新政府は明治二年（一八六九）二月、正米売買のみを許可し、空米や帳合商いなどの相場取引を禁止した。翌年から米穀商らによる米会所の再興運動が行われ、四年四月に再び堂島米会所が設立された。ただしこの会所は正米のみを扱うものとされ、難波御蔵の摂津米を標準とした価格を設定し、四か月の定期現物取引を行うものであった。

ところが、明治六年（一八七三）一〇月限りの摂津米取引は一五〇万石の膨大な数に上り、これに不審をいだいた大阪府が調べたところ、取引が不取締であることが明らかになった。大阪府はこの審理を大阪裁判所にゆだねた。空米取引は前々から御制禁であるのに、御一新以来弛《ゆる》んだものと思い、空米取引をするものが増えているが、これはもってのほかであり、今後紛らわしい取引をしたものは処置をとる、としていた。

この案件の記録「米会社一件」は、厚さ一四センチにもおよぶ簿冊であって、精査するのは容易ではない。ここには裁断書のみ示すことにする。

明治六年（一八七三）一〇月二〇日、左の裁決言い渡しがあった。

去る一一日に、堂島米会社の一〇月限り摂津米取引について、不取締があるから吟味するようにと大阪府から引き継ぎがあった。頭取はじめ米商人一同を吟味したところ、景気に乗じ、売買双方とも加熱し、取引高は膨大な石数に上った。勢い止むを得ない状態であったとはいえ、取引の過半は、備米はもちろん、他国から大阪に来る当てもないものを、みだりに売り立て、買う方も空米と知りつつ買い募っている。中には少石数の正米売買もあるものの、多くはいずれも相場師で空米取引を渡世としてきている。頭取を始め米商人一同の罪科は免れ難い。

よって、頭取四名は「不応為重」で「懲役七十日」、米商人は売買双方とも「違令律の重」で「懲役四十日」、頭取のうち殿浦平左衛門ほか一名は、この事態を覚知していない不念のために「呵責《かせき》」。米商人のうち現物を備蓄し、御布令・会社規則等に違背していないものは放免する。

また、頭取以下の犯科については、事情を斟酌して贖罪を許す。その他、米金の受け渡しの処置については、過半数が空米の大石数であり布令に違反するのみならず、実際の受け渡しの決算もなし難い。たとえ会社規則第一二条に「米金受け渡しの期日に至り、売買いずれの方に不行届がある場合には罰金云々」の明文規定があろうとも、今般の取引はこれによって裁判する限りではない。よって売り方の中で現米を十分に用意している場合も、この度の取引は、全部ないものとし、売買双方から会社に積み立てている証拠金および米券とも、双方に返戻《へんれい》するのが相当である。

ちなみに、この時に処罰された米商人は、右の頭取四人を含め約一二〇人にも上った。あの宮武外骨も、著書『文明開化四　裁判編』（大正一五＝一九二六）のなかで、この事件を取り上げている。

## 藤田伝三郎《ふじたでんざぶろう》偽証一件　明治七年

藤田伝三郎は、この時期、高麗橋通に寄留していた。明治六年（一八七三）、伝三郎は武庫司から、廃物の火薬を硝石に戻し、その六割を納付する仕事を請け負った。この作業をするために、京都の宇治に工場を設け、自分の手代に仕事を命じた。ところが、同年五月一一日、この手代は工場にある硝石一〇七樽と叺《かます》二一袋を盗み、これを質に入れた。同月二四日になって、手代はその旨を、人を介して伝三郎に告白した。伝三郎は、翌六月一一日になってその次第を武庫司に届けたが、この男が縄目にかかるのを憐み、当人がゆくえ不明であるといつわりを告げた。武庫司は、即日その旨を大阪府に報告したため、府が事情を糺したところ、伝三郎は武庫司にいつわりを報告したことを悔い、武庫司にも謝罪した。

大阪府はこの件について大阪裁判所に交渉した。当時の裁判所長小畑美稲は調査にかかり、部下の少解部や断刑掛に命じて審理した結果、伝三郎は手代がそこにいるのにゆくえ不明といつわったが、うそをついたことを後悔し自首したので、「免罪」と通知した。また、当時この手代はすでに病死していた。存命であれば自首したので本罪は消滅し、この男の葬礼も普通にしても差し支えないと告げた。

しかるに、八月一六日になって、武庫司から裁判所に問い合わせがあった。中判事坂本政均は、書類を一覧して、伝三郎が初め武庫司を欺き、後で武庫司に自首したと言っても、その間に大阪府から尋問を受けており、その後に自首しているのであるから、全く無罪と言うわけではないと考えた。そこで伝三郎およびその前審にかかわった役人たちから事情を聴取し、改めて裁判すべきものと考え、検事の同意も得て、その旨を武庫司に答えておいた。その後、部下の大解部に調査を申し付け、伝三郎からはさらに推問書（供述調書）を取った。担当の大解部からは始末の見込書を提出してきたので、処断のあり方の検討を始めた。

そこに小畑美稲が出張先から帰阪した。彼が言うには、この事件は自分が裁判所長を勤めていた時に、いったん判断を終えている。たとえそれが誤判であったとしても、武庫司からの問い合わせだけで再調査を行うのは早計であって、「控告法」に拠り上申し指令があれば、その上でなにぶんの取扱をすべきものであるというのである。

坂本政均も、指摘された通りだと考え直し、武庫司の問い合わせによりあわてて覆審に取りかかったのは誤りであったことを認めた。この事件について覆審手続きにまだ入っていなかったことは幸いであった。

明治六年一二月、中判事坂本政均は、大木司法卿に、この事件の取扱についての指揮を請うた。この伺に対して大木は、先所長の小畑権中判事の処置を妥当とした。一二月八日、伝三郎に対して、その旨が示された。また、問題の硝石は、伝三郎から武庫司に完納するものとされた。

藤田伝三郎は、天保一二年（一八四一）、長州藩の酒造家の四男として生まれた。奇兵隊に参加し、木戸《きど》孝允《たかよし》・井上馨・山県有朋《やまがたありとも》らと交わり、この人脈を背景に政商として辣腕を振るい、藤田財閥を開いた。彼の事業は広範囲に及んだが、この事件もその活躍の一端を示すものである。

## 珍商売、笑い蠟燭《ろうそく》　明治七年

名高寅吉（二四歳）は、明治七年（一八七四）一月一〇日、今宮戎神社《いまみやえびす》の初恵比寿《はつえびす》に出かけた。並んだ出店を見て回っていると「笑い蠟燭」というものを売っている店が目についた。面白そうだと思い、八厘支払って二本買った。楽しみにして家に戻り火をつけてみたが、少しも可笑《おか》しくない。ムラムラと腹が立った。いずれどこかに店を出すに違いないから、見つけたらタダでは置かん、難題を吹っかけて困らせてやろうときめた。

一五日、自宅で一杯ひっかけ、用があって道頓堀あたりに差しかかったところ、角芝居の軒下に、あの蠟燭売りが店を出していた。寅吉は酔いも回っていたので、また怒りがこみ上げた。その店に立ちふさがり、「その売っている蠟燭に俺の目の前で火をつけてみろ」と怒鳴った。すると相手は、「そら旦那はん無理だっせ、夜中になって暗ろならんとあきまへん」と言い返した。寅吉はやにわにとびかかり、履いてきた下駄を手にして男の顔やひじを三度ばかりぶん殴り、その場にあった看板や蠟燭入りの箱などを踏み散らした。それを大阪府の番人に見つかり、召し捕られた。

吟味の結果、男を打擲し蠟燭や看板などを壊した寅吉の行為は、戸婚律「棄毀器物」条の「贓《ぞう》（不正に取得した額。この場合は損害額）を計って窃盗に準ず」の箇条に該当し、贓は一円以下であるから「笞五十」に処する。殴打した罪はこれよりも軽いから特に罪は問わない。

笑い蠟燭がどんな蠟燭なのか、努力したがわからなかった。

## 渡し守の詐欺取財　明治七年

水島福三（四七歳）は川崎町の渡し守をしていた。

明治七年（一八七四）一月四日、渡し舟に乗ったひとりの男が、船内に三井組の一円札が落ちているのを拾い、船頭の福三に見せた。福三は欲心が起こり、きっと落とし主は尋ねてくるに違いないから自分が預かっておこう、と言って受け取った。

翌五日、福三は途中で按摩《あんま》渡世と見える二五、六歳の女に遭った。福三が、落し主になりすましてくれないかと頼んでみたところ、承知してくれた。この女をつれて拾い主の家に行き、「彼女があの金の落とし主だ」と言って、謝礼にと二五銭を包んで差し出した。拾い主の男は、お礼など不要だから、落し主の名前を聞きたいと言った。福三は返事に困り、ひとまずそのまま帰った。しかし怪しまれて召し捕られ、詐欺取財として、「杖六十」を科せられた。

## 洋食兼玉突き業者の名案　明治八年

土手本富五郎（四二歳）は、明治三年（一八七〇）に大阪府で、賭博の科により流刑に処せられた前科があった。

明治八年（一八七五）五月から、今橋《いまばし》通四丁目で洋食料理兼玉突きを開業したところ、これが当たって繁盛した。来客はいよいよ増える。ところが料理を注文しておきながら、玉突きに興じて時間を過ごし、作った料理を食べないで帰る客があるため、せっかく作った料理が不用物となり、往々にして冨五郎の損失となることがあった。

そこで玉突きに来た客の中で洋食を注文した人からは、誰彼となく前金をもらっておけば損失もなくなると考え、上等一円、中等二〇銭、下等五銭の料理券を作り、それぞれ番号を書き入れて、これを勘定場で買い取らせることにした。食事を本当にするかどうかは競技中に問合せ、食事をしない人の番号には「不食」と記載した。こうして無用の料理を作らないことにしたところ、客の中にはその料理券を賭けて玉突きをするものが多く出てきた。一〇月一八日、冨五郎は捕縛されて吟味を受けた。

判決では、料理券を賭けて競技するものがあったとしても、その行為は冨五郎の関知する所ではないから、罪に問うべきものはないとし、無罪となった。

ちなみに、玉突き（撞球＝ビリヤード）が日本に始まったのは、明治四年ころらしい。西洋料理と兼業が多かった。

## 「小学教授法」の偽版　明治八年

三杉平六（五四歳）は、南本町《みなみほんまち》で書籍商をしていた。

明治五年（一八七二）に「学制」が公布され、小学教育に対する関心が高まっていた。土方幸勝が著した「小学教授法」の声価は高く、必読の書と言われた。平六はこの本を安く作って売ろうと思い、明治八年（一八七五）六月以降、これを模写し、文部省の免許も著者の了承も適当にごまかし、竹屋町《たけやまち》に住む職人に版木の彫刻を依頼した。同月下旬にはでき上がり、四〇〇部を刷り上げた。製本のうち、一二部は名も知らない男に売った。

しかし偽版を作ったことを後悔し、六月三一日、版木その他すべてを取りそろえ、警察に持参して自首した。

一〇月一九日、判決が言い渡された。

他人蔵版の「小学教授法」を秘かに翻刻した行為は出版条例に違反するが、発覚する前に自首したので、版木製本などすべて没収し、罪を免ず、とされた。

### 天皇皇后の写真を販売　明治八年

上条庄兵衛（三二歳）は曾根崎村で写真商を営んでいた。

明治八年（一八七五）一月一六日、御霊社《ごりょうしゃ》に出店をしていたら、東京から来たという男が写真を買ってくれないかと言うので承諾した。主上・皇后の尊影そのほか取り混ぜ一五〇枚の写真を代価一円で買い取った。そのうち九〇枚は尊影であった。同じ御霊社で写真商をしている男に七〇枚を一円で売り、残り二〇枚は名も知らぬ通行人に売り払った。

同年一二月二四日、庄兵衛は、天皇皇后の写真を販売するのは、「違令の重」にあたるとして懲役四十日、贖を許し、「贖罪金三円」を科せられた、

## 新発明の機械利用を多勢で妨害　明治八年

西倉伝八は、自分が発明した機械を利用して、能率よく木套（木製の器物に施す透かし模様のことか）を製造することに成功した。同業の職人たちはこれを妬み、自分たちの職業にかかわると危惧した。

彼ら数十人の職人は申し合わせて伝八宅に押しかけ、機械は使用するなと強談判《こわだんぱん》に及び騒ぎ立てた。伝八は縁側から突き落とされた。伝八は群衆の凶暴に耐えられず、抜刀して追い散らそうと脇差を取り出した。その際、彼らのうちのひとりが妻の髪をつかむのを見て、夢中で切りつけたらこの男は死んだ。

明治八年（一八七五）一月二七日、判決が言い渡された。

吟味の結果、伝八の行為は、おのれの身と財産を護るための行為であって、殺人を意図したものではないから科はない。

集団に加わって暴行を働いた職人たちのうち主立ったふたりは、懲役四十日に該当するが、入獄日数がすでにこれを越えるから差し免《ゆる》す。またひとりは「懲役二十日」に処された。

さらに四人の職人には、伝八を打擲し凶暴を極めたうえ、彼がこの暴虐に耐えかねて、妻の髪をつかんだ男を殺害に及んださい、これを制止もせず、訴えることもしなかったので、懲役十日に相当する「贖罪金七十五銭」ずつが申し渡された。

## 木賃宿の主が止宿人の死屍《しし》を投棄　明治九年

溝渕松吉（二三歳）は、島下郡道祖本《さいのもと》村で農業のかたわら、木賃宿を渡世としていた。明治八年（一八七五）一一月二六日、年のころ二五、六歳の男が松吉のところに宿をとった。この男はその夜から発病した。たまたま同宿の山内貞吉なるものが薬を与え介抱したけれども、その効なく、二九日の午後四時ころ息が絶えた。

思いがけないことになって松吉一家が困惑していたところ、かの貞吉が、「死体の片づけをまかせてくれるか」と申し出てくれた。もし戸長に届け出たら、かえってどんな難題がおこるかわからないので、渡りに船と思い、良いようにしてほしいと頼んだ。

彼は、「それじゃ、古い椀を一つと古い小さい袋を用意するように」と言った。松吉の母親が二つをそろえて渡した。貞吉はそれを死体に持たせて、乞食が行き倒れしたように見せかけた。そして、同じく宿に泊まりあわせていた「播州」と呼ばれる男と相談し、松吉にもいっしょに来いというので、共に死体を担ぎ、路傍の小穴に投げ込んで帰宅した。松吉は、貞吉と播州のふたりに飲食をさせ、一円五〇銭を礼金として渡した。

その後、日時は確かでないが、一二月の上旬ころ、松吉が農作業をしているところに貞吉がやってきた。「あの件がばれたらしいから、自分は早々に国元に帰らなければ、皆さんに迷惑が及ぶので立ち退きたい、ついては旅費を都合してくれないか」と言いだした。

松吉は、米を売って一円二〇銭渡してやった。

溝渕松吉が、止宿人の病死を戸長に届けず、他人の申し出に同調して、村はずれ路傍のやぶに遺体を捨てた罪は、「改定律例」の「移地界内死屍（自己の土地内で発見した死体の無断移動や埋葬）」条例のうち第二〇五条に該当し、懲役八十日のところ、自己の発案ではなかったから貞吉の刑より一等を減じ、「懲役七十日」。

山内貞吉については松吉の判決に注記があり、飾磨県出身で二七歳であることは判明するが、どのようにして逮捕されたかは記載がない。「懲役八十日」を申し渡されている。

## 番人（巡査）をめぐって

### 番人の部落差別に抗議　明治六年

明治六年（一八七三）九月六日の夜、島上郡のある村では若者たちが盆踊りに興じていた。夜も更けて一一時ごろ、そこに巡邏に出ていた番人大野量哉が通りかかった。大野は、二六歳、大分県出身の士族で大阪府の取締二等番人であった。番人は、若者たちに踊りを止めさせ、こう叱りつけた。

其方ドモ、当時平民ト相唱ヘ候ヘトモ、旧穢多ノコト故、御趣意モ知ラズ…

つまり「お前らは、今では平民と称しているけれども、もとは穢多（えた）の身であるから、ありがたい解放令のご趣意を思い、おとなしくしておれ」という意味の説諭をした。

ここに御趣意と言っているのは、明治四年（一八七一）八月二八日に公布された「穢多《えた》・非人之《ひにんの》称廃止《しょうはいし》」を宣明した太政官布告を指している。長年続いてきた身分差別の名称を廃止して、身分職業とも平民同様とすると発令したのである。しかし長年の差別意識は容易に消滅しなかった。士族出身の番人は差別意識に凝り固まっていたようで、布告の御趣意をわきまえないのはむしろ番人の方であった。

恐らく大声で叱りつけたのであろう、驚いた村民たちは残らず四散した。解散するのを見て、番人もその場を引き上げようと、三〇メートルほど歩いたところ、「ソノ白ンボーヲ捕ヘヨ」と大声で数人が追いかけてきた。白地の夏服を着ていた番人は自分のことだと気が付いて立ち止まったところ、真っ先に立った一人の若者が「旧穢多《もとえた》ト申聞候《もうしきけそうろう》ハ如何《いかに》」と猛然と番人に詰めよった。

真っ先に駆けつけたのは、同村の農民西橋邦三郎（二一歳）であった。邦三郎は「素《もと》ヨリ自分共ハ旧穢多《もとえた》ニ相違《そうい》ハコレナク候ヘドモ、スデニ平民ト相成《あいな》リ候上《そうろううえ》、ナホ前日ノ身分ヲモッテ賤《いや》シメ候義《そうろうぎ》、如何《いかに》」と大野に向かって声を荒げた。たしかに自分らは昔は「穢多」と呼ばれて差別をされてきたが、お触れがあって同じ平民となっている、それだのに昔の身分を持ち出して差別するとは、いったいどういうことじゃ、と番人の差別を咎めたのである。その言い分は、至当である。邦三郎は、番人の言をいかにも心外に思い、いちおうは談判して、場合によってはぶん殴ろうかと自分の下駄をぬぎ、手に持っていた。

蛇足であるが、私の子供のころには日常は下駄を履いていた。下駄で登校し学校に着けば下駄箱のぞうりに履き替えるのである。履いている下駄は、雑木で作った重いものである。これで殴れば威力がある。よほどの大げんかでなければ下駄を脱いでということまではしなかった。

邦三郎が番人と怒鳴り合っているところに、村民二人が駆けつけ、その一人がうつむいた。番人は、下駄を脱いでこれを手にして自分を殴りに来るのかと察して、携帯していた棒を振るって打ち据えた。その勢いに恐れて邦三郎ら若者たちは逃げ帰った。

番人は出張所に戻り、上司である小頭《こがしら》に経過と事態を届けた。後になって、番人に打たれた同じ村の男は、打ち傷とすり傷を負っていることがわかった。


明治六年九月一二日、番人大野量哉に対する判決は、談判中に棒で人を撃ち、傷つけた罪は懲役四十日であるが、身分が士族であるから、「禁固四十日」とする。

先頭に立って番人を追いかけ、その不当をなじった西橋邦三郎に対する判決は、遅れて六年九月二七日に次の通り言い渡された。

盆踊りに興じていた村民に対して、巡邏の番人が「元穢多」と呼んだのに反発し、場合によれば脱いだ下駄で殴ろうかとのつもりで口争いをしたのは「兇徒聚衆《きょうとしゅうしゅう》条例《じょうれい》」のうち、その場で煽《あお》った罪に該当し、違令罪で「二円三十五銭の贖罪金」の官納を命じられた。


ここに番人とあるのは。当時の警察官である。詳説は避けるが、維新後、警察制度も目まぐるしく変化した。警察官の名称も、明治六年六月にこれまでの取締邏卒《とりしまりらそつ》を番人と改め、同八年四月には邏卒と称したが、同八年一〇月に巡査と改称して現在に至っている。「白ンボー」は、当時警察官の制服は、夏は白色であった。

### 番人、鎮台兵と衝突し上司に実を告げずに逃亡　明治七年

久保好治（一九歳）は、近江国滋賀郡の神社の三男であるが、明治六年（一八七三）一〇月二八日に大阪府の三等番人を拝命していた。

明治七年二月一二日、天神橋筋三丁目のあたりをひとりで巡邏していた。そこへ鎮台兵らしきものが一〇人ばかり酩酊してやって来た。自分の肩先にぶつかったものがあるので、「気を付けて歩け」と注意したところ、そのうちのひとりに左足を蹴られた。咎め立てするとその男は「そんな事は知らない」とこたえ口論となった。黒白を明らかにしないままでその場は立ち別れた。局に戻って局長に経過を子細に報告すべきであったのに、はっきりと報告をし難かったので、程よく繕って書面を提出しておいた。しかし、始末を取り繕って報告したことが後日あらわれては面目ないと思った好治は、翌日は休暇なので、宿に帰りひそかに逃走した。方々流れ歩いたうえ、一七日に京都下京区伏見の知人宅に立ち寄り、その後、逃亡の子細は隠して郷里近江の自宅に帰り、二晩を過ごした。

二月一八日に自宅を立ち去り、あちらこちらと浮浪したが所業を後悔し、二三日には大阪に戻った。自首したかったが、突然に自首もし難く、機会を待っていたところ見咎められた。

三月一二日、好治に判決の申し渡しがあった。

鎮台兵に「凌辱《りょうじょく》セラルルヲ包蔵《ほうぞう》」し、つまり鎮台兵から馬鹿にされたことを隠し、課長に奇麗ごとを並べてごまかしたのは、詐欺律の事実を欺いて報告する罪に該当し、杖八十のところ、贖をゆるし、「贖罪金六円」を命じられた。

当時、日本陸軍は六鎮台（仙台・東京・名古屋・大阪・広島・熊本）に編成されていた。明治六年一月一〇日に徴兵令が施行されていたから、鎮台兵には徴兵令による兵卒が含まれていた。

その後も、大阪では警察と陸軍の兵士の衝突がしばしばあった。明治一七年（一八八四）一月、松島遊廓に登楼の兵士が巡邏の警官に放尿したのが発端で、ついには陸軍一四〇〇人、警察官六〇〇人の大乱闘となり死者・重軽傷者を出した。

昭和八年（一九三三）には「ゴーストップ事件」と呼ばれる事件がある。天六の交差点で信号を無視した兵士を咎めると、兵士は憲兵の命令には従うが巡査の指示には従わぬと反抗したのが発端、やはり大事件に発展した。

## 臆病な裁判所逮部《たいぶ》　明治七年

中尾武次郎（二一歳）は、大阪裁判所逮部課一等附属である。「逮部（古代律令制下では「とりべ」と訓じた）」とは、もとは刑部省で捕亡《ほぼう》をおこなう者たちのことであったが、明治五年（一八七二）の「司法職務定制」では、検事の指揮下で罪犯の探索捕縛にあたる、いわば司法警察であった。大阪裁判所の設置にともない、それまで府において警察業務に当たっていた役人たちは、この検事の支配下に入るものと府に残るものとに二分された。明治六年七月には、東西南北の各大組に一か所ずつ、逮部出張所が設置されたが、実態は、逮部長は地方邏卒長が、また逮部は邏卒が兼務することになっていた。

さて、武次郎は、大阪裁判所の手配人が名東県《みょうどう》（現在の徳島県・兵庫県淡路島・香川県）で逮捕されたとの通知があったので、同僚と二人で囚人受け取りの命を受け、出発した。

明治六年（一八七三）六月二七日、同県高松支庁で、囚人と関連書類を受け取った。即日帰阪するつもりで多度津《たどつ》港まで来たところ、近在で百姓一揆蜂起があり、暴徒はあちらこちらに火を放ち人家を打ちこわし、いつ多度津に襲来するかというわさがあって、市中は逃げ支度で混雑していた。当日は風浪強く乗船もできず、海陸ともに交通は途絶しており、武次郎らは進退きわまった思いであった。

武次郎は恐怖心がおこり、気もそぞろ狼狽《うろた》えて、前後の見境もなく、同僚に一言の相談もせずに、同地にある事務所らしきところに出向いた。そして、以前に称していた実名を名乗り、「一揆の暴徒を鎮圧する側の方々に協力するから、味方であることを示す印があれば欲しい」と頼んだ。すると鉢巻きをするようにと言われ、白木綿を渡された。「自分が討死にするようなことになれば大阪裁判所に通知してほしい」と頼み、ひとまず宿に着いたところ、幸い大阪行きの蒸気船が入港したので、とりあえず同僚、囚人とともに乗船した。

あわてていたので、事務所に何らの連絡もせず、合印の白布も持ったままで乗船したところ、間もなく事務所から不審があると陸に戻され詰問を受けた。武次郎はひたすらわび、大阪に帰りたいと言ったが、今回の一揆に関係があるのでないかと疑われ、丸亀の事務所まで連行された。なお嫌疑は晴れず、同僚と囚人は帰阪を許されたが、武次郎は帰阪を差止められた。しかたなく滞在し、翌月二日になってようやく帰阪勝手の旨、指図を受けた。

同行した同僚のほうも、武次郎が帰阪をとめられたなら、その趣意の書面でも受け取って帰るべきなのにそれもせず、また武次郎の代わりになる看護人を頼むこともなく、ひとりで囚人を連れて帰り着いた。

明治七年（一八七四）四月八日、判決が言い渡された。

武次郎は「不応為軽」として笞三十のところ贖をゆるし、「贖罪金二円二十五銭」。同僚は武次郎が嫌疑を受けて拘引されたのにそのまま帰ってきたので「訶責」とされた。

ちなみに、武次郎らが遭遇したのは、後に「西讃《せいさん》竹槍騒動」と呼ばれた大規模な徴兵制・学制反対一揆であった。名東郡七郡に波及し、放火された村は一三〇、農民の死者五〇名、焼かれた小学校は三四校に上り、鎮圧に当たった巡査も二人殉職している。

## 姦通の風説により住職を恐喝　明治七年

能勢《のせ》郡地黄《じおう》村の野原仲之助（二四歳）は、かつて検事局出張所付属の役人から臨時捕亡探索係として召し使われたことがあった。近隣の者たちは、彼が検察の手先をしていたことを知っていた。

その野原仲之助は、こんなうわさを聞いた。

同郡余野《よの》村のある寺の住職が、同じ村の小栗彦三郎の妻セイと姦通していることを夫に知られ、彦三郎に七円五〇銭を出して和解したという。仲之助は、この姦通事件を探索し確証を握り、それを種に脅せば金になると考えた。

明治六年（一八七三）一二月三日、仲之助は余野村の旅籠屋に行き、事件の探索を装って夫の彦三郎を呼び出し、うわさの内容について聞きただした。彦三郎は、妻が和尚と姦通し、和尚から金子をもらったようなことはいっさいない。ただ住職がセイに艶書《えんしょ》（恋文）を渡したので、彦三郎がおおいに腹を立てたところ、住職が重々にわびを入れたので、それで済ませたことがあると述べた。仲之助は、自分の聞いていたところとおおいに異なる、もっとくわしく調べる必要がある、と述べて彦三郎宅に乗り込んだ。そして、セイや彦三郎の兄らを調べたが別段確証もなく、最初に彦三郎から聞いた内容と変わりなかった。

仲之助は、このままで引き上げる気にはなれず、彦三郎に対し、お前の言うところはいちおうもっともに聞こえるが、この事件はすでにお役人たちの耳に入っているので、このままでは済まない、万一他日に発覚したときには、かならず罰金か懲役の厳しい科を科せられるであろう、今のうちに穏便に済ませたいならば自分に七円五〇銭を渡せば程よく取り計らってやる、ともかく自分のもとに七円五〇銭渡すがよい、と言った。

彦三郎が当惑の面持ちで帰ったところ、さっそく彦三郎の兄がやってきて、なにぶんよろしくお願いすると言い、金二円を差し出した。いちおう受け取るのを拒否したが、どうしても受け取ってほしいと言うものだからそのまま受け取った。その後、彦三郎がやってきて七円五〇銭を差し出し、よろしく取り扱ってほしいと言うので、池田検事出張所野原伸之助と署名した受取書を渡し、この金は池田出張所へ持参するが、事によれば返却されることもあると言って持ち帰り、合わせて九円五〇銭は使ってしまった。

今年（明治七年）の一月になって伸之助は、検事局出張所から余野村に探索のため出張があると聞き、万一事の次第が発覚すれば自分が厳科に問われることは必至と恐れた。そこで、自分の行為を取り繕うために、彦三郎の宅を訪ね、先日受け取った金はしばらく借用した体裁にしてくれるよう頼んだ。一月一〇日、伸之助は出張所に出頭し、自分の所業はひた隠し、彦三郎から相対《あいたい》で借金したのだと申し出たが、やがて真実が露見した。

明治七年七月一〇日、判決の言い渡しがあった。

野原伸之助は、発覚を恐れて自首したが、内容はいつわりであったから、恐喝取財の罪により「杖七十」。

寺の住職（二七歳）は、かねて彦三郎の妻セイに、衣類洗濯など頼んでいたが、セイが親切に世話してくれるものだから、つい愛慕の情を覚えたけれども、人妻なので断念していた。ところが昨六年八月二六日、酔狂で恋文をしたためセイの宅を訪ねたところ、家には彼女が一人であった。住職は世間話のあと、持参していた恋文をひそかにセイの袖の中に入れて寺に戻った。しばらくしてセイが血相を変えてやってきて、先ほど袖に手を入れられたとき気が付かなかったが、袖から鼻紙を取り出そうとしたところ、袖からあの恋文が抜け落ちたのを夫の彦三郎に見咎められた。彦三郎は激昂し、セイは思いもよらぬ折檻を受けたと言い、例の恋文を投げつけて帰った。

住職は驚いて、同村に住んでいる彦三郎の兄に頼み、彦三郎にわびを入れた。彦三郎もわびを受け入れてくれた。

住職に対しては、他人の妻に戯《たわむ》れに恋文を書いたけれども、相手は承知しなかったし、夫の怒りも溶けて和解しているので、「無罪」が申し渡された。

## 犬に吠えられ、警棒がとんでいった　明治七年

須藤徳二郎（二五歳）は大阪府三等番人である。

明治七年（一八七四）七月一八日の夜、徳二郎が同僚と二人で大川町《おおかわちょう》を巡邏していたところ、同町の泉ハル方の飼い犬が吠えかかった。この犬は、いつも通行人に吠えかかるので、以前から通行人のじゃまにならぬよう注意をしていたのに、吠えかかるのを止めない。

その夜はことに吠え方がひどかったので、徳二郎は犬を「懲戒のため打擲」しようと追いかけたが逃げられた。携帯していた棒で犬を打とうとしたら、こぶしにかけていた紐が切れて、棒はハルの家に飛び込んだ。同家に寄留していた鉄道寮十四等出仕の塩畑庸光が、飛び込んできた棒を取り上げた。徳二郎は棒を返すように掛け合ったが返してくれない。棒の引っ張り合いとなったが、とうとう取られてしまった。庸光はその棒を、やはり同家に寄留中の士族の男に預けて返却してくれない。言い争ったが、結局、徳二郎は庸光と同道して出張所に帰り、その棒は、庸光がその時のてんまつを告

げ、長官に返却した。

九月五日、徳二郎は裁判所に呼び出され、判決の言い渡しがあった。

棒の紐が切れて人家に飛び込んだのは、思慮の及ばないところであり、何の害もなかったから、徳二郎は「無罪」。他方、庸光は「職務上片時モ無《な》カル可《べ》ラサルノ物ヲ強《しい》テ取上ケ渡サザル」行為は「違式軽」に該当し、笞十のところ、判任官なので「贖罪金二円」。

## 横柄な男が警官と知らずつかみあう　明治七年

臼井規雄（二五歳）は敦賀県貫属の士族であり、大阪府十四等出仕警察掛を奉職していた。

明治七年（一八七四）一〇月二二日、規雄は休暇であったが、所用があって外出し、酩酊しながら紅梅町を歩いていた。すると、一軒の家から怪しい男が出てきた。不審を抱いた規雄は、その家に立ち入り、なかにいた男に、今出て行ったのはだれだと訊ねた。問われたのはこの家のあるじの平田惣兵衛であった。

惣兵衛は、いきなり知らない男が入ってきて横柄に聞くから、「何の用事があって聞くのか」と応対した。すると、男は怒り出して惣兵衛の胸ぐらをつかみ、こぶしで顔を殴りつけた。左の目の下と上唇が腫れあがった。惣兵衛にとってはあまりに理不尽なやり方なので、相手の殴打を避けるために、顔や胸を打ち、押して抵抗した。そうして争っているうち、近隣の人が来て取り鎮め、警察掛の人々もきて臼井規雄を拘引した。

明治七年一一月一八日、判決が言い渡された。記録には残されていないが、臼井規雄は事後、官を辞職したらしい。

臼井規雄に対する判決は、事件は彼の在職中に発生し、処決は免官後となるから、「新律綱領」名例律の「無官犯罪（犯行時は無官で発覚時に官吏、あるいはその逆の場合）」条を適用し、士族であるから閏刑として、「禁獄三十日」。

平田惣兵衛は、他人に殴られて難を避けるために殴り返したもので、当時相手が官吏であることを知らず、相手に傷を負わせてもいないから、一般の闘殴事件として扱い、懲役二十日、手を下したのが後であり理由があるから、二等を減じ「科無し」と言い渡された。

## 辞令を破棄して　明治八年

内淡路町の江藤政一郎（三四歳）は、明治八年（一八七五）一〇月から大阪府警察局の小使をしていたが、一か月ほどで免職になった。免職の辞令書を渡されたので、前からの同僚にはこれを見せたうえで引き裂き丸めて捨てたところ、その行為を咎められた。辞令に対してはすでに請書（受領書）を渡しているので、もはや不要の品と政一郎は心得たのであった。

吟味の結果、府の公文書をことさらに破棄することは、職制律の「棄毀官文書（諸官庁の文書の棄毀）」条に該当し懲役八十日のところ、情状を酌量し「贖罪金六円」とされた。

## 免職巡査の憤り　明治九年

滋賀県出身の士族石橋勇蔵（二一歳）は明治八年（一八七五）六月、石町に住む知人に保証人になってもらい、大阪府四等巡査を拝命したが、翌九年二月末に免職になった。

二月晦日、勇蔵の寄留先に、在職中の入院費や二月中の靴料、月給日割り金など、合わせて二円七六銭六厘を返納すべく、第二大区警察出張所へ出頭するようにとの通知がきた。たまたま勇蔵は数日間他出していたので、保証人となった知人が呼び出され、右金額の上納を命じられた。

困窮して支払えなかった知人は、勇蔵の滞在先まで訪ねてきた。勇蔵はすぐに出張所へ出頭し、自分も困窮しているのですぐには上納できない、証文を差し入れるので三か月の猶予が欲しいと願い出たが、認められなかった。

不満に思った勇蔵は、「自分は逃走したわけでもないのに、保証人まで呼び出され、返納を申し付けるのは、いわれのないことだ」と、出張所にいた七等警部に議論を吹っかけた。その日はそのまま帰された。

ところが三月三日、勇蔵は保証人とともに出頭するよう命じられた。勇蔵は「書面の趣は承知したが、現在多忙につき、用事が済みしだい出頭する。お急ぎならば、当方へお越し願いたい。保証人と同道の出頭は御免こうむる」などと書いて返信した。

しかし、再び保証人とともに出頭せよとの書面が来た。やむなく出頭したところ、また返金の催促を受けた。頭にきた勇蔵は「催促されようが貯金は一銭もない。他人に借金を頼んでも都合はつかないだろうし、それは自分の本意でもないから、金は用意できない」と返答した。出張所では、その旨を手続書にして提出するよう命じた。勇蔵は「手続書を書く書かないは自分の勝手だ。書けと命じられるいわれはない」と反論したところ、「控え所に下がれ」と言われて、詰め合いの係官に両手で引きずり出された。勇蔵は憤懣《ふんまん》やるかたない思いであった。

その後、担当の警部からふたたび尋問を受けた。その際、この警部は勇蔵を「そのほう」「手前」などと呼んだ。怒り心頭の勇蔵は「自分は解職された身で自由人だ。かつ士族の自分に対し、たとえ官吏からでもそんな呼ばれ方をされるいわれは全くない」と言い返し、警部に対して「そのほう」「手前」と呼んで議論を吹っかけた。この行為が粗暴であるとして、勇蔵は留置されることになった。

三月二七日、大阪裁判所は勇蔵に対し「不応為軽」を適用し、懲役三十日のところ、士族なので閏刑として「禁獄三十日」を申し渡した。

## 戸籍を詐称して邏卒《らそつ》となる　明治九年

赤岩照義（二三歳）は、もとは北海道函館の齋木なにがしの長男で金三郎と称していた。

明治二年（一八六九）六月ごろ、実母に京大阪の方面に行きたいと言ったところ許しを得たので、役所には届けず、御親兵に雇われ、同年六月二七日、函館を発ち、七月二日に東京桜田門内安藤邸に到着した。この屯営から故郷に二度手紙を出した。

同年八月一一日、御親兵は東京を発って京都伏見に移ったため、またこれに従って伏見に行き、営中の小者となった。

明治四年（一八七一）八月一七日、大阪西成郡福島村に寄留した。かねて知合いの千草屋四郎兵衛に、大阪府の邏卒になりたいが、どうすればよかろうと相談した。四郎兵衛は「たとい邏卒志願でも、大阪府に戸籍がないとだめだな」という。それで函館の実父に戸籍を送ってくれるよう三度も頼んだが、梨のつぶてで返事がない。しかたなく四郎兵衛に、大阪府の戸籍に加わる方法はないだろうかとまた相談した。四郎兵衛が言うには「わしの死んだ弟の戸籍がまだ残っているし、しばらくはこの戸籍を使って、郷里に催促したらどうか」とのことであった。そこでそうしてほしいと頼んだところ、四郎兵衛が承知して、明治五年（一八七二）二月上旬にその戸籍に加入した。

その後、懇意にしている赤岩宇之助に頼んで彼の養子となり、四郎兵衛から送籍してもらって赤岩姓を名乗った。同年四月二五日に大阪府邏卒の志願書を提出し、翌月二七日に三等邏卒を拝命し今日に至っている。

その後、赤岩照義と名を改めた。

明治九年（一八七六）二月二八日、郷里に書状を出して戸籍の件を問い合わせたところ、返事があり、戸籍はそのままになっていることが分かった。かつ実母が病死したので、早々に帰郷するようと書かれていた。

帰省するため忌引きの届を出したところ、四月一一日に呼び出され、ひとりで戸籍が二つある次第を尋問された。

五月一七日に判決を言い渡された。

死去した他人の戸籍を自分の戸籍とし、他家の養子となるのは「違式重」に当るが、旧悪なので

「無罪」とされた。

「旧悪」とは、公事方御定書にも条文のある法原則で、特定の重罪を除き、いったん悪事をしてもその後一二か月以上、悪事から遠ざかっている者の罪は問わないという制度であった。こんにちの時効に近い。「新律綱領」にこの規定は設けられなかったが、「改定律例」に至って復活した。ただし、犯罪によって全免となる年数は異なり、違式重の場合は三年であった。

# 酒の災い

## 住吉神社の祭礼をめぐり喧嘩《けんか》　明治七年

森野留蔵（二二歳）は、明治七年（一八七四）八月一日、住吉神社の神輿《みこし》還御《かんぎょ》の時、友人と酩酊して道頓堀川の大黒橋《だいこくばし》の下あたりで遊泳していた。そこに祭礼の神具を乗せた舟がやって来た。留蔵はその舟の引き綱にしがみついた。引き舟に乗っていた者たちは、大声で口々に手を離せと言ったけれども、折柄引き潮のため水勢が強かったのと疲れてもいたので、綱から手を離さなかった。船中にいた男たちのうちのひとりが、腹を立てて櫂《かい》を振り上げ引き綱をたたこうとしたが、誤って水中にとり落した。留蔵は自分に投げつけたものと思い怒りがこみ上げ、頭にきて櫂を取り上げ、これを持って陸に上がった。

番人らが中に入って、その場はいったん治まった。しかし、留蔵は酔っていたので気がおさまらず、石を持ってきて特に目当てもなく、橋の上から一番手の引き舟に投げ込んだところ、たまたまその船中にいた男の頭に当たって出血した。怪我をしたのは親分と慕われる男だったので、乗り組んでいた面々は逆上し、めいめい櫂を手にして上陸してきた。留蔵は逃げかけたところ、さいぜんやりあった男に出会った。前からはこの男に肩を殴られ、後ろからきた男たち三人からさんざん打ちたたかれ、頭を割られて留蔵はその場で気を失った。そこに番人衆が駆けつけて介抱を受けた。

九月九日、留蔵に対する判決が申し渡された。船中の人と争い、憤怒にかられて橋の上から石を投げ、船中のひとに傷を負わせたのは闘殴律に言う「瓦石を以て人を殴《う》ち傷を負わせた者」にあたるとして、「懲役四十日」を科せられた。

他方、留蔵に暴行した男たち四人のうちひとりには、改定律例のうち闘殴条例第二〇九条の「一時昏絶セシムル者」が適用され「懲役八十日」、残りの三人には、新律綱領闘殴律に言う「槌棒を以て人を殴ち傷をなさざる者」にあたるとして、「懲役三十日」がそれぞれ科せられた。

## 仲士《なかし》が同僚を刺殺、正当防衛か　明治七年

中島正助（二三歳）は京町堀通に住み、米仲仕《なかし》（荷揚げ人足）を渡世にしていた。

明治六年（一八七三）七月二六日、正助は堂島浜通《どうじまはまどおり》に米運びの仕事に出ていた。昼飯の時刻になり、同業の仲間たちと集まって「柳蔭《やなぎかげ》」という酒を呑み始めた。

ちなみに「柳蔭」というのは、みりんと焼酎を半々に混ぜたもので、暑気払いとして、冷酒で飲まれる。口当たりは良いが下手をすると悪酔いする。旧制高校生のころ私は、この酒が甘くて口当たり

が良いため、知らずに飲んでひどい目に遭った苦い経験がある。

正助は酔いが回って眠ってしまった。呼び起されて見たところ、またいめいで酒盛りをしていた。仲間のうち勝吉と幸兵衛のふたりが口論をしていたが上手く治まったので、仲直りのため一杯飲みなおそうという話になった。しばらく付き合ったのち、正助は立ち上がった。しかし勝吉が飲みなおそうと強く勧めるので、正助と勝吉を含む四人で福島村の料理屋に行き、また酒盛りを始めた。

そのうち酔った勝吉が、正助に対し「お前は幸兵衛に味方して、さっきの争いでも俺の方ばかり悪く言うのはなぜか」と荒々しく嚙みついた。正助は「先ほどの様子も眠っていたから知らない。眼が覚めてから様子を聞いただけで、批評などしたことない」と弁解したが、勝吉は聞き入れるどころか、ますますかさにかかって、「お前の米俵の担ぎ方も、なっとらん」と、平素することまで数えあげてなじった。そのうえ、「帰り道で、大川か蜆《しじみ》川に投げ込むか、うどんみたいに打ちのばしてやる」と罵るので、正助も腹が立って、同様に勝吉に悪態をついた。勝吉はいきり立って殴りかかろうとした。いっしょに呑んでいた栄三郎らが取り押さえてくれたので、正助はもう引き上げようと思った。

勝吉はもともと町仲仕であり、正助は屋敷出入りの株持仲仕なので、これまで出会うことはなかった。しかし、株仲仕が廃止になってから、正助も町仲仕同様な仕事をするようになり、勝吉と顔を合わせる機会が増えた。勝吉は正助を軽蔑して、たびたび正助に恥をかかせるようなことをしてきた。そんなことで互いに心底穏やかではなかった。それがこんなことになってしまったから、正吉は、勝吉がわめいた通り、後ろから追いかけてきて何をするかわからんと思った。そんなことになったら脅してでも逃げようと、店の料理場にあった刺身包丁を秘かに腰にさして店を出た。

栄三郎は、心配したのか正助に、送ってやろうと言って、同道して浄正橋《じょうしょうばし》まできた。その夜は歩けないくらいの闇夜であったので、正助は栄三郎に提灯を貸してくれないかと頼んだ。栄三郎は、自宅まで取りに行くからと言って少しばかり行ったところで、はたして勝吉が駆けつけて大声を出した。栄三郎は駆け戻りなだめようとしたが、勝吉は彼を押し倒して正助をつかまえた。そして、「人気のないところで殺してやる」と怒鳴りながら、堂島浜通三丁目玉江橋《たまえばし》まで引きずって行き、やにわに正助を殴り倒し乗りかかってきた。正助は殺されると思い、力ではとてもかなわないから、何としてでも逃げ去ろうと、用意してきた包丁を取り出し、下から勝吉の腹に二度ばかり突き刺した。勝吉はそのまま倒れたので、その場から逃げ去り自宅に帰った。

翌二七日、正助は召し捕られた。

取調べの際に、勝吉は腹の傷が重く、療養の甲斐なく八月一日に絶命したと聞かされて正助は驚いた。

大阪裁判所は司法卿大木宛てに、争いにいたる経過を略述したうえで、

勝吉は腹の傷がもとで死亡したが、先に手を出したのは勝吉であり、その凶暴さに堪えかねて正助が犯行に及んだことから、闘殴律のうち「後から手を出して理のある者」を適用し懲役十年ではいかがか。

という旨の伺いを立てた。

明治七年（一八七四）三月二日、判決が言い渡された。

「改定律例」第二二二条により、闘殴して人を殺した場合、手を出したのが後で、道理にかなっている場合は懲役十年、なお正助の行為には憐れむべき事情があるので「懲役七年」となった。

## 酒乱の兵隊、役所に放尿で「不応為」　明治九年

天王寺村生まれの筆野米蔵（二四歳）は、大阪鎮台常備軍の兵卒に編入され軍役を務めていた。明治八年（一八七五）一月に軍務を解かれ、その後はさらに後備軍に編入となった。その際、鎮台から手当てを割符（手形）で支給されたので、米蔵はこれをかつて支給された手扣帳《てびかえちょう》に挟みこみ、自宅に置いていた。

ある日、鎮台からお達しがあり、この手扣帳を戸長役場へ提出するように言ってきた。米蔵はその時ちょうど他行中であったので、母親が持参した。

明治九年一月八日、米蔵は訓練のための入営を命じられたので、戸長から手扣帳を受け取り軍に戻った。入営後に手扣帳を見たところ、挟んでおいたはずの割符が見当たらない。翌九日、米蔵は営中を出て戸長役場へ行き、「割符を返してほしい」と申し出た。役場では「母親から受け取ったのは手帳一冊だけだ」と返答した。米蔵は「返してもらうまでは帰らん」と強情に言い募ったことから、ついに鎮台に拘引されることになった。鎮台では右の行為を咎められ、一月一七日から三月五日までの間、営中での禁囚の刑に処せられた。米蔵はこれにおおいに不満であった。

二月一二日、遊歩を許され外出した米蔵は、隠れてしこたま酒を呑んだ。酔っぱらった米蔵はこの

前の鬱憤《うっぷん》を晴らしてやろうと、区内会議所へやってきた。そしてそこに詰めていた戸長に対し、「割符をなくしたせいで、俺は数か月間の禁囚の苦しみを受けている」と大声でわめいた。戸長は説諭をしたが、いよいよ憤懣《ふんまん》が募った米蔵は、「こんな戸長はあるもんか。盗っ人じゃ。おまえはこれほど言われてもほかの同僚に対して恥やと思わんのかぁ」などと罵詈《ばり》雑言《ぞうごん》を並べ立てた。そして、おまけに会議所の玄関敷台の上へ放尿し、そのまま帰営した。

二月一四日、軍務を解かれた米蔵は、また遊歩の途中で飲酒して泥酔した。ふらふら歩いていると、村内小川町のある家の門先で、たまたま前とは別の戸長に出会った。前の一件を思い出し腹が立った米蔵は、いきなりこの戸長の胸先へ殴りかかり、土足で腰を蹴り飛ばした。戸長は逃げ出したので、米蔵は後を追いかけて会議所へ踏み込み、なおも戸長を突き倒しておいて、「畜生」とか「盗っ人」などと罵詈雑言を浴びせた。会議所が警察出張所に通報したため、米蔵は拘引された。

三月二九日、大阪裁判所は「戸長に対し罵詈愚弄《ぐろう》するのみならず、区会所へ侵入して放尿する行為は『情理《じょうり》ニ於《おい》テ為《な》スヲ得《う》ヘカラサルノ事』である」として、米蔵に「不応為の重」を適用し、「懲役七十日のところ、打決に換えて杖七十」を申し渡した。なお、戸長を蹴った行為は懲役三十日、罵詈した行為は同二十日に該当するため、いちばん重い「杖七十」のみが科された。

## 医学修行の藩士、大酔して殺人　明治九年

美作国（岡山県北部の旧名）北条県真嶋《ましま》藩士族の渡沢徹（三〇歳）は、明治二年（一八六九）四月から医学修行のため来阪し、翌三年四月から大阪病院に入学して、オランダ軍医ボードウィンの指導を受

けていた。

大阪病院は、明治三年七月一九日に鈴木町代官屋敷跡に建てられた。前に「太政官札の偽造」一件で紹介した仮病院が、大福寺（現在の天王寺区上本町四丁目）から移転して大阪病院となったもので、治療とともに教育に当たる機関を併設していた。医学の「伝習」はボードウィンと彼の弟子であった緒方惟準《これよし》が指導に当たっていた。伝習生は一五〇～一六〇人で、授業は朝六時から一〇時までと夜六時から八時まで、日々六〇人ほどが出席していた。就学年限は一〇年が見込みであったという（なお、この病院は『大阪市史』などには「大阪府病院」と記されているが、ここでは、記録の記載どおり「大阪病院」とした）。

以下、渡沢徹の自供書による。

ボードウィンは明治三年（一八七〇）八月に帰国することになり、同月二〇日、生徒一同は天王寺村の料亭西照庵で送別会を行った。渡沢徹はしたたかに飲酒してひどく酔うた。会を終えて帰路、九時ごろ住吉町《すみよしちょう》の割烹店に立ち寄り、またひとりで飲み始めた。代金は四八銭七厘になったが金子の持ち合わせがなかった。明日の朝には持参するから待ってくれと頼んだが、聞いてくれないどころか店のあるじから雑言をあびせられた。しかたがないので、刀を外し着用していた袴《はかま》も脱いで、金子を持参するまで預けることにした。しかし、刀と袴を外して病院に帰るのはいかにも不体裁なので返してくれるよう頼み、帯刀着袴した。店のあるじとその弟が付いてきた。

途中まで来たとき、店主は引き返すと言い出した。ここまで来て引き返すとはいかなる存意かと徹が詰め寄ると、それではついて来いと今度は手を取って引立てるので、先ほどは雑言をあびせたうえに、また無礼なふるまいと憤怒に耐えかね、抜刀して店主の肩先に切りつけた。倒れた主人を弟が助け起こしたので、左ひじに切りつけたら弟は逃げ去った。倒れた店の主人にはなお数か所切りつけ、病院には帰らずそのまま逃亡した。

その後、徹はあちらこちらに潜伏していたが、明治七年（一八七四）一〇月九日、故郷の北条県真嶋郡高田村で召し捕られた。

吟味のとき、店のあるじは二九か所の傷があり、その夜死去したと知った。

明治九年（一八七六）四月、判決の申し渡しがあった。

闘殴及故殺条「人ヲ故殺スル者　斬罪」を適用され、徹は斬首された。

## 市井の触法（3）

### 島津《しまづ》源蔵《げんぞう》、錬金術　明治六年

京都下京の島津源蔵（三五歳）は、金具鋳物を渡世としていた。彼は黄銅を金色とする技術を習得し、火鉢や花瓶などを鋳造してきたが、それではもうけが少なく生活に窮する状態であった。自供書によれば源蔵は、黄銅を石臼で挽いて金色の粉にし、金粉または砂金と称して高値に売り払ってきた。

昨年（明治五）の正月、大阪に来て売り先を物色中に吟味を受けることになった。

明治六年（一八七三）三月八日、源蔵は金銀の器物を偽造したが、贓がない、つまり不正に得た利益はないので、「不応為の軽」として、「懲役三十日」を科せられた。

これは京都府での判決であるが、事件そのものは大阪で発生しているので、ここに収録した。島津源蔵は、後にノーベル賞を受賞するような研究員を輩出した島津製作所を創始した人物である。源蔵のむすこでGS乾電池の製造に成功した二代目梅次郎（後に源蔵を襲名）は、小学校の二年で退学している。右の裁判の記録に「儲《もう》け薄くして難渋の余り」とあるのは、稀代の技術者の経済的には恵まれなかった生活を伝えている。

## 酔って路傍の肥桶倒す　明治七年

谷町三丁目の岡村藤六（二二歳）・市島儀兵衛（二七歳）・嶋村大助（二五歳）らは大工の仲間であるが、明治七年（一八七四）一月五日、年賀にまわった先々で祝い酒をふるまわれ大酔した。夜一一時ころ帰宅の途についたが、徳井町あたりで便意をもよおし、路傍に置いた肥桶にめいめい小便をした。ところがひどい悪臭で、心地よく酔っていたのが、このために酔いも覚めてしまいそうであった。あちらこちらに肥桶が置かれているのを見て、腹が立ち、桶を壊しはしなかったが覆いといっしょに突き倒した。他の四か所も倒して回ったところを召し捕られた。

同年一月二二日、詿違《かいい》例により「六銭二厘五毛ずつ贖罪金」を科せられた。

## 電信設備を壊す、二件　明治七年

大阪で電信がはじめて開通したのは、明治三年（一八七〇）三月のことで、大阪と神戸の両運上所を結ぶものであった。その後、五年四月には大阪と京都の間の電信が開始されている。もちろんモールス信号での通信であった。

（一）西成郡加嶋村の知久利吉（三一歳）は天道と称する八十石船で、伏見へ行き来する水運業であった。明治六年（一八七三）一二月五日、中津川通を漕ぎ上っていた利吉は、野里《のざと》渡し場上手に架設された電信線がたるんでいるのに気づかず、いつものように帆柱を立てたまま通ろうとしたところ、引っかかってしまった。

驚いて漕ぎ戻そうと必死になったが、折悪しくこの日は風が強く、とうとう電信線を切断してしまった。利吉はすぐに上陸し、安治川口の電信局に自首した。

翌明治七年一月、大阪裁判所は利吉に対し「電信線ヲ誤断シ自首スル者　免罪」と申し渡した。ただし、切断した電信線の修復費四円四〇銭は利吉が支払うよう命じられた。

ちなみに、右の一件が契機となったかは定かでないが、明治七年四月にこの付近の電信線は架け替えが行われた。

（二）東成郡毛馬《けま》村の百姓のせがれ砂山由松（二二歳）は、自宅で農作業に使うため牛を飼っていた。

明治七年（一八七四）一一月はじめ、飼草が足りなくなったため、牛をひき出し、村の堤に連れていった。堤の上に設置された電信線柱から約一間半（約三メートル弱）を隔てたところに杭を打ち、この杭に二丈五尺（約七メートル五〇センチ）の牛の曳き綱をくくり付けた。

そうして由松は少し離れたところで農作業にいそしんでいたが、その間に牛は曳き綱を電信線柱に巻き付け、動けなくなっていた。通りかかった電信寮人足小頭の男がこれを見つけ、牛を取り押さえて曳き綱を解き、村の戸長のところへ連れていった。牛が巻きついたせいで、電信柱の控え線が幾分ゆるんでしまっていた。

一二月二二日、大阪裁判所は由松に対し、その不注意をとがめ「懲役七日」を申し渡した。同年九月二二日に「日本帝国電信条例」が布告されており、その第八条に「電信設備に凧《たこ》やたこ糸を引っかけ、電信を妨害した者は、十円以下の罰金あるいは七日以下の懲役または禁獄に処す」とあるのを類推適用した結果であった。

## 丁稚《でっち》がイギリス人に悪態　明治七年

明治七年（一八七四）七月のある暑い日、高麗橋詰にある葉茶屋の丁稚幾松（一一歳）は、道行く人をながめながら店先で薄茶を挽いていた。そこへ外国人が通りかかった。その時はだれとも知らなかったが後になって、英国人ヘンソンであった。

幾松は、世間では外国人と会話をするとき「サランハン、ヘケ」と言うのだと、かねがね聞いたことがある。こう言えばどうなるか試してみようと思い、その外国人に「サランハン、ヘケ」と声をかけたところ、外国人は思いがけなく激怒した様子でこちらに向かってきた。それで、これはよくない言葉であるとわかり、わびもしないで飛んで逃げた。幾松は、吟味のとき、自分は礼儀を心得ているつもりで、外国人を軽蔑するつもりは全くなかったと述べた。

この「サランハン　ヘケ」は、明治初年に横浜・神戸などの開港場で異国語と接触して生まれたピジンジャパニーズ（Pidgin Japanese）と呼ばれる俗語で、当時の外国人と日本人がコミュニケーションをとるために編まれたものであった。

「サランパン」の語源はマレー語あるいはフランス語ともいう。『日本国語大辞典』に、「物品がこわれたり、または約束が破れたりすること、めちゃくちゃ、元も子もなくなる意味に用いられる」とある。長崎方言には「さらんぱ」として残っている。「ぺけ」は、この解答はペケとか、日常いまも使われている。これもマレー語あるいは中国語の「不可」の音からきているとか言われる。いずれも否定的な単語で、相手をののしる言葉となろう。

八月二七日、幾松に対して判決申し渡しがあった。

外国人ヲ見テ「ヘケ」ト嘲《あざ》ケル者、詿違罪目第五十六条ニ依リ、贖金六銭二厘五毛

幾松に適用されたのは「違《い》式《しき》詿《かい》違《い》条例」という軽犯罪を取り締まる規定で、明治五年（一八七二）一一月の東京府を皮切りに、翌六年七月には各地方違式詿違条例が布告された。現在の軽犯罪法の起

源ともいえるもので、外国人に対して当時の政府が国辱的と考えた各種の風俗を矯正する意図があった。民衆への教化のために、その内容を平易に解説した絵入りの出版物が数多く作成された。

## すいか泥棒　明治七年

明治六年の夏は暑かった。雨が少なく稲の生育が心配された。

摂津国島下郡安威《あい》村の大塚弥兵衛（二三歳）は、田んぼの水が心配で、夜中に起き出して水入れに出かけた。近くの西瓜《すいか》畑には西瓜がゴロゴロしているので、つい畑に立ち入り一個食べかけた。突然、間近で鉄砲の轟音《ごうおん》がした。狸おどしの空砲だったが、そうとは知らぬ弥兵衛はびっくりして逃げだした。西瓜のつるに足をとられ転んだところを、畑の持ち主のむすこに取り押さえられた。

さっそくわびを入れたが、つるにつまずいたときに西瓜八個を損ない、自分の食べた分と合わせて九個の損分になり、その場はわびて帰宅した。考えてみれば、のどの渇きに耐えかねて一時の渇きを癒すためにしたことであるが、自分の軽率な行為の結果であるから、翌日になって畑の持ち主方を訪ね「御年貢ならびに肥し代の償い」のつもりで金六円を渡し、和解して事を済ませた。

それで済んだつもりでいたが、事が露見して裁判となった。吟味の結果、弥兵衛には「他人ノ畑中へ立チ入リ、西瓜ヲ喰掛《くいか》ケ及ヒ、毀損《きそん》スル者、違式例ニ依リ、贖罪金七拾五銭」の判決があった。

また、西瓜畑の持ち主も罰せられ、「受贓五円以下、坐贓律ニ依リ、笞一十」とされた。不正な金品授受により、窃盗を見逃したという解釈であった。西瓜九個の代価は一円八銭と見積もられたため、六円―一円八銭＝四円九二銭が、不正な授受と見なされたのである。

すでに和解しているのに、なお刑事上の責任を問われている。

## 兄の身代わり受験　明治七年

松本光三郎（二三歳）は、もとは赤木なにがしの次男であったが、明治三年（一八七〇）一二月に、松本健三郎の養子となった。病身なので養生のため実家にいる間に、実兄が大阪府の中等算術教師となるべく出願していた。

ところが明治七年（一八七四）四月、試験を受ける当日になって、兄は病気になった。光三郎は兄の名をかたって受験して合格し、島上郡第三区第三小学校の算術教師に採用されていたところ、発覚した。

一〇月二四日、光三郎には、懲役八十日のところ贖をゆるし、「贖罪金六円」の判決があった。彼がその後も教師を続けられたかどうかについては記載がない。

## 裸の郵便屋　明治八年

谷田宗市は、郵便箱から郵便を集めていた。あまり暑いので肌脱ぎになっていた。ひとりの巡邏が呼び止めて、裸はならぬと説諭した。宗市は、聞かないで走り去ろうとしたのでお巡りさんは、宗市が郵便物を入れて担いでいた袋をつかんで引き留めた。宗市は「こんな袋を欲しいなら、やるわ」と言って袋を捨て、走り去った。

明治八年（一八七五）一〇月二三日、これは「不応為軽」に該当するとして、「懲役三十日」を科せられた。

同じころ、京都でも、路傍で肌脱ぎになって鉋《かんな》をかけていた大工さんが捕まっている。

## 徴兵を恐れて逃亡　明治九年

大阪府桜塚《さくらづか》村の角田秀吉（二二歳）は、明治八年（一八七五）三月に徴兵検査を受け、御採用となった。後ほど呼び出しがある旨を承服して帰村した。

ところが、徴兵入隊すれば生命を保ちがたい、と専らのうわさがあり恐ろしかった。翌四月一三日、秀吉は黙って家出し、讃岐の金毘羅さんに参詣した。同月二二日ころ帰ってきたが、自宅にいては不都合と思い、方々の懇意の人をたより、木挽きや綿打ちなどをして稼いでいた。翌九年三月一一日に告訴逮捕された。

三月二五日に判決が言い渡された。

徴兵検査の後、兵役を逃れるため、無断で家出し五十日以上に及ぶもの、「改定律例」逃亡条例のうち第一二〇条の「違令重」に該当し、「笞四十」を科する。

# あとがき

本書が誕生できたのは、阿吽社社長小笠原正仁氏の英断のおかげである。いくつかの出版社に当ってみたが、出版界の事情のゆえに辞退されたり、いささか困難な条件をつけられたりした。小笠原さんは、出版社を経営するかたわら日本法制史の研究者でもあるので、本書の価値を理解してくれたものと思う。感謝に堪えない。

執筆にさいして、広い読者を得るための努力をした。しかし、著者両名の名誉にかけて、内容をおろそかにしてはいない。

この明治初期の記録に出会ったとき、いつかは何らかの形で世に問いたいと考えていた。歳月の移りは早く、調査当時からほぼ二〇年を過ぎ、牧は九三歳になった。能力の衰えは争えない。調査の段階で安竹貴彦教授に加勢を頼んだが、調査が終わったのちも、同教授は明治初期の刑事制度について研究を続けていた。今回、同教授に協力を打診したところ、自分の研究は今のところ明治ひとけたくらいまでに限られているから、そこまでなら、という返事である。この約十年間は、政治、法制、社会の最大の変動期である。そこでさしあたり対象とする期間は明治九年までとした。ただし、オッペケペーの川上音二郎の裁判記録など、捨てがたいものは付け足している。

本書には、随所に「解説」として、説明文を配しているが、ほぼ全て安竹教授の手になる。彼は蘊蓄《うんちく》を投入したかったけれども、膨大にふくらむことを避けるため我慢してもらった。掲載したのは彼の研究の一端に過ぎない。

お世話になった方々は枚挙にいとまがないので、お名前はあげないがあつく御礼を申し上げる。

牧　英正

二〇一七年四月

著者略歴

**牧　英正**（まき・ひでまさ）

1924年、熊本市に生まれる。1944年、京都大学法学部入学。同年海軍予備学生として航空隊入隊。1945年、復員・復学。1948年、京都大学卒業、同大学院特別研究生。1950年、大阪市立大学法学部助手。同年肺結核に罹病、4年間闘病。1962年、大阪市立大学法学部教授、同年法学博士。1988年、大阪市立大学定年退職、同名誉教授。

著書：『日本法史における人身売買の研究』（有斐閣、1961年）、『近世日本の人身売買の系譜』（創文社、1970年）、『人身売買』（岩波新書、1971年）、『日本法制史』（大竹秀男と共編著、青林双書、1975年）、『雇用の歴史』（弘文堂、1977年）、『道頓堀裁判』（岩波新書、1981年、1993年特装版）、『日本法制史』（藤原明久と共編著、青林法学双書、1993年）、『差別戒名の系譜――偽書「貞観政要格式目」の研究』『身分差別の制度化』（いずれも阿吽社、2014年）

**安竹貴彦**（やすたけ・たかひこ）

1962年、大阪市に生まれる。1982年、大阪市立大学法学部入学、1986年卒業。同年、同大学法学研究科前期博士課程入学。1991年、同研究科後期博士課程単位取得退学。同年、同大学法学部助教授。2002年、同大学院法学研究科教授。専攻、日本法制史。

著書：『日本法制史』（牧・藤原編、青林法学双書、分担執筆、1993年）、『大坂堺問答－19世紀初頭大坂・堺の民事訴訟手続－』（大阪市史編纂所、1996年）、『日本法制史』（浅古弘・伊藤孝夫・植田信廣・神保文夫編、青林書院、分担執筆、2010年）、『和歌山の部落史・通史編』（和歌山の部落史編纂会編、明石書店、分担執筆、2015年）など。

なお、本書に関連する論考として、「『大坂町奉行所』から『大阪府へ』－幕末から明治初年における町奉行所与力・同心の動向を中心に－(1)・(2・完)（「奈良法学会雑誌」12－3、14－4、2000－02年）、「明治初年大阪の行政・司法組織－その人的資源の供給源－」（大阪市立大学文学研究科叢書4『近代大阪と都市文化』、清文堂、2006年）、「18世紀半ば～19世紀初めにおける大坂町奉行所の捜査・召捕とその補助者」（寺木伸明・藪田貫編『近世大坂と被差別民社会』、清文堂、2015年）など。

〔装丁〕清水　肇
〔組版〕小山　光

# 大阪「断刑録」── 明治初年の罪と罰

2017年10月31日　初版第1刷発行
2017年12月10日　初版第2刷発行

著　者──牧　英正
　　　　　安竹貴彦

発行者──小笠原正仁
発行所──株式会社 阿吽社
〒602-0017 京都市上京区衣棚通上御霊前下ル上木ノ下町73-9
TEL 075-414-8951　FAX 075-414-8952
URL : aunsha.co.jp
E-mail : info@aunsha.co.jp

印刷・製本──モリモト印刷株式会社


ISBN978-4-907244-31-6 C0021
定価はカバーに表示してあります

牧　英正◉著

# 身分差別の制度化

定価：本体8000円＋税　ISBN978-4-907244-13-2

穢多頭・浅草弾左衛門と非人頭・車善七との裁判資料の分析を通じて、江戸時代の身分差別の制度化を論じた論文を中心とした、近世賤民制度についての論集。近世被差別身分制度化前の状況について／江戸幕府による差別の制度化／安永期以降における幕府の身分政策／おこし奉公人――大坂と江戸の野非人対策／維新時における東京の非人――旧非人制度の終末／壬申戸籍始末。

牧　英正◉著

# 差別戒名の系譜　偽書『貞観政要格式目』の研究

定価：本体1500円＋税　ISBN 978-4-907244-06-4

平等であるべき仏の救いが、戒名において差別されていた。その衝撃の手引書である「貞観政要格式目」の欺瞞性を徹底的に検証する。「貞観政要格式目」（正保五年板本）全文を復刻掲載した、差別戒名研究の決定版。